Johannes Bilstein · Jutta Ecarius · Edwin Keiner (Hrsg.)

Kulturelle Differenzen und Globalisierung

Johannes Bilstein · Jutta Ecarius
Edwin Keiner (Hrsg.)

Kulturelle Differenzen und Globalisierung

Herausforderungen
für Erziehung und Bildung

Bibliografische Information der Deutschen Nationalbibliothek
Die Deutsche Nationalbibliothek verzeichnet diese Publikation in der
Deutschen Nationalbibliografie; detaillierte bibliografische Daten sind im Internet über
<http://dnb.d-nb.de> abrufbar.

1. Auflage 2011

Alle Rechte vorbehalten
© VS Verlag für Sozialwissenschaften | Springer Fachmedien Wiesbaden GmbH 2011

Lektorat: Stefanie Laux

VS Verlag für Sozialwissenschaften ist eine Marke von Springer Fachmedien.
Springer Fachmedien ist Teil der Fachverlagsgruppe Springer Science+Business Media.
www.vs-verlag.de

Das Werk einschließlich aller seiner Teile ist urheberrechtlich geschützt. Jede Verwertung außerhalb der engen Grenzen des Urheberrechtsgesetzes ist ohne Zustimmung des Verlags unzulässig und strafbar. Das gilt insbesondere für Vervielfältigungen, Übersetzungen, Mikroverfilmungen und die Einspeicherung und Verarbeitung in elektronischen Systemen.

Die Wiedergabe von Gebrauchsnamen, Handelsnamen, Warenbezeichnungen usw. in diesem Werk berechtigt auch ohne besondere Kennzeichnung nicht zu der Annahme, dass solche Namen im Sinne der Warenzeichen- und Markenschutz-Gesetzgebung als frei zu betrachten wären und daher von jedermann benutzt werden dürften.

Umschlaggestaltung: KünkelLopka Medienentwicklung, Heidelberg
Gedruckt auf säurefreiem und chlorfrei gebleichtem Papier
Printed in Germany

ISBN 978-3-531-17186-9

Inhalt

Einleitung 7

1 Differenzen und Globalisierung: erziehungswissenschaftliche Perspektiven

Wolfgang Gippert
Transkulturelle Ansätze und Perspektiven in der Historischen
Bildungsforschung 15

Edgar Forster
Globalisierung, *educational governance* und demokratische Kultur 33

Wolfgang Nieke
Kollektive Identitäten als Bestandteil von Selbst-Bewusstsein –
eine bisher systematisch unterschätzte Kategorie im deutschen
bildungstheoretischen Diskurs 51

Michael Göhlich/Jörg Zirfas
Transkulturalität und Lernen..................................... 71

Ulrike Hormel
Differenz und Diskriminierung: Mechanismen der Konstruktion
von Ethnizität und sozialer Ungleichheit 91

Katharina Walgenbach
Intersektionalität als Analyseparadigma kultureller und
sozialer Ungleichheiten... 113

2 Zur erziehungswissenschaftlichen Topographie der Globalisierung

Eckart Liebau
Friedenserziehung, Interkulturelle Pädagogik, Ästhetische Bildung.
Über den Umgang mit Differenz 133

Agnieszka Dzierzbicka
Kulturelle Bildung – der Joker, den es klug einzusetzen gilt? 147

Peter Gansen
Cultural Turn und Kindheitsforschung. Zur Erforschung von Kindern
und Kindheit im Zeichen einer kulturwissenschaftlichen Wende......... 157

Adrian Schmidtke
Internationale Bezüge im Vorschuldiskurs 1965-1976................. 175

3 Migration und Konfrontation: Bildungsprozesse unter veränderten Bedingungen

Astrid Messerschmidt
Beziehungen in geteilten Welten – Bildungsprozesse in der
Reflexion globalisierter Projektionen und Repräsentationen 197

Marc Thielen
Prozesse männlich-sexueller Subjektpositionierungen in der
transnationalen Migration zwischen Kontinuität und Wandel 215

Petra Götte
Die deutsche Auswanderung in die USA
Familiäre Identitätsarbeit im Spiegel privater Fotografie............... 235

Autorinnen und Autoren 255

Einleitung

Unser heutiger Globalisierungsdiskurs umfasst inzwischen mit großer Intensität alle Bereiche der sozialwissenschaftlichen Reflexion – auch die Erziehungswissenschaft. Neue Wissensformen, Verhältnisverschiebungen von Nationalität und Internationalität, von Territorien und Märkten im Bereich der Bildung und Erziehung haben neue Muster an kollektiven Identitäten und Vergemeinschaftung zwischen Integration und Desintegration hervorgebracht. Die Veränderung oder gar Entgrenzung des Raums durch Medien und Kommunikation, die Beschleunigung von Zeit und sozialem Wandel vollziehen sich auf lokaler wie auf globaler Ebene. Kulturelle Differenzen und Globalisierung führen zu neuartige Herausforderungen im Umgang mit Komplexität und Kontingenz.

Veränderungen in der Arbeitswelt, die Akzeleration von Zeit durch die mediale Reduzierung von Entfernungen und der Bedeutungsverlust von Nationalstaat und Nationalkultur führen dazu, dass Kultur nicht mehr – wie noch bei Hegel – als etwas Territoriales verstanden werden kann. In hochkomplexen Gesellschaften müssen die Subjekte vielmehr mit vielfältigen und differenten Strukturen und Kulturformen die Selbstorganisation des Lebens vornehmen und Selbstbestimmung, Entscheidungsfähigkeit und Verantwortung erlernen. Dieser gesellschaftliche Wandel verändert nicht nur die Wirklichkeit von Erziehung und Bildung, die Gestaltung von pädagogischen Handlungsfeldern in schulischen und außerschulischen Bereichen sondern auch das theoretische Nachdenken und analytische Forschen über Bildung und Erziehung.

Deshalb kommen wir beim Nachdenken über Erziehung und Bildung nicht darum herum, kulturelle Vielfalt und Differenz, die Komplexität von Lebenswelten zu berücksichtigen. Kritisch auseinanderzusetzen haben wir uns sowohl mit dem Eigenen als auch mit dem Fremden, und dabei müssen wir biographische Hybridbildungen genauso reflektieren und erforschen wie Verschiebungen in den zugrunde liegenden Menschenbildern.

Darum soll es in diesem Buch gehen, das die Diskussionen widerspiegelt, wie sie sich aus Anlass einer Tagung der Sektion Allgemeine Erziehungswissenschaft in der Deutschen Gesellschaft für Erziehungswissenschaft im Frühjahr 2009 an der Universität Erlangen-Nürnberg entwickelt haben.

Der erste Teil: „Differenzen und Globalisierung: erziehungswissenschaftliche Perspektiven", entfaltet zunächst zentrale Themenbereiche der erziehungswissenschaftlichen Globalisierungsdiskussion. Der Beitrag von *Wolfgang Gippert* behandelt die spezifische Aufmerksamkeit, die transkulturelle, letztlich globale Tendenzen in der historischen Bildungsforschung gefunden haben. Dabei gilt sein besonderes Augenmerk Internationalisierungsphänomenen im Bereich pädagogischer Theorien, Konzepte und Praktiken. Er geht davon aus, dass die Entstehung und Entwicklung moderner Bildungssysteme in besonderem Maße durch vielfältige Austausch- und Transferprozesse geprägt sind und weist darauf hin, dass auch im deutschsprachigen Raum inzwischen eine Fülle von bildungsgeschichtlichen Studien vorliegen, die transnationale und transkulturelle Ansätze integrieren.

Der Aufsatz von *Edgar Forster* widmet sich den Bedingungen und Möglichkeiten politischen Engagements in modernen Gesellschaften. Dabei geht es ihm besonders um die von Widersprüchen durchzogene Basis für politisches Bewusstsein und Handeln, die durch das Konkurrenzprinzip, eine angebotsorientierte Ökonomie und durch den Konsum bestimmt ist. Vor diesem Hintergrund werden politische und kulturelle Normen hervorgebracht und verändert, konstituieren sich spezifische Formen von citizenship régimes. Der Beitrag untersucht auf dieser Grundlage, wie *citizenship education* entwickelt werden müsste, um eine globale demokratische Kultur zu ermöglichen.

Der Beitrag von *Wolfgang Nieke* behandelt spezifische Merkmale des deutschen bildungstheoretischen Diskurses am Beispiel der Kategorie „Identität". Herausgearbeitet wird, dass gerade in der deutschen Diskussion das Hauptaugenmerk auf Ich-Identität als Korrespondenzkategorie zu Subjekt und Autonomie liegt, während die empirisch zentralere Kategorie der Wir-Identität weniger Aufmerksamkeit findet. Diese Kategorie der Wir-Identität oder der Pluralität von kollektiven Identitäten wird untersucht und entwickelt: nicht zuletzt erweist sich dabei, dass sie von hoher Relevanz für bildungstheoretische Verständigungen ist.

Der Text von *Jörg Zirfas* und *Michael Göhlich* folgt einem doppelten Interesse: Vor dem Hintergrund neuerer Debatten über Transkulturalität werden zum einen mit Hilfe einer pädagogischen Lerntheorie transkulturelle Lernformen und Lernprozesse dargestellt und analysiert. Zum anderen wird diese Lerntheorie mit Hilfe der Beschreibung und Analyse von transkulturellen Situationen und Prozessen konkretisiert und differenziert. Dabei wird die begrenzte Aussagekraft stereotypisierender Modelle des inter- und transkulturellen Lernens genauso deutlich, wie sich die Bedeutung je individueller und kultureller Lerngrenzen herausstellt.

Der Aufsatz von *Katharina Walgenbach* behandelt das insbesondere in der erziehungswissenschaftlichen Gender- und Migrationsforschung zunehmend wichtig werdende Paradigma der Intersektionalität. In einem historischen Rückblick werden zunächst die Diskussionen und heuristischen Modelle nachgezeichnet, welche zu dem Paradigma der Intersektionalität geführt haben. Darüber hinaus entwickelt die Autorin die kritische These, dass die Metaphern der ‚Überkreuzung' nach wie vor von einem ‚genuinen Kern' von Kategorien ausgehen.

Einleitung

Auf der Grundlage dieser Kritik plädiert sie dafür, eine integrale Perspektive einzunehmen und statt von Interdependenzen bzw. Überschneidungen zwischen Kategorien von *interdependenten Kategorien* auszugehen. Eine solche Perspektive würde wichtige Konsequenzen für Erziehung und Bildung nach sich ziehen.

Ulrike Hormel konzentriert sich in ihrem Beitrag auf die Frage, welche Konsequenzen die sowohl in Diversity-Programmatiken als auch in rechtlichen und politischen Antidiskriminierungskonzepten formulierten diskriminierungsrelevanten Klassifizierungen in Hinblick auf die ‚Konstruktion sozialer Wirklichkeit' innerhalb der adressierten pädagogischen Kontexte haben können. Ausgangspunkt der Überlegungen bildet das hinter den unterschiedlichen Konzepten stehende implizite Paradigma, dass kulturelle oder ethnische Differenzen als quasi-vorsoziale Positiva zu behandeln seien. Der Aufsatz kommt auf dieser Grundlage zu einem differenzierteren Verständnis von Diskriminierungsprozessen und betont insbesondere die zentrale Rolle, die der Typus der formalen Organisation in modernen, polykontexturalen Gesellschaften einnimmt: Es sind die formalen Organisationen, die einerseits dafür sorgen, dass herkunftsunabhängige Zugangs- und Teilhabechancen gewährleistet sind, die aber andererseits auch die Gesellschaft mit „Diskriminierungsfähigkeit" (Luhmann) ausstatten.

Als Konsequenz plädiert die Autorin für einen reflektierten Umgang mit dem Topos ‚Kulturelle Differenz', da die Frage der sozial wirksamen Klassifikation von Individuen entlang kulturalisierender und ethnisierender Unterscheidungen in engem Zusammenhang mit der Reproduktion sozialer Ungleichheit steht – insbesondere im institutionellen Handlungsgefüge des Bildungssystems.

Der zweite Teil des Buches setzt sich mit der erziehungswissenschaftlichen Topographie von Globalisierung auseinander. Hierzu wird aus ästhetischer und kultureller Perspektive sowie mit international vergleichendem Blick das Verhältnis von Bildung, Globalisierung, Transkulturalität und Heterogenität diskutiert.

Eckart Liebau setzt an Diskursen über den Umgang mit Differenz an, verwendet Grundbegriffe interkulturellen Lernens und der ästhetischen Bildung, die er systematisch aufeinander bezieht, um friedenspädagogische Perspektiven mit bildungstheoretisch-pragmatischen und pädagogisch-anthropologischen Überlegungen zu verbinden. Die Annahme einer doppelten Historizität verunmöglicht dabei, von einem geschlossenen Menschenbild auszugehen. Vielmehr entwickelt Liebau eine universalistische Position mit Bezug auf die Friedenspädagogik. Toleranz wird so zu einem kategorischen Imperativ, wobei pädagogische Räume herzustellen sind, die Möglichkeiten zu Bildungsprozessen eröffnen: Dies gilt vor allem für die ästhetische Bildung, für Bildungsprozesse in und mit künstlicher Erfahrung als conditio sine qua non. So eröffnet beispielsweise „Theater" eine Akzeptanz von kultureller Differenz über eine inter- und transkulturelle Kommunikation.

Auch *Agnieszka Dzierzbicka* setzt sich mit der Thematik der kulturellen ästhetischen Bildung auseinander und fragt kritisch, inwiefern das Lob auf kulturelle und ästhetische Bildung als ein „Allerheilsmittel" verkündet wird, um Globalisierungsprozesse und Transkulturalität zu überwinden bzw. Kommunikationsprozesse in Gang zu setzen. So werden nach Dzierzbicka Kunst, Kultur und Kreativität öffentlichkeitswirksam positioniert, aus der Perspektive einer Kreativwirtschaft wird die Zweckfreiheit zwar postuliert, befindet sich aber letztendlich doch in Auflösung. Es sind Konjunkturen des Ästhetischen, die als Lösung für Kreativität, Wissen und Kultur herangezogen werden, die häufig mit den Themen live-long-learning und employability verbunden werden. Kritisch analysiert werden die Begriffe Bildung und Kultur, die mit Ästhetik verknüpft sind und als eine Methode der Ganzheitlichkeit über differente Lebensformen und Lebenslagen einen pädagogischen Schauplatz herzustellen versuchen, um der Problematik von Globalisierung, nationalstaatlichem Denken und Migration entgegenzuwirken.

Ebenfalls aus der Perspektive von Globalisierung wird der cultural turn in der Kindheitsforschung von *Peter Gansen* diskutiert. Eine kritische Analyse des Kulturbegriffs in der Erziehungswissenschaft beinhaltet, Konzepten bzw. Konstruktionen idealistischer Vereinheitlichungen entgegenzutreten und sich von kulturübergreifenden Bildungskonzepten zu verabschieden. Anhand der Kindheitsforschung wird deutlich, wie schwierig diese Anforderung ist, denn Kinder verweigern sich aufgrund des Alters und ihres Entwicklungsstandes rationalen Zugängen der Erfahrungswelt von Erwachsenen. Daher sind Kindheit und Kinder bzw. deren Produkte und deren Umgang mit Welt nach Gansen aus einer kulturwissenschaftlichen Perspektive zu analysieren. Zentral ist die These, dass die unterschiedlichen Perspektiven von, auf und mit Kindern in Analysen hineinzunehmen sind, und der kulturwissenschaftliche Diskurs als Korrektiv erziehungswissenschaftlicher Kindheits- und Bildungsforschung fungieren kann. Dies verdeutlicht Gansen an der Metaphernforschung, den Sprachbildern, die Kinder benutzen um sich in einer schon bestehenden Kulturwelt verständlich zu machen. Hier können sich Prozesse der sozialen Mimesis und des mimetischen Lernens ausdrücken.

Ebenfalls im Feld der Kindheitsforschung bewegt sich der Beitrag von *Adrian Schmidtke*, der allerdings einen anderen Weg beschreitet: ihn interessiert der internationale Diskurs in Bezug auf Argumentationsmuster im Vorschuldiskurs in der bundesdeutschen erziehungswissenschaftlichen Diskussion im Zeitraum von 1965 bis 1976. Differenziert zeigt Schmidtke den Forschungshintergrund von Bildungsreform und Vorschuldiskurs in dieser Zeit auf, indem die internationalen Bezüge in der deutschen Erziehungswissenschaft herausgearbeitet werden. Es wird die These vertreten, dass der Bezug auf amerikanische Literatur als Bestätigung der Thesen im bundesdeutschen Diskurs genutzt wird, gleichzeitig der Vorschuldiskurs aber stark vom allgemeinen erziehungswissenschaftlichen Fachdiskurs abweicht. Insofern entsteht ein eigener wissenschaftlicher Diskurs mit eigenen Argumentationsmustern, die international eingebettet sind.

Der dritte Teil des Buches konzentriert sich auf Migration und Bildungsprozesse und auf die dadurch entstehenden veränderten Bedingungen durch Konfrontationen. *Astrid Messerschmidt* zeigt differenziert die Debatte um Globalisierung in Bezug auf Bildung auf. Die in Begriffen globalisierten Projektionen und Repräsentationen dienen dazu, die Verfangenheit von Diskursen auf die eigene Sicht zu verdeutlichen. Kritisch beleuchtet werden Begriffe wie beispielsweise globales Lernen, da hier häufig der westliche Blick als die zentrale Strategie für pädagogische Prozesse angenommen wird, und Projektionen in Bezug auf andere Länder dazu dienen, sowohl die eigene Perspektive zu verschönen als auch die Lebensformen der anderen durch den unreflektierten Zusammenhang zur Kolonialgeschichte zu verschleiern. Bildung bleibt so in einer Steigerungslogik verhaftet und wird zu einem rein rhetorischen Instrument einer Ankündigung von einer friedlichen Welt. Um diesem entgegenzugehen plädiert Messerschmidt für die Hineinnahme von Filmproduktionen etwa aus Afrika oder Afghanistan. Vier Filme werden vorgestellt, um – bezugnehmend auf die bildungstheoretische Kritik – Projektionen herauszuarbeiten. So ist es der Film selbst, der die Projektionen für den Zuschauer sichtbar werden lässt und zu einer Desillusionierung führt. Der Film wird zu einem Medium, durch welches Zuschauer mit ihrem eigenen Sehen konfrontiert und somit Projektionen unmöglich werden. Hierbei ist Messerschmidt vor allem bedeutsam, dass Filme als Medienbildungsprozesse nicht aufgehen können in einem didaktischen Konzept.

Auch *Marc Thielen* setzt sich mit dem Anderen auseinander, nämlich den Prozessen männlich-sexueller Subjektpositionierungen in der transnationalen Migration und schließt dabei an Theorien über Geschlechtlichkeit unter Hinzunahme des erziehungswissenschaftlichen Diskurses um Transkulturalität an. Thielen analysiert sensibel das empirische Material von Migrationsbiographien iranischstämmiger Migranten und beschreibt – auch im Anschluss an globale Thematiken und transnationale schwul-lesbische Communities – wie sich über Kontinuität und Wandel die homosexuellen Subjektzuschreibungen verändern. Deutlich zeigt sich, dass sich Globalisierungsprozesse auch in intimen Bereichen geschlechtlich-sexueller Lebensweisen selbst in solchen Ländern wie dem Iran durchsetzen. Dadurch wird zugleich die Debatte über Okzident und Orient, die dichotome Gegenüberstellung in Bezug auf Männlichkeitsbilder in Frage gestellt. Die beiden Analysen von biographischen Erfahrungen zeigen prägnant auf, dass die Begegnung mit globalen Diskursen über Geschlechtlichkeit Bildungs- und Selbstfindungsprozesse auslösen können, wobei zugleich auf Argumentationsmuster des Globalen zugegriffen wird.

Köln, Fürth, 12. Jan 2011

Jutta Ecarius
Johannes Bilstein
Edwin Keiner

1 Differenzen und Globalisierung: erziehungswissenschaftliche Perspektiven

Transkulturelle Ansätze und Perspektiven in der Historischen Bildungsforschung

Wolfgang Gippert

1 Einleitung

Transnationale und transkulturelle Forschungszugänge haben derzeit in den Geschichts-, Sozial- und Kulturwissenschaften Hochkonjunktur. Sie stellen die Erklärungskraft herkömmlicher und statischer Modelle von Gesellschaft, Nation und Kultur in Frage. Mit einem Fokus auf Migration, Mobilität und den damit verbundenen Transformationsprozessen thematisieren sie vielfältige soziale Beziehungen und Vernetzungen, gegenseitige Wahrnehmungen, Abhängigkeiten und wechselseitige Durchdringungen über politische, nationale und kulturelle Grenzziehungen hinweg. Angeregt durch postkoloniale Studien und Theorien versucht etwa die jüngere Generation von Historikerinnen und Historikern gegenwärtig unter dem Label ‚Transnationale Geschichte' einen Paradigmenwechsel in ihrer Zunft herbeizuführen. Der traditionellen, nationalstaatlich orientierten Geschichtsschreibung stellen sie eine globale Verflechtungsgeschichte gegenüber und wollen damit einer Entnationalisierung historischer Fragestellungen Vorschub leisten.[1] Ausgangspunkt dieses Ansatzes ist die Annahme, dass es sich bei ‚Globalisierung' keineswegs um ein rein postmodernes Phänomen handelt, sondern um einen jahrhundertealten Prozess, der weder linear verlaufen noch abgeschlossen ist.

Ähnliche Argumente finden sich in den Diskursen um den Kulturbegriff sowie um die tatsächliche Verfasstheit von Kulturen. Ältere, essentialistische Kulturkonzepte, die auf statischen Vorstellungen von sozialer Homogenität beruhen,

---

[1] Zur theoretischen Verortung vgl. stellvertretend Budde/Conrad/Janz 2006; Conrad/Randeria 2002; Conrad/Eckert/Freitag 2007; Osterhammel 2001. Kritik gibt von den Granden der historischen Zunft, so von Hans-Ulrich Wehler, der die empirische Basis der ‚transnationalen Geschichte' sowie die begriffliche Stringenz des Ansatzes stark anzweifelt (vgl. Wehler 2006). Mit seiner ‚Weltgeschichte' des 19. Jahrhunderts dürfte Jürgen Osterhammel zumindest den erstgenannten Vorwurf entkräftet haben (vgl. Osterhammel 2009).

haben sich längstens als unhaltbar erwiesen. Das gegenwärtige Verständnis, das sich im Rahmen des ‚cultural turn' entwickelt hat, geht von einer prinzipiellen Offenheit, Heterogenität, Pluralität und Mobilität von Kultur aus. Diese Sichtweise äußert sich in neuen bzw. neu aufgelegten Konzepten und Begrifflichkeiten wie ‚Hybridisierung', ‚Multiethnizität',‚Travelling Cultures', ‚Plural Societies', ‚Diversity' sowie im Begriff der ‚Transkulturalität'.

Auch die Historische Bildungsforschung sucht in jüngster Zeit Anschluss an transnationale und transkulturelle Diskussionen und Forschungsansätze zu finden. Vorrangig geschieht dies auf der Ebene von Internationalisierungsphänomenen im Bereich pädagogischer Theorien, Konzepte und Praktiken, war doch die Entstehung und Entwicklung moderner Bildungssysteme in besonderem Maße durch vielfältige Austausch- und Transferprozesse geprägt. Andere Forschungsfelder, die unter transkultureller Perspektive ebenfalls erziehungshistorisch relevante Fragestellungen aufwerfen, harren indes noch ihrer Erschließung, etwa individuelle und kollektive Aneignungs- und Verarbeitungsformen gesellschaftlicher Diversität sowie deren sozialisations- und biografiegeschichtliche Relevanz.

Im Folgenden werden beispielhaft Einblicke in deutschsprachige, bildungsgeschichtliche Studien gegeben, die transnationale und transkulturelle Ansätze integrieren. Zudem wird auf offene Forschungsfelder und -fragestellungen hingewiesen. Vorab sind einige Aspekte zu den theoretischen Bezugspunkten auszuführen.

2   Transkulturalität und Kulturtransfer[2]

Das *Transkulturalitätskonzept* ist in der deutschen Diskussion maßgeblich von dem Kulturphilosophen Wolfgang Welsch aktualisiert und theoretisch entfaltet worden (Welsch 1994). Es fußt auf der These, dass sich weder gegenwärtige noch vergangene Kulturen mit den Vorstellungen und Begriffen erfassen und beschreiben lassen, wie es die traditionellen Entwürfe geschlossener und einheitlicher Nationalkulturen suggerieren. Insbesondere grenzt sich Welsch von dem wirkmächtig gewordenen Kulturbegriff im Sinne Herders ab, der ein in sich geschlossenes ‚Kugelmodell' von Kultur entwickelte. Diesem Modell liegt eine biologisch-ethnische Fundierung von Kultur zu Grunde. Es zielt auf eine soziale Vereinheitlichung seiner ‚Insassen' ab und entwickelt damit Vorstellungen von ‚kultureller Reinheit'. Zudem setzt dieses Modell die Abgrenzung gegenüber anderen Kul-

---

2   Die Ausführungen dieses Kapitels sind an anderen Stellen ausführlicher dargelegt (vgl. Gippert 2006a; Gippert/Götte/Kleinau 2008b). Zum Konzept einer transkulturellen Geschichte in der deutschsprachigen Forschung vgl. auch Höfert 2008.

turen bzw. Nationen konstitutiv voraus. In seinem Kern sei es hochgradig imaginär, fiktiv und seiner Struktur nach „kultur-rassistisch" (ebd.: 90). Mit seinem Konzept von Transkulturalität versucht Welsch kulturelle Homogenitätsmythen in Form abgegrenzter ‚Kugeln' oder ‚Inseln' zu dekonstruieren. Kulturen – so seine These – „sind intern durch eine Pluralisierung möglicher Identitäten gekennzeichnet und weisen extern grenzüberschreitende Konturen auf" (ebd.: 84). Damit ist zum einen die innere Komplexität moderner Gesellschaften angesprochen, die infolge *eigenproduktiver* Differenzierungen unterschiedliche Lebensformen und Kulturen umfassen. Zum anderen verweist Welsch auf die äußere Vernetzung von Kulturen: Binnenkulturelle Lebensformen enden nicht an den Grenzen der Nationalstaaten; sie überschreiten diese, sind hochgradig miteinander verflochten und durchdringen einander. Transkulturalität vollziehe sich jedoch nicht nur auf der Ebene der Kulturen und Lebensformen, sondern sie dringe bis in die Identitätsstrukturen der Individuen hinein: Mit seiner Feststellung, wir seien „kulturelle Mischlinge" (ebd.: 98) greift Welsch das Konzept von ‚Hybridität' als eine Schlüsselkategorie der neueren Kulturwissenschaften auf.

Kultureller Austausch, wechselseitige Durchdringung, ethnische und kulturelle Vielfalt sowie gesellschaftliche Diversität sind jedoch weder ausschließlich moderne noch rein ‚westliche' Erscheinungen – was in den gegenwärtigen Globalisierungsdebatten oftmals übersehen wird. Es handelt sich dabei um universale, überzeitliche Phänomene, die sich in vorindustriellen Gemeinschaften ebenso finden wie in hochkomplexen, postmodernen Gesellschaften. Sowohl in historischer als auch in kulturvergleichender Sicht bildet Transkulturalität als ‚Kulturvermischung' vermutlich eher die Regel als die Ausnahme, haben doch Handelsbeziehungen, Kriege und Eroberungen sowie Migrationsbewegungen aller Art seit jeher das ‚Eigene' mit dem ‚Fremden' konfrontiert (vgl. Ackermann 2004: 142; Göhlich et. al. 2006: 8). Für eine Rekonstruktion wechselseitigen Austauschs- und gegenseitiger Einflussnahme hat sich in der historischen Forschung ein Ansatz als besonders praktikabel erwiesen: das *Kulturtransferkonzept*.[3]

Das Konzept des Kulturtransfers bildet einen Gegenentwurf zu einer mehrheitlich betriebenen Geschichtsforschung, die ausschließlich die nationale bzw. regionale Eigenstaatlichkeit betont und dabei die Elemente des ‚Fremden' in der eigenen Kultur ignoriert. Der Transferforschung hingegen geht es um den Nach-

---

3 Die Kulturtransferforschung wurde aus der Kritik an essentialistischen Nationskonzepten und an Vorstellungen von Kulturräumen als weitgehend geschlossene Entitäten von einer interdisziplinären französisch-deutschen Équipe von Wissenschaftlern um Michel Espagne und Michael Werner am Centre National de la Recherche Scientifique (CNRS) Mitte der 1980er Jahre entwickelt. Zur Programmatik vgl. Espagne/Werner 1986; Espagne 1992; 1997; 2003; Lüsebrink/ Reichardt 1997; Middell/Middell 1994; Middell 2000; 2007; Paulmann 1998.

weis von zahlreichen Verknüpfungen und Übergangserscheinungen zwischen Kulturbereichen. Das Konzept rückt die „vielfältigen Durchdringungs- und Rezeptionsvorgänge zwischen Kulturen" in den Mittelpunkt, die „Interaktion zwischen sozialen Gruppen und ihren kulturellen Praktiken" sowie die „Dynamik geistiger und kultureller Austauschprozesse" (Middell/Middell 1994: 108f.). Kulturtransfer beschäftigt sich mit der Übertragung und dem Austausch von Denkweisen, Wissen und Ideen, Methoden, Technologien und Verfahren sowie Gütern, Produkten und Personen. Dabei werden die Wege und Medien sowie die sprachlichen Bedingungen für die Vermittlung von Kenntnissen über das jeweils andere Land in den Blick genommen. Der Ansatz thematisiert, aus welchen Motiven heraus ‚fremdes' Wissen erworben, nach welchen Kriterien es ausgewählt und zu welchen Zwecken die erworbenen Informationen verwendet wurden (vgl. Paulmann 1998: 31). Die Transferforschung nimmt die spezifische Konstellation der Ausgangs- *und* der Rezeptionskultur in den Blick. Dabei wird die traditionelle Perspektive des Kulturvergleichs umgekehrt: Die Einführung eines Kulturguts in einen anderen Kontext – so die Annahme – hänge nicht etwa mit gezielten Expansionsbestrebungen der Ausgangskultur zusammen, sondern mit einer Nachfrage im Aufnahmeland. In diesem Verständnis ist kultureller Transfer ein *aktiver* Aneignungsprozess, der von der jeweiligen Aufnahmekultur gesteuert wird (vgl. Middell/Middell 1994: 110).

Der Ausgangspunkt der Transfertheorie besteht in der Beobachtung, dass sich Gedankenkonstellationen und Praxiszusammenhänge nicht aus eigenem Antrieb verbreiten, sondern dass sie von Vermittlungsinstanzen, von konkreten Gruppen und Personen sowie ihren Netzwerken getragen werden. In der historischen Forschung sind bereits eine ganze Reihe von solchen Kulturvermittlern identifiziert worden – Händler und Kaufleute, Wissenschaftler und Künstlerinnen, Buchhändler und Verleger, Schriftstellerinnen und Publizisten, aber auch (Kunst-)Handwerker, Reisende sowie Migrantinnen und Migranten generell. Zudem gilt der Fokus bestimmten Transfermedien wie Zeitschriften, Korrespondenzen, Enzyklopädien und anderen gedruckten Quellen.[4] Das Ergebnis eines Transfers kann jedoch sehr verschieden ausfallen – von der Annahme fremder Verhaltens- und Deutungsmuster über die Auswahl einzelner Elemente und ihrer Umdeutung bis hin zur bewussten Zurückweisung (vgl. Paulmann 1998: 39).

Mit dem Verweis auf kulturelle Transferprozesse ist allerdings erst eine Seite der Medaille transkultureller Situationsbeschreibungen beleuchtet: „Die Geschichte der Transkulturalität", stellen Michael Göhlich u.a. fest, „ist auch eine Geschichte der Gewalt in ihren verschiedenen Formen" (Göhlich et. al. 2006: 9).

---

4   Vgl. stellvertretend Espagne 1997; Espagne/Greiling 1996; François/Despoix 1998; Muhs/Paulmann/Steinmetz 1998.

Das ‚lange' 19. Jahrhundert etwa bietet einerseits unzählige Beispiele für zwanglosen, produktiven Austausch und die Verbreitung transkultureller Muster, andererseits aber auch für historische Höhepunkte gewaltsamer Abgrenzungen und Okkupationen (vgl. ebd.). Kulturbegegnungen können die verschiedenartigsten Resultate hervorbringen – gegenseitiges Verständnis, Aneignung und Identifikation, Bestätigungen, Neuerungen und Umorientierungen, aber eben auch Abgrenzung und Ausgrenzung, Verachtung und Unterwerfung bis hin zur Vernichtung.

3 Transkulturelle Ansätze in der Historischen Bildungsforschung

Die Historische Bildungsforschung hat sich den neueren sozial- und kulturwissenschaftlichen Konzepten und Fragestellungen bislang nur zögerlich angenähert. Zwar hat die Historische Pädagogik noch im letzten Jahrhundert ihre bedeutsamsten Paradigmenwechsel von der ‚klassischen' Ideen- und Institutionengeschichte über eine Sozialgeschichte der Erziehung und Bildung hin zu einer alltags- und subjektorientierten historischen Sozialisations- und Bildungsforschung vollzogen und neben klassen-, schicht-, milieu- und generationsspezifischen Fragestellungen auch ‚Gender'-historische Perspektiven entwickelt und integriert. Es bleibt jedoch festzustellen: Auch Bildungsgeschichte wurde bisher – zumindest in Deutschland – vorrangig als *nationale* Geschichte konzipiert und geschrieben; erweiterte Perspektiven erschöpften sich nur allzu oft in einem ‚internationalen Vergleich'. Multilateralen Verflechtungen und Transferbeziehungen wurde bisher relativ wenig Aufmerksamkeit geschenkt, und die aktuellen sozial- kultur- und geschichtswissenschaftlichen Debatten über Transnationalität, Kulturvergleich und Transferforschung haben bisher „kaum Eingang" in die Historische Bildungsforschung gefunden – so eine Zwischenbilanz von Eckhardt Fuchs (Fuchs 2004: 242).

Erste Pionierstudien, die sich den genannten Forschungskontexten zuordnen lassen, entstanden in den 1970er und 80er Jahren, etwa Bernd Zymeks Untersuchung über das „Ausland als Argument" in der deutschen pädagogischen Reformdiskussion (Zymek 1975), oder Juliane Jacobis historisch-vergleichende Studie zum deutschsprachigen Unterrichtswesen in den Vereinigten Staaten des 19. Jahrhunderts (Jacobi-Dittrich 1988). Seit den 1990er Jahren hat vor allem Jürgen Schriewer mit seinem theoretischen und methodischen Programm einer ‚Internationalisierung von Pädagogik' eine Vielzahl ertragreicher Studien angeregt und die Internationalisierungsforschung im Bereich des Bildungswesens „auf eine neue Stufe gehoben"[5]:

---

5   So die Einschätzung von Fuchs/Lüth 2008: 4. Vgl. besonders die Antrittsvorlesung von Jürgen Schriewer an der Humboldt-Universität zu Berlin (Schriewer 1994). Einblicke in die jüngsten

Die grenzüberschreitende Verbreitung und Aneignung von pädagogischem Denken und Wissen im 19. Jahrhundert ist beispielsweise an der Rousseau-Rezeption in den USA (Tröhler 2006), an der Rezeption John Deweys und Jean Piagets in lateinamerikanischen Kontexten (Caruso 2007) oder an der Verarbeitung ‚westlichen' pädagogischen Wissens in asiatischen Kulturkreisen aufgezeigt worden (Oelsner/Schulte 2006; Schulte 2007).

In einem an der Berliner Humboldt-Universität angesiedelten Forschungsprojekt wurde mit dem ‚Bell-Lancaster-System' eines der frühesten Beispiele der globalen Ausweitung eines modernen Schulmodells untersucht. Dabei ist einerseits eine beeindruckende Diffusionsdynamik nachgewiesen worden, mit der sich dieses Modell des monitorialen, wechselseitigen Unterrichts im frühen 19. Jahrhundert von England aus weltumspannend verbreitete. Andererseits wurde die jeweils kontextspezifische Aneignung dieser pädagogischen Methode aufgedeckt, die auf fünf Kontinenten in unterschiedlichen Variationen ihren Niederschlag fand (Schriewer/Caruso 2005; Caruso 2006).

Zu jenen Bildungseinrichtungen die sich im 19. Jahrhundert ebenfalls großer internationaler Aufmerksamkeit erfreuten zählten die deutschen Universitäten, namentlich Wilhelm von Humboldts Ideen, Konzepte und Ziele universitärer Bildung. Für die französisch- und englischsprachigen Nachbarn und auch für nordamerikanische Kontexte ist mehrfach aufgezeigt worden, wie ausländische ‚Beobachter' in den deutschen Staaten Anregungen im Bereich des Bildungswesen suchten, wie deutsche Wissenschaft und Bildungspolitik im Ausland wahrgenommen, funktionalisiert und in Abwandlungen adaptiert wurde – und umgekehrt.[6] Die internationalen Bildungsbegegnungen, die sich durch Migration, Reisen, Studienaufenthalte, Wissenschaftskontakte u.a. ereigneten, sind ein maßgeblicher Parameter für die wechselseitigen Einflüsse im Bildungswesen (vgl. Füssl 2004: 10).

Als eine der wenigen globalen Institutionen des 19. Jahrhunderts sind auch die Weltausstellungen in den bildungshistorischen Fokus gerückt (Fuchs 2000). Für den Transfer von Bildungsvorstellungen, -konzepten und -praktiken waren die großen Expositionen bedeutende Veranstaltungen. Bildungspolitiker/innen und Pädagog/inn/en, die Reformen in den von ihnen betreuten Einrichtungen initiieren wollten, suchten hier nach Lösungsansätzen (vgl. Dittrich 2008: 164).[7]

Forschungsaktivitäten und -erträge bieten folgende Sammelbände: Caruso/Tenorth 2002; Fuchs 2006; Schriewer 2007.

6 Vgl. Drewek 2002; Füssl 2004; Gonon 2006; Lingelbach 2006; Löser/Strupp 2005; Schalenberg 2002.

7 Die Reform des französischen Grundschulsystems im letzten Drittel des 19. Jahrhunderts beispielsweise erhielt ihre entscheidenden Impulse aus dem amerikanischen Bildungssystem auf der ‚Centennial Exhibition' 1876 in Philadelphia (vgl. Dittrich 2008).

Auch lassen sich die Einrichtungen internationaler Kongresse und Assoziationen in verschiedenen erziehungsrelevanten Feldern wie Kinderschutz, Jugendstrafrecht oder im Wohlfahrtsbereich als neue Formen institutionalisierter, pädagogischer Kommunikation und Kooperation interpretieren (Fuchs 2004). Die Kongresse des ‚International Council of Women', 1888 als internationale Dachorganisation der Frauenbewegung gegründet, hatten beispielsweise eine wichtige Funktion für die Kommunikation über weibliche Bildung und Bildungspolitik zwischen Deutschland, England und Nordamerika (Kersting 2008a/b).[8]

Kulturtransferprozesse im Kontext von Bildungsdiskursen sind auch im Rahmen eines DFG-Projektes untersucht worden, das die zahlreichen Auslandsaufenthalte deutscher Pädagoginnen im späten 19. und frühen 20. Jahrhundert zum Gegenstand hatte.[9] Junge Lehrerinnen und Erzieherinnen zog es nach ihrer seminaristischen Ausbildung zumeist aus beruflichen Gründen ins europäische und außereuropäische Ausland, vorzugsweise um ihre Fremdsprachenkenntnisse zu verbessern und damit ihre Chancen auf eine Anstellung im deutschen öffentlichen Schulwesen zu erhöhen. Indem sie ausländische Kinder in deutscher Sprache unterrichteten und pädagogische Ideen aus Deutschland ins Ausland transferierten fungierten die Erwerbs- und Bildungsmigrantinnen als ‚Kulturvermittlerinnen'.[10] Ein Kulturtransfer erfolgte aber auch in Richtung Heimatland: In Vorträgen und Fachzeitschriften berichteten Lehrerinnen ausführlich über innovative Ansätze im europäischen Schul- und Hochschulwesen. Dabei wurde auch die Übertragung ausländischer Fortbildungsmöglichkeiten für Frauen nach Deutschland diskutiert. Das derart erzeugte ‚Wissen' über die ‚Fremde' belebte den zeitgenössischen Diskurs über die Mädchen- und Frauenbildung und untermauerte argumentativ die Petitionspolitik der bürgerlichen Frauenbewegung in ihren Gleichstellungsforderungen (Gippert 2008).

In den beispielhaft genannten Forschungsarbeiten – viele andere ließen sich hinzufügen – geht es um Internationalisierungsphänomene im Bereich des Bildungswesens, um Transfer im Sinne von Aneignung und Umwandlung pädagogischer Konzepte bei der Übertragung von einem Land in ein anderes. Viele Studien, die

---

8 Die „Deutsch-angloamerikanische Kommunikation über weibliche Bildung, 1890-1945" war der Gegenstand eines DFG-Projektes an der Humboldt-Universität zu Berlin.
9 Das Projekt „Nation und Geschlecht. Konstruktionen nationaler Identität in autobiografischen Zeugnissen deutscher Lehrerinnen an der Wende vom 19. zum 20. Jahrhundert" wurde von 2004 bis 2008 am Lehrbereich für Historische Bildungsforschung/Gender History der Universität zu Köln durchgeführt. Zur Projektskizze und einzelnen Ergebnissen vgl. Kleinau 2005; Gippert 2006a/b; Gippert/Kleinau 2006a/b; Gippert 2008.
10 So trug beispielsweise die deutsche Erzieherin Eleonore Heerwart erheblich zur Verbreitung und Etablierung der Fröbel-Pädagogik in Großbritannien bei (vgl. Boldt 2001).

historische Bildungstransfers untersuchen, befassen sich mit der internationalen Konvergenz von Bildungssystemen, d. h. sie suchen zu ergründen, weshalb sich Bildungssysteme in verschiedenen Teilen der Erde zunehmend ähnelten. Als mögliche Ursachen für die zunehmende Angleichung werden u.a. ‚Rezeption' (*educational borrowing*) oder ‚Diffusion' (*educational lending*) angenommen (vgl. Steiner-Khamsi/Quist 2007: 191). Die unterschiedlichen Adaptionsformen innerhalb der Rezeptionskulturen lassen Rückschlüsse auf die historische Verfasstheit der jeweiligen Aufnahmekontexte zu: Das Interesse an ausländischen Ideen und Modellen scheint immer dann besonders lebhaft gewesen zu sein, wenn die beteiligten Akteure ihre eigene Lage als Umbruchsituation wahrnahmen und die eigenen kulturellen Ressourcen für unzureichend hielten, um diese Situation meistern zu können (vgl. Oelsner/Schulte 2006: 61). Wenn Bildungsreformer etwa ahnten, dass sie für die Durchsetzung einer Reform keine ausreichende politische Unterstützung erhalten sollten, tendierten sie dazu, Bezüge zu entsprechenden Lösungen im Ausland herzustellen. So verstanden ist ‚Externalisierung', also die Bezugnahme auf Modelle, die außerhalb des eigenen Bildungssystems bestehen, eine Legitimationsstrategie, um politisch umstrittene Reformen im eigenen Kontext durchsetzen zu können – eine Funktion von Bildungstransfer, auf die Jürgen Schriewer wiederholt hingewiesen hat. ‚Fremde' Bildungsanleihen sagen somit auch etwas über den Legitimations[not]stand im ‚eigenen' Bildungssystem aus (vgl. Steiner-Khamsi/Quist 2007: 194).

4 Offene Forschungsfelder und Perspektiven

Auch wenn eine Zunahme der skizzierten Forschungen in den letzten Jahren nicht zu übersehen ist, sind transkulturelle Perspektiven in der deutschen Historischen Bildungsforschung randständig. Forschungsarbeiten, die internationale und globale Prozesse im Bereich von Bildung und Erziehung thematisieren, bewegen sich in aller Regel in den traditionellen Bahnen pädagogischer Historiografie, indem sie die internationale Verbreitung und Rezeption pädagogischer Ideen und Konzepte thematisieren und vorzugsweise institutionengeschichtliche Ansätze wählen, um das organisierte Bildungswesen als Träger von Globalisierungsprozessen zu identifizieren. Durch die Fokussierung von Transfer- und Verflechtungsprozessen innerhalb der „edukativen Kultur" (Fuchs 2004: 234) bleiben andere erziehungshistorisch relevante Forschungsfelder ausgeblendet. Will sich die Historische Bildungsforschung jedoch im Kontext einer „Sozialgeschichte des Kulturaustauschs" (Espagne 1997: 310) etablieren, kann es nicht ausschließlich um Rezeptions- und Aneignungsprozesse im Bereich des Erziehungs- und Bildungswesens gehen. Eine Erforschung des Kulturtransfers ‚von unten' verlangt die ‚Höhen' der Geistesgeschichte zu verlassen und sich in die vermeintlichen ‚Niederungen' alltäglicher, lebensweltlicher Bezüge zu begeben. Dadurch gelangen bislang wenig beachtete transkulturelle Orte und geografische Räume, plurale Gesellschaften und ethnische Milieus in den Blick, andere Wissensbestände und Erzeugnisse der symbolischen und materiellen Kultur, die transferiert worden sind, weitere Transferwege und Medien sowie zusätzliche Akteursgruppen, Kommunikationsformen und Quellenbestände.

Die Forschungslandschaft, in der sich gegenwärtig an der sozial- und kulturgeschichtlichen Rekonstruktion wechselseitigen Austauschs und gegenseitiger Einflussnahme, aber auch kultureller Ausgrenzung und Überformung abgearbeitet wird, ist vielfältig ausgerichtet und multidisziplinär bestückt.[11] Neben dem Feld produktiver Aneignungsformen im Kontext von Kulturtransferprozessen werden zunehmend die Ungleichheits-, Abhängigkeits- und Gewaltdimensionen transkultureller Situationen analysiert: in Studien über Rassismus und Xenophobie, in Arbeiten der Reise- und Migrationsforschung, in Untersuchungen über Außenseiter, Minderheiten und Randgruppen sowie in Forschungen, die sich mit den ‚Imaginationen', den Vorstellungen über das ‚Fremde' und ihren Darstellungen im Kontext von Exotismus und Kolonialismus, Orientalismus und (neuerdings) Okzidentalismus beschäftigen.[12] Obwohl sich die jeweiligen Disziplinen in ihrer Blickrichtung auf soziale und kulturelle Phänomene unterscheiden, verbindet sie ein ähnlich gelagertes, erkenntnisleitendes Forschungsinteresse: die Frage nach den Konstruktionen und Repräsentationen des jeweils ‚Eigenen' bzw. ‚Fremden' sowie die Asymmetrien dieses Verhältnisses (vgl. Ackermann 2004: 141). Theoriemodelle und Fallstudien ergründen die Konflikte, die in transkulturellen Räumen entstehen können – etwa die Inklusions- und Exklusionsstrategien hegemonialer, nationaler Gruppierungen der so genannten ‚Aufnahmegesellschaft', ihre Integrationsangebote und ausgeübten Assimilationsdruck, Diskriminierungen und Separierungen, aber auch die Optionen und Handlungsstrategien der als ‚fremd' wahrgenommenen, stigmatisierten ‚Anderen'.

Solchen und ähnlichen Fragestellungen hat sich die Historische Bildungsforschung erstaunlicherweise bislang wenig geöffnet, obwohl sie in ihrem Kern auf Probleme individueller und kollektiver Identitätsbildungsprozesse verwei-

---

11 Statt vieler seien hier exemplarisch einige Studien neueren Datums genannt: Bauerkämper/Bödeker/Struck 2004; Conrad 2006; Conrad/Osterhammel 2004; Espagne/Middell 1999; Hirschhausen 2006; Muhs/Paulmann/Steinmetz 1998.
12 Zum letztgenannten Themenkomplex vgl. etwa Baberowski/Kaelble/Schriewer 2008; Bechhaus-Gerst/Gieseke 2006; Berman 1997; Dietrich 2007; Dietze 2006; Eggers et. al. 2005; Kundrus 2003; Tißberger et. al. 2006; Walgenbach 2005; Wolter 2005.

sen – und damit auf genuin erziehungswissenschaftliche, biografie- und sozialisationsgeschichtliche Fragestellungen. Eine Systematisierung von Forschungsfragen und möglichen -feldern aus bildungshistorischer Perspektive steht noch aus. Mit Bezug auf das Transkulturalitätskonzept von Wolfgang Welsch lassen sich zumindest zwei Bereiche beispielhaft andenken: (1) Studien zur transkulturellen Verfasstheit nationaler Gesellschaften, (2) Studien zur transkulturellen Verfasstheit von Individuen.

(1) Eine nationalstaatlich orientierte Geschichtsschreibung wie auch komparatistisch angelegte Studien zu globalen Transfer- und Verflechtungsprozessen übersehen leicht, dass kulturellen Differenzen nicht nur zwischen Gesellschaften, sondern gleichermaßen innerhalb von ihnen bestehen und immer schon bestanden haben. Deshalb sollte es zur Prämisse werden, in *allen* historischen Gesellschaften kulturelle Heterogenität, Komplexität und Diversität vorauszusetzen und danach zu suchen. Für den Bereich des Bildungswesens hat Marianne Krüger-Potratz allerdings darauf hingewiesen, dass die pädagogische Historiografie dieses Diktum bislang ignoriert hat und die bildungshistorische Forschung die „Fiktion sprachlicher, ethnischer, kultureller und nationaler Homogenität" letztlich tradiere (Krüger-Potratz 2006: 133f.). Heterogenität werde in der Bildungsgeschichte oftmals als ‚Sonderfall' behandelt, obwohl Multiethnizität, Vielfalt und Differenz als ‚Normalfall' angenommen werden müsse.

Mehrere historische Studien der letzten Jahre haben nicht nur für den europäischen Raum auf die Gleichzeitigkeit von nationalen und regionalen Loyalitäten und Identitäten hingewiesen. Gerade in sprachlich, ethnisch und kulturell gemischten Gebieten, die oft an den Rändern von Staatsnationen lagen und/oder in ihrer Geschichte verschiedenen Herrschaftsformen zugeordnet bzw. unterworfen waren, scheinen sich häufig unterschiedliche Identitätsangebote ausgebildet zu haben.[13] Kleinräumig angelegte Lokalstudien können in dieser Frage weiteren Aufschluss geben. Ulrike von Hirschhausen hat in ihrer Studie über die multiethnische Stadt Riga, wo deutsche, lettische, russische und jüdische ‚Kulturen' aufeinander trafen, vielfältige Prozesse herausgearbeitet, die sich aus dem Zusammenleben dieser Gruppierungen und ihren „Grenzen der Gemeinsamkeit[en]" auf unterschiedlichen Handlungsebenen ergaben – gegenseitige Berührungen und Beeinflussungen, gemeinsame Abhängigkeiten, Loyalitäten und Feindbilder, Konflikte und Kooperationen, Nachahmungen und Abgrenzungen (Hirschhausen 2006). Das von Hirschhausen entworfene Programm einer ‚interethnischen Verflechtungsgeschichte' kann auch für bildungshistorische Fragestellungen

---

13 Grenzregionen haben im Rahmen des ‚spatial turn' interdisziplinär erhöhte Aufmerksamkeit erfahren. Vgl. Duhamelle/Kossert/Struck 2007; François/Seifarth,/Struck 2007.

fruchtbar sein – mentalitätsgeschichtlich etwa zur Erschließung von Heterogenität gesellschaftlicher Deutungsmuster oder zur Wahrnehmung von Pluralität in Gemeinschaftsvorstellungen.

(2) Eng verbunden mit der Annahme von Heterogenität, Vielfalt und Differenz zwischen und innerhalb von Kulturen sind Fragen nach den kulturellen Aneignungsprozessen, die Menschen in globalen und lokalen Kontexten zu leisten haben. In Gesellschaften, die vielfältige Orientierungs- und Deutungsmuster anbieten, können Individuen sich jeweils mit mehreren kulturellen Referenzen identifizieren. Diese postmoderne Idee der prozess- und kontextabhängigen Identitätsbildung führt zu Entwürfen von ‚multiplen Identitäten', zu Phänomenen der Mehrfachzugehörigkeit, des Grenzgängertums und der ‚Hybridität'.[14] Wolfgang Welsch bezeichnet deshalb nicht nur Gesellschaften als transkulturell, sondern auch die in ihnen lebenden Individuen, die ihre vielfältigen Erfahrungen und kulturellen Einflüsse in sich verbinden müssen.

Einer subjektorientierten, biografisch ausgerichteten historischen Sozialisations- und Bildungsforschung böte sich vor der Annahme einer transkulturellen Verfasstheit geschichtlicher Subjekte und ihrer pluralisierten Identitäten ein umfangreiches Forschungsfeld, blickt man alleine auf das mögliche Themen- und Fragespektrum, das sich beispielsweise aus der Migrationsgeschichte ergibt:

Wanderungen, seien sie temporär oder auf Dauer angelegt, aus freiwilligem Entschluss erfolgt oder erzwungen, stellen gravierende biografische Einschnitte für Individuen, ihre Orientierungen, Verhaltensweisen und sozialen Kontexte dar. Sie bedeuten einen Umbruch, der sowohl mit dem Verlust von vertrauten Bezügen als auch mit der Erweiterung individueller Möglichkeiten erlebt wurde und wird (vgl. Aits 2008: 18f.). Eine Migration stellt vielseitige und hohe Anforderungen an ein Individuum. Die subjektive Wahrnehmung und Gestaltung dieser Situation bedeutet einen aktiven und kreativen Prozess auf mehreren Ebenen der Persönlichkeit. In diesem Verständnis sind Migrantinnen und Migranten als handelnde Akteure zu begreifen, die bewusst und unbewusst entsprechende Strategien entwerfen. Aus bildungshistorischer Perspektive könnten etwa folgende Fragestellungen an die Migrationsgeschichte angelegt werden: Welche Gruppierungen und Akteure lassen sich für konkrete historische Zeiten, Orte und Räume als Agenten einer ‚gelebten Transkulturalität' ausmachen? Inwiefern wurden im Migrationsprozess Beziehungsnetzwerke und transnationale Bindungen aufrechterhalten und gefestigt? Wie wurden neue kulturelle Begegnungen wahrgenommen und Beziehungen geknüpft? Welche sozialen Netzwerke, welche ‚communities' oder

---

14 Vgl. stellvertretend Aits 2008; Ebert 2009; Möllers 2008; Windus 2005.

‚plural societies' entstanden? Welche Zugehörigkeits-, Ab- und Ausgrenzungsdiskurse und -praktiken wurden in transkulturellen Situationen und Räumen geführt? Wie wurden Differenzlinien zwischen dem ‚Eigenen' und ‚Fremden' im Sinne eines ‚Othering' konstruiert? Welche Formen der Selbstverortung und der Konstruktion kultureller Identität wurden in der ‚Fremde' vorgenommen, welche Handlungsstrategien entwickelt?

Will die Historische Bildungsforschung Anschluss an die neueren sozial- und kulturwissenschaftlichen Theorieansätze und -diskussionen finden, sollte sie neue thematische Felder innerhalb und vor allem jenseits nationaler und kultureller Grenzziehungen erschließen und ihre ureigendsten Begriffe, Kategorien und Gegenstände – Erziehung, Bildung, Identität – vor dem Hintergrund historischer Globalisierungs- und Kulturtransferprozesse sowie den dadurch entstandenen transkulturellen Orten, Situationen und Räumen neu durchdenken. Dabei könnten auch ‚gegenläufige' Entwicklungen stärker fokussiert werden, etwa die Geschichte der kulturellen Homogenisierung des deutschen Bildungswesens durch die Einebnung sprachlich-kultureller Vielfalt (vgl. Krüger-Potratz 2006; Walgenbach 2008: 61). Auch könnten Differenzlinien wie Nationalität, Klasse, Ethnie, ‚Rasse', Gender, Religion u.ä., die die Abgrenzungs- und Ungleichheitsstrukturen nahezu aller Gesellschaften organisieren, aus bildungshistorischer Perspektive stärker in den Blick genommen und dabei in ihrer wechselseitigen Verschränkung betrachtet werden – ein Ansatz, der interdisziplinär unter dem Topos ‚Intersektionalität' firmiert.[15] In der Frage nach individuellen und kollektiven Identitätsbildungsprozessen als einen, wenn nicht *den* zentralen Gegenstand der historischen Sozialisations- und Bildungsforschung stünden unter transkultureller Perspektive die Konstruktionen und Repräsentationen des ‚Eigenen' am ‚Anderen' auf dem Programm: Sie geben Aufschluss über Selbst- und Fremdzuschreibungen, über gesellschaftliche Positionierungen durch Inklusions- und Exklusionsprozesse und damit nicht zuletzt über Mechanismen von Differenzsetzung und der Erzeugung gesellschaftlicher Ungleichheit, von Herrschaftsausübung und Machterhalt. Deren Analyse stellt auch eine bildungshistorische Aufgabe und Herausforderung dar.

---

15 Zur theoretischen Explikation vgl. den Beitrag von Katharina Walgenbach in diesem Band. Historische Untersuchungen, die diesem Ansatz zugeordnet werden können, sind vor allem in der ‚Gender'-orientierten Nationalismus- und Kolonialismusforschung entstanden. Vgl. beispielsweise Dietrich 2007; Mae 2004; Planert 2000; Walgenbach 2005.

Literatur

Ackermann, Andreas (2004): Das Eigene und das Fremde: Hybridität, Vielfalt und Kulturtransfers. In: Jaeger/Rüsen (2004): 139-154

Aits, Wiebke (2008): Intellektuelle Grenzgänger. Migrationsbiografien nordafrikanischer Studierender in Deutschland. Frankfurt/New York: Campus

Andresen, Sabine/Rendtorff, Barbara (Hrsg.) (2006): Geschlechtertypisierungen im Kontext von Familie und Schule. Opladen: Budrich

Bauerkämper, Arndt/Bödeker, Hans Erich/Struck, Bernhard (Hrsg.) (2004): Die Welt erfahren. Reisen als kulturelle Begegnung von 1780 bis heute. Frankfurt/New York: Campus

Bechhaus-Gerst, Marianne/Gieseke, Sunna (Hrsg.) (2006): Koloniale und postkoloniale Konstruktionen von Afrika und Menschen afrikanischer Herkunft in der deutschen Alltagskultur. Frankfurt et. al.: Lang

Becker, Ruth/Kortendiek, Beate (Hrsg.) (2004): Handbuch Frauen- und Geschlechterforschung. Theorie, Methoden, Empirie. Wiesbaden: VS Verlag für Sozialwissenschaften

Berman, Nina (1997): Orientalismus, Kolonialismus und Moderne. Zum Bild des Orients in der deutschsprachigen Kultur um 1900. Stuttgart/Weimar: Metzler

Boldt, Rosemarie (2001): Neuere Ergebnisse der Heerwart-Forschung. In: Heiland/Gutjahr/Neumann (2001): 57-72

Budde, Gunilla/Conrad, Sebastian/Janz, Oliver (Hrsg.) (2006): Transnationale Geschichte. Themen, Tendenzen und Theorien. Göttingen: Vandenhoeck & Ruprecht

Caruso, Marcelo/Tenorth, Heinz-Elmar (Hrsg.) (2002): Internationalisierung: Semantik und Bildungssystem in vergleichender Perspektive = Internationalisation. Frankfurt et. al.: Lang

Caruso, Marcelo (2006): An der Schwelle zur Internationalisierung. Rezeption und Variation der Bell-Lancaster-Methode am Beispiel Kolumbiens (1820-1844). In: Fuchs (2006): 231-252

Caruso, Marcelo (2007): John Dewey und Jean Piaget: Weltklassiker im lateinamerikanischen Kontext. In: Schriewer (2007): 75-116

Conrad, Sebastian/Randeria, Shalini (Hrsg.) (2002): Jenseits des Eurozentrismus. Postkoloniale Perspektiven in den Geschichts- und Kulturwissenschaften. Frankfurt/New York: Campus

Conrad, Sebastian/Osterhammel, Jürgen (Hrsg.) (2004): Das Kaiserreich transnational. Deutschland in der Welt 1871-1914. Göttingen: Vandenhoeck & Ruprecht

Conrad, Sebastian (2006): Globalisierung und Nation im Deutschen Kaiserreich. München: Beck

Conrad, Sebastian/Eckert, Andreas/Freitag, Ulrike (Hrsg.) (2007): Globalgeschichte. Theorien, Ansätze, Themen. Frankfurt/New York: Campus

Dietrich, Anette (2007): Weiße Weiblichkeit. Konstruktionen von „Rasse" und Geschlecht im deutschen Kolonialismus. Bielefeld: transcript

Dietze, Gabriele (2006): Critical Whiteness Theory und Kritischer Okzidentalismus. Zwei Figuren hegemonialer Selbstreflexion. In: Tißberger et. al. (2006): 219-247

Dittrich, Klaus (2008): Die amerikanische Referenz der republikanischen Grundschule Frankreichs: Kulturtransfer auf Weltausstellungen im 19. Jahrhundert. In: Gippert/Götte/Kleinau (2008a): 161-179

Drewek, Peter (2002): Die bilaterale Rezeption von Bildung und Erziehung am Beginn des 20. Jahrhunderts im deutsch-amerikanischen Vergleich. In: Caruso/Tenorth (2002): 185-209

Duhamelle, Christophe/Kossert, Andreas/Struck, Bernhard (Hrsg.) (2007): Grenzregionen. Ein europäischer Vergleich vom 18. bis zum 20. Jahrhundert. Frankfurt/New York: Campus

Ebert, Anne (Hrsg.) (2009): Differenz und Herrschaft in den Amerikas: Repräsentationen des Anderen in Geschichte und Gegenwart. Bielefeld: transcript

Eggers, Maureen Maischa et. al. (Hrsg.) (2005): Mythen, Masken und Subjekte. Kritische Weißseinsforschung in Deutschland. Münster: Unrast

Espagne, Michel/Werner, Michael (1986): Deutsch-französische Kulturtransfer im 18. und 19. Jahrhundert. Zu einem neuen interdisziplinären Forschungsprogramm des C.N.R.S. In: Francia. Forschungen zur westeuropäischen Geschichte. Hrsg. vom Deutschen Historischen Institut Paris. Band 13. Sigmaringen: Thorbecke. 502-510

Espagne, Michel (1992): Französisch-sächsischer Kulturtransfer im 18. und 19. Jahrhundert. Eine Problemskizze. In: Comparativ 2. H. 2. 100-121

Espagne, Michel/Greiling, Werner (Hrsg.) (1996): Frankreichfreunde. Mittler des französisch-deutschen Kulturtransfers (1750-1850). Leipzig: Universitätsverlag

Espagne, Michel (1997): Die Rolle der Vermittler im Kulturtransfer. In: Lüsebrink/Reichardt (1997): 309-329

Espagne, Michel/Middell, Matthias (Hrsg.) (1999): Von der Elbe an die Seine. Kulturtransfer zwischen Sachsen und Frankreich im 18. und 19. Jahrhundert. Leipzig: Universitätsverlag

Espagne, Michel (2003): Der theoretische Stand der Kulturtransferforschung. In: Schmale (2003): 63-75

François, Etienne/Despoix, Philippe (Hrsg.) (1998): Marianne – Germania. Deutsch-französischer Kulturtransfer 1789-1914. Leipzig: Universitätsverlag

François, Etienne/Seifarth, Jörg/Struck, Bernhard (Hrsg.) (2007): Die Grenze als Raum, Erfahrung und Konstruktion. Deutschland, Frankreich und Polen vom 17. bis zum 20. Jahrhundert. Frankfurt/New York: Campus

Fuchs, Eckhardt (Hrsg.) (2000): Weltausstellungen im 19. Jahrhundert. Leipzig: Universitätsverlag

Fuchs, Eckhardt (2004): Internationalisierung als Gegenstand der Historischen Bildungsforschung: Zu Institutionalisierungsprozessen der edukativen Kultur um 1900. In: Liedtke/Matthes/Miller-Kipp (2004): 231-249

Fuchs, Eckhardt (Hrsg.) (2006): Bildung International. Historische Perspektiven und aktuelle Entwicklungen. Würzburg: Ergon

Fuchs, Eckhardt/Lüth, Christoph (2008): Transnationale Bildungsbemühungen und die Konstruktion des Raumes in historischer Perspektive. Einleitung zu diesem Heft. In: Bildung und Erziehung 61. H. 1. 1-9

Füssl, Karl-Heinz (2004): Deutsch-amerikanischer Kulturaustausch im 20. Jahrhundert. Bildung – Wissenschaft – Politik. Frankfurt/New York: Campus

Gippert, Wolfgang (2006a): Ambivalenter Kulturtransfer. Deutsche Lehrerinnen in Paris 1880 bis 1914. In: Historische Mitteilungen. Im Auftrage der Ranke-Gesellschaft hrsg. von Jürgen Elvert und Michael Salewski. Bd. 19. Stuttgart: Franz Steiner Verlag. 105-133

Gippert, Wolfgang (2006b): Nation und Geschlecht. In: Andresen/Rendtorff (2006): 91-103

Gippert, Wolfgang/Kleinau, Elke (2006a): Interkultureller Transfer oder Befremdung in der Fremde? Deutsche Lehrerinnen im viktorianischen England. In: Zeitschrift für Pädagogik 52. H. 3. 338-349

Gippert, Wolfgang/Kleinau, Elke (2006b): Als Lehrerin in Deutsch-Südwest. Der koloniale Blick auf das „Fremde" in Berufsbiographien von Lehrerinnen. In: Schlüter (2006): 168-182

Gippert, Wolfgang/Götte, Petra/Kleinau, Elke (Hrsg.) (2008a): Transkulturalität. Gender- und bildungshistorische Perspektiven. Bielefeld: transcript

Gippert, Wolfgang/Götte, Petra/Kleinau, Elke (2008b): Transkulturalität: gender- und bildungshistorische Perspektiven. Zur Einführung in den Band. In: Dies. (2008a): 9-24

Gippert, Wolfgang (2008): Das Ausland als Chance und Modell: Frauenbildung im viktorianischen England im Spiegel von Erfahrungsberichten deutscher Lehrerinnen. In: Gippert/Götte/Kleinau (2008a): 181-199

Göhlich, Michael et. al. (Hrsg.) (2006): Transkulturalität und Pädagogik. Interdisziplinäre Annäherungen an ein kulturwissenschaftliches Konzept und seine pädagogische Relevanz. Weinheim/München: Juventa

Göhlich, Michael et. al. (2006): Transkulturalität und Pädagogik. Thesen zur Einführung. In: Dies. (2006): 7-29

Gonon, Philipp (2006): Reisen und Reform: Internationalisierungsimpulse im Bildungsdiskurs des 19. Jahrhunderts. In: Fuchs (2006): 115-137

Heiland Helmut/Gutjahr Elisabeth/Neumann Karl (Hrsg.) (2001): Fröbel-Forschung in der Diskussion. Weinheim: Deutscher Studien-Verlag

Hirschhausen, Ulrike v. (2006): Die Grenzen der Gemeinsamkeit. Deutsche, Letten, Russen und Juden in Riga 1860-1914. Göttingen: Vandenhoeck & Ruprecht

Höfert, Almut (2008): Anmerkungen zum Konzept einer „transkulturellen" Geschichte in der deutschsprachigen Forschung. In: Comparativ 18. H. 3/4. 15-26

Hoff, Walburga/Kleinau, Elke/Schmid, Pia (Hrsg.) (2008): Gender-Geschichte/n. Ergebnisse bildungshistorischer Frauen- und Geschlechterforschung. Köln/Weimar/Wien: Böhlau

Jacobi-Dittrich, Juliane (1988): „Deutsche" Schulen in den Vereinigten Staaten von Amerika. Historisch-vergleichende Studie zum Unterrichtswesen im Mittleren Westen (Wisconsin 1840-1900). München: Minerva

Jaeger, Friedrich/Rüsen, Jörn (Hrsg.) (2004): Handbuch der Kulturwissenschaften. Bd. 3: Themen und Tendenzen. Stuttgart/Weimar: Metzler

Kersting, Christa (2008a): Zur Konzeption weiblicher Bildung und Bildungspolitik des „International Council of Women" (ICW), 1888 bis 1945. In: Hoff/Kleinau/Schmid (2008): 171-189

Kersting, Christa (2008b): Weibliche Bildung und Bildungspolitik: das International Council of Women und seine Kongresse in Chicago (1893), London (1899) und Berlin (1904). In: Paedagogica Historica 44. H. 3. 327-346

Kleinau, Elke (2005): In Europa und der Welt unterwegs. Konstruktionen nationaler Identität in Autobiographien deutscher Lehrerinnen an der Wende vom 19. zum 20. Jahrhundert. In: Lundt/Salewski (2005): 157-172

Krüger-Potratz, Marianne (2006): Präsent, aber „vergessen" – Zur Geschichte des Umgangs mit Heterogenität im Bildungswesen. In: Göhlich et. al. (2006): 121-137

Kundrus, Birthe (Hrsg.) (2003): Phantasiereiche. Zur Kulturgeschichte des deutschen Kolonialismus. Frankfurt/New York: Campus

Liedtke, Max/Matthes, Eva/Miller-Kipp, Gisela (Hrsg.) (2004): Erfolg oder Misserfolg? Urteile und Bilanzen in der Historiographie der Erziehung. Bad Heilbrunn/Obb.: Klinkhardt

Lingelbach, Gabriele (2006): Der amerikanische und der französische Blick auf die deutschen Universitäten im 19. Jahrhundert. In: Fuchs (2006): 61-86

Löser, Philipp/Strupp, Christoph (Hrsg.) (2005): Universität der Gelehrten – Universität der Experten. Adaptionen deutscher Wissenschaft in den USA des neunzehnten Jahrhunderts. Stuttgart: Fritz Steiner Verlag

Lundt, Bea/Salewski, Michael [in Zusammenarbeit mit Heiner Timmermann] (Hrsg.) (2005): Frauen in Europa. Mythos und Realität. Münster: LIT

Lüsebrink, Hans-Jürgen/Reichardt, Rolf (Hrsg.) (1997): Kulturtransfer im Epochenumbruch Frankreich – Deutschland 1770-1815. Leipzig: Universitätsverlag

Lüsebrink, Hans-Jürgen/Reichardt, Rolf (1997): Kulturtransfer im Epochenumbruch. Fragestellungen, methodische Konzepte, Forschungsperspektiven. In: Dies. (1997): 9-26

Mae, Michiko (2004): Nation, Kultur und Gender: Leitkategorien der Moderne in Wechselbeziehung. In: Becker/Kortendiek (2004): 621-624

Middell, Katharina/Middell, Matthias (1994): Forschungen zum Kulturtransfer. Frankreich und Deutschland. In: Grenzgänge 1. H. 2. 107-122

Middell, Matthias (2000): Kulturtransfer und Historische Komparatistik – Thesen zu ihrem Verhältnis. In: Comparativ 10. H. 1. 7-41

Middell, Matthias (Hrsg.) (2007): Dimensionen der Kultur- und Gesellschaftsgeschichte: Festschrift für Hannes Siegrist zum 60. Geburtstag. Leipzig: Universitätsverlag

Middell, Matthias (2007): Kulturtransfer und transnationale Geschichte. In: Ders. (2007): 49-72

Möllers, Nina (2008): Kreolische Identität. Eine amerikanische ‚Rassengeschichte' zwischen Schwarz und Weiß. Die Free People of Color in New Orleans. Bielefeld: transcript

Muhs, Rudolf/Paulmann, Johannes/Steinmetz, Willibald (Hrsg.) (1998): Aneignung und Abwehr. Interkultureller Transfer zwischen Deutschland und Großbritannien im 19. Jahrhundert. Bodenheim: Philo

Oelsner, Verónica/Schulte, Barbara (2006): Variationen des Anderen: Die Wahrnehmung ausländischer Bildungsmodelle in der argentinischen und chinesischen Modernisierungsdebatte im späten 19. und frühen 20. Jahrhundert. In: Comparativ 16. H. 3. 44-67

Osterhammel, Jürgen (2001): Geschichtswissenschaft jenseits des Nationalstaats. Göttingen: Vandenhoeck & Ruprecht

Osterhammel, Jürgen (2009): Die Verwandlung der Welt. Eine Geschichte des 19. Jahrhunderts. München: Beck

Paulmann, Johannes (1998): Interkultureller Transfer zwischen Deutschland und Großbritannien. Einführung in ein Forschungskonzept. In: Muhs/Paulmann/Steinmetz (1998): 21-43

Planert, Ute (Hrsg.) (2000): Nation, Politik und Geschlecht. Frauenbewegungen und Nationalismus in der Moderne. Frankfurt/New York: Campus

Schalenberg, Marc (2002): Humboldt auf Reisen? Die Rezeption des „deutschen Universitätsmodells" in den französischen und britischen Reformdiskursen (1810-1870). Basel: Schwabe

Schlüter, Anne (Hrsg.) (2006): Bildungs- und Karrierewege von Frauen. Wissen – Erfahrungen – biographisches Lernen. Opladen: Budrich

Schmale, Wolfgang (Hrsg.) (2003): Kulturtransfer. Kulturelle Praxis im 16. Jahrhundert. Innsbruck: StudienVerlag

Schriewer, Jürgen (1994): Welt-System und Interrelations-Gefüge. Die Internationalisierung der Pädagogik als Problem Vergleichender Erziehungswissenschaft. Öffentliche Vorlesungen H. 24. Berlin: Humboldt-Universität zu Berlin

Schriewer, Jürgen/Caruso, Marcelo (2005): Globale Diffusionsdynamik und kontextspezifische Aneignung. Konzepte und Ansätze historischer Internationalisierungsforschung. In: Comparativ 15. H. 1. 7-30

Schriewer, Jürgen (Hrsg.) (2007): Weltkultur und kulturelle Bedeutungswelten. Zur Globalisierung von Bildungsdiskursen. Frankfurt/New York: Campus

Schulte, Barbara (2007): Wenn Wissen auf Reisen geht: Rezeption und Aneignung westlichen Wissens in China. In: Schriewer (2007): 151-185

Tißberger, Martina et. al. (Hrsg.) (2006): Weiß – Weißsein – Whiteness. Kritische Studien zu Gender und Rassismus. Critical Studies on Gender and racism. Frankfurt et. al.: Lang

Troehler, Daniel (2006): Der deutsche Rousseau in den USA: Die amerikanische LehrerInnenbildung im 19. Jahrhundert. In: Fuchs (2006): 45-60

Walgenbach, Katharina (2005): „Die weiße Frau als Trägerin deutscher Kultur." Koloniale Diskurse über Geschlecht, „Rasse" und Klasse im Kaiserreich. Frankfurt/New York: Campus

Walgenbach, Katharina (2008): Whiteness Studies als kritisches Paradigma für die historische Gender- und Bildungsforschung. In: Gippert/Götte/Kleinau (2008a): 45-66

Wehler, Hans-Ulrich (2006): Transnationale Geschichte – der neue Königsweg historischer Forschung? In: Budde/Conrad/Janz (2006): 161-174

Welsch, Wolfgang (1994): Transkulturalität – die veränderte Verfasstheit heutiger Kulturen. In: Sichtweisen. Die Vielheit der Einheit. Weimar: Stiftung Weimarer Klassik. 83-122

Windhus, Astrid (2005): Afroargentinier und Nation. Konstruktionsweisen afroargentinischer Identität im Buenos Aires des 19. Jahrhunderts. Leipzig: Universitätsverlag

Wolter, Stefanie (2005): Die Vermarktung des Fremden. Exotismus und die Anfänge des Massenkonsums. Frankfurt/New York: Campus

Zymek, Bernd (1975): Das Ausland als Argument in der pädagogischen Reformdiskussion: schulpolitische Rechtfertigung, Auslandspropaganda, internationale Verständigung und Ansätze zu einer Vergleichenden Erziehungswissenschaft in der internationalen Berichterstattung pädagogischer Zeitschriften, 1871-1952. Ratingen/Kastellaun: Henn

Globalisierung, *educational governance* und demokratische Kultur

Edgar Forster

1 Einleitung: Privatmensch und Gesellschaft

1966 erscheint in *Political Science Quarterly* der Aufsatz *Privatmensch und Gesellschaft* von Otto Kirchheimer.[1] Wie erlangt der Einzelne die Fähigkeit, fragt er darin, an den allgemeinen Angelegenheiten des Staates zu partizipieren und was bringt ihn dazu, nicht nur sein privates Interesse, sondern einen allgemeinen Willen zu artikulieren und für seine Durchsetzung zu kämpfen? Sein Forschungsinteresse gilt aber nicht, wie man aufgrund dieser Fragen vermuten könnte, der politischen Sozialisation der Mitglieder einer Gesellschaft, sondern den Bedingungen der gesellschaftlichen und staatlichen Organisation, welche die Voraussetzung für *citizenship* bilden.[2] Diese *citizenship regimes* wurden in den USA der frühen 1960er Jahre durch eine Lehre des Konsensus geprägt: Die Dekonzentration der politischen Macht mit Sicherungen und Gegenkräften wurde von eine breiten Übereinstimmung zu grundlegenden Fragen der politischen Ordnung getragen.

Gegen diese Lehre vom Konsensus richtet sich die Kritik Kirchheimers. Sie basiert auf Untersuchungen über die politische Beteiligung und das politische Bewusstsein amerikanischer Bürgerinnen und Bürger aus unterschiedlichen so-

---

1 Zitiert wird nach dem Wiederabdruck des Beitrags in Kirchheimer, Otto (1967): Politische Herrschaft. Fünf Beiträge zur Lehre vom Staat. Frankfurt/M.: Suhrkamp, 92-121
2 Citizenship regimes definieren erstens Verantwortlichkeiten des Staates, des Marktes, der Familie etc.; zweitens die Grenze von Inklusion und Exklusion einer politischen Gemeinschaft durch die Anerkennung von Rechten (staatsbürgerliche, politische, soziale und kulturelle, individuelle und kollektive); drittens regeln sie die Praktiken, durch die eine politische Ordnung definiert wird, wie Formen der Partizipation oder Regeln für die Legitimität, Ansprüche zu erheben; und viertens stecken sie durch eine Reihe von rechtlichen Prozeduren und kulturellen Formen die Grenzen der Zugehörigkeit zu einer regionalen, nationalen oder transnationalen Identität ab (Jenson 2000).

zialen Verhältnissen, als in den frühen 1960er Jahren eine zunehmend breitere Bevölkerungsschicht vom wirtschaftlichen Aufschwung zu profitieren begann. Weder lasse sich inhaltlich eine Übereinstimmung der Mitglieder der Gesellschaft in grundlegenden Fragen erzielen, noch gebe es eine Übereinstimmung über die Grundbedingungen des politischen Systems, also über seine Verfahrensregeln. Empirische Analysen, wie diejenigen Robert E. Lanes (1962) in *Political Ideology*, zeichnen ein zwiespältiges Bild vom politischen Engagement: Erstens wird das Streben nach Gleichheit nicht als wünschenswert angesehen, sondern als Zeichen der sozialen Instabilität gedeutet. Der eigene Aufstieg wird der eigenen Leistung und nicht günstigen gesellschaftlichen Umständen zugeschrieben, und indem man den Eliten Anerkennung zollt, glaubt man, die eigene soziale Sicherheit festigen zu können. Zweitens: Die Beziehungen in der Fabrik oder im Büro erreichen ganz selten den Grad wirklicher Solidarität oder gar der Freundschaft.

Um eine plausible Erklärung für diese Ergebnisse zu finden, untersucht Kirchheimer die Funktion verschiedener Gruppen der Arbeiterklasse im Produktionsprozess. Er identifiziert drei Merkmale, die das Verhältnis des „Privatmenschen" zur „Gesellschaft" charakterisieren: Selbstisolierung und Zurückhaltung gegenüber Kollektivaktionen, um persönliche Nachteile zu vermeiden; eine schwierige Gratwanderung zwischen Konkurrenz und Kooperation; schließlich eine klare Trennung zwischen Arbeitsexistenz und Privatleben, wenn persönliche Bedingungen im Arbeitsleben nicht verändert werden können. Die Beteiligung an der Konsumgesellschaft kompensiert die eingeschränkten Freiheiten in der Arbeit. Sein Fazit: „Die universale Freiheit dieser Menschen ist also die Freiheit des Konsummarktes." (Kirchheimer 1967: 96)

Damals galten Gewerkschaften, Kirchen und Massenmedien als begrenzte Vermittler allgemeiner Ziele und Zwecke der Gesellschaft. Die Reaktionen der Bürgerinnen und Bürger auf diese Vermittlung sind dem Konsumverhalten vergleichbar. „Die Angebote der Massenmedien, kurz: die Möglichkeit, die Produkte der Zivilisation zu genießen, ohne sich aktiv zu engagieren, verbunden mit einiger Skepsis gegenüber den Motiven derjenigen, die die Angebote machen (‚das kaufen wir Ihnen nicht ab'), untergraben nämlich den Zusammenhang der ausführenden Klasse mit den politischen Zentren der Gesellschaft." (Ebd.: 115)

In der Skepsis zeige sich eine Distanz, die ungeachtet aller homogenisierenden Wirkung deutlich mache, dass Massenkultur zu einem jedenfalls nicht fähig sei: die Wirklichkeit zu verändern. Kirchheimer präferiert eine andere Interpretation der feststellbaren Kombination aus Konsumorientierung und Rückzug ins Privatleben: Konsumentscheidungen seien für den Einzelnen nur von Belang, weil sie ihm die Illusion einer Initiative verschaffen. Die Folgen der Entscheidungen seien dagegen unerheblich, weil sie sein Problem ebenso wenig lösen wie die Vermittler von Politik: „wie er seine Kontrolle über die Realität vergrößern kann", um ein „menschenwürdiges, sinnvolles Leben zu führen" (ebd.: 117-118). So sei der Rückzug ins Privatleben auch als Schutz vor dem Zugriff durch die Massengesellschaft zu deuten.

Kirchheimers Analyse zeigt, dass *citizenship* nicht durch die demokratische Kultur des Konsensus reguliert wird, sondern das Ergebnis eines komplexen Regimes bildet, das sich aus der Funktion des Staates, der Rechtsordnung und der Ökonomie zusammensetzt. Die Organisation des Arbeitsverhältnisses auf der Basis des Konkurrenzprinzips, eine angebotsorientierte Ökonomie, die durch den Konsum in Gang gehalten wird, sowie Institutionen, die politische Repräsentation und soziale Interessenvertretung vereinen, bilden bei Kirchheimer die von Widersprüchen durchzogene Basis für politisches Bewusstsein und Handeln. Eine solche Konstellation könnte man als ökonomischen Konstitutionalismus bezeichnen, weil Praktiken nicht durch politische oder kulturelle Normen bestimmt werden, sondern durch jene Konstellation aus Ökonomie und Staat, die politische und kulturelle Normen und damit *citizenship regimes* hervorbringen und verändern.

Die globale Transformation dieser Konstellation und ihre Effekte auf *citizenship regimes* sind Gegenstand meines Beitrags. Damit ist eine doppelte Absicht verbunden: Erstens wäre deutlich zu machen, auf welcher Grundlage *citizenship education* entwickelt werden müsste, und zweitens soll damit eine Vorarbeit geleistet werden, um *Allgemeine Pädagogik* als kritische Gesellschaftstheorie zu rekonstituieren.

2 Vom politischen zum ökonomischen Konstitutionalismus

Kanishka Jayasuriya (2001) charakterisiert die Auswirkungen globaler Transformationsprozesse auf die Souveränität von Nationalstaaten und ihre rechtsstaatlichen Institutionen als Übergang vom politischen zum ökonomischen Konstitutionalismus. Diese Entwicklung ist allerdings nicht neu, sondern setzt spätestens mit der Herausbildung moderner Demokratien und der kapitalistischen Massenproduktion im 19. Jahrhundert ein. Nationalstaatliche Souveränität verschwindet nicht einfach, sondern verändert ihre Form. Traditionelle Regierungsformen wandeln sich und führen durch neue Steuerungsprozesse und Regulierungsformen zu einer neuen „Architektur der Macht". Für diese Transformationsprozesse sind zwei Aspekte charakteristisch: Erstens wird Globalisierung nicht in erster Linie als ein von „außen" angetriebener und gesteuerter Prozess begriffen, sondern als ein Prozess, der innerhalb eines Staates angefacht und angetrieben wird. Dabei werden die Grenzen zwischen innen und außen porös, und der Territorialstaat ist nicht mehr das einzige Prinzip, nach dem Souveränität organisiert wird.[3] Zweitens bedeutet ökonomischer Konstitutionalismus, dass die ökonomische Analyse auf Bereiche ausgedehnt wird, die bis dahin als nicht-ökonomisch galten. Eine solche Analyse müsste rekonstruieren, wie diese Sphären in einer bestimmten historisch-gesellschaftlichen Situation mit der Politik, dem Recht und der Staatsauffassung zu einer Konstellation zusammentreten.

Aus einer rechtlichen Perspektive lässt sich das 19. Jahrhundert als Prozess der Vereinheitlichung und Zentralisierung rund um den liberalen Staat interpretieren. Das Ineinandergreifen von Recht und Territorialstaat wurde in Konzepten des politischen Konstitutionalismus reflektiert. In Deutschland muss dieser Konstitutionalismus als ein Prozess der Begrenzung einer bestehenden Herrschaft in einem allmählichen, permanent umstrittenen und mit vielen Rückschritten belasteten politischen Konflikt begriffen werden (Möllers 2008: 15). Für die Verfassung von 1919 war die pluralistische Doktrin, institutionalisiert in der parlamentarischen Demokratie, zentral. Damit sollten die antagonistischen Kräfte harmonisiert werden. Diese Doktrin richtete sich insbesondere gegen die Theorie und Praxis der Staatssouveränität. Der Pluralismus begriff den Staat als eine von vielen gesellschaftlichen Institutionen, die gegenüber anderen Autoritäten wie Kirchen, Gewerkschaften oder politischen Parteien keine besondere Souveränitätsposition in Anspruch nehmen konnten (Neumann 1984: 31-36). Der Staat und die Verfassung standen sich unversöhnlich gegenüber. Die vermeintlich unpolitische Kontinuität des staatlichen Apparates, der die Zählebigkeit institutioneller Strukturen und des nationalen Selbstverständnisses des alten Deutschen Reiches repräsentierte, traf auf eine demokratische Verfassungsordnung, die im Parlament ihren Ausdruck fand. Die Unterscheidung zwischen Staat und Gesellschaft institutionalisierte sich im politischen Gegeneinander von Parlament und Exekutive. Der Staat sah sich gegenüber den parlamentarischen Auseinandersetzungen in der Rolle des Bewahrers der institutionellen Integrität.[4]

---

3 Hardt und Negri stellen mit Empire (2002) eine neue Weltordnung vor, in der Souveränität nicht mehr mit dem Feld des Territoriums verknüpft ist.

4 „Die Sicherung der institutionellen Integrität der Exekutive wurde gegen den Wortlaut der Verfassung gewendet, beispielsweise um das Notverordnungsrecht des Reichspräsidenten besonders weit zu interpretieren" (Möllers 2008: 25). Dies ist keine deutsche Besonderheit. So kannte die französische staatstheoretische Debatte der Zwischenkriegszeit ein ähnliches Neben- und Gegeneinander von Staat und Verfassung mit entsprechenden juristischen Implikationen zugunsten der Exekutive und zulasten des Parlaments (ebd.). Hans Kelsen, Verfasser der österreichischen Bundesverfassung, versuchte nach dem Ersten und dem Zweiten Weltkrieg eine Identität von

In dieser Zeit bildeten sich erste Ansätze eines ökonomischen Konstitutionalismus heraus. Er beschreibt eine Wirtschaftspolitik, die eng mit dem Ordoliberalismus verknüpft ist und den Staat als Wächter des Marktes begreift. In der Lehre der Freiburger Schule räumt eine staatliche Ordnungspolitik dem Markt größtmögliche Unabhängigkeit ein. Eine gemäß dem Laissez-faire-Prinzip sich selbst überlassene Wirtschaft führe dagegen zu einer Wirtschaftslenkung durch Machtgruppen. Aus der Sicht der Ordoliberalen ist der wettbewerbsdämpfende Effekt des Staates auf die Wirtschaft das zentrale Problem, denn in der Weimarer Republik war der Staat zunehmend im Spiel von Interessengruppen gefangen. Dies führte zu einer Politisierung der Ökonomie, die wiederum den Staat schwächte.[5] Um die Ökonomie vor der instabilen parlamentarischen Demokratie der Weimarer Republik und vor dem Zugriff des Staates zu schützen, war mit dem Übergang zum ökonomischen Konstitutionalismus die Absicht verbunden, mit Hilfe politischer Instrumente einen Bereich zu schaffen, der dem Politischen entzogen ist. Der Markt sollte als konstituierende Ordnung mit eigenen Regeln, Verfahren und Institutionen gesehen werden, die dazu da sind, die Marktordnung und den Prozess des ökonomischen Wettbewerbs ohne politische Einflussnahme durchzusetzen. Diese „Politik der Antipolitik" in der Form des Ordoliberalismus (oder eine bestimmte Variante davon)[6] gilt als höchst einflussreich für die deutsche Entwicklung nach 1945 und für die Entwicklung der europäischen Integration (Gerber 2001: 14). Der ökonomische Konstitutionalismus bildet die Voraussetzung für das Bündnis zwischen Politik, Recht und Ökonomie und setzt eine neue Form des Liberalismus durch,[7] der allerdings aus der Perspektive des demokratischen Regierens eine Reihe von Problemen aufwirft (Jayasuriya 2001: 454).

Verfassung und Staat zu begründen suchte, blieb damit aber ein Außenseiter unter den Rechtsgelehrten.

5 Im Ersten Weltkrieg entstand ein Kriegswirtschaftsverwaltungsrecht, das vielfache Verbindungen zwischen der formell privaten Wirtschaft und der staatlichen Verwaltung schaffte. Vor dem Hintergrund eines durchaus planwirtschaftlichen Modells entwickeln sich Regulierungsstrukturen, die die deutsche Staatstheorie bis in die Gegenwart beschäftigen sollten (vgl. Stolleis; hier Möllers 2008: 21).

6 Der Ordoliberalismus ist keine homogene Theorie und Praxis, sondern es gibt unterschiedliche Auffassungen darüber, ob die Wirtschaftstheorie und -politik, die die deutsche Nachkriegsgeschichte und die der EU bestimmt, mit den Auffassungen von Walter Eucken, einem der Begründer des Ordoliberalismus, übereinstimmt (vgl. dazu Oswalt 2001).

7 „The economy needed to be imbedded in a constitutional-legal framework that would both protect it and help integrate society around it" (Gerber 2001: 15).

3 Ökonomischer Konstitutionalismus und Demokratie

Nach 1945 muss der ökonomische Konstitutionalismus unter Bedingungen eines parlamentarischen Systems Legitimität erreichen und er benötigt für seine Stabilität die soziale Integration der Gesellschaft. Dies erfordert eine Konstellation, die weit über die Ökonomie hinausreicht und die nationalstaatliche Souveränität, das Rechtssystem sowie die politische Ordnung einer Gesellschaft und deren Mitglieder umfasst. So ist der Konstitutionalismus der Europäischen Union aus einer Reihe von ökonomischen Arrangements entstanden, die die Grundlage für liberale Werte abgeben sollten. Allerdings sei dieses System ökonomisch-konstitutionell begründet und nicht in der Sprache von *civil and political freedom*. Deswegen müsse es in kritischen Analysen darum gehen, die normativen Implikationen eines konstitutionellen Systems zu untersuchen, in dem ökonomische Rahmenbedingungen normative und ideologische Effekte produzieren (anstatt das Recht als normatives System zu verstehen, das ein liberales ökonomisches System hervorbringt). Um die europäische Integration zu verstehen, müsse die Analyse der Entwicklung des europäischen Konstitutionalismus in eine Gesellschaftsanalyse integriert werden (Chalmers 1995, Búrca 1995).

In dieser Form produziert der ökonomische Konstitutionalismus eine Reihe von Widersprüchen, die die Stabilität der Gesellschaft gefährden. Dies soll exemplarisch an der politischen Ordnung der sozialen Demokratie verdeutlicht werden. Ihre Vertreter plädieren für ein aktivistisches, auf fortschreitende Expansion abzielendes Konzept von Demokratie, die als Gesamtverfassung nicht nur die Sphäre der Politik, sondern auch alle anderen Gesellschaftssphären umfasst. Im deutschsprachigen Raum ist das Konzept des sozialen Rechtsstaates in der zweiten Hälfte der 1960er Jahre bedeutsam geworden. Im Kern handelt es sich dabei um einen Staatstypus, in dem insbesondere der Sozialstaat verfassungsrechtlich gestärkt und eine Reform der Sozial- und Wirtschaftsordnung angestrebt wird (Abendroth 1967, Hartwich 1970; vgl. auch Schmidt 2008: 225-235).[8] Die Entwicklung der sozialen Demokratie wurde in den 1960er Jahren durch zwei gesellschaftliche Faktoren begünstigt: Zum einen erlebten viele westeuropäische Länder die Blüte der Hochkonjunktur mit Vollbeschäftigung. Zweitens veränderte „68" die gesellschaftlichen Strukturen nachhaltig, darunter das Bildungswesen und die Erziehungswissenschaft. Rita Casale (2008) bietet für diese Entwicklung zwei Deutungen an: Man könne darin eine neue Form der Politik sehen, die gemäß den Ideen der sozialen Demokratie alle gesellschaftlichen Sphären erfasse. Umgekehrt ließe sich die Entwicklung aber auch als Ende der Politik le-

---
8 Vgl. Kreiskys politische Forderung nach einer „Demokratisierung aller Lebensbereiche" in den frühen 1970er Jahren in Österreich.

sen, denn von neuen sozialen Bewegungen sei ein Prozess der *Entinstitutionalisierung* der Politik in Gang gesetzt worden, der das Verständnis der politischen Praxis verändert habe. Zwar hätten diese Bewegungen soziale Lebensformen verändert und das Parteiensystem erschüttert, sie seien aber nicht in der Lage gewesen, sich eine politische Organisation zu geben, die auch auf Institutionen und ökonomische Strukturen einwirken könne.

Die Verlagerung der Politik auf die Ebene sozialer Bewegungen ohne entsprechende institutionelle Verankerung hat nicht dazu geführt, dass politische zu sozialer Demokratie ausgedehnt wurde, sondern sie hat eine Trennung der gesellschaftlichen Sphären begünstigt. Die sozialen Bewegungen waren im Kern um eine Identitäts- bzw. Differenzpolitik zentriert. Spätestens seit Mitte der 1970er Jahre, im Gefolge der ersten Ölkrise und der Aufkündigung des *Bretton-Woods*-Abkommens, zeigten sich die Probleme der Entinstitutionalisierung, denn es war relativ leicht, soziale Bewegungen ohne institutionelle Verankerungen zu neutralisieren. Hier gewinnt der ökonomische Konstitutionalismus an Dynamik: Der Abbau nationaler Handelsschranken, die Transformation öffentlicher Angelegenheiten (wie Bildung) in Dienstleistungsmärkte, die Reorganisation von Beschäftigungsverhältnissen und der Abbau des Wohlfahrtsstaates gehen mit der Produktion einer Form der Individualisierung einher, die sich die symbolischen Ausdrucksformen der Identitäts- und Differenzpolitik zu Nutze gemacht hat. Schließlich erfasst diese Dynamik den Staat, so dass Tronti (1982) von einem „verpachteten Staat" und, in Bezug auf Italien, von der „historischen Abwesenheit des Staates" spricht.

Jacques Rancière und Colin Crouch diagnostizieren den politischen Effekt dieser Entwicklung ähnlich: Die westeuropäische Gesellschaft sei in das Zeitalter der Postdemokratie eingetreten. Zwar existieren nach wie vor demokratische Institutionen und es gibt zahlreiche demokratische Rituale in unterschiedlichen gesellschaftlichen Sphären, die man zusammengenommen als demokratische Kultur bezeichnen könne, aber politische Entscheidungen werden zunehmend von anderen politischen Akteuren in einem weitgehend „politikfreien" Raum getroffen. Im Schatten politischer Inszenierungen werde reale Politik hinter verschlossenen Türen gemacht: von gewählten Regierungen und Eliten, die vor allem die Interessen der Wirtschaft vertreten (vgl. Crouch 2008: 10). Diese Form der Demokratie habe den Streit des Volkes liquidiert und sei auf das alleinige Spiel der staatlichen Dispositive und der Bündelung von Energien und gesellschaftlichen Interessen reduziert. „Sie ist die Praxis und das Denken der restlosen Übereinstimmung zwischen den Formen des Staates und dem Zustand der gesellschaftlichen Verhältnisse" (Rancière 2002: 111). An dieser Schwelle geht Politik in *governance* über und technische Steuerungsprozesse treten an die Stelle von politischen Entscheidungen.

4 Auswirkungen auf *citizenship regimes*

(a) Die erste Auswirkung des ökonomischen Konstitutionalismus auf *citizenship regimes* besteht in der Definition des Bürgers als Konsument. Auf der Ebene der politischen Kommunikation entspricht dem der Wandel politischer Nachrichten in kurzlebige Konsumgüter. Gegenüber einem aktiven Modell des Bürgerstatus, dem zufolge Gruppen und Organisationen kollektive Identitäten entwickeln und ihre Interessen und Forderungen selbständig artikulieren und an das politische System weiterleiten (Crouch 2008: 22), ist das Konsumentenmodell passiv. Zu den negativen Rechten zählen der Schutz des Individuums gegenüber dem Staat und Eigentumsrechte. Passive Staatsbürgerschaft artikuliert sich zudem in einem fundamentalen Misstrauen gegenüber regierenden Eliten. Das stärkste positive Recht des Staatsbürgerkonsumenten ist die Wahl. Der ökonomische Konstitutionalismus verbindet demokratische Rechte mit der uneingeschränkten Wahlmöglichkeit, die wiederum auf einem möglichst umfassenden Wettbewerb und ungehinderten Zugang zu Informationen beruht. Der kritische Staatsbürger ist der kritische Konsument, und *educational governance* in der Terminologie des ökonomischen Konstitutionalismus führt in das Bildungssystem zuerst Marktbedingungen als Voraussetzung für Wahlmöglichkeiten ein. Dem kritischen Konsumenten kommt eine doppelte Funktion zu: Er übt durch seine Wahl eine Kontrollfunktion aus und ihm kommt die indirekte Rolle eines Motors für die Entwicklung von Qualitätsstandards zu. Abgesehen davon, dass diese Funktionen eingeschränkt sind, ist die Gewährung von Rechten in Form von Konsumentenrechten trügerisch, weil sie an eine angebotsorientierte Ökonomie geknüpft sind. Die Kehrseite des Konsumenten ist der Bittsteller in einer nachfrageorientierten Ökonomie (des Arbeitsmarktes, von Graduiertenkollegs und Eliteuniversitäten etc.). Der Vorzug der Wahlmöglichkeit verkehrt sich hier in eine desintegrative Konkurrenzsituation.

(b) Die Transformation von Beziehungen in Konkurrenzverhältnisse ist eine zweite Auswirkung auf *citizenship regimes*. Sie findet ihren zeitgemäßen Ausdruck im ökonomischen Konzept des Humankapitals. Im Kern zielt die Lehre vom Humankapital darauf ab, das Gebiet des Ökonomischen auf den Alltag auszudehnen (Becker/Becker 1998, Schultz 1986) und den Menschen und seinen Lebenslauf zum Gegenstand der Ökonomie zu machen. Damit verändern sich die

Auffassungen über Souveränität und Repräsentation. Im Vorwort zur deutschen Ausgabe von Theodore W. Schultzes Studie *In Menschen investieren* skizziert Erich Boettcher die politischen Konsequenzen der Humankapitaltheorie. Der ökonomische Konstitutionalismus in der Form der Humankapitaltheorie setze den Gegensatz von Kapital und Arbeit und damit ein zentrales Spannungsverhältnis kapitalistischer Gesellschaft außer Kraft. „Als Gelernte und qualifizierte Beschäftigte sind die Arbeiter unserer Tage selbst Kapitalträger, die ohne eigenes Humankapital auf keinem Arbeitsplatz mehr einsatzfähig sind. Daher benötigen sie auch keinen kollektiven Schutz vor Ausbeutung mehr, sondern nur eine angemessene Vertretung von Kapitalinteressen, und zwar von Trägern sowohl von materiellem Kapital als auch von Human-Kapital" (Boettcher 1986: X).

In der Formulierung „auf keinem Arbeitsplatz mehr einsatzfähig sein", die die erzwungene Passivität und Subordination der Humankapitalträger illustriert, wird der Widerspruch des Versuchs, Klassenunterschiede einzuebnen, sichtbar. Pointierter lässt sich die Negierung von Eigentums- und Machtverhältnissen nicht darstellen. Der zweite Angriff zielt auf die Bildungspolitik: „[...] ob an der heute verbreiteten Arbeitslosigkeit nicht die das Leistungsniveau senkenden Bildungsreformen der letzten Jahrzehnte ihr gerütteltes Maß an Schuld haben", fragt Boettcher (ebd.). Das Zitat verbindet zwei Argumente: Bildungsreformen, die auf Gleichheit zielen (die faktisch nicht durchgesetzt wurde und wird), werden von Konservativen immer mit einem Degenerationsphantasma aufgeladen. Zweitens werde damit der Konkurrenzkampf ausgehöhlt, der seine Dynamik der Akkumulation von Humankapital verdankt. Beide Argumente sind ein Plädoyer dafür, dass Bildungsinstitutionen ökonomischen und nicht politischen Prinzipien folgen sollen. Hier wird der von Kirchheimer eingangs festgestellte Widerspruch zwischen dem Engagement für öffentliche Angelegenheiten und der Durchsetzung individueller Interessen deutlich, die der ökonomische Konstitutionalismus produziert und nicht nur die Einzelnen, sondern Bildungsinstitutionen betrifft.[9]

(c) In die Erziehungswissenschaft hält die Humankapitaltheorie in unterschiedlicher Form Einzug. Eine Vorbedingung für den ökonomischen Konstitutionalismus besteht darin, dass der Gegenstand von Bildung den gesamten Lebenslauf

---

9 Die Akkumulation schlägt bei Boettcher schließlich unvermittelt und ohne erkennbaren Grund in die Vision eines gesamtgesellschaftlichen Paradieses um: „Mit großem Engagement tritt der Verfasser [Schultz] allen jenen entgegen, die unsere Zukunft nur grau in grau malen, weil angeblich unsere Ressourcen sich erschöpfen und die Welt im Schmutz der Industrie zu ersticken drohe. Er verweist demgegenüber auf die unerschöpfliche Leistungsfähigkeit des menschlichen Geistes, der bisher alle Probleme gelöst habe und auch in Zukunft werde lösen können. Man darf ihn nur nicht einschnüren, sondern man soll ihm die Freiheit geben, die er zu seiner Entfaltung braucht" (Boettcher 1986: XI).

umfasst und zu einer ‚Generationenvitologie' wird.[10] Während internationale Vergleichsstudien wie PISA, TIMSS oder IGLU den Konkurrenzgedanken in Bildungssystemen auf internationaler, nationaler und regionaler Ebene institutionalisieren, gehen Forschungsprojekte wie das *Nationale Bildungspanel (NEPS)* einen Schritt weiter. Längsschnittstudien mit Ausgangsstichproben aus Neugeborenen, Kindergartenkindern, Fünftklässlern, Neuntklässlern, StudienanfängerInnen und berufstätigen Erwachsenen sollen messen, wie sich Kompetenzen bis ins hohe Erwachsenenalter entwickeln. Untersucht werden Bildungskarrieren über die gesamte Lebensspanne: Auswirkungen von Bildungsentscheidungen und Einflüsse verschiedener Lernumwelten. Zudem soll das Bildungspanel Besonderheiten im Bildungsverhalten von Menschen mit Migrationshintergrund erforschen, den Nutzen von Bildungsmaßnahmen und Bildungsrenditen im Bildungsverlauf untersuchen. „In der modernen Wissensgesellschaft sind Bildung und Ausbildung zentrale Voraussetzungen sowohl für das wirtschaftliche Wachstum und Wohlstand als auch für ein erfolgreiches privates Leben", so der Leiter des Nationalen Bildungspanels (Hans-Peter Blossfeld). Die ForscherInnen erwarten u.a., so heißt es in einer Pressemitteilung, detaillierte Informationen über die Übergänge in Ausbildung und Beruf, Studienverläufe und den anschließenden Übergang in die Arbeitswelt sowie Weiterbildungsverläufe und Arbeitsmarktkarrieren von Erwachsenen. Daraus sollen Konzepte für qualifikationsspezifische Löhne und Arbeitsmarktchancen abgeleitet werden. Zu diesem Forschungsbereich zählen auch Untersuchungen über politisches und soziales Engagement, physische und psychische Gesundheit, über Chancen bei der Partnersuche und der Familiengründung sowie über das subjektive Wohlbefinden. Angesichts des immer schnelleren sozialen und ökonomischen Wandels seien im Berufsleben zunehmend Flexibilität und Anpassungsfähigkeit gefragt. So werden Aufschlüsse über die Zusammenhänge von Bildungs- und Ausbildungsprozessen im Kindes- und Jugendalter mit der Fähigkeit und Bereitschaft, sich im weiteren Lebensverlauf neue Kompetenzen anzueignen, erwartet. Angesichts des demografischen Wandels müssten Lernprozesse, Bildungseinrichtungen und die Organisation von Bildung entsprechend angepasst werden.[11]

---

10 Der Begriff „Generationenvitologie" ist an Lenzens (1997: 246) Begriff der „Humanvitologie", in der Humanontogenese und Lebenslauf zusammengefasst sind, angelehnt. In den systemtheoretischen Überlegungen bei Luhmann und Lenzen findet die Humankapitaltheorie eine theoretische Rechtfertigung für diese Vorbedingung (Lenzen/Luhmann 1997). Allerdings umfasst die Akkumulation des Humankapitals nicht nur den Lebenslauf, sondern auch die Generationenfolge; siehe dazu Foucaults (2004, II: 316-324) Diskussion der angeborenen und erworbenen Elemente, aus denen Humankapital gebildet wird.
11 Vgl. ZEIT ONLINE, 04. Januar 2009. http://www.zeit.de/online/2009/06/bildungspanel-wissenschaft. Für eine Analyse des dahinter stehenden social imaginary (vgl. Taylor 2004) ist

An diesem Beispiel lässt sich die Grundstruktur des ökonomischen Konstitutionalismus als Konstellation unterschiedlicher, scheinbar kontradiktorischer Elemente studieren. *Citizenship education* wäre, bezogen auf dieses Forschungsprojekt, der Versuch, den Lebenslauf in einem umfassenden Sinn so zu steuern, dass die Marktökonomie unter Bedingungen der Globalisierung mit individuellen Interessen und demokratischen Ansprüchen verknüpft wird und die Integration der Gesellschaft und damit die Stabilität ihrer Institutionen gesichert ist. Dazu müsste die Kontingenz von Lebensläufen in eine Abfolge notwendiger Entscheidungen transformiert werden, indem die Entscheidungsbedingungen durch „kluge" Steuerungen „erzwungen" werden. Das heißt, sie werden als notwendige und einzig rational begründete Entscheidungen dargestellt. Während jede einzelne Entscheidung als eine bloß rationale Wahl wahrgenommen wird, bildet die Entscheidungskette eine normative Steuerung, so dass jede einzelne, nur ökonomische Entscheidung insgesamt zu einem normativen Setting beiträgt. Die Implementierung des Wettbewerbsprinzips in Bildungssysteme und in den Arbeitsmarkt tragen dazu bei, die Solidarisierung der Menschen zu verhindern. Die Integration der Gesellschaft wird nicht durch Solidarisierung geleistet, sondern durch die Anerkennung des Wettbewerbs. Die Bindung an das Prinzip des Wettbewerbs wird negativ durch die drohende Exklusion aus der Gesellschaft und positiv durch das Bild von der „Aufwärtsmobilität" geschaffen. Dieses *social imaginary* ist wiederum eng mit Bildung (und dem Glücksspiel) verknüpft.[12] Bildung allein wäre in der Lage, eine umfassende Integration, wie sie der ökonomische Konstitutionalismus anstrebt, zu realisieren. Eine solche Steuerungsidee setzt sich aus drei Dimensionen zusammen: erstens müsste es dem ökonomischen Konstitutionalismus über Bildungssteuerung gelingen, die freie Wahl mit der politischen Steuerung derjenigen, die wählen, zu verknüpfen; zweitens müssten Bedürfnisse der Ökonomie mit dem Bild von Demokratie (nicht mit Demokratie selbst) versöhnt werden und drittens müsste es gelingen, die Gesellschaft zu integrieren, indem Bürgerinnen und Bürger via Bildung und Erziehung auf die Anerkennung gleicher Grundwerte (wie Aufwärtsmobilität) verpflichtet werden. Und Bildungsforschung käme die doppelte Rolle einer Wissenschaft des ökonomischen Konstitutionalismus zu: Sie analysiert diejenigen Prozesse, für die sie

---

diese Quelle aufschlussreicher als es wissenschaftliche Darstellungen des Forschungsprojekts sind (vgl. auch unten, 6.1.: Anmerkungen zum Nationalen Bildungspanel).

12 „Sie und ihre Kinder sollen gehorsam die Karriereleitern hinaufklettern, die die ökonomischen Eliten für sie bereitgestellt haben. Aus diesem Grund wird Bildung als politisches Thema wichtiger, viele Politiker scheinen geradezu davon besessen, schließlich scheinen effiziente Bildungssysteme das effektivste und zuverlässigste Mittel, um Aufwärtsmobilität zu ermöglichen." (Crouch 2008: 79)

dann die notwendigen Regulierungsmechanismen produziert. Auf diese Weise wird Bildungsforschung selbst zu einer politischen Akteurin.

Nun war aber eine der zentralen Einsichten Kirchheimers, dass dieser Grundkonsensus bzw. diese Form der gesellschaftlichen Integration durch gesellschaftliche Widersprüche durchkreuzt wird. Der ökonomische Konstitutionalismus setzt diese nicht außer Kraft und das bedeutet, dass wir uns immer wieder im Feld des Politischen finden.

5 Die Strategie der Repolitisierung

Crouch (2008: 20) zufolge könne die ausgedünnte Demokratie heute auf zwei Weisen wiederbelebt werden: durch Krisen, die ein erneutes politisches Engagement hervorrufen, und durch das Entstehen neuer kollektiver Identitäten, die die Form der Partizipation an Debatten und Entscheidungen verändern. Beide Wiederbelebungsthesen halte ich für problematisch: Nicht jede Krise führt zu politischem Engagement. Zweitens erklärt Crouch nicht, wie neue kollektive Identitäten entstehen können und unter welchen Bedingungen sie positive Effekte auf die Demokratieentwicklung nehmen. Mindestens ebenso wahrscheinlich ist, dass Identitätsproduktionen neue Exklusionsmechanismen hervorbringen.[13]

Mit den Vorschlägen von Crouch zeichnet sich aber eine Repolitisierung der Gesellschaft ab. In der theoretischen Debatte werden diese Prozesse im Begriff des Politischen reflektiert, der bezeichnenderweise auf Carl Schmitts Studie über den *Begriff des Politischen* zurückgeht und in zwei Formen diskutiert wird. In einer dekonstruktivistischen Variante geht es Derrida um eine *Politik der Freundschaft*, die in Umkehrung der Schmittschen Position immer schon und notwendig auf Alterität bezogen ist (Derrida 2000). Chantal Mouffe (2007) hingegen nimmt das Schmittsche Freund-Feind-Schema auf und bekämpft damit die kosmopolitische Illusion und die Reduktion demokratischer Ansprüche in ihrer liberalistischen Variante. Demokratie könne weder als bloßer Wettbewerb von Interessen noch als Dialog betrachtet werden, weil beide Vorstellungen nicht ausreichen, um demokratische Ideale im Kampf gegen ihre Gegner durchzusetzen. Die Wiederbelebung der Demokratie könne also nicht im Dialog, sondern nur in der Reaktivierung des Kampfes bestehen, der das Bild des Gegners voraussetzt.

---

13 Die Ansätze von Hardt und Negri in Multitude (2004) entwerfen interessante politische Ideen, aber sie geben keine Auskunft, unter welchen sozialen und ökonomischen Bedingungen sie sich realisieren lassen.

„Zur Konfrontation kommt es dann entweder zwischen essentialistischen Formen von Identifikation oder zwischen nicht verhandelbaren moralischen Werten. Wenn die politischen Grenzen verwischt werden, entsteht Unzufriedenheit mit den politischen Parteien, und es erstarken andere Formen kollektiver Identitäten, etwa im Bereich nationalistischer, religiöser oder ethnischer Identifikationsformen – Antagonismen äußern sich auf verschiedenste Weise, und es ist illusorisch zu glauben, sie könnten je aus der Welt geschafft werden" (ebd.: 43).

Während Schmitt noch den Krieg und die Vernichtung des Feindes als Fundament seines Begriffs des Politischen gesetzt hat, sieht Mouffe die Aufgabe von Demokratie darin, Raum für agonistische Ausdrucksmöglichkeiten zu schaffen und so den Antagonismus durch Institutionen und formelle Rechtsgrundlagen zu bändigen, damit der Antagonismus nicht durch gewaltsame Formen aufgelöst wird. Die Kritik des ökonomischen Konstitutionalismus und des unmöglichen Verschwindens von Politik sowie die Rolle, die Bildung in der Konstellation mit dem Staat und der Ökonomie spielt, könnte dann eine der Aufgaben von *citizenship education* sein.

In einem zweiten Schritt wäre zu zeigen, dass die hier beschriebenen globalen Transformationen vom politischen zum ökonomischen Konstitutionalismus die Entwicklung kritischer Gesellschaftstheorie affiziert haben. Ausgehend von der Kontroverse der frühen kritischen Theorie der Frankfurter Schule über die Analyse des Nationalsozialismus in den frühen 1940er Jahren müsste die Rekonstruktion heute bei den politisch-ökonomischen Analysen jener Vertreter, nämlich Neumann, Gurland und eben Kirchheimer, einsetzen, die nach 1945 gegenüber der „ideologiekritisch-kulturkritischen" Variante der Kritischen Theorie aus verschiedenen Gründen neutralisiert wurden.

6   Nachtrag zur Diskussion

Argumente, Einwände und Fragen aus der Diskussion im Anschluss an meinen Vortrag, der diesem Text zugrunde liegt, haben mich herausgefordert, meine Position zur Kritik des Nationalen Bildungspanel und zur Frage des Ökonomismus im ökonomischen Konstitutionalismus zu präzisieren.[14]

---

14 Ich danke den beitiligten DiskutantInnen für Ihre Anregungen, Kommentare und Fragen.

6.1 Anmerkungen zum Nationalen Bildungspanel

Methodologische Bemerkung zur Quelle: Die Analyse des Nationalen Bildungspanels ist keine Analyse des Forschungsdesigns und der Forschungsorganisation, sondern die herangezogene Quelle ist ein für die Presse bestimmte Mitteilung an die Öffentlichkeit. Sie repräsentiert ein *social imaginary* (vgl. Taylor 2004). Methodologisch müsste man von einem Diskurselement sprechen, und wenn man von einem Diskurs des ökonomischen Konstitutionalismus sprechen würde, fasse ich diese Pressemitteilung als Element des Diskurses des ökonomischen Konstitutionalismus auf. Diese methodologische Annahme schließt Differenzen der Forschungspraxis zu der Mitteilung oder Differenzen von Forschungsinstitutionen bzw. einzelner Forschungspartner zu dieser Mitteilung ein. Der Begriff des Diskurses ist auf den Begriff des *social imaginary* bezogen. Ein Diskurselement wäre in diesem Sinne kein willkürliches, beliebiges Element, sondern seine Bedeutung lässt sich im Kontext seines Erscheinens interpretieren. Mich hat die Konvergenz dieses Diskurselementes mit der Logik des ökonomischen Konstitutionalismus überrascht, und ich würde zunächst in diesem empirischen Beleg eine Bestätigung dafür sehen, dass die Rekonstruktion globaler Transformationen mit Hilfe der Theorie des ökonomischen Konstitutionalismus brauchbar sein könnte.

Einschätzung des ökonomischen Konstitutionalismus: Ich bin zurückhaltend, wie diese Konvergenz zwischen einem Großforschungsprojekt und dem ökonomischen Konstitutionalismus einzuschätzen ist. Eine Unterscheidung zwischen kritischer vs. unkritischer Wissenschaft ist ebenso problematisch wie die Ineinssetzung von ökonomisch ist gleich ideologisch. Der ökonomische Konstitutionalismus ist eng mit bestimmten liberalen Traditionen verknüpft. Wenn man aktuelle Bildungsdebatten beobachtet (etwa die Diskussion über Bildungsstandards), ist eine Einschätzung schwierig, weil in Aussicht gestellte Alternativen oft gleichermaßen problematisch erscheinen. Man müsste also in empirischen Studien zunächst genauer zeigen, welche Effekte der ökonomische Konstitutionalismus auf bestimmte Praxen (z. B. die Forschungspraxis) nimmt.

Forschungspraxis und erkenntnisleitendes Interesse: Wenn die Annahmen zum ökonomischen Konstitutionalismus und zur Humankapitaltheorie zutreffen, dann müssten deren Komponenten Einfluss auf die Forschungspraxis, die Forschungsorganisation und die Ergebnisse sowie ihre Interpretation und Verwertung nehmen. Dies wäre aber nicht im Sinne eines Determinismus zu verstehen (vgl. Anmerkungen über das Verhältnis von Ökonomismus und ökonomischen Konstitutionalismus), sondern der Einfluss gestaltet sich derart, dass sich Fragen der Rationalität anders stellen als in einem politischen Konstitutionalismus. Dies schließt z. B. ein Forschungsinteresse über Fragen der Reproduktion von Ungleichheit nicht aus, sie erscheinen aber unter einem Rationalitätskalkül des ökonomischen Konstitutionalismus z. B. als sekundär gegenüber Steuerungsfragen.

Wenn eine Forschungsorganisation so angelegt ist, dass die hinter einem Forschungsprozess laufenden Rationalitätslogiken thematisiert werden können, dann würde dies bedeuten, den Forschungsprozess zu „repolitisieren", weil Fragen des erkenntnisleitenden Interesses Einfluss auf Forschungsdesigns nehmen. Mir scheint aber, dass nicht jede Forschungsorganisation im gleichen Maße die Möglichkeit zulässt, die Rationalitätskalküle zu thematisieren. Der ökonomische Konstitutionalismus schließt aber umgekehrt die Problematisierung des Forschungsprozesses und der Wissenschaftsorganisation nicht von vornherein aus. Und hinzuzufügen wäre, dass es vermutlich eine Illusion wäre zu glauben, dass derart große Forschungsprojekte, die gewissermaßen industriell, weil arbeitsteilig verfahren, von einem Zentrum aus gesteuert werden können, selbst wenn es eine zentrale politische Idee gäbe, die implizit oder explizit dem Forschungsprozess zugrunde liegt. Man müsste zumindest im Sinne von Beck von unbeabsichtigten Nebenfolgen ausgehen, die damit verbunden sind (m.e. hat bereits „PISA" zu solch unbeabsichtigten Nebenfolgen geführt, indem sie z. B. zu ein erhöhtes Interesse an Forschungen über die Reproduktion von Ungleichheit von Bildungssystemen oder Fragen der Migration ausgelöst haben).

Fazit: Weder würde ich beteiligten ForscherInnen neoliberale Interessen noch Naivität unterstellen, aber gleichzeitig darauf aufmerksam machen, dass kritische Erziehungswissenschaft erstens die Analyse und Reflexion der Wissenschaftsorganisation und des Forschungsprozesses einschließen müsste. Zweitens wäre eine Regierendenperspektive durch eine Perspektive der Regierten zu ergänzen bzw., um einen alten, aber keineswegs überholten Terminus zu verwenden, auch Großforschungsprojekte müssen sich nicht von vornherein von betroffenenorientierter Sozialforschung verabschieden.

6.2 Zum Verhältnis von Ökonomismus und ökonomischem Konstitutionalismus

Ist der ökonomische Konstitutionalismus ein (verdeckter) Ökonomismus und mündet dieser Ansatz infolgedessen im alten, überholten Basis-Überbau-Problem?

Wenn man unter Ökonomismus ein deterministisches Konzept versteht, demzufolge der Produktionsprozess den gesamten Lebensprozess der Menschen und seine Institutionen hervorbringt, dann hat der ökonomische Konstitutionalismus mit dem Ökonomismus nichts gemein; im Gegensatz zum Determinismus steht hier die Idee des Konstitutionalismus im Vordergrund, eines rechtlichen Rahmens, der Handeln ermöglicht und beschränkt, aber nicht in deterministischer Weise produziert. Ein Unterschied besteht auch zu einer „loseren" Basis-Überbau-Konzeption. Ich habe deswegen den Begriff der „Konstellation" bzw. der „Konfiguration" verwendet, der sich bereits in den frühen Schriften Adornos findet, um deutlich zu machen, dass in einer bestimmten historisch-gesellschaftlichen Situation unterschiedliche Elemente (z. B. ein bestimmter technischer Fortschritt, eine politische Ordnung, kulturelle Normen, ein bestimmter Grad der Entwicklung von Institutionen) eine Konfiguration bilden können, die ein bestimmtes historisches Ereignis hervorbringen oder einem bestimmten historischen Prozess eine Dynamik verleihen, die zuvor nicht dagewesen sind.

Meine These: Wenn man Erziehungs- und Bildungsprozesse, wie sie gegenwärtig ablaufen, verstehen will und wenn man davon ausgeht, dass die unterschiedlichen Ereignisse, die wir auf der Mikroebene z. B. psychologisch oder institutionen-theoretisch erklären können, auch auf einer gesamtgesellschaftlichen Ebene verstanden werden können, dann müsste man versuchen, solche gesellschaftlich wirksamen Konstellationen zu untersuchen. International vergleichende Bildungsforschungen wie PISA sind ohne die Bedeutung, die transnationalen politischen Akteuren durch die Globalisierung zukommt, nicht angemessen zu verstehen. Und welche Bedeutung ihre Ergebnisse z. B. in Österreich annehmen und zu einer Veränderung des Bildungssystems und der erziehungswissenschaftlichen Forschungslandschaft führen, hat mit der Entwicklung und Bedeutung von Gewerkschaften im Bildungsbereich wesentlich zu tun. Dies ändert nicht die Ergebnisse von PISA, aber die Bedeutung, die sie in einem bestimmten Kontext durch eine Konstellation unterschiedlicher Faktoren annehmen und dadurch pädagogische und erziehungswissenschaftliche Praxis verändern.

Literatur

Abendroth, Wolfgang (1967): Antagonistische Gesellschaft und politische Demokratie. Aufsätze zur politischen Soziologie. Neuwied-Berlin: Luchterhand

Altvater, Elmar et al. (1982): Erneuerung der Politik. Demokratie, Massenpartei, Staat. Hamburg: VSA-Verlag

Becker, Gary S./Becker, Guity Nahat (1998): Die Ökonomik des Alltags. Von Baseball über Gleichstellung zur Einwanderung: Was unser Leben wirklich bestimmt. Tübingen: Mohr Siebeck

Boettcher, Erik (1986): Vorwort zur deutschen Ausgabe. In: Schultz, Theodore W. (1986): VII-XI

Búrca, Gráinne de (1995): The Language of Rights and European Integration. In: European Union Studies Association (EUSA). Biennial Conference 1995. Charleston: South Carolina http://aei.pitt.edu/6920/01/de_b%C3%BArca_gr%C3%A1inne.pdf

Casale, Rita: Die Vierzigjährigen entdecken den Feminismus. Anmerkungen zur Epistemologisierung politischer Theorien. In: Feministische Studien, H. 2. 2008, 197-207

Chalmers, Damian (1995): The Single Market: From Prima Donna to Journeyman. In: More, Gillian/Shaw, Josephine (eds.) (1995): 56-66

Crouch, Colin (2008): Postdemokratie. Frankfurt/M.: Suhrkamp

Derrida, Jacques (2000): Politik der Freundschaft. Frankfurt/M.: Suhrkamp

Eucken, Walter (2001): Wirtschaftsmacht und Wirtschaftsordnung. Hgg. vom Walter-Eucken-Archiv. Münster u.a.: LIT

Foucault (2004): Geschichte der Gouvernmentalität I und II. Frankfurt/M.: Suhrkamp

Gerber, David J. (2001): Economic Constitutionalism and the Challenge of Globalization. The Enemy is Gone? Long Live the Enemy. In: Journal of Institutional and Theoretical Economics (JITE) 157, 14-22

Hardt, Michael/Negri, Antonio (2002): Empire. Die neue Weltordnung. Frankfurt/M. u.a.: Campus

Hardt, Michael/Negri, Antonio (2004): Multitude. Krieg und Demokratie im Empire. Frankfurt/M. u.a.: Campus

Hartwich, Hans-Hermann (1970): Sozialstaatspostulat und gesellschaftlicher Status quo. Köln-Opladen: Westdeutscher Verlag

Jayasuriya, Kanishka (2001): Globalization, Sovereignty, and the Rule of Law: From Political to Economic Constitutionalism? In: Constellations, Vol. 8, No 4, 442-460

Jenson, Jane (2000): Restructuring citizenship regimes: The French and Canadian Women's Movements in the 1990s. In: Jenson, Jane/Santos, Boaventura de Sousa (eds) (2000): 231–252

Jenson, Jane/Santos, Boaventura de Sousa (eds) 2000: Globalizing Institutions: Case Studies in Regulation and Innovation, Hampshire: Ashgate

Kirchheimer, Otto (1967): Politische Herrschaft. Fünf Beiträge zur Lehre vom Staat. Frankfurt/M.: Suhrkamp

Lane, Robert E. (1962): Political Ideology. Why the American Common Man Believes What He Does. New York: The Free Press

Lenzen, Dieter (1997): Lebenslauf oder Humanontogenese? Vom Erziehungssystem zum kurativen System – von der Erziehungswissenschaft zur Humanvitologie. In: Lenzen, Dieter/Luhmann, Niklas (Hg.) (1997): 228-247

Lenzen, Dieter/Luhmann, Niklas (Hg.) (1997): Bildung und Weiterbildung im Erziehungssystem. Lebenslauf und Humanontogenese als Medium und Form. Frankfurt/M.: Suhrkamp

Möllers, Christoph (2008): Der vermisste Leviathan. Staatstheorie in der Bundesrepublik. Frankfurt/M.: Suhrkamp

More, Gillian/Shaw, Josephine (eds.) (1996): New Legal Dynamics of European Union. Oxford: Oxford University Press

Mouffe, Chantal (2007): Über das Politische. Wider die kosmopolitische Illusion. Frankfurt/M.: Suhrkamp

Neumann, Franz L. (1984): Behemoth. Struktur und Praxis des Nationalsozialismus 1933-1944. Hgg. und mit einem Nachwort von Gert Schäfer. Frankfurt/M.: Fischer

Oswalt, Walter (2001): Die falschen Freunde der offenen Gesellschaft. In: Eucken, Walter (2001): 87-152

Rancière, Jacques (2002): Das Unvernehmen. Politik und Philosophie. Frankfurt/M.: Suhrkamp

Schmidt, Manfred G. (2008): Demokratietheorien. Eine Einführung. Wiesbaden: VS Verlag für Sozialwissenschaften (4., überarbeitete und erweiterte Auflage)

Schmitt, Carl (2002/1932): Der Begriff des Politischen. Berlin: Duncker & Humblot (7. Aufl.)

Schultz, Theodore W. (1986): In Menschen investieren. Die Ökonomik der Bevölkerungsqualität. Tübingen: J.C.B. Mohr (Paul Siebeck)

Taylor, Charles (2004): Modern Social Imaginaries. Durham/London: Duke University Press

Tronti, Mario (1982): Politisches System: Entscheidung und Vertretung. In: Altvater, Elmar et al. (1982): 97-102

Kollektive Identitäten als Bestandteil von Selbst-Bewusstsein – eine bisher systematisch unterschätzte Kategorie im deutschen bildungstheoretischen Diskurs

Wolfgang Nieke

1 Die Redeweisen vom Gegenüber der pädagogisch intentionalen Kommunikation

1.1 Termini

Der Kern dessen, was als Gegenstand der Erziehungswissenschaft angesehen werden kann, dürfte als *pädagogisch intentionale Kommunikation* beschrieben werden können. Schwieriger wird es schon mit der Bestimmung des Gegenübers dieser Kommunikation. Hier findet sich, ohne Anspruch auf Vollständigkeit:

- AdressatZielgruppe
- Lerner
- Träger von Qualifikationen und Kompetenzen
- Persönlichkeit
- Subjekt

Diese verschiedenen Redeweisen sollen hier nur andeutend, in unvermeidlicher Verkürzung, charakterisiert werden:

Adressat entstammt der frühen, maschinentechnisch geprägten Kommunikationstheorie und meint die Bestimmungsstelle für die Versendung einer Botschaft in einem verzweigten Netzwerk von Übermittlungskanälen. Damit sollte deutlich sein, dass dies eine unangemessene Bezeichnung für die theoretischen Interessen der Erziehungswissenschaft ist.

Zielgruppe ist die Kollektivbildung für das dahinterliegende Konzept *Zielperson*, und das entstammt der Sprache von Militär und Geheimdienst. – Das diskreditiert diesen Terminus im Kontext von Erziehungswissenschaft.

Lerner verweist auf seinen Ursprung in der behavioristisch-biologischen Lerntheorie. Die pädagogische Kommunikation wird dann auf *Lernenmachen* reduziert, wie es Hermann Giesecke (2003) einmal formuliert hat.

Träger von Qualifikationen und Kompetenzen fokussiert auf die ökonomisch nützlichen Teilbereiche des Menschen. Das ist zweifellos erziehungswissenschaftlich relevant, reduziert aber die Perspektive partikularistisch.

Persönlichkeit spricht die Individualität an und verweist auf die differenzielle Persönlichkeitspsychologie mit ihrem Grundanliegen, die Varianz der Ausprägungen identifizierbarer endlicher Persönlichkeitsdimensionen zu vermessen. Das ist zweifellos erziehungswissenschaftlich relevant, reduziert aber die Perspektive partikularistisch

Subjekt benennt eine Person, die mit Vernunft begabt und damit zu Freiheit fähig ist. – Das ist das Ideal der Aufklärungsphilosophie, das bis heute in vielen Diskursen der Bildungsphilosophie lebendig ist, auch wenn die Begründungen dafür längst nicht mehr direkt auf die Aufklärung zurückverweisen.

1.2 Das Gegenüber als Kollektiv

Nur bei der *Zielgruppe* kommt ein Kollektiv in den semantischen Blick, ansonsten sind es die Einzel-Individuen. Gruppen werden in bildungswissenschaftlichen Diskursen zumeist nur unter dem Aspekt der Ressourceneffizienz thematisiert: die lästige Größe der Schulklasse, negativ bewertet vom Ideal der Eins-zu-Eins-Beziehung der Hauslehrer aus der pädagogischen Klassik und der heutigen Nachhilfe oder der Spitzenleistungsförderung (Einzelunterricht in der Musikausbildung, Coaching im Sport und bei der Managerschulung).

Eine Ausnahme bilden die Konzepte der Gruppenpädagogik. Sie beziehen die bildenden Wirkungen von Struktur und Dynamik der Lern- oder Kooperationsgruppe absichtlich mit ein, vor allem Blick auf das *soziale Lernen*, also den Aufbau von Sozialkompetenz (Nieke 2008a). Diese Konzepte tauchen in den hochrangigen Diskursforen der Erziehungswissenschaft jedoch kaum auf, sind überwiegend praxisorientiert, vor allem für Sozialpädagogik, soziales und interkulturelles Lernen. Es scheinen aktuelle Forschungen zur Empirie, theoretischen Aktualisierung und Konzeptualisierung zu fehlen.

Bereits hieran kann deutlich werden, dass es dem praktischen instutionalisierten Einwirken der älteren auf die jüngere Generation vornehmlich um so etwas wie die *Bildung des Subjekts* (Liebau 2001) geht, und dass dieses in seiner Einzigartigkeit und Vereinzelung als Individuum konzeptualisiert wird. Die Einbindung in soziale Kontexte – über Interaktionen und gemeinsam geteilte Orientierungsmuster – scheint demgegenüber sekundär zu sein. Dem folgt offensichtlich auch die bildungswissenschaftliche Konzept- und Theorieentwicklung; möglicherweise leitet sie diese Perspektivenfokussierung der pädagogischen Praxis auch selbst mit Gründen an.

2 Die Rede von der Identität in der Bildungswissenschaft

Im Vordergrund der Redeweise von der Identität steht in der Erziehungswissenschaft die personale Identität, also das Selbst-Bewusstsein eines Individuums, durch wechselnde Zeitzustände hindurch dieselbe Person geblieben zu sein und auch weiterhin zu sein. Dies wird als nicht selbstverständliche Kohärenzleistung konzipiert und als Basis für psychische Gesundheit angesehen (statt vieler anderer Keupp 1999). Wenn hierbei Störungen auftreten, ist zur Korrektur das Psychotherapiesystem zuständig, nicht das System institutionalisierter Erziehung und Bildung. Dieses konzentriert sich auf Anregungen, Anforderungen und Unterstützungen für den Aufbau von Sach- und Selbstkompetenz (oder, in einer anderen Teminologie: das Welt- und Selbstverhältnis) in einer biografisch einzigartigen Aufschichtung, deren introspektive und reflexive Ansicht dem Subjekt das Konzept seiner persönlichen Einzigartigkeit und Konstanz in den Grundstrukturen über den Zeitablauf hinweg vermittelt.

Die Identität thematisierenden Fragen *Wer bin ich? Woher komme ich? Wohin will ich?* müssen in einer relativistischen Kultur, die Tradition grundlegend als gegenwärtig nicht mehr orientierungstauglich ablehnt und von der Vielfalt grundsätzlich inkompatibler Kulturen in der Weltgesellschaft weiß, von jedem neu in die Lebenswelt und Kultur Hineinwachsenden eigenständig, eigentätig, unabhängig (wenn auch nicht autonom) beantwortet werden. Die möglichen Antworten sind dabei weder empirisch noch normativ ganz frei, weil sie sich empirisch als Rezeption vorfindbarer Leitmuster und als Entscheidung für eines der passenden darstellen und normativ durch die Gesetzmäßigkeiten der Großgesellschaften – etwa den europäischen Rechtsstaat – begrenzt sind: Vollständige Autonomie im Blick auf diese Begrenzung würde zu einer als asozial gekennzeichneten Exklusion führen und lässt sich innerhalb solcher Großgesellschaften nur in tolerierten Untergrundsphären realisieren, beispielsweise in den sich selbst autonom kennzeichnenden Protestmilieus großstädtischer Jugendkulturen mit ritualisierten und begrenzten Protest- und Regelverletzungsformen.

Soziale Identität basiert auf einer lebensgeschichtlichen Entscheidungsleistung, für welche die Bildungs-institutionen – vor allem in Frankreich und Deutschland – eine markante Abstinenz zeigen. Das mag zum einen auf die zuvor schon bemerkte Fokussierung auf die Bildung des Individuums zurückzuführen sein, für welche es historische Erklärungen und Begründungen gibt. Zum anderen entspricht das auch dem grundsätzlichen Gebot einer weltanschaulichen Neutralität staatlicher Bildungseinrichtungen, wie es sich aus dem Programm der Französischen Revolution in Frankreich bis heute erhalten hat und in Deutschland in dem komplizierten Subsidiaritätsprinzip realisiert, das diese Neutralität staatlicher Bildungseinrichtungen wiederum aus den Erfahrungen mit dem Nationalsozialismus fixiert hat. Die Vermittlung von weltanschaulich begründeten Orientierungen für die Bestimmung der eigenen Identität wird danach grundsätzlich der privaten Sphäre überantwortet, und hier war von den Verfassern des Neutralitätsgebotes vor allem an die Familie und die beiden christlichen Kirchen gedacht worden. Daneben soll und darf es weltanschaulich gebundene Bildungseinrichtungen geben, die an die Stelle der staatlichen treten dürfen. Mit diesem Prinzip soll eine Indoktrination in einem monistischen, obligatorischen, staatlichen Bildungssystem verhindert werden.

Soziale Identität bildet sich also weitgehend unbeeinflusst von systematischen Bildungsprogrammen einerseits in der Familie, andererseits durch die faktisch unvermeidlichen und gewählten peer groups sowie in vermutlich stark angewachsenem Ausmaß durch die medial präsentierten Leitbilder, beispielsweise in den Vorabendserien der Fernsehsender.

3 Ursprünglicher als die Ich-Identität ist die Wir-Identität – zwei elementare Funktionen: Sinnvermittlung und Zugehörigkeit

Menschheitsgeschichtlich und entwicklungspsychologisch gesehen, spricht vieles dafür, dass die Wir-Identität früher und elementarer war als die Ich-Identität, d. h. sein Selbst-Bewusstsein von sich selbst als eigenständiges, einmaliges Individuum. Wenn die Menschheitsgeschichte in der Figur von Fortschritt konzeptualisiert wird, dann könnte die Hypothese sinnvoll sein, dass in komplexen Sozietäten und in einer sich entwickelnden Weltgesellschaft kollektive Identitäten zunehmend dysfunktional werden, so dass die Ich-Identität an die Stelle der historisch früheren Wir-Identitäten treten kann und soll. Um diese Hypothese gedanklich zu prüfen, soll ein Blick auf die bisherige Funktion und Leistung bestehender Wir-Identitäten geworfen werden.

Die kollektive Identität – hier zunächst verstanden als Kategorie unter Absehung der vielfältigen konkreten Ausprägungen – hat zwei Orientierungsfunktionen: Sinnvermittlung und Zugehörigkeit.

(1) **Sinnvermittlung** geschieht quasi nach innen durch eine Selbstvergewisserung über eine Übereinstimmung der eigenen weltorientierenden Kognitionen mit denen der umgebenden Lebenswelt, verstanden im Sinne von Alfred Schütz (2003). Ohne das hier weiter ausführen zu können, sei nur darauf verwiesen, dass damit zugleich eine Beheimatung in einer Kultur erlebt wird (vgl. dazu im einzelnen Nieke 2008). Kann diese Übereinstimmung nicht erlebt und konstatiert werden, beginnt der Verdacht auf eine geistige Erkrankung, sowohl bei dem betroffenen Einzelnen als auch bei seiner sozialen Umgebung. Dies unter allen Umständen zu vermeiden, ist ein sehr starkes Motiv dafür, auf jeden Fall eine Konformität der eigenen Weltdeutungen mit denen der sozialen und kulturellen Umgebung nicht zu verlieren. Ein Verlassen der kollektiven Identität durch eine solche Übereinstimmung in Richtung auf eine eigenständige Individualität der Weltdeutungen ist in diesem Sinne immer hochriskant gewesen und bleibt es auch in Zeiten einer sehr weit getriebenen Wertschätzung der Individualisierung.
Ein sehr stark wirkendes Orientierungsmuster von kollektiver Identität ist die Intergenerativität, d. h. die Vorstellung, dass die eigene individuelle Existenz ihren Wert und Sinn nur im Zusammenwirken mit vorausgegangenen und nachfolgenden Generationen erhält. Die Handlungsorientierungen richten sich dann nicht primär auf das Eigenwohl, sondern auf das langfristige Wohlergehen des Bezugskollektivs der Familie, des Clans, der Lebenswelt oder Kultur oder Ethnie.

(2) **Zugehörigkeit** ist die Konstruktion einer kollektiven Identität durch eine Entscheidung zwischen Wir und Die, also durch die Definition einer Grenze nach außen. Das drückt sich etwa in der Zuordnung einer wahrgenommenen Person zu Orientierungsmustern, d. h. zu sozialen Stereotypen, aus. Die Sozialpsychologie erklärt die ubiquitäre Verbreitung solcher stark vereinfachender kognitiver Operationen in der sozialen Wahrnehmung mit der Funktion einer damit möglichen sehr schnellen Orientierung in einer sozialen Situation, vor allem in dem elementaren Muster *fremd = gefährlich* versus *vertraut = ungefährlich* (vgl. etwa Jenkins 2008). Wahrgenommene und von außen bestätigte Zugehörigkeit vermittelt also elementare Sicher-

heit. Die Homogenität der Orientierungsmuster innerhalb der Wir-Gruppe ermöglicht missverständnisfreie Verständigung; das wird von Alfred Schütz mit seinem Konzept der Lebenswelt analysiert und beschrieben. Das künftige Handeln der Mitglieder der Wir-Gruppe wird damit voraussehbar und macht keine Angst. Diese Homogenität garantiert auch Hilfe durch andere Kollektivmitglieder in elementaren Notlagen.

4 Kollektive Identitäten sind überall, werden aber im intellektuellen Diskurs negativ konnotiert

4.1 Kollektive Identitäten sind ubiquitär

Trotz der Hochschätzung des Einzelnen, der Einzigartigkeit des Individuums, der so genannten Individualisierung als soziologischem Befund finden sich bei genauerem Hinweisen überall kollektive Identitäten mit hoher Bedeutung und Wirksamkeit im Alltag. Das möchte ich an drei Beispielen verdeutlichen, die aus unterschiedlichen Diskursfeldern genommen sind: aus der Psychologie, der Erziehungswissenschaft und dem Feuilleton einer überregionalen Tageszeitung.

(1) Adrianna Jenkins von der Harvard University berichtet (in den *Procedings of the National Academy of Sciences* 2008) über Untersuchungen im gegenwärtig üblichen Settingg einer Kombination aus kommunikativen Experimenten und bildgebenden Verfahren zur Lokalisierung korrespondierender Hirnaktivitäten. Danach versetzen sich Studenten mit demselben Hirnareal, mit dem sie über sich selbst nachdenken, in andere Personen. Das war zu erwarten. Dieses Areal wird jedoch nur dann dafür verwendet, wenn die Versuchsperson annimmt, dass die zu verstehende Person ihr selbst ähnlich sei. Zur Bestimmung der Ähnlichkeit wurden kulturelle Zuschreibungen zu Milieus verwendet. Jenkins hebt in der Interpretation ihrer Befunde die hohe Relevanz dieses Identifikationsvorgangs heraus.

(2) Iris Clemens diskutiert in der *Zeitschrift für Pädagogik* (Heft 1, 2009) die Bedeutung regional und kulturell spezifischer Wissensbestände und darauf sich beziehender Theoriekonstruktionen am Beispiel der Erziehungswissenschaft. In der Erziehungswissenschaft, wie in den Sozial- und Kulturwissenschaften insgesamt, sei deshalb die Aussagenreichweite universaler Theorien sehr beschränkt. Die Theoriebildung kann sich hier also nicht auf das Kollektiv Menschheit beziehen, sondern nur auf kleinere Gruppen, die sich kulturell definieren.

(3) Johan Schloemann bemerkt in der *Süddeutschen Zeitung* v. 19. Februar 2009 bei den Deutschen „neue Hoffnungen auf die genetische Überlegenheit des Adels" und belegt das mit Äußerungen zur Ernennung des Wirtschaftsministers zu Guttenberg und mit einem Zitat des Erfolgsregisseurs Henckel von Donnersmarck „Wann hat man schon die Möglichkeit, in Friedenszeiten etwas Besonderes für sein Land zu tun?" Hier zeigt sich eine Identifikation einerseits mit dem Vaterland und andererseits so etwas wie ein Orientierungsmuster *Adel verpflichtet*, das nun vom ehemaligen Raubrittertum in bürgerschaftliches Engagement weiterentwickelt worden ist, ein Muster, das – wie auch in den Äußerungen zum Wirtschaftsminister – implizit eine kollektive Identität über die Abstammung, das familiale Erbe unterstellt, sei das nun genetisch geprägt oder über eine kulturelle Tradierung des Standes und der Familie.

4.2 Die intellektuelle Kritik

Die kollektiven Identitäten werden derzeit überwiegend negativ konnotiert, als unangemessene Reduktionen von Personwahrnehmungen – soziale Stereotypen – auf zu wenige Gruppenmerkmale, die im Einzelfall zu Fehlurteilen führen müssen. Das wird vor allem im Blick auf die kollektive Identität der Nation thematisiert und auf alle Formen von körpermerkmalbezogenen Gruppenzugehörigkeiten: Rasse, Geschlecht, Alter, Behinderung. Wilhelm Heitmeyer kann deshalb hier von „gruppenbezogener Menschenfeindlichkeit" (2005) sprechen, um damit alle diese Zuschreibungen kategorial zusammenfassen und kritisieren zu können.

5 Wie soll die Erziehungswissenschaft mit den vorfindlichen kollektiven Identitäten umgehen?

Die Konsequenz aus dieser negativen Verwendung von Orientierungsmustern über kollektive Identitäten kann und darf jedoch nicht sein, sie aus den bildungswissenschaftlichen Diskursen mit dem Hinweis ihrer empirischen Falschheit einfach und vollständig auszublenden, gemäß einer alten Regel für praktische Pädagogik, niemals das Falsche an die Tafel zu schreiben, damit es sich nicht versehentlich bei den SchülerInnen einpräge.

Soziale Stereotype, d. h. Fremdzuschreibungen der Zugehörigkeit zu abgrenzbaren sozialen Gruppen, sind ubiquitär und scheinen unvermeidlich. Wenn man in der Bildungsstützung dort abholen soll, wo das Kommunikationsgegenüber steht, dann muss man sie als zunächst gegeben, als Ausgangspunkt – nicht jedoch inhaltlich und wertend – akzeptieren, aufgreifen und geduldig bearbeiten. Der Modus dafür wird gegenwärtig oft als Dekonstruktion bezeichnet. Die Wahl dieses Modus ist zwar erkenntnistheoretisch auf dem hier erreichten Stand der Einsichten und der Diskurse naheliegend, dieser Modus ist aber intellektuell anspruchsvoll, weil er das Zulassen des Infragestellens aller Selbstverständlichkeiten und Heiligkeiten der eigenen Weltauffassung verlangt – und hiergegen wirken immer und unvermeidlich starke emotionale Widerstände, die nicht einfach zu ignorieren und zu überwinden sind. Ohne eine pädagogisch angeregte und begleitete Bearbeitung dieser Verunsicherung ist ein solches Unterfangen entweder unwirksam oder auch riskant, wenn es nämlich im Falle des Scheiterns zur Affirmation der bisherigen Orientierungsmuster führt, wie Festingers Theorie der kognitiven Dissonanz (1978) bis heute aktuell beschreibt. Viele in der Praxis anzutreffende Konzepte etwa für antirassistische Bildungsarbeit sind allein auf die Korrektur falscher Information und die Vermittlung der richtigen fokussiert, also auf eine Umkognition, und berücksichtigen diese Reaktanzdimension nicht oder zu wenig.

Eine besondere Aufgabe stellen die kollektiven Selbstzuschreibungen, die Wir-Gruppen. Sie definieren sich unvermeidlich durch eine Abgrenzung nach außen, also gegen Die-Gruppen, deren differente Merkmale oft, wenn auch nicht immer, negativ bewertet, also abgewertet werden. Naheliegend wäre es, das als unangemessen zu kritisieren und dies mit einem Universalismus der Menschenrechte zu begründen, der zur Folge hat, dass jedes Individuum als einzigartig und wertvoll zu betrachten ist, unabhängig von jeder Gruppenzugehörigkeit.

Es mehren sich allerdings die Einsprüche, dass diese kollektiven Selbstzuschreibungen Funktionen und Bedeutungen haben, die nicht so ohne weiteres zu substituieren sind. Ich komme darauf bei meinen Ausführungen über den Modus der Identifikation zurück.

6 Ein Ordnungsversuch zur Orientierung

Zunächst jedoch soll ein Ordnungsversuch für eine Orientierung über die sozialen Konstruktionen kollektiver Identitäten vorgestellt werden. Er nimmt seinen Ausgang beim Material des abendländischen Kulturkreises, ist also in diesem Sinne zunächst eurozentrisch. Erst noch zu führende Diskurse (nach den Regeln interkultureller Diskurse) mit Vertretern nichteuropäischer Kulturräume können erweisen, ob der Ordnungsversuch auch hierfür geeignet ist oder mit Modifikationen sein kann.

Er schließt an eine komplexe Überlegung von Jörn Rüsen an, die hier wörtlich und im Ganzen wiedergegeben werden soll:

„Was zur eigenen Gruppe gerechnet wurde, ist in hohem Maße historisch variabel. Zunächst definierte sich Zugehörigkeit naturnah, gleichsam ‚objektiv' – durch Kriterien der Verwandtschaft, der Abstammung, der Sprache. Später kamen naturferne, kulturelle Zugehörigkeitskriterien hinzu wie z. B. die Religion. Entsprechend unterschiedlich fiel die soziale Dimension der subjektiven Zugehörigkeit aus. Sie konnte sich auf eine Sippe beschränken, sich auf ein ganzes Volk ausdehnen und dann darüber hinaus sich auf übergreifende kulturelle Felder erstrecken.
Die historische Veränderung der Bezugsgröße kollektiver Identität ist nicht willkürlich, sondern lässt sich als ein *gerichteter Entwicklungsprozess* denken, d. h. theoretisch entwerfen und empirisch plausibel machen. Als Entwicklungsrichtung kann man eine übergreifende Tendenz zunehmender Ausdehnung der Bezugsgröße von Identität bestimmen, von der Verwandtschaft über Großgruppen bis hin zur Menschheit als Gattung. Der Prozess der Ausdehnung kollektiver Zugehörigkeit meint nicht, dass die kleineren Dimensionen einfach in der größeren verschwänden. Eher kann man den Hegelschen Begriff der ‚Aufhebung' verwenden. Identität wird nicht einfach größer, sondern zugleich komplexer, vielfältiger, und damit nimmt auch die Möglichkeit von Spannungen in der je eigenen Zugehörigkeit und zwischen Zugehörigkeiten zu, die gewalttätig ausgetragen werden können. Die wachsende Komplexität menschlicher Identitätsbildung ist ambivalent: Sie führt mit dem Reichtum subjektiver Entfaltung auch die Anstrengung mit sich, Identität komplex gestalten zu müssen, und damit die Möglichkeit, gewalttätig zu regredieren, wenn die Kräfte fehlen oder schwinden, solche Komplexität zu gestalten oder aushalten zu können." (Rüsen 1996: 143 f.)

Diese Beschreibung halte ich für historisch und empirisch zutreffend, folge jedoch nicht Rüsens theoretischer Interpretation als universalhistorischer Evolution vom ursprünglich Partikularen hin zu einer universalistischen Menschlichkeit, weil ich diese Auffassung für eurozentrisch gedacht halte. Der folgende Versuch versteht sich deshalb als ein Versuch, Formationen und Figurationen von kollektiven Identitäten – durchaus kulturübergreifend, aber nicht transkulturell[1] – zu beschreiben und in ihren Relationen zueinander deutlich zu machen.

---

1 Transkulturell meint im genauen Sinn – etwa in der transkulturellen Psychiatrie – solche Phänomene, die gegenüber jeder Kulturprägung invariant sind. Kulturübergreifende oder interkulturelle Konstruktionen verbleiben jedoch in der Sphäre des Kulturellen und können sich auf nichts jenseits von Kultur (nämlich Natur) beziehen. Zwar lassen sich auf diesem Weg durchaus Universalien identifizieren, die sich in allen betrachteten Kulturen finden, ihre Konstruktion jedoch ist nicht anders möglich als von den Denkgrundlagen eines spezifischen und damit partikularen Kulturkreises aus.

6.1 Sechs elementare kollektive Identitäten

6.1.1 Die Dialektik von Primordialität und Konstruktivität

Wenn im Folgenden von **elementaren kollektiven Identitäten** gesprochen wird, dann drückt sich darin aus, dass diese kollektiven Orientierungsmuster in dem Sinne als primordial anzusehen sind, als dass sie im Kulturvergleich universal auftreten, und zwar auch in modernen und verstärkt in postmodernen Kulturformationen. Das schließt überhaupt nicht aus, dass sie sozial und mental konstruiert sind, d. h. kulturspezifisch different ausgestaltet und oft in Abhängigkeit von sozialen Ungleichheiten funktional von Dominanzgruppen zur Herrschaftsstabilisierung eingesetzt werden. Das in diesem Zusammenhang kontrovers diskutierte Verhältnis primordialer kollektiver versus konstruierter kollektiver Identitäten ist als interdependent oder dialektisch zu begreifen (vgl. Richard Jenkins 1997).

6.1.2 Das Modell der Identitäts-Rosette[2]

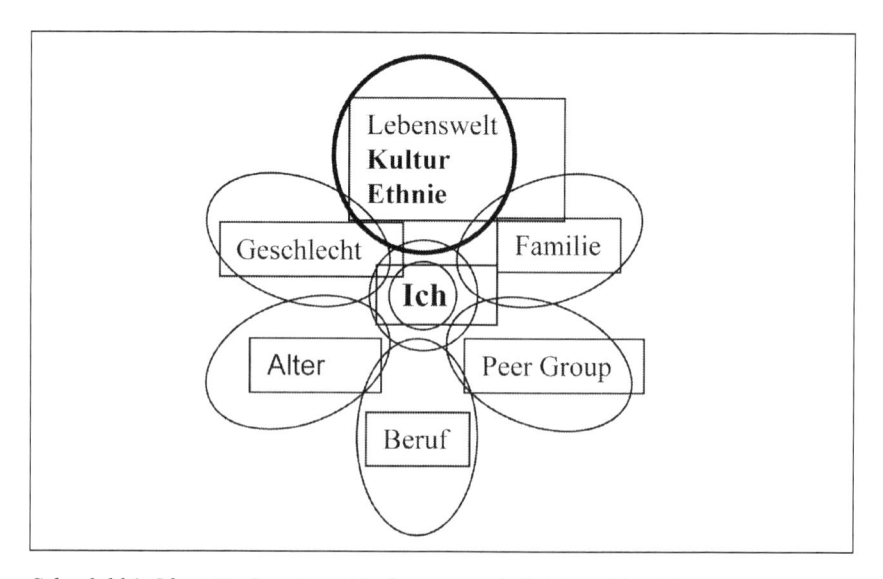

Schaubild 1: Identitäts-Rosette mit 6 elementaren kollektiven Identitäten

---

2 Das Modell wurde zuerst präsentiert in Nieke 2007.

Das Verhältnis der elementaren kollektiven Identitäten mit der Ich-Identität lässt sich an dem Modell einer Rosette veranschaulichen:

Im Zentrum steht die Ich-Identität, und diese weist Überschneidungen mit den sechs elementaren Wir-Identitäten auf. Ein kleiner Teil der Ich-Identität bleibt einzigartig, d. h. ohne Überlappung mit einer kollektiven Identität. Die kollektiven Identitäten weisen teilweise ebenfalls Überschneidungsbereiche untereinander auf.

Sechs kollektive Identitäten lassen sich idealtypisch ausdifferenzieren; je nach Arbeitsperspektive können es aber auch mehr oder weniger sein.

(1) **Geschlecht**: Die elementarste Fremd- und Selbstzuordnung ist die über das Geschlecht.

(2) **Alter**: Ähnlich elementar ist die Zuordnung über das Lebensalter, wobei in den meisten Kulturen übereinstimmend eine Siebener-Einteilung verwendet wird: Kleinkind, Kind, Jugendlicher, junger Erwachsener, Erwachsener, älterer Erwachsener/junger Alter, Greis.

(3) **Familie**: als Kleinfamilie aus Eltern und Kindern oder als Großfamilie unter Hinzuziehung der Großeltern und unverheirateter Verwandter oder als Clan, d. h. als Gesamtheit einer Abstammungsgemeinschaft.

(4) **Peer group**: Die Gruppe der Gleichen, nicht unbedingt Gleichaltrigen, sondern in den Orientierungen sich aneinander Angleichenden, außerhalb von Familie, oft geschlechtlich homogen zusammengesetzt und in diversen Organisations- und Gesellungsformen, z. B. als Rotte, Bande, Szene, Clique. Die größte Rolle spielt die peer group in der Jugendzeit, aber ihr Vorkommen ist nicht auf dieses Lebensalter beschränkt.

(5) **Beruf**: Je nach Kultur liegt der Schwerpunkt eher auf der ausgeübten Erwerbstätigkeit oder der formalisiert erlernten Qualifikation dafür. Hier finden sich Überschneidungen einerseits zur peer group und andererseits zur Lebenswelt.

(6) **Lebenswelt, Kultur**: Kultur meint hier das Ensemble der Deutungsmuster einer sozialen Einheit (vgl. dazu Nieke 2008), basiert also eher auf dem Kulturbegriff der Ethnologie und Kulturanthropologie als auf dem der geisteswissenschaftlich und historisch orientierten Kulturwissenschaft, obwohl sich hier Annäherungen zeigen (Böhme u. a. 2000). Dass sich die Spezifik dieser Deutungsmuster nur in der Differenzwahrnehmung durch Konfrontation mit anderen Deutungssystemen zeigen kann, beschreibt das Konzept der Lebenswelt von Alfred Schütz (2003). Die Menschen sehen und fühlen sich also ihren Lebenswelten zugehörig, und die sind viel kleinräumiger ausgeprägt als etwa die Nationalkulturen. Empirisch werden sie derzeit für

Europa am besten mit dem Konzept der Milieus beschrieben (Vester 1993, 2006, Hradil 2006; für die Pädagogik Tippelt 2003; Barz/Tippelt 2004). Eine Untergruppe davon ist die **ethnische Identität**, definiert durch die Kombination aus Sprache, Religion, Region, Lebensform und Rasse. Von einer Ethnie wird in der Ethnologie dann gesprochen, wenn mehrere dieser Merkmale zusammenkommen. Für Deutschland beschreibt diese Kategorie kollektiver Identität die Zuwanderergruppen, aber auch einheimische wie Sinti und farbige Deutsche, und zwar in der Fremdzuschreibung durch die Einheimischen vorwiegend durch Rückgriff auf die heikle Kategorie der Rasse. Sprachliche und sexuelle Minderheiten werden nicht als Ethnien wahrgenommen und konzeptualisiert, sondern als Subkulturen im Sinne von Teilkulturen oder nicht voll anerkannten Kulturen im Untergrund. Eine Sondergruppe in Deutschland stellen die Spätaussiedler dar, die zwar rechtlich Deutsche sind, in ihren Lebensformen jedoch teilweise die Merkmale einer Ethnie erfüllen und dementsprechend in der Außenwahrnehmung von den dauerhaft Einheimischen unterschieden werden können.

6.1.3. Fünf artifizielle kollektive Identitäten

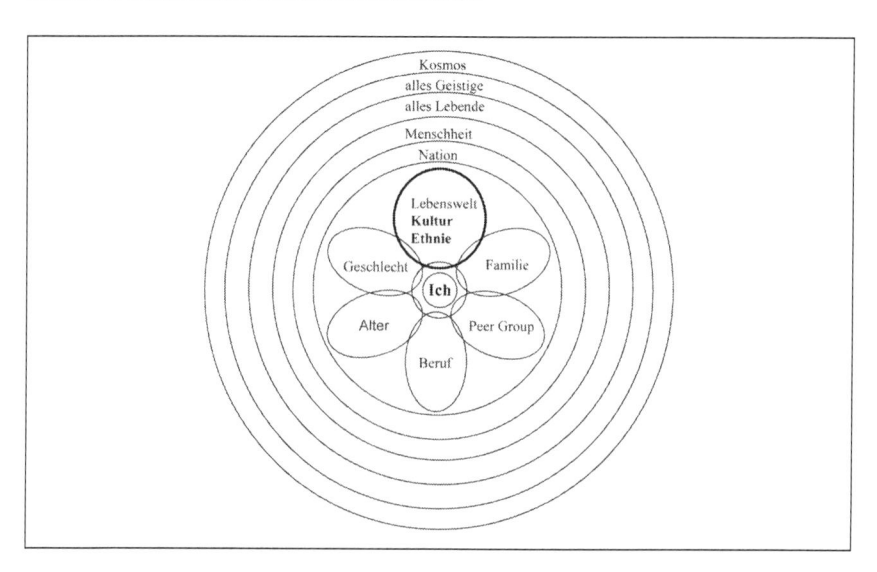

Schaubild 2: Identitäts-Rosette mit 6 elementaren und 5 artifiziellen kollektiven Identitäten, welche die Rosette in konzentrischen Kreisen zunehmenden Bedeutungsumfangs und abnehmender konkreter Auswirkung auf das Alltagsleben umschließen

Diese grundsätzlich in allen Kulturen und Gesellschaften anzutreffende Einordnung der eigenen Existenz in eine Zugehörigkeit zu identifizierbaren elementaren Kollektiven mit vollständig oder unvollständig bekannten Mitgliedern, aber jeweils klar vorstellbaren Weltorientierungen und Verwaltenserwartungen steht ihrerseits in einem größeren Zusammenhang von kollektiven Identitäten, die nicht mehr konkret erfahrbar sind, gleichwohl eine konkrete Auswirkung auf die Weltorientierung und Verhaltenserwartungen haben können. Wie weit eine solche Einordnung gewusst und gelebt wird, hängt vom jeweiligen kulturellen Kontext ab. Diese übergreifenden kollektiven Identitäten sind kulturelle Konstrukte, sind also veränderbar und dürfen nicht substanzialisiert gedacht werden: Es entspricht ihnen keine von diesen Konstrukten unabhängige natürliche oder soziale Wirklichkeit. Eine soziale Wirklichkeit entsteht allerdings dann, wenn die sich in ihrem Handeln aufeinander beziehenden sozialen Akteure verbindlich an diesen Konstrukten orientieren. Es handelt sich bei solchen artifiziellen kollektiven Identitäten um Orientierungsmuster oder Orientierungsrahmen zur Handlungsvergewisserung (vgl. Bohnsack 1997).

Für den abendländischen Kulturkreis lassen sich folgende fünf Wir-Identitäten unterscheiden:

1. Nation,
2. Menschheit: Vorstellungen von Kosmopolitismus, Universalismus und Weltgesellschaft;
3. alles Lebende: ausgedrückt in Konzepten der nicht-anthropozentrischen Ethik;
4. alles Geistige: Basis ist ein ontologischer Dualismus – der Mensch als der Sphäre der Natur und des Geistes gleichermaßen zugehörig;
5. Kosmos: Einheit von Mensch und Natur.

Das kann an dieser Stelle nicht näher ausgeführt werden, auch wenn diese Sphären unter Umständen erhebliche Auswirkungen auf die jeweilige lebensweltliche und ethnische Identität haben können. Deutlich werden soll jedoch, dass diese Wir-Identitäten keine einfachen kollektiven Identitäten mehr sind, weil sie auch nichtmenschliches Sein in das Konzept der gemeinsamen Zugehörigkeit mit einschließen.

6.2 Vier Modalitäten der Identifikation aus zwei Motiven: Sicherheitsstreben und Gefallen

Identitäten entstehen durch einen Prozess der Identifikation, der Übernahme von Fremdem in Eigenes. Dieser Prozess ist nicht formal einheitlich zu beschreiben, sondern zeigt sich in vier voneinander differenzierbaren Modalitäten:

- Zugehörigkeit
- Prestige und Macht
- Vertrautheit
- Gefallen

(1) Identifikation mit einer sozialen Gruppe im deklarierten Modus der *Zugehörigkeit*. Diese Zuschreibung kann für eine Eigengruppe real sein oder der Ausdruck einer gewünschten Zugehörigkeit. Letzteres wird in Sozialpsychologie und Soziologie mit dem Konzept der Referenzgruppe beschrieben, der jemand zugehören möchte und sich dementsprechend verhält. Das Motiv für dieses Zugehörigkeitsstreben ist das elementare nach Sicherheit. Zugehörigkeit ermöglicht das Überleben im Schutz und durch die Solidarität in der Gruppe auch unter unwirtlichen und gefährlichen Umständen.

(2) Identifikation mit einer sozialen Gruppe, die ein hohes *Prestige* genießt und *machtvoll* ist. Diese Identifikation stellt eine Untergruppe der Referenzgruppenorientierung dar und verdankt sich demselben Motiv wie die allgemeine Identifikation im Modus der Zugehörigkeit.

(3) Identifikation durch Feststellen einer Isomorphie zwischen den eigenen, individuellen kognitiven Orientierungsstrukturen, die sich lebensgeschichtlich herausgebildet haben und den Strukturen kollektiver Orientierungsmuster in einer Lebenswelt, verstanden als Teilkultur. Das erzeugt ein Gefühl der *Vertrautheit* und gehört damit ebenfalls in den Motivkomplex des Sicherheitserlebens und Sicherheitsstrebens.

(4) Identifikation durch Feststellen einer Isomorphie der eigenen kognitiven Orientierungsstrukturen und den Strukturen einer Wahrnehmungskonstellation im Modus des *Gefallens*. Das ist eine ästhetische Kategorie, und mit solchen Kategorien tun sich die rationalistisch geprägten Orientierungssysteme der Wissenschaft bekanntlich schwer. Die Feststellungsform dieser Identifikation geschieht nicht analytisch und rational, sondern durch eine Einsichtsform, die als Intuition bezeichnet wird und lange als außerwissenschaftlich gehandelt wurde, erst in letzter Zeit in ihrer spezifischen Orientierungsleistung genauer geprüft wird (Nieke 2000; Mero 2008). Hierher

gehören Identifikationen mit Musikstilen, Stilen der äußeren Persongestaltung (Outfit, body-shaping etc.), aber auch Identifikationen mit Einzelpersonen als Vorbildern sowie das Heimatgefühl, das sich einerseits auf eine topologische Gestalt eines Siedlungsraumes (Stadtteil, Landschaft) bezieht und zum anderen auf die Lebensweltkonstellationen der in diesem Raum Wohnenden (Szene, Landsmannschaft).

7 Benötigen Identifikationen eine pädagogische Stützung?

Für die Bildungswissenschaft stellt sich die Frage, ob die skizzierten Prozesse der Identifikation eine systematische Stützung benötigen und in welche Richtung dieses gegebenenfalls gehen müsste.

Im Blick auf das Idealbild des freien und autonomen Subjekts stellt sich die Frage, ob es eine sinnvolle und realistische Zielvorstellung sein könnte, ganz ohne Gruppenidentifikationen auszukommen. Derlei findet sich gelegentlich in den Diskursen zu ethnischer Identität und daran anschließenden Überlegungen einer interkulturellen Pädagogik, welche solche Kollektiv-Identitäten als zunächst gegeben annimmt und Wege zu einer Überschreitung der damit einhergehenden Grenzziehungen zwischen Wir und Die sucht.

Eine Variante davon ist die propagierte Vorstellung, dass die Menschen zwar gruppenbezogen different sind – als Frauen, Männer, alt, jung etc. – dass diese Differenzen aber keine Wertunterschiede sind oder begründen dürfen, so dass alle sich als gleich wertvoll anerkennen müssen und können (das Ideal einer multikulturellen Gesellschaft, in der die verschiedenen Lebenswelten und Kulturen gleichberechtigt sind und sich gegenseitig respektieren; das Programm des Doing diversity, die Anerkennung von Gruppenverschiedenheiten bei Akzeptanz einer Gleichwertigkeit).

Im Blick auf das Sicherheitsstreben einerseits und die ästhetische Dimension von Identifikation andererseits ist es jedoch fraglich, ob ein vollständiger Verzicht auf jede Orientierung an einer Wir-Gruppe der conditio humana entsprechen würde.

Wenn also eine Identifikation mit Wir-Identitäten weiterhin sinnvoll bleibt, dann entsteht die Aufgabe einer Aufklärung über ihre Funktionen, ihren Wert und die damit aber auch einhergehenden Gefährdungen andererseits, nämlich eine feindselige Grenzziehung zwischen Wir und Die. Ein solcher reflexiver Modus des Umgangs mit den Sinnangeboten aus den möglichen Bezugsgruppen und ihren lebensweltlichen und d. h. kulturellen gemeinsamen Weltorientierungen ist erforderlich, damit die sich orientierenden Heranwachsenden selbstbestimmt für eine Annahme oder Ablehnung dieser Orientierungssysteme entscheiden können. Ein solches Aufklärungs- und Orientierungsprogramm wäre also dem Grundgedanken der freien Entscheidung des Einzelnen, der anzustrebenden Mündigkeit, des ‚Adressaten' pädagogischer Kommunikation verpflichtet.

Im Blick auf die Modalitäten der Identifikation ist eine Frage neu aufzugreifen, welche die Pädagogik vor Jahrzehnten schon einmal, damals jedoch ausschließlich auf normativer Basis, beschäftigt hat, nämlich: wie den für falsch gehaltenen Vorbildern und Leitbildern zu begegnen sei. Auch heute ist zweifellos zu konstatieren, dass junge Menschen sich mit Vorbildern identifizieren. Heute sind solche Vorbilder weniger herausgehobene Einzelne (Helden) – obwohl auch diese weiterhin nicht unwichtig sind – als vielmehr medial präsentierte Handlungsmuster von Figuren, die in bestimmte Milieus, Lebensstile, Lebenswelten eingebunden sind. Dabei können die kollektiven Orientierungen für diese Figuren inzwischen auch virtuell und artifiziell sein, müssen also gar nicht mehr real gelebten Lebenswelten entnommen sein und entsprechen (So erklären Kinder, sie würden gern wie *Batman* sein oder werden). Dabei kann es dann leicht geschehen, dass Kinder und Jugendliche sich mit Gruppen identifizieren und Gefallen an Lebensstilen finden, die ungesund sind, den Fortbestand der Kultur in Frage stellen, die soziale Ordnung in Frage stellen, den Werten der bisherigen kulturtragenden Generationen widersprechen und so weiter. Das kann aus der Sicht einer professionellen Pädagogik in Verantwortung und stellvertretender Deutung nicht akzeptabel sein.

Die Antwort heute kann nicht mehr der erhobene Zeigefinger sein – der vermutlich auch seinerzeit nicht sehr wirkungsvoll gewesen sein dürfte -, sondern kann nur das Angebot eines Diskurses über die begründet voraussagbaren Folgen solcher Identifikation sein. Damit würde dem Grundgedanken der konsequenzialistischen Ethik gefolgt, die in der hohen Pluralität moralischer Begründungssysteme derzeit als kleinster gemeinsamer Nenner eine höhere Zustimmung zu erfahren scheint als eine Diskursethik, die die Geltungsgründe ihrer formalen Setzungen selbst zur Überprüfung stellt.

Pädagogisch praktisch ließe sich dies in einem neuen Unterrichtsfach und außerschulischen Bildungsangebot *Weltorientierung* im Rahmen der gesellschaftlich für unerlässlich gehaltenen Allgemeinbildung realisieren (Näheres dazu in Nieke 2006). Bisher werden Thematisierungen von Sinnfragen in der Allgemeinbildung zum einen den (christlichen) Religionslehren zugewiesen, was dem schon erwähnten Subsidiaritätsprinzip mit dem Gebot der weltanschaulichen Neutralität des staatlichen Bildungssystems entspricht. Zum anderen dürfen sie auch im Literaturunterricht (vor allem im Deutschunterricht, da die staatlichen Vorgaben für den Unterricht in den modernen Fremdsprachen inzwischen den Fokus vom

Literaturkorpus weg und hin auf die kommunikative Kompetenz lenken) zur Sprache kommen, weil den Werken der fiktionalen Literatur zugestanden wird, die großen Sinnfragen menschlicher Existenz in immer neuer Auslegung, aber nicht beliebig, sondern zeittypisch allgemeingültig zu thematisieren. Beides ist offensichtlich unzulänglich und erreicht den größten Teil der SchülerInnen nicht (mehr). Deshalb sind didaktisch neue Wege zur Unterstützung auf dem Erkundungsweg durch die Mannigfaltigkeit der Weltanschauungen geboten.

Die Identitätsfragen – *Woher komme ich* etc. – sind Orientierungs- und Sinnfragen. Sinn bedeutet, in Anlehnung an Alfred Schütz (2003), die Einordnung des eigenen Handelns in einen den Einzelnen übergreifenden Orientierungs- und Relevanzzusammenhang. Deshalb sind Fragen nach der eigenen Identität keine ausschließlichen Denkbewegungen des Subjekts für sich selbst, sondern stets verbunden mit einer kollektiven Identifikation: Jede Entscheidung für ein Sinnsystem erzeugt eine gedankliche und emotionale Identifikation mit der weltanschaulichen Gemeinde der Gleichdenkenden, ohne dass es diese Gemeinde im soziologischen Sinne geben muss. Hierbei entsteht eine kollektive kognitive Selbstvergewisserung.

Das ist in der Soziologie und auch in der Geschichtswissenschaft seit jeher eine selbstverständliche Konzeptualisierung. Dort finden sich zahlreiche Studien und theoretische Erklärungsversuche sowie Funktionsbestimmungen für kollektive Identitäten. Markanterweise fehlt dem in der (deutschsprachigen) Bildungswissenschaft, bis auf einzelne Ausnahmen, eine Entsprechung, obwohl auch hier die soziologischen und sozialpsychologischen Theorien – etwa von Mead, Eisenstadt, Schütz, Bourdieu; auch der Kommunitarismus aus der angelsächsischen, an Aristoteles anschließenden Sozialphilosophie – nicht unbekannt sind und für bestimmte Fragestellungen ausführlich rezipiert worden sind und werden. Deshalb plädiere ich dafür, diesen Aspekt künftig stärker und genauer in den Blick zu nehmen, und vielleicht kann das Schema der Identitäts-Rosetten dafür eine Orientierungsfolie sein.

Literatur

Barz, Heiner/Tippelt, Rudolf (2004): Weiterbildung und soziale Milieus in Deutschland, 2 Bde.
Böhme, Hartmut u. a. (2000): Orientierung Kulturwissenschaft. Reinbek: Rowohlt
Bohnsack, Ralf, (1997): „Orientierungsmuster" – ein Grundbegriff qualitativer Sozialforschung. In: Schmidt, Folker (Hg.): Methodische Probleme der empirischen Erziehungswissenschaft. Baltmannsweiler: Schneider Hohengehren, S. 49-61

Clemens, Iris (2009): Die Herausforderung indigener Theorien. Die Frage nach der Relevanz kulturtheoretischer Perspektiven in der Erziehungswissenschaft am Beispiel der Emergenz Indigener Theorien. In: Zeitschrift für Pädagogik, H. 1, S. 113-129

Festinger, Leon (1978): Theorie der kognitiven Dissonanz. Bern: Huber

Giesecke, Hermann (2003): Pädagogik als Beruf. Grundformen pädagogischen Handelns. Weinheim: Juventa, 8. Aufl.

Heitmeyer, Wilhelm (2005): Gruppenbezogene Menschenfeindlichkeit. In: Ders. (Hg.): Deutsche Zustände, Folge 4. Frankfurt: Suhrkamp

Hettlage, Robert u. a. (Hg) (1997): Kollektive Identität in Krisen. Ethnizität in Religion, Nation, Europa. Opladen: Westdeutscher Verlag

Hradil, Stefan (2006): Soziale Milieus – eine praxisorientierte Forschungsperspektive. In: Aus Politik und Zeitgeschichte, Nr. 44-45, S. 3-10

Jenkins, Adrianna u. a. (2008): Repetion suppression of ventromedial prefrontal activity during judgements of self and others. In: Proceedings of the National Academy of Sciences. vol. 105/11, p. 4507-4512

Jenkins, Richard (1997): Rethinking Ethnicity. Arguments and Explorations. London: Sage

Keupp, Heiner (1999): Identitäts-Konstruktionen: das Patchwork der Identitäten in der Spätmoderne. Reinbek: Rowohlt

Liebau, Eckart (Hrsg) (2001): Die Bildung des Subjekts. Beiträge zur Pädagogik der Teilhabe. Weinheim: Juventa

Mero, Lazlo (2008): Die Grenzen der Vernunft – Kognition, Intuition und komplexes Denken. Reinbek: Rowohlt

Nieke, Wolfgang (2000): Intuition aus philosophischer und erziehungswissenschaftlicher Sicht. In: Maximilian Buchka (Hrsg.): Intuition als individuelle Erkenntnis- und Handlungsfähigkeit in der Heilpädagogik. Luzern: Edition der Schweizerischen Zentralstelle für Heilpädagogik, S. 11- 23

Nieke, Wolfgang (2002): Das Fremde als Bedrohung des Eigenraumes. Kognitive Überforderung oder Rationalisierung von Vernichtungsphantasien. In: Dieter Wiedemann (Hg.): Die rechtsextreme Herausforderung. Jugendarbeit und Öffentlichkeit zwischen Konjunkturen und Konzepten. Bielefeld: AJZ, S. 49-59

Nieke, Wolfgang (2004): Aussiedlerjugendliche in den neuen Bundesländern – Ergebnisse eines Forschungsprojekts zu integrationsrelevanten Identitätsausprägungen. In: Yasemin Karakasoglu/Julian Lüddecke (Hrsg.): Migrationsforschung und Interkulturelle Pädagogik. Aktuelle Entwicklungen in Theorie, Empirie und Praxis. Münster: Waxmann, S. 249-261

Nieke, Wolfgang (2006 a): Anerkennung von Diversität als Alternative zwischen Multikulturalismus und Neo-Assimilationismus? In: Hans-Uwe Otto/Mark Schrödter (Hg.): Soziale Arbeit in der Migrationsgesellschaft: Multikulturalismus – Neo-Assimilation – Transnationalität. Lahnstein: Verlag Neue Praxis. Sonderheft 8 der neuen praxis – Zeitschrift für Sozialarbeit, Sozialpädagogik und Sozialpolitik., S. 40-48

Nieke, Wolfgang, (2006 b): Religion als Bestandteil von Allgemeinbildung: Weltorientierung statt Religionslehre. In: Hans-Georg Ziebertz/Günter R. Schmidt (Hg): Religion in der Allgemeinen Pädagogik. Von der Religion als Grundlegung bis zu ihrer Bestreitung. Gütersloh: Gütersloher Verlagshaus, S. 191-210

Nieke, Wolfgang (2007): Kulturelle und ethnische Identitäten – als Sonderfälle der Orientierung gebenden kollektiven Identität. In: Hans-Jürgen von Wensierski/Claudia Lübcke (Hg): Junge Muslime in Deutschland. Lebenslagen, Aufwachsprozesse und Jugendkulturen. Opladen: Barbara Budrich, S. 85-100

Nieke, Wolfgang (2007a): Identitätsentwicklung junger Menschen – Bildung als Selbstbildung. In: Karin Böllert (Hg): Von der Delegation zur Kooperation. Bildung in Familie, Schule, Kinder- und Jugendhilfe. Wiesbaden: VS-Verlag, S. 95-112

Nieke, Wolfgang (2008): Interkulturelle Erziehung und Bildung. Wertorientierungen im Alltag. Wiesbaden: VS-Verlag, 3. aktualisierte Auflage

Nieke, Wolfgang (2008a): Kompetenzen. In: Thomas Coelen/Hans-Uwe Otto (Hg.): Grundbegriffe Ganztagsbildung. Das Handbuch. Wiesbaden: VS-Verlag, S. 205-212

Nieke, Wolfgang (2008b): Bildung für Europa – zwischen geopolitischem Wirtschaftsblock und abendländischer Wertegemeinschaft. In: Friedrich Jaeger/Hans Joas (Hg): Europa im Spiegel der Kulturwissenschaften. Stuttgart: Nomos, S. 226 – 244

Niethammer, Lutz (2000): Kollektive Identität. Heimliche Quellen einer unheimlichen Kultur. Reinbek: Rowohlt

Rüsen, Jörn (1996): Kollektive Identität und ethnischer Konflikt im Prozess der Modernisierung. In: Wilhelm Heitmeyer/Rainer Dollase (Hg): Die bedrängte Toleranz. Frankfurt: Suhrkamp, S. 142-151 (erstmals erschienen in: G. Hübinger u. a. (Hrsg) (1994): Universalgeschichte und Nationalgeschichten)

Sackmann, Rosemarie/Schultz, Tanjev/Prümm, Kathrin/Peters, Bernhard (2005): Kollektive Identitäten. Selbstverortungen türkischer MigrantInnen und ihrer Kinder. Frankfurt: Lang

Schloemann, Johan (2009): Von und zu. Die Deutschen setzen neue Hoffnungen auf die genetische Überlegenheit des Adels. In: Süddeutsche Zeitung, Nr. 41, S. 11 (19. 2.)

Schütz, Alfred/Luckmann, Thomas (2003): Strukturen der Lebenswelt. Konstanz: UVK

Tippelt, Rudolf u. a. (2003): Weiterbildung, Lebensstil und soziale Lage in einer Metropole

Vester, Michael. u. a. (1993): Soziale Milieus im gesellschaftlichen Strukturwandel

Vester, Michael (2006): Soziale Milieus und Gesellschaftspolitik. In: Aus Politik und Zeitgeschichte, 44-45, S. 10-25

Transkulturalität und Lernen

Michael Göhlich/Jörg Zirfas

1 Vorbemerkung

Im Mittelpunkt der folgenden Überlegungen steht ein doppeltes Interesse: Vor dem Hintergrund neuerer Debatten über Transkulturalität sollen zum einen mit Hilfe einer pädagogischen Lerntheorie transkulturelle Lernformen und Lernprozesse dargestellt und analysiert werden. Zum anderen soll diese Lerntheorie mit Hilfe der Beschreibung und Analyse von transkulturellen Situationen und Prozessen eine Konkretisierung und Differenzierung erfahren.

2 Zum Verständnis von Transkulturalität

Kulturhistorisch ist das Phänomen Transkulturalität als Sprach- und Kulturvermischung seit biblischer Zeit bekannt und bildet in vielfältigen Formen von Kommunikations- und Austauschprozessen kultureller Sachverhalte – historisch und kosmopolitisch betrachtet – eher die Regel als die Ausnahme.

In jüngerer Zeit findet man den Begriff vor allem von Wolfgang Welsch prominent vertreten (Welsch 1997, 2001). Für ihn erweist sich die bisherige Fassung des Kulturbegriffs, selbst in den Konzeptionen der Inter- und Multikulturalität, als obsolet, basiere dieser doch auf sozialer Homogenisierung, ethnischer Fundierung, separatistischen Tendenzen und politisch fragwürdigen, nämlich chauvinistischen Konsequenzen.[1] In diesem Sinne schlägt er (nicht als erster) als Neufassung des Kulturbegriffs den Begriff der Transkulturalität vor. Dieser sei

---

1 Welsch greift hiermit in kritischer Wendung Diskussionen auf, die seit Mitte der achtziger Jahre im Zuge der Globalisierungsdebatte entstanden sind, und in deren Zusammenhängen vom „third worlding at home" (Koptiuch), vom „postmodern hyperspace" (Jameson), von „glocalization" (Robertson) oder von „Zwischenwelten" (Bielefeldt), und im sozialen Bereich von „global democracy – beyond borders" (McGrew), von „global neighborhood" (UNPD) oder von „global citizenship" (Shaw) gesprochen wurde.

deskriptiv gerechtfertigt, da man sowohl auf der Makroebene wie auf der Mikroebene der Gesellschaften mittlerweile transkulturelle Phänomene ausmachen kann: *makrostrukturell* seien Gesellschaften durch die angesprochenen Globalisierungsphänomenen in Form von ökonomischen, (kommunikations-) technischen und migrationsbedingten Prozessen mittlerweile zu hybriden Formen geworden, denn Kulturen „bedienten" sich untereinander in einem globalen *culture shop* mit diversen kulturellen Bausteinen und Traditionen, ja sie durchdrängen sich so, dass sich Eigenes und Fremdes immer weniger auseinander halten lasse. Auch *mikrostrukturell* betrachtet, lassen sich, so Welsch, im Sozialen horizontale und vertikale Differenzierengen, diverse sprachliche und ethnische Herkünfte, nationale Entklammerungen und „cross-cutting identities" (Bell) ausmachen.[2]

In der Pädagogik erfährt der Begriff der Transkulturalität derzeit vermehrt Aufmerksamkeit, wobei bereits im Humanismus der Renaissance, im Idealismus des 18. und 19. Jahrhundert und in der Reformpädagogik, genauer: im Weltbund zur Erneuerung der Erziehung zu Beginn des 20. Jahrhundert implizite Modelle pädagogischer Transkulturaltiät nachweisbar sind; explizit taucht der Begriff als Teil der kritisch geführten Interkulturalitätsdebatte in den 80er Jahren auf, die gegen die monokulturell verfasste Ausländerpädagogik eine Überwindung der kulturellen Begrenzung hin zu einem gemeinsamen „Dazwischen" einfordert (Göhlich u.a. 2006).

In diesem Sinne bezieht sich der Begriff Transkulturalität vor allem auf die pädagogische Frage der Beachtung und Ermöglichung von *Übergängen* zwischen den Kulturen, indem Pädagogik einerseits den in sich heterogenen Milieus der Aufnahme- und der Einwanderungskulturen Beachtung schenkt und andererseits Transkulturalität als normatives Bildungsziel versteht, als eine Variante des (humanistischen) Weltbürgers oder Kosmopoliten, der das Wissen und Können seiner Transkulturalitätskompetenz gekonnt dazu einsetzt, die Übergänge zwischen den Kulturen virtuos zu gestalten (Göhlich 2006).

Transkulturalität als pädagogische Konzeption lässt sich aber nicht nur auf der Ebene der pädagogischen *Ziele* als Fokussierung auf einen transkulturellen Habitus und eine ebensolche Identität skizzieren, sondern spielt ebenso auf der Ebene der *Voraussetzungen* der pädagogisch-heterogenen Wirklichkeiten, auf der *inhaltlichen* Ebene als Bestimmung von Kulturgütern oder auch auf der *methodischen* Ebene als Reflexion über die mehr oder weniger heimlichen Lehr-

---

[2] Auch das transkulturelle Kulturkonzept entgeht nicht dem Problem, dass es zu seiner Beschreibung Kulturen als identifizierbare homogene Gestaltungen voraussetzen muss und so implizit reifiziert, und der Schwierigkeit, dass die als transkulturell beschriebene Kultur als Kultur selbst wiederum eine gewisse Identifizierbarkeit, Eindeutigkeit, Homogenität und Stabilität aufweisen muss.

pläne eine entscheidende Rolle (vgl. Zirfas u.a. 2006). Dass mit dem Begriff Transkulturalität auch ein ideologisches Modell gemeint sein kann, das vorschnell kulturelle Differenzen einebnet, und somit Macht- und Ressourcenverhältnisse ausblendet, sei ebenso angemerkt, wie der pädagogische Sachverhalt, das Transkulturalität auf allen genannten Ebenen mit theoretischen wie praktischen Unsicherheiten, Ungewissheiten, Paradoxien und Unentscheidbarkeiten verbunden ist.

Wenn im Folgenden von Transkulturalität die Rede ist, so sind damit Prozesse der Hybridisierung von Kulturen gemeint, die die Differenzierung zwischen Eigenem und Fremden schwierig erscheinen lassen, die die Relationierung von Bindungen und Zugehörigkeiten favorisieren, die auf die Relativierung von Universellem und Lokalem abheben und die mit prozessualer Transversalität einhergehen.

Nimmt man nun die Lernprozesse in den Blick, so kann man zunächst vor dem Hintergrund ethnographischer Forschung von Transkulturalität davon ausgehen, dass alle Individuen mehr oder weniger transkulturelle Lernprozesse durchlaufen. Allerdings macht dieses Mehr oder Weniger einen *Unterschied*. Wir gehen davon aus, dass diese Lernprozesse paradigmatisch von jenen am intensivsten und weitreichendsten erlebt und thematisiert werden, die existentielle biographische Erfahrungen mit transkulturellen Situationen machen bzw. gemacht haben. Transkulturalität kommt hier als Lernsituation und -prozess in den Blick; oder anders: Transkulturelles Lernen bezieht sich auf jene Sachverhalte, in denen es aufgrund von Erfahrungen von Transkulturalität zu Veränderungen von Selbst- und Weltverhältnissen und damit zu einem veränderten Wissen und Können der Beteiligten kommt. Mit Migrationsprozessen gehen besondere Lernherausforderungen einher, die nicht nur mit einem Dazulernen im Sinne eines Wissens- und Könnenserwerb, sondern auch im Sinne eines Lebenspraxis- und Lernweise-bezogenen Umlernens zu tun haben, und die die Menschen in ihren Erfahrungen, Auseinandersetzungen, Sinnbezügen und Habitus neu herausfordern (vgl. Hormel/Scherr 2005).

3 Zur Theorie des Lernens und seiner methodischen Erfassung

Den Ausgangspunkt unserer historisch-systematischen Rekonstruktion des Lernbegriffs bilden in Lebenspraxis und Geschichtlichkeit eingebundene Situation und Prozesse des Lernens, die nicht nur als (Verhaltens-)Veränderungen, sondern zugleich als (unbewusste oder bewusste) Erfahrungen gefasst werden. Ein erster Versuch dieser Art, in der zweiten Hälfte der 90er unternommen, führte zur

Differenzierung von vier, im historischen Verlauf sukzessive ausdifferenzierten Dimensionen (vgl. Göhlich 2001). In der Reihenfolge ihrer Problematisierung in der pädagogischen Ideengeschichte genannt sind dies: Wissen-Lernen, Können-Lernen, Lernen-Lernen und Leben-Lernen. Die damals nur skizzenhaft im Rahmen der Erarbeitung einer Theorie der Praxis pädagogischer Institutionen entstandene Differenzierung dieser vier *inhaltlichen* Aspekte wurde inzwischen historisch, anthropologisch, institutionell und systematisch aus- und aufgearbeitet (vgl. Göhlich/Zirfas 2007).

Beim *Wissen-Lernen* geht es um die Sache. Auch Körperliches, Soziales, Emotionales, Sprachliches wird als Wissen sachlich lernbar gedacht. Bis heute wird Wissen-Lernen insbesondere mit der Institution Schule verbunden und im didaktischen Diskurs vorrangig behandelt. Diese enge ideengeschichtliche Verbindung hat im wesentlichen zwei Gründe: zum einen, weil Wissen im Unterschied zu Können und anderen Aspekten des Lernens als von der Person lösbar und damit auch als Gegenstand vermittelbar erscheint; zum anderen, weil Wissen unter Absehung vom Kontext nach standardisierbaren Kriterien überprüfbar erscheint.

Beim *Können-Lernen* geht es um verkörperlichte Handlungsfähigkeit, um eine bis zum Automatismus entwickelbare Prozessgewissheit. Körperliches, Sprachliches, Emotionales, Soziales wird als Können nicht zur objektivierten Sache, weil dieses nicht vom könnenden Akteur gelöst werden kann, sondern nur mittels Mimesis, tastendem Versuchen, wiederholendem Üben u.ä. erlernt werden kann. Können-Lernen wird, abgesehen von kulturtechnischen Grundfertigkeiten (Lesen, Schreiben, Rechnen), hierzulande traditionell weniger der Schule zugeschrieben als vielmehr Werkstätten, Ateliers und Laboren. Die Geringschätzung des Könnens-Lernens in der Schule ist nicht zuletzt in der Trennung von Allgemein- und Berufsbildung in der Nachfolge Humboldts, im didaktisch nicht überwundenen Dualismus von Körper und Geist bei Bevorzugung des Geistes sowie in der jahrhundertealten gesellschaftsstratifizierenden Funktion dieses Dualismus begründet.

Der Aspekt des *Lernen-Lernens* als reflektiert-methodisches Umgehen mit Lernprozessen und -resultaten zieht sich quer durch die anderen Aspekte und läuft in jeglichem Lernen mit. Wer ein bestimmtes Wissen erlernt, lernt dabei auch den Modus, die Art und Weise, in der dieses Wissen-Lernen geschieht. Wer ein bestimmtes Können erlernt, lernt dabei auch den Modus, wie dieses Können-Lernen geschieht. Dieser Aspekt wird zwar schon bei einzelnen antiken und humanistischen Autoren erwähnt, seine nachdrückliche Wertschätzung verdanken wir jedoch vor allem der Aufklärungspädagogik.

Der nachhaltig erst – ohne mit dieser historischen Einordnung die Bedeutung älterer Spuren in Abrede stellen zu wollen – im 20. Jahrhundert pädagogisch explizierte und professionalisierte Aspekt ist der des *Leben-Lernens*. Mit der Flexibilisierung und Pluralisierung von Lebenspraxis muss der Umgang mit dieser als biographische Integration des lebenspraktisch Auseinanderdriftenden erlernt werden (vgl. Göhlich/Wulf/Zirfas 2007).

Im Folgenden werden bei der Betrachtung transkultureller Lernsituationen und -prozesse nicht diese Dimensionen des Lernens in den Blick genommen. Vielmehr wollen wir auf vier *modale* Aspekte des Lernens fokussieren, die in der Rekonstruktion des Lernbegriffs ausdifferenziert wurden, nämlich Erfahrungsbezogenheit, Sinnhaftigkeit, Dialogizität und Ganzheitlichkeit. Lernen ist

- *erfahrungsbezogen*: Lernen knüpft stets an Erfahrungen an, und im Lernen werden inhaltliche oder strukturelle Modifikationen von Erfahrungen bewirkt;
- *dialogisch*: Lernen ist kein bloß individueller Vorgang, sondern eine dialogisch gelingende Auseinandersetzung mit sich selbst und Anderem resp. Anderen;
- *sinnvoll*: Im Lernen selbst bildet sich ein dieses weiter vorantreibender oder hemmender, ablenkender oder fokussierender, letztlich kontingenter und so Horizonte des Möglichen öffnender – wie schließender – Geschehenssinn;
- *ganzheitlich*: Lernen ist nicht nur Verhaltensänderung oder Änderung einer kognitiven Struktur, sondern ein Prozess, welcher – wenngleich in unterschiedlichem Ausmaß – den gesamten Lernenden berührt und ggf. auch jenseits des im Lernen Fokussierten transformiert.

Nun lässt sich Lernen nicht unmittelbar erfassen – es gehört seiner Natur nach „zum Verborgensten und Unbekanntesten" (Buck 1989, S. 7) –, sondern nur mittelbar, im Verstehen von Äußerungen erschließen, d. h. über Interpretationen, die lernspezifische Differenzierungen als Reaktionen auf beobachtbare Zusammenhänge in den Blick nehmen.

Ausgehend von der oben skizzierten Annahme, dass transkulturelle Lernprozesse von jenen am intensivsten und weitreichendsten erlebt und thematisiert werden, die existentielle biographische Erfahrungen mit transkulturellen Situationen machen bzw. gemacht haben, bilden von MigrantInnen bzw. AutorInnen mit Migrationshintergrund verfasste Erzählungen und Kurzgeschichten, in denen Lernprozesse aus einer (biographischen) migrationsbezogenen Perspektive geschildert werden (vgl. Lenz/Gratzke 2006; Korte/Sternberg 1997), eine geeignete Grundlage für die Erarbeitung transkultureller Lernformen und -prozesse.

Für die Nutzung von Kurzgeschichten zur Erarbeitung von (transkulturellen) Lernformen und -prozessen sprechen mehrere Gründe:

1. Kurzgeschichten sind besonders gut geeignet für die Form des mündlichen Erzählens, die in vielen Kulturen der Welt nicht nur eine ästhetische, sondern eine alltagskulturelle Gegebenheit darstellt.
2. In Kurzgeschichten lassen sich Situationen und Episoden repräsentieren, die als bedeutsam genug erscheinen, um sie anderen zu vermitteln.
3. Kurzgeschichten sind oftmals vom Ende her komponiert, an dem eine Lösung oder eine Lebensbruch, mithin eine neue Erfahrung zustande kommt bzw. sich abzeichnet.
4. Kurzgeschichten sind daher wie elliptische „Fenster" auf transkulturelle Lernsituationen und -prozesse; obwohl oftmals nicht unmittelbar thematisiert, spielen Lernprozesse in vielen der Migrantengeschichten eine zentrale Rolle.
5. In Kurzgeschichten werden Lernprozesse explizit und implizit „verdichtet" dargestellt, da in ihnen Lernsituationen, Lernlagen, Entwicklungsstrukturen und Bildungsperspektiven aus den Verwicklungen der diffusen Alltagswelt herausgehoben und durch eine Fülle von (psychologischen, sozialen, kulturellen etc.) Kontextualisierungen auf der einen und durch Perspektivierungen der Protagonisten auf der anderen Seite deutlich gemacht werden.
6. In den Kurzgeschichten wird, im Unterschied zu den gängigen Darstellungen interkulturellen Lernens, die eher die *Gegenstände* des Lernens (Sprachen, Menschenrechte, Geschichte, Umgang mit Vorurteilen etc.) im Rahmen des formellen und nichtformellen Lernens thematisieren, fast durchgängig auf das alltägliche, informelle Lernen in seinen *Situationen, Prozessen und Modalitäten* abgehoben. Somit bekommt man eine kaum bekannte Dimension des transkulturellen Lernens in den Blick.
7. Und schließlich bieten die Kurzgeschichten die Möglichkeit, traditionelle Diskurse in der interkulturellen Pädagogik aus dem (literarisch formierten) Blickwinkel von Betroffenen zu irritieren und neu zu gewichten (vgl. hierzu auch: Koller/Rieger-Ladich 2005, 2009).

4 Die Erfahrung von Anders-Sein und Fremdheit

Transkulturelles Lernen gründet in Erfahrungen von Anders-Sein, Befremdung und Fremdheit, von Differenz, die identitätsirritierend, -gefährdend, aber in gewissem Sinne auch -bildend wirkt. In Salman Rushdies Kurzgeschichte „Die

Harmonie der Sphären" werden solche Erfahrungen sichtbar (Rushdie 1995). Der Erzähler ist ein Akademiker indischer Herkunft namens Khan, der in England studiert hat, Schriftsteller werden will und mit einem britischen Schriftsteller namens Eliot befreundet war. Die Erzählung setzt mit Eliots Selbstmord ein und endet mit Bestätigung von Khans Frau Mala, dass Eliot und sie nach ihrer Heirat mit Khan ein Verhältnis hatten, was beim Erzähler zum Zusammenbruch der Harmonie führt. Hier brechen nicht nur Khans Bilder von Mala und Eliot, sondern letztlich auch Khans Bild von sich selbst bzw. von einem harmonischen Verhältnis zwischen sich selbst und der Welt zusammen.

Khan tritt uns in der Erzählung als ein Suchender gegenüber. Er sucht (seine) Identität; er begehrt Zugehörigkeit, leidet unter der Disharmonie seiner Weltsichten und sucht sich als innere Einheit herzustellen. Entwicklungspsychologisch gilt das als charakteristisch für die Jugendphase. Khan ist aber kein Jugendlicher mehr. Es ist seine transkulturelle Lage, die ihn zu der Suche nach Identität zwingt. Transkulturelle Lage bedeutet hier zunächst innere Zerrissenheit. Um Ich zu sein, muss eine Verbindung zwischen dem inneren Hier und Dort des Individuums gefunden bzw. geschaffen werden. Rushdies Khan präzisiert dies in der eher theoretischen als literarischen Formulierung, er habe auf eine Verbindung „zwischen dem einen und dem anderen Anderssein meiner doppelten Nichtzugehörigkeit" (ebd.: 145f.) gehofft. Das Identitätsproblem Khans liegt offenbar darin, dass er kein Ich, sondern stets ein Anderer ist (vgl. Göhlich 2009).

Khan hofft zunächst, in der Zeit, in der er Eliot – der bezeichnenderweise eine Arbeit mit dem Titel „Die Harmonie der Sphären" geschrieben hat – wie einem Guru folgt, auf Magie. „In jener Welt der Magie und hypnotischen Kräfte schien es eine Art Fusion der Weltsichten zu geben, [...] an die ich verzweifelt zu glauben versuchte" (ebd.: 146). Diese Hoffnung liegt nahe. Wo die Welt als Durcheinander erscheint, scheint die Lösung nur jenseits der realen Welt möglich. Aber Magie und bloßer Glaube an eine Fusion der Weltsichten erweisen sich als Sackgassen.

Schon seine Bezeichnung als Alien durch Eliot während eines dessen psychotischer Schübe zeigt die alienatischen Verhältnisse an, die die eigene Identität verstören. Weiterleben ist unter diesen Bedingungen nur möglich, wenn das Andauern der Befremdung und der Arbeit an der Angst vor der Befremdung anerkannt wird. Dies gilt letztlich auch für seine Befremdung durch die von ihm als kulturell identisch angesehene Mala in deren abschließender Aufklärung ihrer Beziehung. Transkulturelles Lernen heißt in beiden Situationen, die Befremdung und die Angst davor anzuerkennen und sich auf die Arbeit an beidem einzulassen.

Sinn zwischen Tradition und Innovation

Ein zentraler Lernprozess in transkulturellen Settings bezieht sich auf den Zusammenhang von Vergangenheit und Tradition, als eigene und als fremde. Im Mittelpunkt der Geschichte „Batik" (1992) von Romesh Gunesekera, der in Sri Lanka geboren wurde, auf den Philippinen aufwuchs und in England studierte, steht die Frage nach der *eigenen* Herkunft. Nalini und Tiru – sie ist eine Singhalesin, er ein Tamile – sind von Sri Lanka nach England immigriert. Mit dem Ausbruch des Bürgerkrieges in der alten Heimat gestalten sich auch die Beziehungen zwischen Nalini und Tiru zunehmend schwieriger, da Nalini politisch uninteressiert ist und Tiru sich, als Vertreter der tamilischen Minderheit, immer stärker mit den Konflikten beschäftigt. Die damit einhergehenden Lernprozesse können als (zunächst destruktiver) Aufhebung von Illusionen charakterisiert werden:

1. der Irrelevanz ethnischer Herkünfte für eine Liebesbeziehung („Nalini was surprised that her mother thought such differences mattered"; ebd.: 99);
2. der nostalgischen Erinnerung an das paradiesische Herkunftsland („The barbarity made the common memories Tiru and Nalini had found earlier of sesame oil and pink rose sherbet seem like so many sad and pathetic illusions"; ebd.: 101);
3. des alles überragenden Projekts einer gemeinsamen Zukunft, symbolisiert in der Gestaltung ihres Hauses und in der Schwangerschaft von Nalini („,I'm *pregnant*!' she said again stretching the word and reaching to touch him, but he fetched and drew back"; ebd.: 104).

Mit den zerbrochenen Illusionen gehen Gefühle der Hilflosigkeit („In those first days the felt helpless: too far away to do anything and yet implicated by very brutal act the heard about"; ebd.: 101) und der Zerrissenheit einher, die nicht nur die Familie und das Paar, sondern jeden einzelnen erfasst. „Even so Nalini felt they were being prised apart by their past" (ebd.: 102). Eine zerbrochene Tasse am Ende der Geschichte weist auf die Möglichkeit der Versöhnung hin: „They could somehow recreate it with a web of hairline cracks, like a real batik pattern" (ebd.: 108).

Liest man diese Kurzgeschichte als Lernprozess, so lassen sich mehrere Bruchlinien festhalten, die von der Erschütterung von Gewissheiten über die Situation des Sich-Nicht-Auskennens bis hin zu einer vorsichtigen Lösung verlaufen. Die Hauptpersonen lernen, dass die Vergangenheit nicht vergangen ist, sondern weiterhin, aber anders, ihr Leben bestimmen wird („The past is not dead. In fact, it's not even past" W. Faulkner). Doch Batik, Patchwork und Collage stellen immer noch eine Art von *Verbindung* dar, wenn auch als eine zwischen nicht-homogenen Elementen. Sie bezeichnen die Situation eines lernfähigen Individuums, das sich ständig zwischen einer unüberschaubaren Menge von (etwa biographischen oder auf den Lebensstil bezogenen) Bindungs- und Wahlmöglichkeiten zu entscheiden hat, ohne dass verbindliche Normen eine verlässliche Orientierung gewährten.

Radikaler, weil unverbindlicher, ist die Kurzgeschichte „Dead Men's Path" (1953) von Chinua Achebe, der in Nigeria geboren wurde und heute in den USA lebt. In dieser Geschichte stehen die Tradition der *Anderen* und ihre Zerstörung im Mittelpunkt. Ein junger, dynamischer, moderner Pädagoge namens Obi wird Leiter einer Schule, die bislang als „unprogressive" (ebd.: 155) gilt. Er verfolgt zwei Ziele: „A high standard of teaching was insisted upon, and the school compound was to be turned into a place of beauty" (ebd.: 156). In seinem Ehrgeiz und unbedingten Fortschrittswillen zerstört er den örtlichen „Dead Men's Path", den Weg der Generativität als Weg der Verstorbenen zu den Ahnen wie zu den Lebenden und auch als Weg der Kinder in das Leben, der mitten durch das Schulgelände führt. Er zerstört damit die Tradition und die Identität der Eingeborenen. Während der Priester einwendet: „The whole life of this village depends on it. Our dead relatives depart by it and our ancestors visit us by it. But most important, it is the path of children coming in to be born (…)" (ebd.: 159), kann Obi als Vertreter einer radikalen Modernisierung und Aufklärung diesen Aberglauben nur bekämpfen: „The whole purpose of our school is to eradicate just such beliefs as that. Dead men do not require footpaths" (ebd.). Die Zerstörung des Glaubens durch den Schulleiter führt zur Zerstörung durch den Glauben. Als eine Frau im Kindbett stirbt, zerstört das Dorf das Schulgelände, worauf die Schulaufsicht Obi einen „misguided zeal" (ebd.: 160) bescheinigt.

Weniger deutlich als in der vorherigen Geschichte, aber doch erkennbar, ist die Hauptperson Obi nicht in der Lage, mit einer transkulturellen Situation (pädagogisch) sinnvoll umzugehen. Statt eine Koexistenz und eine Verbindung anzustreben, zieht er buchstäblich einen Grenzzaun ein („heavy sticks, barbed wire": 158), um die Verbindung zur Vergangenheit zu zerstören. Doch diese Eindeutigkeit und die damit verbundene Abwertung produziert Gewalt, die auf beiden Seiten Opfer fordert.

5 Kommunikation zwischen Dialog und Fundamentalismus

Die transkulturelle Lage ist von enormer Fragilität. Dabei ist der dialogische Charakter, der dem Lernen als Auseinandersetzung mit dem Anderen grundsätzlich eigen ist, beim transkulturellen Lernen besonders gefährdet. Wir können uns diese Problematik an der Kurzgeschichte „My Son the Fanatic" (Kureishi 2006; vgl. Kureishi 2007) vor Augen führen. Selbst als Sohn einer englischen Mutter und eines pakistanischen Vaters in einem Vorort Londons geboren, erzählt Hanif Kureishi eine dramatische Passage aus der Beziehungsgeschichte eines nach London migrierten und dort als Taxifahrer arbeitenden pakistanischen Vaters und seines in London geborenen, gerade in einer College-Ausbildung zum Buchhalter befindlichen Sohnes. Der Vater bemerkt, dass sein noch bei ihm und seiner Frau wohnender Sohn neuerdings sein Zimmer aufräumt, freut sich darüber, weil er es für die Beendigung der Teenagerzeit hält, stellt dann allerdings zu seiner Beunruhigung fest, dass sein Sohn auch erst in jüngster Zeit gekaufte Dinge seines bisherigen Lebens wie Videos, Computerzubehör, angesagte Kleidung, schließlich gar Videoplayer und Computer selbst ausmustert. Zunächst befürchtet er, dass sein Sohn drogensüchtig geworden ist und alles verkauft, um an Stoff zu kommen. Schließlich bekommt er aber mit, dass sein Sohn seine ganzen Sachen verschenkt hat und fünfmal am Tag betet. Der Vater, der an die Koranerziehung in seiner Kindheit in Pakistan negative Erinnerungen hat, sich dann immer von Religion ferngehalten hat und als Migrant zudem auf Anpassung setzt und nichts mehr wünscht, als dass sein Sohn Buchhalter wird und eine englische Familie gründet, begegnet nun einem Sohn, der strenggläubiger Muslim geworden ist, und der, als der Vater mit ihm eines Abends ausgeht, um darüber zu reden, dem Vater den Genuss alkoholischer Getränke und andere Islam-widrige Lebenspraxen vorwirft.

In dieser Erzählung können wir beobachten, wie die Kommunikation zwischen Dialog und Fundamentalismus oszilliert. Der Vater argumentiert, dass sie doch hier leben würden, worauf der Sohn antwortet: „The Western materialists hate us. Papa, how can you love something which hates you?" (Kureishi 2006: 281). Bis hierher ist es eine Diskussion, ein Pro und Contra. Nun fragt der Vater: "What is the answer, then, according to you?"(ebd.) Das hierin zumindest ansatzweise zu erkennende Bemühen um Dialog, um Verstehen des Anderen, wird erstickt in der sicheren Antwort des Sohnes, dass das Gesetz des Islam eines Tages die ganze Welt beherrschen wird, dass die westliche Zivilisation mit ihren Homosexuellen, Drogensüchtigen und Prostituierten verschwinden wird, notfalls durch einen Jihad, und dass des Vaters einzige Chance darin liege, mit ihm zu beten.

Die Kommunikation, die nicht zu einem wirklichen Dialog findet, verfängt sich im Fundamentalismus. Der Ansatz zum Dialog erstickt auch, weil der Vater keine Kraft hat, weiter zu fragen. Zu sehr erschüttern die Antworten seine heikle transkulturelle Identität. Die Kurzgeschichte endet damit, dass der Vater seinen Sohn – nachdem dieser die mit dem Vater befreundete Prostituierte im Auto verbal angegriffen und zum abrupten Ausstieg aus der Fahrgemeinschaft genötigt hat – zu Hause blutig prügelt, der Sohn sich nicht dagegen wehrt, sondern lediglich – im letzten Satz der Erzählung – mit geplatzter Lippe zu seinem Vater sagt: „So who's the fanatic now?" (ebd.: 288). Womit sich die Frage stellt, ob nicht nur die religiöse Haltung des Sohnes, sondern auch die väterliche Performanz der Assimilation fundamental ist und zur hilflosen Eskalation beiträgt.

6 Transkulturelle Ganzheitlichkeit?

In der Kurzgeschichte der geborenen Pakistani und seit ihrem zehnten Lebensalter in England lebenden Quaisra Shahraz „A pair of Jeans" (2004) spielen Lernprozesse auf mehreren Ebenen eine Rolle: in Bezug auf Generationen, Geschlechterverhältnisse und eben auch auf den Ebenen der kulturellen Traditionen und der kulturell-habituellen Gepflogenheiten. Vor dem Hintergrund von transkulturellen Familien- und Habitusstrukturen fokussiert die Autorin die Lernprozesse von drei Frauen: der Studentin Miriam, die zwischen britischem Studentenleben und pakistanischer Familie bzw. Community pendelt und weitgehend konform lebt, wenn sie sich in letzterer aufhält; ihrer Mutter Fatima, die zwischen den traditionellen Werten, der Unterstützung ihrer Tochter und der freundschaftlichen Beziehung zu der Mutter ihres zukünftigen Schwiegersohnes schwankt; und schließlich der zukünftigen Schwiegermutter Miriams, Begum, die in Miriam eine Traumschwiegertochter und in Fatima eine Freundin gefunden hat, letztlich aber ihren traditionellen Denkmustern und den Befehlen ihres Mannes Folge leistet. Worum geht es in der Geschichte? Bei dem vorbereitenden Gespräch der bevorstehenden Hochzeit zwischen Miriam und Farook, sehen ihre zukünftigen Schwiegereltern, Begum und Ayub, ihre Schwiegertochter in spe in Jeans und einem den Bauch freilassenden Hemd, woraufhin sie die geplante Hochzeit absagen.

Die transkulturellen Lernprozesse beginnen mit Dilemmata. Denn Miriam fühlt sich in ihrer westlichen Kleidung in der westlichen Umgebung in London „very self conscious" (ebd.: 240), doch zuhause ändern sich ihre Gefühle: „This was not the Miriam they knew, but a stranger; a western version of Miriam" (ebd.: 243); an anderer Stelle ist auch von der westlichen Miriam als „other personae" (ebd.: 245) die Rede. Mit der Kleidung kommen also Gefühle, Werte, Einstellungen und Identitäten ins Spiel: Als sie sich für ihre Schwiegereltern in der islamisch-pakistanisch angemessen Pluderhose und Tunika präsentiert, erkennt sie, dass sie sich eine „new personality" zugelegt hat, erkennt aber auch die damit verbundene „hypocrisy": „Ensconced now in the other home ground, her thoughts, actions and feelings had seamlessly altered accordingly" (ebd.: 247f.).

Der transkulturelle Lernprozess erscheint hier als habitueller. So sagt Ayub an einer Stelle zwar: „People form habits" (ebd.: 253), doch die Geschichte argumentiert ebenso umgekehrt: „Habits form People". Am Ende der Geschichte ist Miriam in ihren Jeans und ihrem „short jacket" (ebd.: 70) selbstbewusst auf dem Weg zu Farook, um ihren etwas lethargisch wirkenden Verlobten gegen den Willen seiner Eltern zu heiraten.

Betrachtet man den Lernprozess der Mutter von Miriam, der an einer Stelle der Geschichte auch als solcher benannt wird (S. 261), so steht am Anfang dieses Prozesses das „real dilemma" (ebd.: 268) des Nichtmehrweiterwissens. Einerseits will sie Miriam davon abhalten, mit Farook zu sprechen, andererseits möchte sie ihre Tochter in jeder möglichen Hinsicht unterstützen. Sie kommt zu der Einsicht, dass sich die Zeiten geändert haben, und dass Miriam Recht hat: „They lived and were brought up in different worlds, traditions and cultures" (ebd.: 269).

Und schließlich ist da Begum, die zukünftige Schwiegermutter; auch sie steckt in einem Dilemma, denn: „Begum had liked the way Miriam had behaved – ever so correctly and gracefully. [...] Begum was sure that, not her son, but she herself had fallen in love with Miriam at first sight" (ebd.: 256). Doch stimmt sie letztlich ihrem Mann zu, der aufgrund des in seinem Verständnis kleidertechnischen Fehlgriffs von Miriam eine Hochzeit für unmöglich hält. „She wanted to excuse Miriam's mode of dress to herself and to him, she knew she was not going to make a success of it because, secretly in her own heart, she very much agreed with her husband" (ebd.: 252). In diesem Sinne lernt Begum, wie wichtig ihr die Tradition und ihre eigene Vorstellung von einer für ihren Sohn angemessenen Frau sind. Dafür opfert sie ihr gutes Verhältnis zu Miriam und zu deren Mutter und ihrer Freundin Fatima.

In allen drei Figuren wird deutlich, wie paradigmatisch die Erfahrung des Anderen bzw. Fremden, von Widersprüchen und Paradoxien für das Zustandekommen von Lernprozessen ist (vgl. Meyer-Drawe 1996, 2003). Der Erwerb neuen Wissens – und darüber hinausgehend neuer Wissensstrukturen – wird in Situationen möglich, in denen die Erfahrung des Anderen den Menschen zu einer anderen Erfahrungsform bewegt. Das Andere, Fremde ist Ausgangspunkt eines Lernens als Erfahrung, insofern das Andere in die Erfahrung einbricht und diese modifiziert. Nicht jedes Andere und jedes Fremde bewirkt einen Lernprozess, doch wenn es zu diesem kommt, so verläuft er als Infragestellung des Eigenen durch das Fremdwerden der eigenen Erfahrungsmuster. Die Grundsituation des Lernens ist somit die Erfahrung eines Anderen, auf die das Subjekt eine Antwort finden muss.

Dabei führt die Wahrnehmung von Fremdheiten nicht unmittelbar zu Lernprozessen bzw. zu einem verantwortlichen und vernünftigen Umgang mit dem konkreten Fremden; und selbstverständlich bleibt auch bei der Wahrnehmung und Reflexion von eigener und fremder Fremdheit weiterhin die Gefahr, das Fremde gewaltsam auf das Eigene zu verkürzen. Wie in der Kurzgeschichte „A pair of Jeans" anhand der Figur Begums, so ist auch in verschiedenen Studien immer wieder gezeigt worden, dass die Begegnung mit dem Anderen nicht unmittelbar oder mittelbar zu den gewünschten Lerneffekten geführt hat, sondern im Gegenteil dazu, dass sich die etablierten und als veränderungswürdig empfundenen Wahrnehmungs- und Verhaltensmuster noch verstärkt haben.[3]

7 Fazit und Ausblick

Was bietet das Transkulturalitätsmodell der Lernforschung?

Transkulturalität produziert einen Grenz- und Differenzdiskurs. Uneindeutigkeit und ggf. auch Unmöglichkeit von eindeutigen Grenzen zwischen dem Eigenen und dem Fremden werden explizierbar; Identitäten und Zugehörigkeiten werden nicht mehr nach einer binären Logik, sondern nach einer polylogischen Strukturierung von Ähnlichkeiten, Relativitäten und Relationen verhandelbar. In diesem Sinne liefert Transkulturalität lerntheoretisch betrachtet eine paradigmatische Lernformation, ist doch die Uneindeutigkeit transkultureller Erfahrungen eine bedeutsame Ursache für Lernprozesse. Fasst man Kultur bzw. Transkulturalität nicht (nur) als die Gesamtheit von Lebensformen und mentalen Grundlagen einer Gruppe, sondern (vor allem) als kulturelle Praxis, als *doing culture* (vgl. Hönring/Reuter 2004), so kommt das Scharnier zwischen idiosynkratischen Subjekten und objektiven Strukturen, von Regelmäßigkeiten und Regelwidrigkeiten, von Wiederholungen und Erneuerungen in den Blick. Transkulturalität lässt sich in diesem Sinne als praktisches und praktizierendes Gespür für den Umgang mit diesen Differenzen bestimmen.

Transkulturelles Lernen ist demnach kein Lernen, das einen stufenförmigen, unumkehrbaren Prozess von der Kulturnaivität oder kulturellen Segregation über Wahrnehmung und Wissen anderer Kulturen und deren Toleranz und Anerkennung bis hin zu einer Integrations-, Egalitäts- Globalitäts- oder Transversalstufe

---

3 Vgl. neben der Studie von Bender-Szymanski u.a. (1998) auch Wilterdink (1993), der gezeigt hat, dass sich unter den akademischen Mitarbeitern des European Institutes in Florenz keine Angleichung der Sichtweisen ergeben hat und somit keine Konstituierung zu einer internationalen Gruppe gelungen ist, sondern vielmehr der Rekurs auf nationale Perspektiven und eine Betonung der Differenzen und Stereotypen zu beobachten war. Interkulturelle Begegnungen können durchaus bestehende kulturelle Identifizierungen bestärken, indem deren Bedeutung und Funktion für die Individuen in diesen Situationen besonders wahrnehmbar erscheinen.

durchläuft, wie einige Modelle des interkulturellen Lernens glauben lassen (Auernheimer 2007). Transkulturelles Lernen ist situativ, erfahrungsbezogen, auf einer ganzheitlichen Ebene kognitiv wie körperlich zu fassen und bezieht sich auf die Differenzierungen, die mit dem Eigenen und Fremden, Universellen und Lokalen, Exkludierenden und Inkludierenden etc. verbunden sind. Transkulturelles Lernen ist ein mit kulturellen Differenzen und Uneindeutigkeiten umgehendes Lernen, bei dem vielfältige Alternativen im Spiel sind. Es bewegt sich zwischen Referenz und Kontingenz, zwischen dem Konnex von Zugehörigkeiten und Optionen, d. h. von biographischen, kulturell-historischen Voraussetzungen und biographischen, kulturell-historischen Entwicklungen.

Es zielt darauf, symbolische Mitgliedschaften, habituelle Ähnlichkeiten, selbstbewusste Identitäten und biographische Zugehörigkeiten zu erzeugen. „Als Mitglied eines natio-ethno-kulturellen Kontextes identifizierbar zu sein, in dem Kontext handlungsfähig zu sein, repräsentativ für diesen Kontext und in ihm fraglos sprechen und sozial erkannt und anerkannt handeln zu dürfen, sowie die Einschreibung dieser Praxen in die eigene Lebensgeschichte und ihre affektiv-symbolische und eigensinnige ‚Ladung' mit Bedeutung" (Mecheril/Hoffarth 2006: 233) – diese Momente können als hehre normative Ziele eines transkulturellen Lernens gelten; im Alltag ist transkulturelles Lernen ein riskantes, prekäres Lernen, für das es kaum normative Vorgaben gibt. Wenn es eine lerntheoretische Lehre aus den Kurzgeschichten gibt, dann wohl diese, die vorhandenen transkulturellen Differenzen nicht nach einer Seite auflösen zu wollen, denn diese Auflösung produziert Gewalt. Dass auf der anderen Seite die bloße Vermittlung von Kulturen nicht frei von Opfern sein muss, macht der Begriff der Hybridität deutlich, der ursprünglich nicht die modische Kombination von kulturellen Sachverhalten, sondern auch einer strukturell gänzlich anderen Lebenslage entstammt, nämlich der tief greifenden Entfremdungserfahrung von Individuen, die, von den ehemals herrschenden kolonialen Wertsystemen deklassiert und depraviert, als Fremde in ihrer eigenen Heimat zu leben lernen mussten.[4]

---

4 Vgl. zu den Hybriditätsdiskursen Ha (2005), der die positive (imaginäre) Aufladung von Vermischungseffekten und den einzigartigen und produktiven Bonus von grenzüberschreitenden Verquickungen ebenso analysiert wie die Schattenseiten der Debatte, die um Reinrassigkeit, Bastardisierung, aber auch um eine ästhetische Verwertungslogik zentriert sind, die neben Faszination und Innovation auch neue Hierarchien, Fetischisierungen und Ausgrenzungen von anderen vornimmt und in der (gelegentlich) Hybridität zur repressiven Identitätspolitik der Selbstethnisierung verkommt.

Was bieten literarische Lernmodelle der Transkulturalitätsforschung?

Gehen wir vom Lernbegriff aus, so ist Lernen gekennzeichnet durch eine dreistellige Relation, insofern es sich auf den Gegenstand (was), den Gegenstandsbezug (wie) und den Lernenden (wer) bezieht. In Bezug auf die Gegenstände des Lernens geht es vor dem Hintergrund der Kurzgeschichten weniger um den üblichen Kanon des interkulturellen Lernens (der in vielen Modellen als Wissen-Lernen erscheint), sondern um ein komplexes Leben-Lernen, in dem die Umgangsformen mit Lebenslagen, Traditionen, Geschmacksrichtungen, Werte, Beziehungen und Institutionen die wichtigsten Lerngegenstände bilden. Als der für die Transkulturalitätsforschung wichtigste Gegenstand erscheint die *Relation* zwischen den Kulturen. Dabei wird insbesondere die paradoxe Verfasstheit dieses Lernens deutlich: Denn Lernen meint zum einen, sich etwas aneignen zu wollen, das man noch nicht kennt oder kann, und transkulturelles Lernen verweist zudem darauf, dass man sich etwas aneignen will, das man nicht kennen oder können *kann*. Es scheint kein allgemeingültiges Lernprogramm für Transkulturalität zu geben, weil die Relationen jeweils unterschiedlich sind.

Im transkulturellen Lernen sind zweitens spezifische Gegenstandsbezüge im Spiel. Das Lernen als Restrukurierung von Erfahrungen wird durch die kulturellen und sozialen Kontexte mitgeformt, die den Spielraum von Inklusion und Exklusion regeln, die Repräsentationsformen, Identitäts- und Differenzierungsmuster zur Verfügung stellen und Perspektiven des Handelns eröffnen und begrenzen. Erfahrungen, Fremdheitsrelationen, Sinnbezüge und habituelle Prozesse erzeugen im transkulturellen Lernen ein Höchstmaß an Komplexität und Kontingenz. Es scheint hier kein „richtiges" Lernen zu geben. Auch das Lernen des (transkulturellen) Lernen ist, so steht zu vermuten, durch spezifische soziale und kulturelle Strategien bedingt.

Transkulturelles Lernen ist schließlich in einem ausgezeichneten Sinn ein Lernprozess, den man an sich selbst und mit sich selbst vollzieht. Die damit einhergehenden Selbstverhältnisse werden dadurch nicht nur explizit-kognitiv, sondern auch, und wahrscheinlich entscheidender, sinnlich-leiblich berührt und transformiert. Körperliche Routinen, praktisch körperliche Selbstverhältnisse, Wahrnehmungsformen, Sprach- und Denkmuster werden neu eingeübt und auf eine andere Grundlage gestellt (vgl. Mecheril/Hoffarth 2005: 226ff.). Dabei erscheint gerade die Heraushebung einer monokulturellen Identität als eine aus der bürgerlich-kapitalistischen Gesellschaftsordnung hervorgegangene Vorstellung.

In der Relationierung von Gegenstand, Gegenstandsbezug und Lernenden, ist mit Blick auf das informelle transkulturelle Lernen u.a. nun genauer zu fragen, ob und wie dem Chancen- oder Defizitdiskurs des Lernens in der Migrationsforschung Folge geleistet werden sollte (d. h. ob man z. B. Mehrsprachigkeit als Bereicherung oder eine bi- bzw. multikulturelle Herkunft als Benachteiligung versteht). Es ist zudem von Belang, ob und wie welche Lernformen und -prozesse für Integrations- und Desintegrationsprozesse von Migranten wichtig werden (können), und auch, ob und wie pädagogische Institutionen Lernanlässe, Lernarrangements und -blockaden begrenzen und eröffnen; und schließlich kann in diesem Blickwinkel auch auf die Paradoxien dieser Lernprozesse eingegangen werden, ob und wie z. B. das bewusste Lernen von manifesten Antidiskriminisierungseinstellungen zu latenten Formen von subtilem Rassismus führen kann (vgl. Alonso 2005).

Relativiert werden in der pädagogischen Rekonstruktion transkultureller Lernszenen zudem die Kontakthypothese – auch in ihren durch Allport (1954) erläuterten Bedingungen der sozialen und institutionellen Unterstützung von Kontakten, von häufigen, dauerhaften und intensiven Begegnungen, dem gleichen Status aller Beteiligten und den gemeinsam zu bewältigenden Aufgaben – sowie die These der relevanten fremdkulturellen Informationen. Denn in dieser Perspektive wird sehr deutlich, dass inter- und transkulturelles Lernen dort unwirksam, wenn nicht sogar kontraproduktiv ist, wo in den kulturellen Kontakten zwar auf vielen Ebenen formale Gleichheiten herrschen, aber die entscheidenden verinnerlichten Machtbeziehungen, d. h. die psychologischen Asymmetrien, noch nicht abgebaut sind (vgl. Schweitzer 1994, S. 260ff.).

Und auch gängige, eher stereotypisierende Modelle des inter- und transkulturellen Lernens werden aufgrund der literarischen Lektüren in ihrer Unterkomplexität deutlich: Wenn etwa Lernen im Kulturkontakt im positiven, synergetischen Sinne als ständiger Differenzierungs- und Relativierungsprozess, als Steigerung von Komplexität und Kontingenz, als Dekontexualisierung, als Verfremdung des Eigenen, als Perspektivenübernahme sowie als Entängstigung verstanden wird; oder wenn dagegen die ethnoorientierte Haltung auf eine widerständige Beharrlichkeit, auf die Reduktion von Komplexität und auf eine existentielle Betroffenheit verweist, die es fast unmöglich macht, neue Bilder der eigenen Selbstdarstellung zu entwickeln, in interkulturellen Situationen zu vermitteln, (Frustrations-)Toleranz auszubilden oder Ambiguitäten auszubalancieren. Die Wirklichkeit des transkulturellen Lernens ist komplexer und widersprüchlicher, als diese Modelle nahe legen.

Deutlich werden aus der Sicht der Lerntheorie in Bezug auf die pädagogische Transkulturalitätsforschung schließlich individuelle und kulturelle Lerngrenzen. Dies legt den Rekurs auf Nietzsches Postulat nahe, dass ein wirklich grundlegendes, radikales, lebensgeschichtliches Lernen nicht möglich ist, sondern nur das Kennenlernen und Hinnehmen schicksalsgegebener Kontingenz:

„Das Lernen verwandelt uns, es thut Das, was alle Ernährung thut, die auch nicht bloss ‚erhält' –: wie der Physiologe weiss. Aber im Grunde von uns, ganz ‚da unten' giebt es freilich etwas Unbelehrbares, einen Granit von geistigem Fatum, von vorherbestimmter Entscheidung und Antwort auf vorherbestimmte ausgelesene Fragen. [... Hier kann man] nicht umlernen, sondern nur auslernen, – nur zu Ende entdecken, was darüber bei ihm ‚feststeht'" (Nietzsche 1999: 170, Aph. 231).

Dass dieser „Granit" auch den Lernmodalitäten, der Sinnhaftigkeit, dem Austausch und der Auseinandersetzung sowie der sinnlich-leiblichen Bezugnahme und ganzheitlichen Transformation Grenzen setzt, sei als Abschluss vermerkt.

Literatur

Achebe, Chinua (1953): Dead Men's Path. In: Lenz, Susanne/Gratzke, Reinhard (Hrsg.) (2006): Cross-Cultural Encounters. 20th Century English Short Stories. Stuttgart: Reclam, S. 155-160

Allport, Gordon W. (1954): The Nature of Prejudice. NewYork: Addison-Wesley

Alonso, Rosario Alonso (2005): Lernen am eigenen Rassismus als Entwicklungsprozess. In: Hamburger, Franz/Badawia, Tarek/Hummrich, Merle (Hrsg.): Migration und Bildung. Über das Verhältnis von Anerkennung und Zumutung in Einwanderungsgesellschaften. Wiesbaden: VS, S. 189-204

Auernheimer, Georg (2007): Interkulturelles Lernen. In: Göhlich, Michael/Wulf, Christoph/Zirfas, Jörg (Hrsg.) (2007): Pädagogische Theorien des Lernens. Weinheim/Basel: Beltz, S. 153-162

Bender-Szymanski, Dorothea/Lueken, Barbara/Thiele, Andreas (1998): Lernen durch Kulturkontakt. Eine Prozessanalyse der Akkulturation deutscher Studienreferendare in multikulturellen Klassen. In: Zeitschrift für Pädagogik 44, H. 5, S. 679-699

Datta, Asit (Hrsg.) (2005): Transkulturalität und Identität. Bildungsprozesse zwischen Exklusion und Inklusion. Frankfurt/M./London: IKO-Verlag

Flechsig, Karl Heinz (2002): Kulturelle Identität als Lernproblem. In: Wulf, Christoph/Merkel, Christel (Hrsg.): Globalisierung als Herausforderung für die Erziehung. Münster/New York: Waxmann, S. 64-74

Göhlich, Michael (2006): Transkulturalität als pädagogische Herausforderung. In: ZEP: Transkulturalität, 29 Jg., H. 4, S. 2-7

Göhlich, Michael (2009): Anders Sein. Zur existentiellen Bedeutung von Transkulturalität. In: Klepacki, Leopold/Schröer, Andreas/Zirfas, Jörg (Hrsg.): Der Alltag der Kultivierung. Münster/New York: Waxmann, S. 137-148.

Göhlich, Michael/Leonhard, Hans-Walter/Liebau, Eckart/Zirfas, Jörg (2006): Transkulturalität und Pädagogik. Thesen zur Einführung. In: Dies. (Hrsg.): Transkulturalität und Pädagogik. Weinheim/München: Juventa 2006, S. 7-29
Göhlich, Michael/Zirfas, Jörg (2007): Lernen. Ein pädagogischer Grundbegriff. Stuttgart: Kohlhammer
Göhlich, Michael/Wulf, Christoph/Zirfas, Jörg (Hrsg.) (2007): Pädagogische Theorien des Lernens. Weinheim/Basel: Beltz
Gunesekera, Romesh (1992): Batik. In: Korte, Barbara/Sternberg, Claudia (Hrsg.) (1997): Many Voices – Many Cultures. Multicultural British Short Stories. Stuttgart: Reclam, S. 93-108
Ha, Kein Nghi (2005): Hype um Hybridität. Kultureller Differenzkonsum und postmoderne Verwertungstechniken im Spätkapitalismus. Bielefeld: transcript
Hörning, Karl H./Reuter, J. (Hrsg.) (2004): Doing Culture. Neue Positionen zum Verhältnis von Kultur und sozialer Praxis. Bielefeld: transcript
Hormel, Ulrike/Scherr, Albert (2005): Migration als gesellschaftliche Lernprovokation – Programmatische Konturen einer offensiven Bildung für die Einwanderungsgesellschaft. In: Hamburger, Franz/Badawia, Tarek/Hummrich, Merle (Hrsg.): Migration und Bildung. Über das Verhältnis von Anerkennung und Zumutung in Einwanderungsgesellschaften. Wiesbaden: VS, S. 295-310
Koller, Hans-Christoph/Rieger-Ladich, Markus (Hrsg.) (2005): Grenzgänge. Pädagogische Lektüren zeitgenössischer Romane. Bielefeld: transcript
Koller, Hans-Christoph/Rieger-Ladich, Markus (Hrsg.) (2009): Figurationen von Adoleszenz. Pädagogische Lektüren zeitgenössischer Romane II. Bielefeld: transcript
Korte, Barbara/Sternberg, Claudia (Hrsg.) (1997): Many Voices – Many Cultures. Multicultural British Short Stories. Stuttgart: Reclam
Kureishi, Hanif (2006): My Son the Fanatic. In: Lenz, Susanne/Gratzke, Reinhard (Hrsg.) (2006): Cross-Cultural Encounters. 20th Century English Short Stories. Stuttgart: Reclam, S. 271-288
Kureishi, Hanif (2007): My Son the Fanatic. A Sreenplay. Hrsg. V. Andreas Gaile. Stuttgart: Reclam
Lenz, Susanne/Gratzke, Reinhard (Hrsg.) (2006): Cross-Cultural Encounters. 20th Century English Short Stories. Stuttgart: Reclam
Nietzsche, Friedrich (1999): Jenseits von Gut und Böse. In: Ders.: Kritische Studienausgabe 5. Hrsg. v. G. Colli u. M. Montinari. München: dtv, S. 9-243
Mecheril, Paul/Hoffarth, Britta (2006): Adoleszenz und Migration. Zur Bedeutung von Zugehörigkeitsordnungen. In: King, Vera/Koller, Hans-Christoph (Hrsg.): Adoleszenz – Migration – Bildung. Bildungsprozesse Jugendlicher und junger Erwachsener mit Migrationshintergrund. Wiesbaden: VS, S. 221-240
Meyer-Drawe, Käte (1996): Vom anderen lernen. In: Borelli, Michelle/Ruhloff, Jörg (Hrsg): Deutsche Gegenwartspädagogik Bd. II. Hohengehren: Schneider, S. 85-98
Meyer-Drawe, Käte (2003): Lernen als Erfahrung. In: Zeitschrift für Erziehungswissenschaft 6, H. 4, S. 505-514
Meyer-Drawe, Käte (2008): Diskurse des Lernens. München: Fink

Shahraz, Quaisra (2004): A Pair of Jeans. In: Lenz, Susanne/Gratzke, Reinhard (Hrsg.) (2006): Cross-Cultural Encounters. 20th Century English Short Stories. Stuttgart: Reclam, S. 240-270

Schweitzer, Helmuth (1994): Der Mythos vom interkulturellen Lernen. Hamburg/München: Lit

Wilterdink, Nico (1993): Nationalitäten im alltäglichen Gegen- und Miteinander. Nationale Identität in einer internationalen Organisation. In: Blomert, Reinhard/Kuzmics, Helmut/Treibel, Annette (Hrsg.): Transformationen des Wir-Gefühls. Studien zum nationalen Habitus. Frankfurt/M.: Suhrkamp

Zirfas, Jörg/Göhlich, Michael/Liebau, Eckart: Transkulturalität und Pädagogik – Thesen und Fragen. In: Göhlich, Michael/Leonhard, Hans-Walter/Liebau, Eckart/Zirfas, Jörg (Hrsg.): Transkulturalität und Pädagogik. Weinheim/München: Juventa 2006, S. 185-194

Differenz und Diskriminierung: Mechanismen der Konstruktion von Ethnizität und sozialer Ungleichheit

Ulrike Hormel

1 Einleitung

Angesichts der Forschungslage zu Ethnizität als sozialwissenschaftlicher Kategorie kommt Rogers Brubaker in einer neueren Arbeit zu der Schlussfolgerung:

> „Wir sollten nicht nur den ethnischen Konflikt überdenken, sondern auch den Begriff Ethnizität selbst. Dabei geht es nicht um die Einigung auf eine Definition. Die verwickelt definitorische Kasuistik, die immer wieder aufs Neue in Untersuchungen zu Ethnizität, Rasse und Nationalismus ausgebreitet wird, hat wenig dazu beigetragen, die Diskussion voranzubringen, und kann sogar als Symptom des nicht-kumulativen Charakters der Forschung auf diesem Gebiet gesehen werden." (Brubaker 2007: 21)

Brubakers Kritik baut insbesondere auf der Beobachtung auf, dass mit der Referenz auf ethnische Gruppen als Bezugspunkt von Gesellschaftsanalysen ein Prozess der „Verdinglichung" mit der Folge vollzogen wird, dass der Unterschied zwischen Kategorien der „ethnopolitischen Praxis" einerseits und analytischen Kategorien andererseits nivelliert wird (Brubaker 2007: 20f.). Auch wenn diese Einschätzung angesichts der in der Migrations- und Rassismusforschung geführten Debatten in ihrer Zuspitzung zu wenig differenziert erscheint, ist damit doch auf eine gewichtige Problematik hingewiesen: Ethnisierende Klassifikationen stellen nicht nur dann eine problematische Interpretationsfolie für soziale Phänomene bereit, wenn sie auf der Grundlage eines Konflikttopos formuliert werden. Vielmehr sind ethnisierende Unterscheidungen auch im Fall ihrer Beanspruchung als analytische Beschreibungsschemata auf ihr realitätskonstituierendes Moment innerhalb der adressierten (wissenschaftlichen, politischen und pädagogischen) Kontexte hin zu befragen.

Dass Ethnizität wiederkehrend als quasi-vorsoziales Merkmal von Gruppenzugehörigkeit bzw. als empirische Eigenschaft von Individuen verhandelt wird, zeigt sich aktuell u.a. hinsichtlich der Beschäftigung mit Formen von Diskriminierung in so unterschiedlichen Kontexten wie dem politisch-rechtlichen Antidiskriminierungsdiskurs, Diversity-Management-Programmen sowie in der Diskussion um die Ursachen der Bildungsbenachteiligung von Kindern und Jugendlichen mit Migrationshintergrund.

2 Diskriminierung im gesellschafts- und bildungspolitischen Diskurs

Der Begriff ‚Diskriminierung' ist in den gegenwärtigen Diskussionen um Formen gesellschaftlicher Benachteiligung nicht mehr wegzudenken. Inzwischen wird das Thema Diskriminierung nicht mehr nur durch VertreterInnen sogenannter sozialer Minderheiten oder im Kontext sozialer Bewegungen ins Spiel gebracht, sondern ist zum Gegenstand einer breiteren gesellschaftspolitischen Problematisierung von Mechanismen der Benachteiligung auf der Grundlage von Merkmalen wie etwa Behinderung, Geschlecht, sexueller Orientierung und auch ethnischer Herkunft geworden. Im Vergleich zu anderen europäischen Ländern wie Frankreich und Großbritannien, die bereits seit den 1970er Jahren über eine Antidiskriminierungsgesetzgebung und -politik verfügen, hat in Deutschland die politische und rechtliche Thematisierung von Diskriminierung jedoch mit erheblicher Verspätung eingesetzt – und dies wesentlich durch die EU-Antidiskriminierungspolitik forciert (vgl. Schönwälder 2007).

Dass das Thema Diskriminierung auch in der Bundesrepublik auf die politische Tagesordnung gelangt ist, ist somit nicht in erster Linie einem gewachsenen gesellschaftlich verankerten Problembewusstsein geschuldet, sondern steht in einem engen Zusammenhang mit den seit dem Jahr 2000 erlassenen EU-Antidiskriminierungsrichtlinien, deren Umsetzung in nationales Recht und in eine entsprechende Rechtspraxis für die EU-Vertragsstaaten verbindlich geregelt wurde. Erst im August 2006 wurde das Allgemeine Gleichbehandlungsgesetz (AGG) verabschiedet, mit dem die Bundesrepublik dieser Verpflichtung nach langen und

sehr kontrovers geführten Debatten schließlich nachgekommen ist (vgl. Bielefeldt/Follmar-Otto 2005).[1]
Auch in den hiesigen bildungspolitischen Debatten hat das Thema Diskriminierung und entsprechende Diskussionen über mögliche Strategien der Antidiskriminierung Resonanz finden können: So wird nicht zuletzt die Bildungsbenachteiligung von Kindern und Jugendlichen mit Migrationshintergrund verstärkt auch als Diskriminierungsproblematik thematisiert. Hierbei spielten Impulse internationaler und nationaler Menschenrechtsgremien eine wichtige Rolle, die das Thema Diskriminierung im Zusammenhang mit der Frage der Realisierung des Menschenrechts auf Bildung in Verbindung brachten und die Bildungsbenachteiligung von Kindern und Jugendlichen mit Migrationshintergrund öffentlich wirksam als Diskriminierungsfrage reformulierten (vgl. Muñoz 2006; Motakef 2006).

Als Reaktion auf die Bildungsbenachteiligung von MigrantInnen werden zunehmend Diversity-Konzepte diskutiert, die auf die ‚Wahrnehmung', ‚Wertschätzung' und ‚produktive Nutzung' von Heterogenität zielen (Stroot 2007: 52ff.). Diversity-Programmatiken werden dabei auch in Hinblick auf die Überwindung von Diskriminierungen beansprucht: Sie sollen u.a. dazu beitragen, auf diskriminierende Praktiken zu reagieren, die sich auf der Ebene schulischer Interaktion beobachten lassen, den Bildungserfolg verhindern und so dem Postulat einer institutionell zu gewährleistenden Chancengleichheit de facto zuwider laufen.

3 Diversity-Management als Handlungsstrategie gegen Diskriminierung?

Die Idee, dass Diversity-Konzepte zur Überwindung von Diskriminierungsphänomenen beitragen können, findet zwar im Erziehungssystem immer größere Resonanz, allerdings handelt es sich im Fall von ‚Diversity' bekanntlich um keinen

---

1 Dass sich die Resonanz gegenüber der Thematisierung und politischen Bearbeitung von Diskriminierungen weiterhin in einer Bandbreite von Indifferenz bis Ablehnung bewegt und zudem milieuspezifisch ausfällt, macht eine von der Universität Heidelberg im Auftrag der Antidiskriminierungsstelle des Bundes 2008 vorgelegte repräsentative Studie zur „Wahrnehmung von Diskriminierung und Antidiskriminierungspolitik in Deutschland" deutlich. Diese kommt zu dem Ergebnis, dass Diskriminierungen auf der Grundlage der vom AGG „geschützten" Merkmalen „Rasse/ethnische Herkunft", „Behinderung", „Geschlecht", „sexuelle Identität", „Religion/Weltanschauung", „Alter" von einer Mehrheit der Bevölkerung nicht als dringliches gesellschaftliches Problem wahrgenommen wird und 40% der Befragten Antidiskriminierungspolitik für überflüssig halten (vgl. www.antidiskriminierungsstelle.de/bmfsfj/generator/ADS/antidiskriminierungsstelle.html).

genuin pädagogischen Ansatz. Diversity-Konzepte sind vor allem im Kontext der Personal- und Organisationsentwicklung entstanden und beanspruchen, innerbetriebliche Prozesse von dysfunktionalen Kommunikations- und Handlungsbarrieren zu entlasten, die etwa durch Vorurteile entstehen (vgl. Stuber/Wittig 2007; Vedder 2009).[2] Als betriebswirtschaftlich orientierte Steuerungsprogramme auf der Ebene von Organisationen zielen diese auf die Realisierung effektiverer Arbeitsprozesse und die Optimierung ökonomischer Leistungsfähigkeit. Zwar gelten die in den einschlägigen Antidiskriminierungsrichtlinien und -gesetzen als ‚geschützte Merkmale' aufgenommenen Dimensionen wie Geschlecht, Ethnizität und Behinderung auch als „Kerndimensionen" des Diversity-Managements (Vedder 2009: 113). Diese werden jedoch als persönlichkeitsbildende Eigenschaften und diversifizierte Erfahrungshorizonte in den Blick genommen und nicht primär als diskriminierungsrelevante soziale Zuordnungen.[3]

Der Diversity-Ansatz erlangt inzwischen nicht nur im Kontext von Managementkonzepten, die auf eine effizientere Unternehmensführung zielen, Bedeutung, sondern auch auf der Ebene der operativen Umsetzung rechtlicher Antidiskriminierungsvorgaben in non-profit-Organisationen. Das heißt, dass die Diversity-Perspektive nicht mehr an den Bezugsrahmen des Wirtschaftsunternehmens gebunden ist, sondern generell das Problem der Prozessoptimierung in Organisationen in den Blick genommen wird – dies in ganz unterschiedlichen Bereichen, von der öffentlichen Verwaltung über wohlfahrtsstaatliche Institutionen und Hochschulen bis hin zu NGOs (vgl. Merx 2006). Zudem wurde ‚Diversity' inzwischen als offizielle politische Antidiskriminierungsstrategie durch die Europäische Kommission etabliert (vgl. www.stop-discrimination.info/2182.0.html).

Im Unterschied zu den Legitimationsgrundlagen, wie sie in Wirtschaftsunternehmen oder öffentlichen Verwaltungen vorliegen, stehen Diversity-Ansätze in pädagogischen Kontexten jedoch notwendigerweise in einem anderen Begründungszusammenhang. Diese konturieren sich nicht als Ansätze, die die effektive

---

2 Beispielhaft kann hier auf die ‚Charta der Vielfalt' verwiesen werden, die 2006 u. a. von der Deutschen Bank und der Deutschen Telekom sowie der Integrationsbeauftragten des Bundes Maria Böhmer ins Leben gerufen wurde. Dort heißt es: „Alle Mitarbeiterinnen und Mitarbeiter sollen Wertschätzung erfahren – unabhängig von Geschlecht, Rasse, Nationalität, ethnischer Herkunft, Religion oder Weltanschauung, Behinderung, Alter, sexueller Orientierung und Identität. Die Anerkennung und Förderung dieser vielfältigen Potentiale schafft wirtschaftliche Vorteile für unser Unternehmen." (www.charta-der-vielfalt.de)

3 So formulieren etwa Stuber und Wittig (2007, S. 67f.): „Diversity stellt kein Antidiskriminierungskonzept im engeren Sinne dar [...]. Zwar zielt Diversity darauf ab, Systeme durchlässig und neutral und die Arbeitsfelder offen und flexibel zu gestalten, aber anti-diskriminierende Effekte werden eher als Auswirkung oder als Folge gesehen, denn als Antrieb oder Ziel [...] Diversity [strebt] als geschäftszentrierter Ansatz eine Steigerung von Erfolg, Produktivität und Kundennähe an."

Nutzung von Humanressourcen in den Vordergrund stellen, sondern im Horizont einer demokratisch und emanzipatorisch orientierten Programmatik, die explizit auch auf die Überwindung sozialer Ungleichheiten und Diskriminierungen im Bildungssystem zielt. Dabei etabliert sich Diversity als Variante einer Semantik der Differenz, wie sie gegenwärtig auch mit den Begriffen der Vielfalt, Heterogenität und Interkulturalität in bildungstheoretische Überlegungen, in unterschiedliche pädagogische Handlungsfelder und insbesondere auch in den praxisorientierten pädagogischen Diskurs nachhaltig Einzug hält (vgl. Bräu/Schwerdt 2005; Boller/Rosowski/Stroot 2007).

4 Vielfalt, Heterogenität und Diversity: Soziale Unterscheidungen in pädagogischen Semantiken der Differenz

Im Zuge der aktuellen bildungspolitischen Debatten um die soziale Selektivität und Reformbedürftigkeit des Bildungssystems wird die Auseinandersetzung mit migrationsbezogener Bildungsungleichheit und mit Prozessen des sozialen Wandels, die durch Migration veranlasst oder mitbedingt sind, nicht mehr nur in den Spezialdiskursen der Migrationsforschung und der interkulturellen Pädagogik geführt. Vielmehr ist Einwanderung als ein Moment weitreichender gesellschaftlicher Entwicklungsprozesse zu einem relevanten Bezugspunkt auch für allgemeinere Versuche der Formulierung von Zielen und Methoden einer zeitgemäßen Erziehung und Bildung geworden. Nach Einschätzung von Yasemin Karakaşoğlu kann dies jedoch nur sehr eingeschränkt als „Erfolg für die erziehungswissenschaftliche Subdisziplin Interkulturelle Bildung" (Karakaşoğlu 2009: 178) gewertet werden. So finden sich beispielsweise in den Auswertungen der Schulleistungsstudien und im Nationalen Bildungsbericht kulturalistische Deutungen der Ursachen der Bildungsbenachteiligung von MigrantInnen (Karakaşoğlu 2009: 180ff.). Zudem ist zu beobachten, dass Forderungen nach interkultureller Bildung, etwa auf der Ebene der Bildungsverwaltung und daraus abgeleiteten Maßnahmen in der pädagogischen Praxis teilweise auf einem reduktionistischen Kulturverständnis basieren, das in den Fachdiskursen der interkulturellen Pädagogik als weitgehend überwunden gelten kann (vgl. Krüger-Potratz 2005: 32).

Eine vergleichbare Problematik kann auch für aktuelle Erziehungs- und Bildungsprogrammatiken identifiziert werden, die mit der Referenz auf Heterogenität und Vielfalt operieren und damit nicht nur migrationsbezogene Differenzen, sondern sozial relevante Unterschiede in Hinblick auf Geschlecht, Behinderung, Alter etc. in den Blick rücken. Für diese sind Referenzen auf politische oder sozialwissenschaftliche Gesellschaftsdiagnosen konstitutiv, wie sie mit den Stichworten ‚Postmoderne', ‚Globalisierung', ‚Individualisierung', ‚kulturelle Pluralisierung' und ‚demographischer Wandel' etc. beschrieben sind (vgl. Hormel/Scherr 2004: 208). Differenz und Vielfalt werden dabei nicht lediglich als Epiphänomene dieses gesellschaftlichen Wandels betrachtet, sondern diese sollen – normativ und programmatisch gewendet – Anerkennung und Valorisierung erfahren.

Bei den zentralen Diversity-Dimensionen wie Ethnizität, Geschlecht und Behinderung handelt es sich jedoch nicht lediglich um vielfältig differenzierte Erfahrungshorizonte, sondern um Differenzen, die in einem Bezug zu Strukturen sozialer Ungleichheit stehen und damit um soziale Klassifikationen, die nicht beliebige Bezugspunkte für Diskriminierungen darstellen. Wenn diese Differenzen aber nicht als diskriminierungsrelevante Positionierungen im sozialen Ungleichheitsgefüge identifiziert werden, sondern als individuelle oder gruppenbezogene Eigenschaften definiert werden, deren Potential auf der Grundlage eines programmatischen Plädoyers für die Wertschätzung von Vielfalt entfaltet werden soll, setzen sich Diversitystrategien der Gefahr der Reifikation gerade jener Klassifizierungen aus, die zur Markierung sozialer Ungleichheit und zur diskriminierungsrelevanten Zuordnung von Individuen zu sozialen Gruppen beitragen.[4]

Mit der Referenz auf ethnische Herkunft als Diskriminierungsmerkmal begibt sich der Diversity-Ansatz damit in ein Dilemma, das Frank-Olaf Radtke bereits im pädagogischen Multikulturalismus der 1980er Jahre am Werk sah: „Ethnizität soll als Anderssein verstanden und dennoch *nicht* im sozialen Prozess als Ressource der Unterscheidung (d.h. der Diskriminierung) verwendet werden." (Radtke 1991: 92) Radtke verweist damit auf ein Problem, das nicht zuletzt auch den Antidiskriminierungsdiskurs selbst betrifft: Eine Programmatik, die auf die Anerkennung ethnischer Unterschiede zielt, setzt eine soziale Praxis des Unterscheidens voraus und beansprucht gleichzeitig, die Verwendung dieser Unterscheidungen im handlungspraktischen Vollzug von Gesellschaft normativ kontrollieren zu können. Auf der Ebene formalisierter Regelungen wie Antidiskriminierungsbestimmungen und Antidiskriminierungsgesetzen potenziert sich

---

4 Die damit angesprochene Problematik findet zwar durchaus in vorliegenden Ansätzen einer „Pädagogik der Vielfalt" (Prengel 1993) bzw. der „Diversity-Pädagogik" (vgl. Hormel/Scherr 2004: 203ff.) Berücksichtigung. Diese gehen konzeptionell nicht nur in Distanz zu einem Kulturalismus, mit dem Individuen als Angehörige und Repräsentanten ethnischer oder kultureller Gruppen betrachtet werden, sondern beanspruchen auch die Berücksichtigung des Konstruktionscharakters der über Ethnizität und Kultur hinaus in den Blick genommenen Differenzen und betonen deren Einbettung in Hierarchien und Ungleichheitsstrukturen. Ein entsprechend differenziertes Verständnis sozialer Unterschiede kann jedoch keineswegs durchgängig für aktuelle Verwendungsweisen der neuen ‚Leitbegriffe' Vielfalt, Heterogenität und Diversity angenommen werden. Vgl. etwa das einflussreiche Diversity-Programm „Eine Welt der Vielfalt" (2005) der Bertelsmann-Stiftung, das auch in der Lehrerbildung Verwendung findet.

dieses Problem, insofern die Zuordnung von Individuen zu ethnisch differenzierten Gruppen eine notwendige Voraussetzung für die Feststellung der Diskriminierungsrelevanz in der fallorientiert selektiven Anwendung der gesetzlichen Bestimmungen selbst darstellt.[5] Die gesetzgeberische Antidiskriminierungsperspektive sowie Diversity-Management-Konzepte und Ansätze der Diversity-Education, die auf die Anerkennung von Differenzen in der ethnischen Herkunft zielen, beanspruchen folglich, dass diese Differenzen eine soziale Wirklichkeit abbilden, auf die juridisch oder programmatisch reagiert werden soll. Konfrontiert man diesen impliziten Anspruch jedoch mit sozialwissenschaftlichen Diskussionen, die Prozesse des Unterscheidens als zentrale Problematik der sozialen Ordnungsbildung in den Blick nehmen, wird ein grundlegendes Spannungsverhältnis deutlich: Vor diesem Hintergrund stellt sich zum einen die Frage nach den historischen Bedingungen, in denen ethnisierende Semantiken eine Plausibilität zur Beschreibung sozialer Phänomene erlangen, zum anderen ist die Frage nach dem Gesellschaftsmodell aufgeworfen, das dabei implizit oder explizit beansprucht wird und damit auch nach dem analytischen Stellenwert der Ethnizitätskategorie.

5 Ethnisierende Klassifikationen als Beschreibungs- und Beobachtungsschemata

Bei der Betrachtung gängiger Verwendungsweisen des Ethnizitätsbegriffes entpuppt sich dieser als „Containerbegriff", der so unterschiedliche Phänomene bezeichnet, wie „faktische oder vermeintliche Gemeinsamkeiten der Hautfarbe [...], des Gebiets, (mythische) gemeinsame Ursprünge oder Abstammung, Gemeinsamkeiten der Geschichte, der Sprache oder Dialekte, der (ethnischen oder politischen) Kultur, des Habitus und der Lebensstile, der Religion, wie der Staatsbürgerschaft" sowie als „ethnische Minderheiten" kategorisierte Gruppen wie „Aborigines in Australien, Basken, Sorben, Flamen, Katholiken in Nordirland, Juden oder Armenier in der Diaspora, ‚Gastarbeiter' in Deutschland, ethnische Einwanderer in Nordamerika, legale wie illegale ‚Ausländer' usw." (Bader 1995: 66f.) Die Unspezifik der Kategorie ermöglicht offensichtlich heterogene Bezug-

---

5 Während die in Anlehnung an die EU-Antidiskriminierungsrichtlinien realisierte Aufnahme des ‚Rasse'-Begriffs in das Allgemeine Gleichbehandlungsgesetz inzwischen erhebliche Kritik hervorgerufen hat, bleibt eine entsprechende Problematisierung für die Kategorie der ethnischen Herkunft jedoch aus (vgl. etwa das policy-paper des Deutschen Instituts für Menschenrechte http://files.institut-fuer-menschenrechte.de/488/d81_v1_file_48b3bc51eb1d9_pp_rasse.pdf).

nahmen, deren Analyse nicht sinnvoll in Form einer inhaltlichen Bestimmung erfolgen kann, sondern lediglich unter dem Gesichtspunkt ihrer Funktion und ihres „Artikulationspotentials" (Bommes 1994: 364) in unterschiedlichen Diskursfeldern und gesellschaftlichen Kontexten.

Die Konjunktur der Ethnizitätskategorie im öffentlichen und wissenschaftlichen Diskurs in der Bundesrepublik ist indes nicht allein als Adaption aus dem anglo-amerikanischen Diskurs verständlich, nicht zuletzt weil die jeweiligen Konzeptualisierungen nur sehr begrenzt vergleichbar und die Bezugnahmen spezifisch situiert sind: Die (Wieder-)6Endeckung des Ethnizitätsbegriffs seit den 1980er Jahren ist historisch an die de-facto-Transformation der Bundesrepublik in eine Einwanderungsgesellschaft und an den Versuch der Bearbeitung der Folgen der Nachkriegsmigration rückgebunden (vgl. dazu Hormel 2007: 218ff.). Ethnisierende Semantiken erlangen damit zu einem Zeitpunkt Plausibilität, als mit der dauerhaften Niederlassung eines großen Teils der ehemals angeworbenen ArbeitsmigrantInnen und ihrer Familien ein irreversibler Prozess der Verstetigung der Einwanderungssituation eingesetzt hatte (vgl. Meier-Braun 2002) und folglich die Bedeutung von Einwanderung nicht mehr sinnvoll und glaubhaft im Horizont des Phänomens eines vorübergehenden Aufenthalts von MigrantInnen zur Schließung von Arbeitsmarktlücken verhandelt werden konnte.

Unter Bezugnahme auf Ethnizität und Kultur etablierten sich in Distanz zu den Assimilationskonzepten und Defizitzuschreibungen der Ausländerforschung und Ausländerpädagogik (vgl. Czock 1993) veränderte Perspektiven auf Migration und den politisch-pädagogischen Umgang mit Migration. Mit dem Appell an einen wertschätzenden Umgang mit MigrantInnen und der damit eingeforderten Anerkennung ‚ethnischer oder kultureller Differenzen' insbesondere im Kontext von Jugendarbeit und Sozialpädagogik wurde nicht nur die Typisierung einer (neuen) Klientel vorgenommen; es wurden soziale Phänomene, wie etwa die Benachteiligung von MigrantInnen im Bildungssystem und auf dem Arbeitsmarkt, auch so reformuliert, dass sie als pädagogische Probleme bzw. pädagogisch bearbeitbare Probleme definiert werden konnten (vgl. Bommes/Scherr 1993: 140). Vor dem Hintergrund der damit einhergehenden Tendenz zur Ethnisierung sozialer Konflikte und Ungleichheitsverhältnisse wurde seit Ende der 1980er Jahre aus sozial- und erziehungswissenschaftlicher Perspektive breite Kritik an der unreflektierten Verwendung des Ethnizitätsbegriffs formuliert. Die Bedeutung des Beschreibungsschemas Ethnizität wurde dabei als Bestandteil des Versuchs einer operativen Bewältigung sozialer Strukturprobleme analysiert, die durch die

---

6   Es handelt sich insofern um eine Wiederentdeckung, als die Thematisierung von Ethnizität in der deutschen Soziologie keineswegs neu ist, sondern sich bereits etwa bei Max Weber 1922 eine differenzierte Diskussion der Ethnizitätskategorie findet.

Migrations- und Sozialpolitik mit erzeugt wurden und nun mit der Referenz auf kulturelle und ethnische Unterschiede uminterpretiert werden konnten (vgl. Hamburger 1994; Diehm/Radtke 1999). Gleichzeitig verbreiteten sich ethnisierende Semantiken jedoch im medialen, politischen und alltagssprachlichen Diskurs, allerdings unter nunmehr anderen Vorzeichen: Während die Ethnizitätskategorie als Bezugspunkt multikultureller Programmatik und als Integrationsphilosophie nach Einschätzung von Michael Bommes vorerst lediglich in den mit Migration befassten Organisationen, Berufsgruppen und Professionen Resonanz fand, erlangt Ethnizität als politische Artikulationsform im Kontext des Vereinigungsprozesses der beiden deutschen Staaten Anfang der 1990er Jahre darüber hinausreichende Bedeutung. „Ethnisch fundierte Nationalitätskonzepte" (Bommes 1994: 374) dienten dabei als Folie zur Interpretation der durch den Zusammenschluss der beiden deutschen Staaten mit beförderten sozialen Problemlagen unter den Vorzeichen eines Interessenkonflikts zwischen deutscher Mehrheitsgesellschaft und ‚ethnischen' Minderheiten (vgl. Hoffmann 1999: 69ff.). Die Wiederbelebung ethnisierend-nationalisierender Semantiken zeigte sich dabei insbesondere in den Debatten um die Änderung des Asylrechts, in denen sich die Infragestellung legitimer sozialer Teilhabe mit der Abwehr von Zuwanderung verknüpfte und Einwanderung politisch einflussreich als Ursache vielfältiger gesellschaftlicher Problemlagen thematisiert werden konnte (vgl. Gerhard 1993).

Angesichts der inkonsistenten und heterogenen Verwendungsweisen der Ethnizitätskategorie erscheint ihre anhaltende und in Abhängigkeit von „Thematisierungskonjunkturen" (Groenemeyer 2003: 14) wiederkehrende Popularität erklärungsbedürftig: Ein Grund hierfür kann vielleicht nicht zuletzt darin gesehen werden, dass es sich trotz der weitgehenden Unbestimmtheit der Kategorie auch um einen Fall der Verwendung sozialwissenschaftlich erzeugten Wissens handelt (vgl. Dittrich/Radtke 1990). Entsprechend hat sich die in einer spezifischen historischen entstandene Beschreibungsform Ethnizität als wissenschaftlich legitimiertes „Klassifikationswissen" (Berger 1988: 510) verselbstständigen und sich zu einer im Alltags- wie Professionswissen verfügbaren Deutungsoption entwickeln können. Damit basiert die Erklärungskraft ethnisierender Beschreibungsschemata auch auf der Weiterführung eines Wissenschaftsdiskurses, der ungeachtet der breit entfalteten Kritik an der Logik ethnischer Gruppen nachhaltig und wiederkehrend die Interpretation gesellschaftlicher Entwicklungen und sozialer Differenzierungsprozesse überlagert.

6 Ethnizität aus sozialwissenschaftlicher Perspektive

In der Debatte um den analytischen Stellenwert des Ethnizitätsbegriffs und der Kritik an einem primordialen und essentialistischen Verständnis von Ethnizität lassen sich verschiedene Diskussionslinien und Argumentationen identifizieren (vgl. dazu Hormel 2007: 222ff.):

- Erstens sind zahlreiche Versuche der sozialkonstruktivistischen Reformulierung des Ethnizitätsbegriffs vorgelegt worden, die in Distanz zu der Vorstellung gehen, Ethnizität stelle eine Eigenschaft von Individuen oder Gruppen dar. Damit wird die Soziogenese ethnischer Gruppen auf der Grundlage von Selbst- und Fremdtypisierungen, die diese als jeweilige Gruppen konstituieren, zum erklärungsbedürftigen Sachverhalt. Ethnische Unterschiede werden vor diesem Hintergrund mit unterschiedlichen Akzentuierungen kognitionstheoretischer, interaktionistischer und ethnomethodologischer Art als Folge sozialer Sinnbildungs- und Grenzziehungsprozesse untersucht. In neueren Ansätzen findet in Anlehnung an Konzepte des ‚doing gender' in der Geschlechterforschung der Begriff des ‚doing ethnicity' Verwendung. Hingewiesen wird damit auf den situativen und performativen Charakter von Grenzziehungen, entlang derer Klassifikationsprozesse von Fremdheit und Nicht-Zugehörigkeit vollzogen werden (vgl. als Überblick Groenemeyer 2003).
- Zweitens wird von einigen Autoren die analytische Tragfähigkeit der Ethnizitätskategorie grundlegend in Frage gestellt. Diese schließen letztlich an die bereits durch Max Weber formulierte Einschätzung an, dass der Begriff Ethnizität lediglich einen „Sammelname[n]" darstellt, der „für jede exakte Untersuchung ganz unbrauchbar" ist (Weber 1980/1922: 242). Grundlage der Kritik an ethnisierenden Beobachtungs- und Beschreibungsschemata bildet hier ein Gesellschaftsverständnis, das davon ausgeht, dass die soziale Ordnungsbildung moderner Gesellschaften einer funktionalen Logik folgt. Kulturelle Traditionen, herkunftsbezogene Bindungen und ethnische Vergemeinschaftungen sind demzufolge in „fortgeschrittenen Gesellschaften konstitutiv belanglos geworden" (Bukow 1996: 137) und stellen sich als irrelevant für den gesellschaftlichen Funktionszusammenhang dar. Vor diesem Hintergrund erscheinen ethnisierende Differenzierungs- und Beobachtungs-

schemata modernisierungstheoretisch als regressives Moment (vgl. Radtke 1991: 93) quasi-ständischer Vergemeinschaftung.
- Drittens liegen Ansätze vor, die den strukturellen Stellenwert von Ethnizität diskutieren. Ausgangspunkt bildet hier gerade die Kritik an der Annahme einer zunehmenden Irrelevanz ethnisierender Differenzierungsmuster.7 So müssen Modernisierungsprozesse Hartmut Esser zufolge auch als „Auslöser" für „ethnische Differenzierungen" und „ethnische Schichtungen" in Betracht gezogen werden (Esser 1988: 238f.). Armin Nassehi argumentiert aus differenzierungstheoretischer Perspektive, dass es sich bei der Kategorie der Ethnizität um eine spezifische, auf den Nationalstaat bezogene und historisch im Prozess der Nationalstaatenbildung generierte Beschreibungsmatrix handelt. Prozesse „ethnischer Differenzierungen" sind daher als genuin moderne Phänomene zu beschreiben, die in keinem Widerspruch zu funktionaler Differenzierung stehen, sondern mit dieser „ursächlich verknüpft sind" (Nassehi 1999: 157). Die Konstruktion von Nationalität fungiert dabei als eine ‚moderne' Integrationsideologie, die jedoch mit ihrem Fokus auf imaginierte Merkmale wie gemeinsame Sprache, Abstammung, Kultur und Geschichte auf einer gänzlich „‚unmodernen' ethnischen Rhetorik" (Kreckel 1989: 164) basiert.
- Viertens wird, so etwa in Auseinandersetzung mit den aktuell einflussreichen Intersektionalitätsdebatten, eine Argumentationslinie aufgegriffen, die Ethnizität in ihrem Verhältnis zu anderen Ungleichheitsdimensionen als Strukturkategorie gesellschaftstheoretisch zu bestimmen sucht. Dabei wird u.a. argumentiert, dass Klasse, Geschlecht und „Rasse"/Ethnizität „relevante Strukturgeber" darstellen, „die auf ebenso unterschiedliche wie nachhaltige Weise die Ungleichheitsstruktur nahezu aller Gesellschaften prägen" (Klinger/Knapp 2005: 72).

Die damit – insgesamt betrachtet – heterogenen Versuche einer theoretischen Konturierung und Problematisierung der Ethnizitätskategorie sind angesichts ihrer divergenten sozialtheoretischen Prämissen nicht umstandslos integrierbar. Insbesondere ist dabei die Frage aufzuwerfen, ob und inwiefern vorliegende Konzeptualisierungen der sozialen Kategorie Ethnizität sich notwendigerweise an einem Gruppenparadigma orientieren, das dazu beiträgt ein Gesellschaftsverständnis zu verallgemeinern, mit dem soziale Verhältnisse als Intergruppenbeziehungen bzw. Intergruppenkonflikte interpretiert und repräsentiert werden. Entsprechend

---

7   Die diesbezüglich zwischen Hartmut Esser, Armin Nassehi und Reinhard Kreckel durchaus kontrovers und aus verschiedenen theoretischen Perspektiven geführte Debatte in der Zeitschrift für Soziologie (1988-1990) kann hier nicht ausführlich nachgezeichnet werden.

diskutiert etwa Brubaker (2007: 11) die Problematik eines nach wie vor dominierenden „groupism", der sich trotz des mittlerweile im Wissenschaftsdiskurs nahezu konsensuell etablierten Verständnisses von Ethnizität als sozialer Konstruktion erhalten habe.

Zieht man aus der hier nur angedeuteten Diskussion um den analytischen Stellenwert der Ethnizitätskategorie und dem damit aufgeworfenen Spannungsverhältnis ein vorläufiges Resümee, dann liegt Sozialtheorien, die mit der Setzung operieren, es handele sich bei Ethnizität um eine gesellschaftliche Strukturkategorie, eine Tendenz zur Übergeneralisierung der Bedeutung von Ethnizität zugrunde. Gleichwohl stellen ethnisierende Semantiken keine frei schwebenden, kulturell tradierten symbolischen Ordnungsmuster dar. Ihre Bedeutung wird folglich unterschätzt, wenn sie auf lediglich ideologische Vorstellungen im Sinne verzerrter Annahmen über die Realität reduziert werden. Ethnisierende Unterscheidungen „strukturieren nicht nur Wahrnehmung und Interpretation im Auf und Ab der alltäglichen Interaktion, sondern kanalisieren das Verhalten durch offizielle Klassifikationen und organisatorische Routinen" (Brubaker 2007: 43).

7 Ethnizität und soziale Ungleichheit

In Hinblick auf die Analyse der sozialen Bedingungen von Diskriminierungen in der Einwanderungsgesellschaft wird anschließend an die bisherigen Überlegungen eine Differenzierung zwischen einerseits der strukturellen Relevanz bzw. Irrelevanz ethnisierender Klassifikationen und andererseits den spezifischen sozialhistorischen Entwicklungen, die Plausibilitätsbedingungen für ethnisierende Semantiken und Praktiken herstellen, vorgeschlagen.

Im Fall der Bundesrepublik ist die Durchsetzungsfähigkeit ethnisierender Sichtweisen und Deutungsangebote seit den 1980er Jahren nur sinnvoll unter Berücksichtigung des Phänomens einer „erfolgreichen Ethnifizierung der Sozialstruktur" (Bukow 1996: 145) und einer Migrations- und Sozialpolitik diskutierbar, die mit der Anwerbung von MigrantInnen für niedrig qualifizierte und gering entlohnte Arbeitsmarktsegmente dazu führte, dass ein großer Teil der Arbeitsmigranten und ihrer Familien in die Position rechtlicher, ökonomischer und sozialer Benachteiligung gebracht wurde und blieb.

Soziale und politische Konstruktionen von Ethnizität sind daher nicht unabhängig von historisch sedimentierten und in die Struktur sozialer Ungleichheit eingelassenen Grenzziehungen zu betrachten und realisieren sich insbesondere in Verbindung mit Klassifikationsmustern, die auf der Zuordnung zu sozialen Klassen und Milieus basieren (vgl. Bommes/Scherr 1991). Das bedeutet auch, dass sich ethnisierende Zuschreibungen nicht gleichermaßen und gleichförmig an MigrantInnen im Allgemeinen, also unabhängig von nationalen Zugehörigkeiten, (aufenthalts-)rechtlichem und ökonomischem Status richten, sondern es ist davon auszugehen, dass diese durch die angenommene soziale Lage derjenigen, an die sie adressiert werden, überformt sind. Sich als ‚ethnisch' darstellende soziale Ungleichheiten, wie etwa die Bildungsbenachteiligung von MigrantInnen, die Unterschichtung des Arbeitsmarkts, die überproportional hohen Arbeitslosenquoten oder die Abhängigkeit von sozialstaatlichen Transferleistungen, verleihen jedoch Annahmen über die Ungleichwertigkeit ‚ethnischer Gruppen' vermeintliche Evidenz. Diese tragen damit nicht nur zur Etablierung eines die Diskussion über MigrantInnen dominierenden „Elendsdiskurses" (Hamburger 2009: 92) bei, sondern stellen auch ein Deutungsmuster bereit, das für die Legitimation sozialer Ungleichheitsverhältnisse herangezogen werden kann.

Dieser wechselseitige Durchdringungszusammenhang von ethnisierender Klassifikationspraxis und sozialer Stratifikation kann jedoch nur auf der Grundlage seiner spezifischen sozial-historischen Bedingungen rekonstruiert werden und nicht als davon abstrahierende allgemeine Bestimmung des Verhältnisses von sozialer Klasse und Ethnizität. Entsprechend weisen Sighard Neckel und Ferdinand Sutterlüty auf die raumzeitliche Lagerung gesellschaftlich verfügbarer Klassifikationen hin und betonen, dass diese „in ihrer Wirksamkeit von den praktischen Aushandlungen und den sozialen Gebrauchsweisen von Akteursgruppen abhängig" (Neckel/Sutterlüty 2008: 19) sind.

In Hinblick auf die Benachteiligung von MigrantInnen im Bildungssystem wäre unter diesem Aspekt insbesondere zu untersuchen, inwiefern in der Verwendung ethnisierender Differenzierungsmuster eine implizite Bezugnahme auf den sozialen Status und das formale Bildungsniveau der Herkunftsfamilien vorliegt und wie sich diese mit sozialstereotypisierenden Zuschreibungen verbinden. Zu berücksichtigen ist dabei jedoch, dass sich die Diskriminierungsrelevanz ethnisierender Unterscheidungen nicht lediglich auf der Ebene sozialer Interaktionen realisiert und daher nicht zureichend als situativer ‚Aushandlungsprozess' konzipiert werden kann: Besondere Bedeutung erlangt die Reproduktion ethnisierender Differenzierungsmuster auf der Ebene des Entscheidungshandelns in Organisationen.

8   Diskriminierung in und durch Organisationen

Organisationen sind insofern für eine Analyse der Bedingungen und Formen von Diskriminierung von Bedeutung, als Prozesse gesellschaftlicher In- und Exklusion zentral durch Organisationen vermittelt werden. In Hinblick auf die Funktion von Organisationen bezüglich ihrer Regulierung sozialer Teilhabechancen und Lebenslagen formuliert Luhmann: „Mit Hilfe ihrer Organisationen lässt die Gesellschaft die Grundsätze der Freiheit und der Gleichheit, die sie nicht negieren kann, scheitern." (Luhmann 2000: 394) D. h.: Einerseits ermöglichen und gewährleisten Organisationen die nominelle Durchsetzung herkunftsunabhängiger Zugangs- und Teilhabechancen, andererseits statten sie jedoch die Gesellschaft mit „Diskriminierungsfähigkeit" (Luhmann 2000: 393) aus. Dabei zeichnen sich Organisationen dadurch aus, dass sie auf der Basis von Entscheidungskommunikationen operieren.

Folgt man dieser Perspektive, dann basiert die Diskriminierungsfähigkeit in Organisationen auf der Entscheidungsförmigkeit ihrer Operationen. In Bezug auf das Schulsystem betrifft dies etwa die (verbindlichen oder nicht verbindlichen) Übergangsempfehlungen oder die Vergabe von Noten und Bildungszertifikaten, die wiederum Anschlussmöglichkeiten für weitere Entscheidungen bieten. Diese Entscheidungen erlangen jedoch nur dann legitimen Status, wenn sie sich auf der Grundlage der Eigenrationalität der Organisation bewegen. Im Fall von Schulen basiert diese Eigenrationalität wesentlich auf dem meritokratischen Selbstanspruch, demzufolge Entscheidungen und Unterscheidungen dann als legitim gelten, wenn sie sich auf der Basis leistungsbezogener Kriterien vollziehen, als illegitim demgegenüber gewertet werden, wenn sie sich auf kategoriale Zuschreibungen wie soziale und ethnische Herkunft stützen. Entsprechend werden etwa in den Auswertungen der großen Schulleistungsstudien primär diese illegitimen Bezugspunkte des Entscheidens und Unterscheidens als Problem thematisiert. So wird in der Auswertung der IGLU-Studie angesichts der ausgeprägten sozialen Selektivität der Sekundarschulempfehlungen, die nicht hinreichend durch Leistungsunterschiede erklärbar sind, festgestellt: „Das bedeutet, unserem Bildungssystem insgesamt gelingt erwartungsgemäß nicht die Form der Auslese, die Grundlage des dreigliedrigen Schulsystems ist: Kinder nach Leistung zu sortieren, so dass homogene Gruppen in den weiterführenden Schulen entstehen." (Bos et al. 2003: 136)

In Hinblick auf die inzwischen gut dokumentierten strukturellen Zusammenhänge zwischen Herkunft und Bildungserfolg und die systematische Benachteiligung von Kindern und Jugendlichen mit Migrationshintergrund gilt jedoch zum einen, dass über die dafür verantwortlichen Mechanismen trotz der Intensivierung der Forschung in den letzten Jahren immer noch zu wenig bekannt ist (vgl. Lauterbach/Becker 2007: 418ff.). Zum anderen stellt sich die normative Bezugnahme auf das meritokratische Ideal und die damit als illegitim definierten Formen des Unterscheidens als unzureichende Beobachtungsperspektive einer organisationsbezogenen Analyse von Diskriminierungen dar: Vielmehr sind im Kontext schulischer Organisation und professionellen Handelns auch Mechanismen zu berücksichtigen, die unter Inanspruchnahme des Prinzips formaler Gleichheit Unterscheidungen prozessieren, die zu Formen von Benachteiligung führen, die in der Bildungssoziologie u.a. in Bezug auf primäre und sekundäre Herkunftseffekte diskutiert werden.

9 Differenzierung und Diskriminierung im Bildungssystem

Die bildungssoziologische Debatte zu den Ursachen von Bildungsungleichheit bewegt sich aktuell zentral im Rahmen zweier unterschiedlicher Theorieangebote, die vereinfachend als strukturtheoretische vs. individualtheoretische Erklärungsversuche beschrieben werden können (vgl. Kronig 2007: 59ff.): Zum einen finden sich Forschungen, die in der Tradition der Arbeiten Pierre Bourdieus stehen (vgl. Bourdieu/Passeron 1971) und die die Bildungsbenachteiligung in Bezug auf sozialstrukturelle Reproduktionsmechanismen auf der Grundlage ungleicher Kapitalausstattungen und milieuabhängiger Bildungsstrategien analysieren (vgl. Vester 2005). Zum anderen schließen zahlreiche Studien an Raymond Boudon (1974) und dessen Unterscheidung zwischen ‚primären und sekundären Herkunftseffekten' an und zeigen entsprechend Zusammenhänge zwischen sozioökonomischer Position und familialen Bildungsentscheidungen auf (vgl. Kristen 1999). Im Fall der Bildungsbenachteiligung von MigrantInnen wird außerdem das Problem der unzureichenden Kenntnisse in der deutschen Verkehrssprache als entscheidende Ursache für die bestehenden Ungleichheiten hervorgehoben (vgl. Konsortium Bildungsberichterstattung 2006: 173ff.). Zudem liegen Studien vor, die über die Frage hinausgehend, wie die ungleichen Bildungsvoraussetzungen und das ungleiche Bildungsverhalten von SchülerInnen und ihren Eltern in der Schule wirksam werden, ihren Fokus stärker auf die institutionellen Voraussetzungen des Bildungssystems richten und etwa den Beitrag des Lehrerhandelns für die Reproduktion von Ungleichheit in den Blick nehmen. Hierbei zeigen sich Hinweise auf „implizite Persönlichkeits- und Begabungstheorien", die sich mit „stereotypen Erwartungshaltungen verknüpfen" (Ditton 2007: 265).

Eine organisationstheoretisch fundierte Forschung zur Ungleichheitsproduktion im Bildungssystem steht demgegenüber jedoch noch in den Anfängen. Hier bieten vorliegende Studien zum Phänomen institutioneller Diskriminierung eine Anschlussmöglichkeit, die die ‚Herstellung von Differenz' auf der Ebene der organisationsbasierten Normalvollzüge formaler Bildungsinstitutionen untersuchen (Gomolla/Radtke 2007; vgl. Kronig 2007). Mit dieser instruktiven Perspektive gelangen diskriminierungsrelevante Entscheidungsprozesse auf der Ebene der Schulorganisation in den Blick: Dies betrifft vor allem Selektionsentscheidungen an den Übergangsschwellen des Bildungssystems, die nicht in Abhängigkeit von dem erfolgen, was Schule als individuelle Leistungsfähigkeit definiert, sondern auch in Abhängigkeit von z. B. schuleigenen Kapazitäten oder dem spezifischen lokalen Schulplatzangebot. Untersuchungsgegenstand sind dabei folglich nicht nur die institutionalisierten professionellen Deutungs- und Handlungsmuster als Bezugspunkt von Entscheidungen auf der Ebene der Schule als Einzelorganisation, sondern auch die Rückbindung dieser Entscheidungen an die Voraussetzungen der Selektions- und Verteilungsprozesse innerhalb des Schulsystems (vgl. Gomolla 2003: 101).

Wie Gomolla und Radtke mit ihrer Studie zu institutioneller Diskriminierung zeigen, werden solche Entscheidungen zentral mit Rückgriff auf ethnisierende Unterscheidungsmuster plausibilisiert und legitimiert. Mit der hier eingenommenen Perspektive der ‚Herstellung ethnischer Differenz' als Organisationseffekt kann folglich gezeigt werden, dass die Bildungsbenachteiligung von MigrantInnen im Bildungssystem in Verbindung mit ethnisierenden und kulturalisierenden Sichtweisen analysiert werden muss, die in der Organisation Schule gemäß ihrer Binnenrationalität eigenlogisch operationalisiert werden (vgl. Gomolla/Radtke 2007).

In Hinblick auf die Frage nach den konkreten Prozessen, die zur Diskriminierung von MigrantInnen im Bildungssystem führen, ist jedoch weiterhin empirischer wie theoretischer Klärungsbedarf angezeigt. Dies betrifft zum einen das Zusammenspiel organisationsinterner und organisationsexterner Prozesse, zum anderen die Bezugspunkte, an denen diskriminierende Unterscheidungen operativ ansetzen. Dabei wäre die Frage der Diskriminierung von Kindern und Jugendlichen mit Migrationshintergrund durch und in der Organisation Schule nicht nur in Hinblick auf Ethnisierungsprozesse zu fokussieren, sondern in Hinblick auf zumindest drei verschiedene Unterscheidungsoperationen zu rekonstruieren (vgl. dazu Hormel 2007: 124ff.).

Neben der Diskriminierung auf der Grundlage ethnisierender Zuschreibungen bildungsrelevanter Eigenschaften gilt dies insbesondere hinsichtlich der organisationsinternen Operationalisierung von Ungleichheitsstrukturen und damit einer möglichen Diskriminierung von MigrantInnen als Angehörige benachteiligter sozialer Klassen und Milieus. Denn auch Bildungsbenachteiligungen auf der Grundlage der sozioökonomischen Lage können nicht allein im Hinblick auf die ungleiche Ausstattung mit bildungsrelevanten Eigenschaften infolge vorgängiger Sozialisationsprozesse oder als primäre Herkunftseffekte' analysiert werden. Vielmehr ist davon auszugehen, dass milieuspezifische Bildungsvoraussetzungen keinen eigenständigen, lediglich außerhalb des Bildungssystems liegenden Erklärungsfaktor für Bildungschancen darstellen, sondern dass diese ebenfalls schulintern interpretiert, prozessiert und als entscheidungsrelevante Faktoren mit Sinn ausgestattet werden. Dies gilt insofern auch für die in der Bildungsaspirationsforschung wesentlich über Motive des Statuserhalts und als ‚sekundäre Herkunftseffekte' analysierten familialen Bildungsaspirationen (vgl. Esser 1999: 265ff.), da anzunehmen ist, dass sich vorgängige Einschätzungen über anstrebenswerte und erreichbare Bildungslaufbahnen keineswegs unabhängig von schulischen Erfahrungen sowie formeller und informeller schulischer Kommunikation stabilisieren oder verändern.

Darüber hinaus sind in Hinblick auf die Bildungsbenachteiligung von MigrantInnen ungleiche Sprachvoraussetzungen als diskriminierungsrelevanter Bezugspunkt von Bedeutung. Denn auch bei dem in aktuellen bildungspolitischen Debatten zentral hervorgehobenen Faktor der mangelnden Deutschkenntnisse handelt es sich nicht lediglich um ein in der Umwelt von Schule liegendes Merkmal von Individuen. Vielmehr werden auch unterschiedliche Sprachkompetenzen in der Schule in Abhängigkeit davon eigenlogisch operationalisiert, ob die Bildungsvoraussetzung Zwei- oder Mehrsprachigkeit eine systematische Berücksichtigung findet, oder ob die Beherrschung der Schul- und Unterrichtssprache Deutsch als Normalitätserwartung auf der Grundlage eines „monolingualen Habitus" (Gogolin 1994) der Schule vorausgesetzt wird.

Der Fokus richtet sich damit einerseits auf die infolge der organisatorischen Binnendifferenzierung des Schulsystems strukturell ermöglichten und notwendigen Selektionsentscheidungen, die zu Benachteiligungen führen, andererseits auf die Prozessierung dieser Entscheidungen auf der Ebene des Professionshandelns. Sofern die Differenz von Organisation und Profession selbst ein konstitutives Strukturmerkmal des Schulsystems darstellt (vgl. Klatetzki/Tacke 2005; Helsper et al. 2008), muss davon ausgegangen werden, dass je konkrete Formen von Diskriminierung im Rahmen von Selektionsentscheidungen auf der Ebene der „praktischen Logik" (vgl. Bourdieu 1979: 228ff.) erfahrungsgesättigten professionellen Handelns zu verorten sind. Entsprechend können die jeweiligen kategorialen Bezugspunkte in der Kette professionellen Unterscheidens und organisatorischen Entscheidens sowie deren benachteiligende Effekte nicht abstrakt in Bezug auf ein übergeneralisierendes Merkmal wie ‚Ethnizität' oder auch ‚Migrationshintergrund' vorausgesetzt werden, sondern nur in Hinblick auf ihre Artikulation und Überlagerung in den jeweiligen Figurationen schulischer Kontexte und deren handlungsorientierender Interpretation durch den professionellen Diskurs empirisch rekonstruiert werden.

Eine darauf bezogene Forschung ist – im Sinne eines erkenntniskritischen Imperativs – dazu aufgefordert, sozialwissenschaftliche Kategorien – wie Klasse und Ethnizität – nicht vortheoretisch mit realen sozialen Gruppen gleichzusetzen, sondern die Entscheidungs- und Unterscheidungsoperationen zu fokussieren, mit denen distinkte soziale Gruppen auch im Kontext organisatorischen Handelns hervorgebracht werden. Mit anderen Worten und in Anschluss an Loic Wacquant formuliert: Ethnisch gefasste Gruppen können nicht gleichzeitig „explanandum und explanans" sein (Wacquant 2001: 66) – dies betrifft nicht nur sozialwissenschaftliche Analysen, sondern auch die Reifikation sozialer Zuordnungen in der pädagogischen Theorie und Praxis.

Literatur

Andresen, Sünne/Koreuber, Mechthild/Lüdke, Dorothea (Hrsg.) (2009): Gender und Diversity: Albtraum oder Traumpaar? Interdisziplinärer Dialog zur „Modernisierung" von Geschlechter- und Gleichstellungspolitik. Wiesbaden: VS-Verlag
Auernheimer, Georg (Hrsg.) (2003): Schieflagen im Bildungssystem. Die Benachteiligung der Migrantenkinder. Opladen: Leske+Budrich
Bader, Veit-Michael (1995): Rassismus, Ethnizität, Bürgerschaft. Soziologische und philosophische Überlegungen. Münster: Westfälisches Dampfboot
Becker, Rolf/Lauterbach, Wolfgang (Hrsg.) (2007): Bildung als Privileg. Erklärungen und Befunde zu den Ursachen der Bildungsungleichheiten. Wiesbaden: VS-Verlag
Berger, Peter A. (1988): Die Herstellung sozialer Klassifikationen: Methodische Probleme der Ungleichheitsforschung. In: Leviathan, Jg. 16. 1988. Heft 4. 501-520
Berger, Peter A./Kahlert, Heike (Hrsg.) (2005): Institutionalisierte Ungleichheiten. Wie das Bildungswesen Chancen blockiert. Weinheim und München: Juventa
Bielefeld, Uli (Hrsg.) (1991): Das Eigene und das Fremde. Neuer Rassismus in der Alten Welt? Hamburg: Junius
Bielefeldt, Heiner/Follmar-Otto, Petra (2005): Diskriminierungsschutz in der politischen Diskussion. Policy Paper des Deutschen Instituts für Menschenrechte Nr. 5. Berlin
Boller, Sebastian/Rosowski, Elke/Stroot, Thea (Hrsg.) (2007): Heterogenität in Schule und Unterricht. Handlungsansätze zum pädagogischen Umgang mit Vielfalt. Weinheim/Basel: Beltz
Bommes, Michael (1994): Migration und Ethnizität im nationalen Sozialstaat. In: Zeitschrift für Soziologie, Jg. 23, Heft 5. 346-377
Bommes, Michael/Scherr, Albert (1991): Der Gebrauchswert von Fremd- und Selbstethnisierung in Strukturen sozialer Ungleichheit. In: Prokla, 21. Jg. H. 83. 291-316
Bos, Wilfried/Lankes Eva-Maria/Prenzel, Manfred/Schwippert, Knut/Walther, Gerd/Valtin, Renate (Hrsg.) (2003): Erste Ergebnisse aus IGLU. Schülerleistungen am Ende der vierten Jahrgangsstufe im internationalen Vergleich. Münster: Waxmann

Boudon, Raymond (1974): Education, Opportunity, and Social Inequality. New York: Wiley
Bourdieu, Pierre/Passeron, Jean-Claude (1971): Die Illusion der Chancengleichheit. Stuttgart: Klett
Bourdieu, Pierre (1979): Entwurf einer Theorie der Praxis. Frankfurt a. M.: Suhrkamp
Bräu, Karin/Schwerdt, Ulrich (Hrsg.) (2005): Heterogenität als Chance. Vom produktiven Umgang mit Gleichheit und Differenz in der Schule. Münster: LIT Verlag
Brubaker, Rogers (2007): Ethnizität ohne Gruppen. Hamburg: Hamburger Edition
Bukow, Wolf-Dietrich (1996): Feindbild Minderheit. Opladen: Leske+Budrich
Bukow, Wolf-Dietrich/Ottersbach, Markus (Hrsg.) (1999): Der Fundamentalismusverdacht. Plädoyer für eine Neuorientierung der Forschung im Umgang mit allochthonen Jugendlichen. Opladen: Leske+Budrich
Czock, Heidrun (1993): Der Fall Ausländerpädagogik. Frankfurt: Cooperative
Diehm, Isabell/Radtke, Frank-Olaf (1999): Erziehung und Migration. Eine Einführung. Stuttgart/Berlin/Köln: Kohlhammer
Ditton, Hartmut (2007): Der Beitrag von Schule und Lehrern zur Reproduktion von Bildungsungleichheit. In: Becker/Lauterbach: 244-271
Dittrich, Eckhard J./Radtke, Frank-Olaf (Hg.) (1990): Ethnizität. Opladen: Westdeutscher Verlag
Esser, Hartmut (1988): Ethnische Differenzierung und moderne Gesellschaft. In: Zeitschrift für Soziologie, Jg. 17. Heft 4. 235-248
Esser, Hartmut (1999): Soziologie. Spezielle Grundlagen, Band 1. Situationslogik und Handeln. Frankfurt a. M.: Campus
Gerhard, Ute (1993): Wenn Flüchtlinge und Einwanderer zu ‚Asylantenfluten' werden. In: Isnabrücker Beiträge zur Sprachtheorie (OBST). H. 46. 163-178
Gogolin, Ingrid (1994): Der monolinguale Habitus der multilingualen Schule. Münster/ New York: Waxmann
Gomolla, Mechthild (2003): Fördern und Fordern allein genügt nicht! Mechanismen institutioneller Diskriminierung von Migrantenkindern und –jugendlichen im deutschen Schulsystem. In: Auernheimer: 97-112
Gomolla, Mechtild/Radtke, Frank-Olaf (2007): Institutionelle Diskriminierung. Die Herstellung ethnischer Differenz in der Schule. Wiesbaden: VS-Verlag
Griese, Hartmut (1984) (Hrsg.): Der gläserne Fremde. Bilanz und Kritik der Gastarbeiterforschung und der Ausländerpädagogik. Opladen: Leske+Budrich
Groenemeyer, Axel (2003): Kulturelle Differenz, ethnische Identität und die Ethnisierung von Alltagskonflikten. Ein Überblick sozialwissenschaftlicher Thematisierungen. In: Groenemeyer/Mansel: 11-46
Groenemeyer, Axel/Mansel, Jürgen (2003) (Hg.): Die Ethnisierung von Alltagskonflikten. Opladen: Leske+Budrich
Hamburger, Franz (1994): Pädagogik der Einwanderungsgesellschaft. Frankfurt a. M.: Cooperative
Hamburger Franz (2009): Abschied von der interkulturellen Pädagogik. Plädoyer für einen Wandel sozialpädagogischer Konzepte. Weinheim/München: Juventa

Helsper, Werner/Busse, Susanne/Hummrich, Merle/Kramer, Rolf-Thorsten (2008) (Hg.): Pädagogische Professionalität in Organisationen. Neue Verhältnisbestimmungen am Beispiel Schule. Wiesbaden: VS-Verlag

Hoffmann, Lutz (1999): Die Konstruktion von Minderheiten als gesellschaftliches Bedrohungspotential. In: Bukow/Ottersbach: 50-73

Hormel, Ulrike/Scherr, Albert (2004): Bildung für die Einwanderungsgesellschaft. Perspektiven der Auseinandersetzung mit struktureller, institutioneller und interaktioneller Diskriminierung. Wiesbaden: VS-Verlag

Hormel, Ulrike (2007): Diskriminierung in der Einwanderungsgesellschaft. Begründungsprobleme pädagogischer Konzepte und Strategien. Wiesbaden: VS-Verlag

Karakaşoğlu, Yasemin (2009): Beschwörung und Vernachlässigung der Interkulturellen Bildung im ‚Integrationsland' Deutschland – Ein Essay. In: Melzer/Tippelt: 177-195

Klatetzki, Thomas/Tacke, Veronika (Hrsg.) (2005): Organisation und Profession. Wiesbaden: VS-Verlag

Klinger, Cornelia/Knapp, Gudrun-Axeli (2005): Achsen der Ungleichheit – Achsen der Differenz. Verhältnisbestimmungen von Klasse, Geschlecht, ‚Rasse'/Ethnizität. In: Transit. Nr. 29. 72-95

Kreckel, Reinhard (1989): Ethnische Differenzierung und "moderne" Gesellschaft. In: Zeitschrift für Soziologie, Jg. 18. Heft 2. 162-167

Krell, Gertraude/Riedmüller, Barbara/Sieben, Barbara/Vinz, Dagmar (Hg.) (2007): Diversity Studies. Grundlagen und disziplinäre Ansätze. Frankfurt/New York: Campus

Kristen, Cornelia (1999): Bildungsentscheidungen und Bildungsungleichheit. – ein Überblick über den Forschungsstand. Arbeitspapiere – Mannheimer Zentrum für Europäische Sozialforschung. Nr. 5

Kronig, Winfried (2007): Die systematische Zufälligkeit des Bildungserfolgs. Theoretische Erklärungen und empirische Untersuchungen zur Lernentwicklung und zur Leistungsbewertung in unterschiedlichen Schulklassen. Bern/Stuttgart/Wien: Haupt Verlag

Konsortium Bildungsberichterstattung (2006): Bildung in Deutschland. Ein indikatorengestützter Bericht mit einer Analyse zu Bildung und Migration. Bielefeld: Bertelsmann

Krüger-Potratz, Marianne (2005): Interkulturelle Bildung. Eine Einführung. Münster/New York/München/Berlin: Waxmann

Lauterbach, Wolfgang/Becker, Rolf (2007): Die immerwährende Frage der Bildungsungleichheit im neuen Gewand – abschließende Gedanken. In: Becker/Lauterbach: 417-433

Luhmann, Niklas (2000): Organisation und Entscheidung. Opladen/Wiesbaden: Westdeutscher Verlag

Meier-Braun (2002): Deutschland Einwanderungsland. Frankfurt a. M.: Suhrkamp

Melzer, Wolfgang/Tippelt, Rudolf (Hrsg.) (2009): Kulturen der Bildung. Beiträge zum 21. Kongress der Deutschen Gesellschaft für Erziehungswissenschaft. Opladen/Farmington Hills: Verlag Barbara Budrich

Merx, Andreas (2006): Von Antidiskriminierung zu Diversity: Diversity-Ansätze in der

Antidiskriminierungspraxis (http://www.idm-diversity.org/files/Merx-Von_Antidiskriminierung_zu_Diversity.pdf)

Motakef, Mona (2006): Das Menschenrecht auf Bildung und der Schutz vor Diskriminierung. Exklusionsrisiken und Inklusionschancen. Hg. vom Deutschen Institut für Menschenrechte. Berlin

Muñoz, Vernor (2007): Report of the Special Rapporteur on the right to education. Mission to Germany (13-21 February 2006) (http://www.hrea.org/lists/hr-education/documents/munoz-germany-2006.pdf)

Nassehi, Armin (1999): Zum Funktionswandel von Ethnizität im Prozess gesellschaftlicher Modernisierung. Ein Beitrag zur Theorie funktionaler Differenzierung. In: Ders.: 153-178

Nassehi, Armin (1999): Differenzierungsfolgen. Beiträge zur Soziologie der Moderne. Opladen/Wiesbaden: Westdeutscher Verlag

Neckel, Sighard/Sutterlüty, Ferdinand (2008): Negative Klassifikationen und die symbolische Ordnung sozialer Ungleichheit. In: Neckel/Soeffner: 15-25

Neckel, Sighard/Soeffner, Hans-Georg (Hrsg.) (2008): Mittendrin im Abseits. Ethnische Gruppenbeziehungen im Kontext. Wiesbaden: VS-Verlag

Prengel, Annedore (2003): Pädagogik der Vielfalt. Verschiedenheit und Gleichberechtigung in Integrativer, Feministischer und Interkultureller Erziehung. Opladen: Leske+Budrich

Radtke, Frank-Olaf (1991): Lob der Gleich-Gültigkeit. Die Konstruktion des Fremden im Diskurs des Multikulturalismus. In: Bielefeld: 79-96

Schönwälder, Karen (2007): Diversity und Antidiskriminierungspolitik. In: Krell et. al: 163-178

Steinmetz, Bernd/Vedder, Günther (Hrsg.) (2007): Diversity Management und Antidiskriminierung. Weimar: Bertuch

Stroot, Thea (2007): Vom Diversitäts-Management zu „Learning Diversity". Vielfalt in der Organisation Schule. In: Boller et al.: 52-64

Stuber, Michael/Wittig, Felix (2007): Diversity Management: Ein grundlegender Vergleich zum politischen Ansatz der Anti-Diskriminierung. In: Steinmetz/Vedder: 65-75

Vedder, Günther (2009): Diversity Management: Grundlagen und Entwicklung im internationalen Vergleich. In: Andresen et al.: 111-131

Vester, Michael (2005): Die selektive Bildungsexpansion. Die ständische Regulierung der Bildungschancen in Deutschland. In: Berger/Kahlert: 39-70

Wacquant, Loic J. D. (2001) : Für eine Analytik rassischer Herrschaft. In: Weiß et al.: 61-77

Weber, Max (1980): Wirtschaft und Gesellschaft. Grundriss der verstehenden Soziologie. Tübingen (5. rev. Auflage, org. 1922): Mohr

Weiß, Anja/Koppetsch, Cornelia/Scharenberg, Albert/Schmidtke, Oliver (Hg.) (2001): Klasse und Klassifikation. Wiesbaden: Westdeutscher Verlag

Intersektionalität als Analyseparadigma kultureller und sozialer Ungleichheiten

Katharina Walgenbach

1   Einleitung

Intersektionalität als Analyseperspektive avanciert gegenwärtig zu einem bedeutsamen Konzept in den deutschsprachigen Gender Studies. Unter Intersektionalität wird dabei verstanden, dass soziale Kategorien wie Gender, Ethnizität, Nation, ‚Rasse' oder Klasse nicht isoliert voneinander konzeptualisiert werden können, sondern in ihren ‚Überkreuzungen', ‚Verwobenheiten' oder ‚Verquickungen' analysiert werden müssen. Additive Perspektiven sollen überwunden werden, indem der Fokus auf das *gleichzeitige Zusammenwirken* bzw. *Wechselwirkungen* von sozialen Ungleichheiten und kulturellen Differenzen gerichtet wird.

Gleichwohl der Begriff Intersektionalität erst seit der Jahrtausendwende in deutschsprachigen Publikationen seine Verwendung findet, werden mit ihm alte Fragen bzw. Probleme der Gender Studies verhandelt. Zudem kann Intersektionalitätsforschung mit ihrem Fokus auf mehrere Kategorien bzw. ihrem Interesse für deren Wechselwirkungen auch kein Alleinstellungsmerkmal für sich beanspruchen. In der Erziehungswissenschaft gibt es eine lange Tradition über Heterogenität, Diversity oder Vielfalt nachzudenken (z. B. Prengel 1993 u. 2007; Preuss-Lausitz 1993; Becker et al. 2004; Bräu/Schwerdt 2005; Bohnsack 2007; Leiprecht 2008). Im Prinzip wurde mit der prominenten Kunstfigur des ‚katholischen Arbeitermädchens vom Lande' in den 1960er Jahren bereits eine intersektionale Perspektive eingenommen. Damals verwendete Dahrendorf sogar den Begriff der ‚Überschneidung', der gegenwärtig in der Intersektionalitätsforschung besonders populär ist (Dahrendorf 1965: 52 u. 53).

Dennoch wird Intersektionalität aktuell als neues Konzept wahrgenommen. Dies manifestiert sich u.a. in Tagungen, Workshops, Publikationen und Lehrveranstaltungen (z. B. Knapp 2008: 41; Phoenix/Pattynama 2006). Nach Kathy Davis hat sich *Intersectionality* international zum *buzzword* in den Gender Studies entwickelt (Davis 2008a). Partiell lässt sich dies sicherlich mit aktuellen gesellschaftlichen Entwicklungen erklären, die Fragen des Umgangs mit sozialer Heterogenität evozieren, wie z. B. ökonomische, politische und kulturelle Globalisierung, Migrationsbewegungen, europäische Integration oder die neue Zuwanderungspolitik der BRD. Gudrun-Axeli Knapp führt darüber hinaus wissenschaftspolitische Dynamiken an, in deren Logik Wissen stets als innovativ ausgewiesen werden muss (Knapp 2008: 41 ff.). Dies allein erklärt die Attraktivität des Konzepts Intersektionalität allerdings nicht hinreichend. Deshalb möchte ich in diesem Beitrag die These aufstellen, dass das Neue an Intersektionalität nicht allein die Inhalte sind, sondern ebenfalls die Tatsache, dass es den Status eines Paradigmas erworben hat, welches alte Fragen auf einer neuen Ebene zusammenführt.

In diesem Sinne zeichnet der Artikel Debatten nach, welche zur Entwicklung des Paradigmas Intersektionalität führten. Des Weiteren werden die gemeinsamen Probleme, theoretischen Impulse und Prämissen herausgearbeitet, auf die das Paradigma basiert. Ein besonderer Schwerpunkt wird auf den *State of Art* der Intersektionalitätsforschung der BRD liegen. Dabei werden ebenfalls Bezüge zur Erziehungswissenschaft sowie Aspekte kultureller Differenz bzw. Globalisierung aufgezeigt.

2 Das Paradigma als Orientierungsrahmen einer *Scientific Community*

Mit dem Postulat, dass Intersektionalität alte Fragen tradiert bzw. bündelt, sollen seine Erfolge keineswegs minimiert werden. Im Gegenteil: um den Status eines Paradigmas zu erhalten, müssen wissenschaftliche Entwürfe spezifische Qualitäten bzw. Potenziale aufweisen, die nicht jedes theoretische Konzept erfüllt. Dies möchte ich anhand des Paradigmabegriffs von Thomas S. Kuhn verdeutlichen (Kuhn 1973). Dabei beziehe ich mich ebenfalls auf wissenssoziologische Studien von Ludwik Fleck, der mit heuristischen Termini wie Denkstil, Denkkollektiv oder Gestaltsehen bereits 1935 viele Überlegungen Kuhns vorwegnahm (Fleck 1993).

Nach Kuhn sind Paradigmen Erklärungsmodelle, die für eine spezifische *scientific community* einen gemeinsamen Orientierungsrahmen bereitstellen und temporär als Forschungsgrundlage anerkannt werden. Sie stellen quasi ein Set von Begriffen, Problemstellungen, Lösungsvorbildern, Standpunkten, Theorien und Methoden zur Verfügung, aus denen neue Forschungstraditionen erwachsen. Um sich zu etablieren, müssen Paradigmen überzeugendere Problemlösungen bieten als konkurrierende Grundannahmen, ihre Leistungen müssen neuartig genug sein, um beständige Anhängerinnen und Anhänger zu finden sowie offen genug, um diese neue Generation vor ausreichend ungelösten bzw. als bedeutsam identifizierten Problemen zu stellen (vgl. Kuhn 1973: 25ff.).

Die prinzipielle Offenheit von Paradigmen sieht Kuhn weniger als Problem, denn als besonderes Potenzial: Wissenschaftlerinnen und Wissenschaftler könnten „...in der *Identifizierung* eines Paradigmas übereinstimmen, ohne sich über seine vollständige *Interpretation* oder *abstrakten Formulierung* einig zu sein oder auch nur versuchen, eine solche anzugeben" (Kuhn 1973: 58). Gleichzeitig grenzen Paradigmen alternative Probleme, Lösungen und Methoden aus (ebd.: 51f.).

Paradigmen modellieren demnach eine *spezifische Perspektive* auf wissenschaftliche Probleme. In vergleichbarer Weise formuliert dies Ludwik Fleck mit seinem Begriff des Denkstils, welcher auf die Bereitschaft für „solches und nicht anderes Sehen" basiert und folglich mit einem spezifischen Denkzwang einhergeht (Fleck 1993: 85). Denkstile entsprechen demnach gerichtetem Wahrnehmen. Gleich Metaphern fordern Paradigmen dazu auf, *etwas als etwas zu sehen* (Walgenbach 2000: 194-240).

Allerdings ist die neue Perspektive keineswegs näher an einer ‚objektiven Wahrheit' als vorangegangene Paradigmen. Im sozialkonstruktivistischen Sinne argumentieren Fleck und Kuhn, dass Theorien sich nicht ‚Tatsachen' anpassen, die bereits ‚objektiv' vorhanden sind oder Wissenschaft sequenziellen Entwicklungsstadien folgt (Kuhn 1973: 171-185 u. 218; Fleck 1993: 124ff.). Kuhn plädiert vielmehr dafür, weniger darauf abzuzielen, der ‚objektiven Wahrheit' so nahe wie möglich zu kommen als sich die Frage zu stellen, *was man wissen möchte* (Kuhn 1973: 182).

3 Intersektionalität als Analyseparadigma

Legt man diesen Paradigmabegriff als theoretische Folie zugrunde, dann stellt sich die Frage, welche gemeinsamen Forschungsinteressen, Prämissen und Lösungsansätze dem Intersektionalitätsansatz zugrunde liegen. Im Folgenden werden demnach die theoretisch-politischen Genealogien nachgezeichnet, die zur Entwicklung des Paradigmas führten sowie einige Problemstellungen präsentiert, die das Paradigma quasi zusammenhalten bzw. die Wahrnehmungen zentrieren, ohne dass immer ein Konsens über Inhalte bzw. Auslegungen des Paradigmas bestehen müsste.

3.1 Kritik an eindimensionalen und additiven Perspektiven

Die Kritik an eindimensionalen bzw. additiven Perspektiven auf soziale Kategorien kann im Prinzip als Auftakt der Intersektionalitätsdebatte gelten. Dabei manifestiert sich eine traditionsreiche Verbindung zwischen Geschlechterforschung und Geschlechterpolitik, denn die theoretischen Debatten weisen einen engen Bezug zu bewegungspolitischen Konflikten auf (vgl. Hark 2005: 209ff.). Meist wird der historische Ursprung der Intersektionalitätsdebatte im angloamerikanischen Kontext der 1980er Jahre verortet und auf die Kritik von Afro-Amerikannerinnen an einem Weißen *Mainstream*-Feminismus verwiesen, in dem diese sich nicht repräsentiert sahen (z. B. Anzaldúa/Moraga 1981; Hull et al. 1981).[1]

Entsprechende Interventionen lassen sich allerdings auch in der BRD identifizieren. Vorgetragen von Migrantinnen, Afro-Deutschen, Jüdinnen, Lesben oder Frauen mit Behinderungen (Walgenbach 2007: 27-40, Knapp 2008: 34-36). Viele von ihnen wurden dabei durch angloamerikanische Debatten inspiriert. In pädagogischen Feldern beeinflussten diese Diskussionen insbesondere Frauen- und Mädchenprojekte (z. B. Apostolidou 1980; Aktaş 1993).[2]

In Folge dieser politisch-theoretischen Konflikte entstanden Termini wie *Doppeldiskriminierung* oder *doppelte Benachteiligung*, die erste begriffliche Impulse für die Intersektionalitätsdebatte offerierten (z. B. Beal 1970; Köbsell 1994). Gegen den androzentristischen *Mainstream* der soziologischen Ungleichheitsforschung wurden zudem Begriffe wie *Doppelte Vergesellschaftung* in Stellung gebracht (Becker-Schmidt 1987). Ein weiteres Beispiel ist Ilse Lenz Ansatz der *Dreifachen Vergesellschaftung* (Lenz 1996), der auch in der erziehungswissenschaftlichen Migrationsforschung positive Resonanz erfuhr (z. B. Hummrich 2002: 10).

Doch Begriffsinterventionen wie Doppeldiskriminierung werden wiederum kritisiert, da die zugrunde liegende Metaphorik eine Addition von Diskriminierung nahe legt und damit das *Spezifische* einer Unterdrückungskonstellation nicht herausgestellt werden kann (Meulenbelt 1988: 56f.; Schultz 1990: 52f.). Alternativ wird deshalb vorgeschlagen, Geschlecht bereits als ethnisiert zu konzeptualisieren (vgl. Spelman 1988: 22). Des Weiteren wird danach gefragt, wie

---

1 Die Großschreibung von Schwarz bzw. Weiß entspricht den etablierten Schreibkonventionen in diesen Debatten. Mit ihr soll der Konstruktionscharakter von sozialen Kategorien herausgestellt und auf damit verbundene Machtverhältnisse sowie politische Widerstandspraktiken aufmerksam gemacht werden.

2 Crenshaw verwendet wie Kuhn den Begriff der Anomalien im Zusammenhang mit Effekten, die aus der Überkreuzung von Rassismus und Sexismus entstehen (Crenshaw 1989). Bei Kuhn fordern Anomalien, die sich nicht mehr in Paradigmen integrieren lassen, neue theoretische Entwicklungen heraus (Kuhn 1973).

Kategorien sich wechselseitig verstärken, abschwächen oder verändern (Degele/ Winker 2009: 10). Auf pädagogische Probleme bezogen liegt ein additives Verständnis von Kategorien bspw. Diversity Trainings zugrunde, die soziale Kategorien bzw. identitäre Zugehörigkeiten entweder isoliert behandeln oder durch Begriffe wie *Mehrfachdiskriminierung* summieren (MAGS NRW 2004; kritisch: Garske 2009: 159). Des Weiteren werden Privilegien wie Heteronormativität konzeptionell ausgeblendet sowie komplexere Beziehungen ignoriert, bei denen Diskriminierung *und* Privilegierung zusammenwirken wie z. B. Behinderung und Männlichkeit (vgl. Walgenbach 2007: 46).

3.2 Intersektionalität, Interdependenzen, interdependente Kategorien

Statt eindimensionale oder additive Perspektiven einzunehmen, wird in der Intersektionalitätsdebatte dafür plädiert, die *Wechselwirkungen* von sozialen Kategorien in den Fokus zu nehmen. Erste theoretische Impulse dafür lassen sich bereits in der prominenten Erklärung *A Black Feminist Statement* (1977) des Combahee River Collectives identifizieren, in der bereits Begriffe wie *integrated analysis* oder *interlocking* bzw. *simultaneous systems of oppression* Verwendung fanden (Combahee River Collective 1981).

Die Einführung des Begriffs *Intersectionality* im Jahr 1989 wird allerdings der US-amerikanischen Juristin Kimberlé Crenshaw zugeschrieben (Crenshaw 1989). Als Rechtswissenschaftlerin intendiert sie mit diesem Konzept, auf die spezifischen Erfahrungen Schwarzer Frauen aufmerksam zu machen, bei denen unterschiedliche Diskriminierungen zusammenwirken. Das Konzept *Intersectionality* entwickelte Crenshaw auf der Basis juristischer Fallanalysen, bei denen sie zu dem Schluss kam, dass amerikanische Antidiskriminierungsgesetzte gemäß ihrer Lobbyisten entweder zu Gunsten Schwarzer Männer oder *weißer* Frauen operieren. Hull, Scott und Smith fassten diese Situation in dem prominenten Publikationstitel zusammen *"All the Women Are White, All the Blacks Are Men, But Some of Us Are Brave: Black Women's Studies"* (1982).

Um die spezifischen Subjektpositionen und Diskriminierungserfahrungen Schwarzer Frauen zu visualisieren, bedient Crenshaw sich der Metapher einer Straßenkreuzung, bei der *race* und *gender* sich überschneiden (Crenshwaw 1989: 149). An diese Metapher angelehnt sind heuristische Termini wie Verschränkungen, Schnittpunkte, Durchkreuzungen, Überschneidungen oder Achsen. In der Erziehungswissenschaft finden sich solche Begriffe nicht allein in deutschsprachigen Publikationen, die sich positiv auf Intersektionalität beziehen, sondern ebenfalls in pädagogischen Beiträgen zu Heterogenität bzw. Diversity (z. B. Prengel 2007: 57; Hormel u. Scherr 2004: 204; Voigt-Kehlenbeck 2008: 10). Die Metapher der Straßenkreuzung hält nach Kuhn eine paradigmatische Lösung parat. Paradigmen operieren für ihn auf zwei Bedeutungsebenen: zum einen bilden sie ein System gemeinsam geteilter Überzeugungen, zum anderen stellen sie auch exemplarische Problemlösungen bzw. Musterbeispiele zur Verfügung. Sie ermöglichen es damit, eine Aufgabe so zu sehen, wie eine bereits gelöste (Kuhn 1973: 186 u. 201). Bei Ludwik Fleck findet sich der Begriff des denkstilgebundenen Gestaltsehen, der als Produkt kooperativer Praxis konzeptualisiert wird (Fleck 1993: 54ff. u. 175ff.).

Problematisch sind solche grafischen Begriffe wie ‚Überschneidungen' allerdings, da die Metapher der Straßenkreuzung nahe legt, dass die Machtverhältnisse *jenseits* der Kreuzung unbeeinflusst voneinander existieren. Der visuellen Anordnung zur Folge haben soziale Kategorien somit einen ‚genuinen Kern', der sich mit weiteren Kategorien ‚verbindet', ‚verkettet' oder ‚verschränkt'. Meines Erachtens bringt diese Metapher die Grundidee der Intersektionalitätsdebatte demnach noch nicht radikal genug zum Ausdruck. Stattdessen plädiere ich dafür, eine *integrale Perspektive* auf soziale Kategorien einzunehmen.[3]

Dabei knüpfe ich an theoretische Ansätze an, die mit Begriffen wie Interdependenzen bzw. Konfigurationen operieren, also die *wechselseitige Abhängigkeit* von Kategorien in der Vordergrund stellen (z. B. Gutiérrez Rodríguez 1996: 170). Diese Perspektive aufnehmend erscheint es mir sinnvoll, nicht allein von Interdependenzen *zwischen* Kategorien, sondern ebenfalls von *interdependenten Kategorien* auszugehen (vgl. Walgenbach 2005: 48 u. 2007).

Für pädagogische Konzepte wie Heterogenität, Intersektionalität und Diversity bedeutet dies, dass soziale Kategorien wie Ethnizität, Nation oder ‚Rasse' *in sich* bereits heterogen strukturiert sind. Diese Sichtweise hätte bspw. den Vorteil, dass pädagogische Zielgruppen nicht vereinfacht als homogene Kollektive konzeptualisiert werden, sondern in ihrer Heterogenität wahrgenommen werden. Damit ergeben sich auch theoretische Anschlüsse zum Konzept der Mehrfachzugehörigkeiten (Mecheril 2003).

---

3 Eine ‚integrale Perspektive' geht über eine ‚integrierende Perspektive' hinaus: Während der integrierenden Perspektive die Vorstellung zugrunde liegt, dass sich etwas in ein übergeordnetes Ganzes einfügt, lässt sich die integrale Perspektive übersetzen mit ein Ganzes ausmachen.

3.3 Auswahl und Gewichtungen von Kategorien

Theoretischen und pädagogischen Ansätze, die mehrere soziale Kategorien berücksichtigen, stellt sich unweigerlich die Frage nach der Auswahl und Gewichtung von Kategorien: Welche Kategorien werden relevant gesetzt in Erziehung und Bildung- Welche tendenziell marginalisiert, abgewertet oder ausgeblendet? Oder noch viel grundsätzlicher: ab wie vielen Kategorien ist eine Analyse eigentlich intersektional? bzw. muss eine Perspektive sich selbst als intersektional bezeichnen, um als solche zu gelten?

Da die Intersektionalitätsdebatte in der Tradition der US-amerikanischen *Race-Class-Gender* Diskussion steht, gehört diese Triade wohl zu der häufigsten Aufzählung. In der europäischen Debatte werden zudem weitere Analysedimensionen wie Alter, Sexualität oder Nation relevant gesetzt (Davis 2008b). Allerdings werden selbst solche erweiterten Aufzählungen oft durch ein hilflos wirkendes etc. beendet, welches bereits Judith Butler ironisch kommentierte und als Effekt eines unlimitierten Bezeichnungsprozesses von Subjekten interpretierte (Butler 1991: 210).

Die Fragen, die sich hier aufdrängen sind: wer entscheidet, wann diese Liste geschlossen wird? Welche Kategorien werden von Erziehungswissenschaftlerinnen und Pädagogen relevant gesetzt, welche auf ein ›etc.‹ reduziert? Mögliche Einflussgrößen sind hier bspw. historische, geographische, politische und kulturelle Faktoren. Darüber hinaus bestimmen auch Forschungsinteressen, Theorien oder politische Ansätze die Auswahl und Gewichtungen von Kategorien (vgl. Walgenbach 2007: 42ff.). Für pädagogische Fragen sind zudem juristische und bildungspolitische Rahmenbedingungen handlungsleitend wie Beschlüsse der Kultusministerkonferenz oder Lehrpläne der Bundesländer. Folglich gilt auch für Intersektionalitätsdebatten, dass Wissensproduktion stets ›situiert‹ und ›partikular‹ verläuft (Haraway 1995).

Einen produktiven Beitrag zur Frage der Auswahl bzw. Gewichtungen von Kategorien offerieren m.E. Degele und Winker, welche die Relevanz von Kategorien aus unterschiedlichen Analyseebenen ableiten. Die Autorinnen unterscheiden in ihrer *Mehrebenenanalyse* zwischen drei Ebenen, die miteinander in Wechselwirkung stehen: Strukturebene, Repräsentationsebene und Identitätsebene (Degele/Winker 2009: 18-62).

Für die gesellschaftliche Strukturebene sei die Anzahl der relevanten Kategorien begrenzt. Nach Degele und Winker sind dies Geschlecht, Klasse, Rasse und Körper (Alter, körperliche Verfasstheit, Gesundheit und Attraktivität). Diese Kategorien werden als Strukturkategorien klassifiziert und ergeben sich für die Autorinnen deduktiv aus der Gesellschaftsanalyse eines modernen Kapitalismus. Für die Identitätsebene dagegen muss eine prinzipielle Offenheit unterschiedlicher Differenzkategorien angenommen werden. Sie werden somit induktiv aus dem Forschungsprozess gewonnen. Dasselbe gilt für die symbolische Repräsentationsebene, die sich auf Normen bzw. Ideologien bezieht. Nach Ansicht der Autorinnen ermöglicht der Ansatz der Mehrebenenanalyse Vielfältigkeit und vermeidet zugleich Beliebigkeit bei der Auswahl von Kategorien (Degele/Winker 2008: 206).

3.4 Fokus Macht- und Herrschaftsverhältnisse

In der Erziehungswissenschaft stellten Helma Lutz und Norbert Wenning 13 bipolare Differenzlinien zur Diskussion: Geschlecht, Sexualität, ‚Rasse'/Hautfarbe, Ethnizität, Nation, Klasse, Kultur, Gesundheit, Alter, Sesshaftigkeit/Herkunft, Nord-Süd/Ost-West, gesellschaftlicher Entwicklungsstand (modern-traditionell) und Besitz. Als Auswahlkriterium führen sie an, dass diese historisch wandelbaren Differenzlinien die Grundlage der Organisation moderner Gesellschaften darstellen würden (Lutz/Wenning 2001).[4]

Wie auch an dieser Liste deutlich wird, rekurrieren gegenwärtig alle Beiträge zu Intersektionalität auf Dimensionen sozialer Ungleichheit. Leiprecht und Lutz formulieren es sogar als ‚Mindeststandards' für die intersektionale Theoriebildung in der Erziehungswissenschaft, dass diese als Resultat von Macht- und Verteilungskämpfen sowie als Legitimation für Ausbeutung, Marginalisierung und Benachteiligung konzeptualisiert werden (Leiprecht/Lutz 2005: 221 ff.). In diesem Zusammenhang stellt sich allerdings die Frage, welche Kategorien als soziale Ungleichheiten anerkannt und welche zu ‚spielerische Differenzen' degradiert werden (z. B. Klinger 2003: 26). Geht es bei dem Begriff ‚kulturelle Differenz' bspw. um Sprache, kulturelle Repräsentation und Anerkennung oder um soziale Lebenslagen bzw. ungleiche Ressourcenzugänge?

Für die Erziehungswissenschaft schließen sich weitere Fragen an: Kann die erziehungswissenschaftlich bedeutsame Kategorie der Generation bzw. das Verhältnis der generationalen Differenz (vgl. Kelle 2008) auf Aspekte sozialer Ungleichheit reduziert werden? Verzichtet die erziehungswissenschaftliche Intersektionalitätsdebatte auf die Integration weiterer Heterogenitätsdimensionen, die in der eigenen Disziplin relevant gesetzt werden wie z. B. Motivation, Erfahrungshintergrund, Interessen, Fähigkeiten, Leistungsstand, Arbeitstempo? (z. B. Becker et al. 2004: 4).

---

4 In einem späteren Artikel mit Rudolf Leiprecht fügt Helma Lutz dieser Liste die Kategorien Religion und Sprache hinzu (Leiprecht/Lutz 2005).

Diese disziplinäre Diskussion in der Erziehungswissenschaft muss erst noch geführt werden. Sollten sich die Mindeststandards von Leiprecht und Lutz tatsächlich als disziplinärer Konsens etablieren, dann müsste man meines Erachtens in der Intersektionalitätsdebatte auf den verbreiteten *Differenz*begriff verzichten, da er polysemisch angelegt ist und disparate Bedeutungsebenen anspricht wie Gleichwertigkeit, qualitative Verschiedenheit oder horizontale Ungleichheit (vgl. Diehm 2002: 163f.). Stattdessen wäre es präziser, dann auch den Begriff soziale Ungleichheiten durchgängig zu verwenden.

Mit der disziplinären Entscheidung, lediglich Dimensionen sozialer Ungleichheiten zu fokussieren, würde sich Intersektionalität positiv von Problemen abheben, die an Diversity-Trainings kritisiert werden (vgl. Garske 2009). Zum Beispiel können soziale Zugehörigkeiten wie ‚Migrantin' oder ‚Vegetarierin' nicht gleichgesetzt und damit relativiert werden, die Gefahr der Kulturalisierung sozialer Ungleichheiten wird minimiert und die Zielvorstellung des Abbaus bzw. Beseitigung sozialer Ungleichheit ersetzt die Zelebrierung von Differenz.

3.5 Gegenstand und Ebenen der Analyse

Oft wird an dem Konzept Intersektionalität kritisiert, dass unklar bleibt, *was* sich jeweils kreuzt: Identitäten, Erfahrungen, Herrschaftsverhältnisse oder Kategorien? Des Weiteren bleibt offen, ob Intersektionalität eine Theorie, Methodologie oder Analysestrategie darstellt (Davis 2008a: 68).

Diese theoretische bzw. methodische Offenheit teilt Intersektionalität allerdings m.E. gegenwärtig mit weiteren erziehungswissenschaftlichen Konzepten wie Heterogenität oder Diversity. In diesem Sinne ist Intersektionalität weitaus offener angelegt als bspw. die Dokumentarische Methode mit ihrer mehrdimensionalen Typenbildung, die von einer *Überlagerung* sozialer Kategorien ausgeht. Hier sind wissenssoziologische Theorietradition, methodologische Reflexionen und methodische Analyseschritte bzw. Begriffsinventare in theoretisch kohärenter Weise aufeinander abgestimmt (Bohnsack 2007).

Nach Kuhn macht diese Offenheit bzw. Unbestimmtheit allerdings gerade das Potenzial eines Paradigmas aus. Paradigmen benötigen keine Reduzierung auf spezifische Regeln, sie sind vielmehr Regeln vorgeordnet bzw. übergeordnet und damit umso verbindlicher. Ihre Offenheit verhindert keineswegs, dass sie die Forschung anleiten und Wissenschaftlerinnen und Wissenschaftler sich intuitiv an ihren Lösungsschemata orientieren (Kuhn 1973: 57-64).

In den Gender Studies gab es durchaus Theorien, die ebenfalls auf Fragen sozialer Heterogenität abzielten. Doch Ansätze wie *Doing Difference* (Fenstermaker/West), *Achsen der Ungleichheit* (Klinger/Knapp) oder *Dreifache Vergesellschaftung* (Lenz) konnten eventuell gerade deshalb keinen paradigmatischen Status erlangen, da sie nicht offen genug angelegt waren. Sie basierten vielmehr auf spezifische Theorietraditionen und verblieben entweder auf der Mikro- oder Makroebene.

Die Vielfalt der Analyseebenen im Intersektionalitäts-Paradigma verdeutlicht u.a. Leslie McCall, die drei Zugänge beim Umgang mit sozialer Komplexität identifiziert. Die Unterschiede zwischen den Zugängen resultieren primär aus der jeweiligen Perspektive auf soziale Kategorien:

Anti-kategoriale Komplexität: Im Sinne dekonstruktivistischer und poststrukturalistischer Ansätze werden kategoriale Zugänge grundsätzlich problematisiert. Soziale Kategorien bzw. Identitäten werden als Effekt von Macht-Wissens-Komplexen zurückgewiesen, die Ausschlüsse produzieren und Subjektivitäten normieren.

Intra-kategoriale Komplexität: hier wird insbesondere auf Differenzen bzw. Ungleichheiten innerhalb einer Kategorie bzw. Gruppe abgezielt. Zum Beispiel Differenzen innerhalb des Kollektivs ‚Frauen', die sich durch kulturelle Differenzen bzw. Globalisierung ergeben. Im Mittelpunkt der Analysen stehen insbesondere Fragen der Identität und Subjektivität. Soziale Kategorien werden als historisch, sozial und kulturell produziert konzeptualisiert und kritisch reflektiert.

Inter-kategoriale Komplexität: dieser Ansatz fokussiert Ungleichheitsrelationen zwischen sozialen Kollektiven bzw. Kategorien und ist tendenziell auf einer Makroebene verortet. Dabei geht es um die Verhältnisse und Wechselwirkungen zwischen Kategorien. Hier verorten sich insbesondere quantitative Intersektionalitätsanalysen sowie gesellschaftstheoretische Perspektiven.

Nach Kathy Davis lassen sich die unterschiedlichen Zugänge ebenfalls internationalen Theorietraditionen zuordnen: In den USA hat *Intersectionality* eine ausgeprägte rechtlich-politische Dimension. Hier stehen primär die strategische Relevanz von Identitätspolitik sowie die materiellen Effekte von Rassismus im Fokus. In Europa hingegen werden neben der Triade *Race*, *Class* und *Gender* weitere soziale Kategorien einbezogen. Des Weiteren wird Intersectionality mit postmodernen bzw. dekonstruktivistischen Macht- und Identitätstheorien in Verbindung gebracht sowie die Handlungsfähigkeit (*Agency*) innerhalb von Machtverhältnisse herausgearbeitet (Davis 2008b). *Intersectionality* wird in Europa demnach eher als theoretische Analyseperspektive adaptiert.

Aufgrund der bisherigen Darstellung ist es nicht verwunderlich, dass Intersektionalität bisher keine einheitliche Methode bzw. Methodologien hervorgebracht hat. Dennoch sei hier die *Mehrebenenanalyse* von Degele und Winker hervorgehoben, die sich explizit als intersektionale Methode bzw. Methodologie präsentiert und nicht allein Wechselwirkungen zwischen Kategorien fokussiert, sondern ebenfalls zwischen Analyseebenen (Degele/Winker 2009).

4 Intersektionalität in der Erziehungswissenschaft

Abschließend soll in einem Überblick zusammengefasst werden, wie das Analyseparadigma der Intersektionalität in der deutschsprachigen Erziehungswissenschaft aktuell adaptiert wird. Zunächst ist festzuhalten, dass es in der erziehungswissenschaftlichen Forschung eine längere Tradition gibt, soziale Kategorien zusammenzudenken. Eine Reihe von Studien analysierte bspw. den Zusammenhang von Klasse, Geschlecht und Bildung bzw. Migration, Geschlecht und Bildung. Manche der Migrationsforscherinnen interpretieren ihre früheren Forschungsprojekte gegenwärtig neu im Paradigma der Intersektionalität (z. B. Riegel 2007; Weber 2008 u. 2009; King 2009).

Wichtige theoretische Impulse für das Paradigma der Intersektionalität kamen Anfang der Jahrtausendwende aus der interkulturellen Pädagogik. Erstmals eingeführt wurde der Begriff ,Intersektionalität' im Jahr 2001 von Helma Lutz (Lutz 2001: 217ff.). In ihrem Artikel „*Sitting at the crossroad*" konstatierten Lutz und Krüger-Potratz noch 2002, dass es bisher wenige Forscherinnen und Forscher gibt, die ihre Fragen und Perspektiven konsequent *von dem Kreuzweg her* entwickeln (Krüger-Potratz/Lutz 2002). Leiprecht und Lutz plädieren in Bezug auf die erziehungswissenschaftliche Adaption des Intersektionalität-Paradigmas für eine Perspektive, die auch das Individuum und seine spezifischen Eigenbewegungen, Biographien, Lebenslagen sowie subjektiven Deutungsmustern in den Blick nimmt und somit Differenzlinien nicht als absolut determinierende Makrofaktoren konzeptualisiert. Hervorgehoben wird demnach das *besondere Verhältnis* der Individuen zu den Differenzlinien (Leiprecht/Lutz 2005: 221-225).

Den momentanen Stand der Forschung für die deutschsprachige Erziehungswissenschaft vollständig zu erfassen, erscheint gegenwärtig ein schwieriges Unterfangen. Die Publikationen vermehren sich in den letzten Jahren sprunghaft und. gerade Nachwuchswissenschaftlerinnen scheinen das Paradigma in ihre Forschungen zu integrieren. Diese Beobachtung korrespondiert mit Kuhns Feststellung, dass Paradigmenwechsel häufig von neuen bzw. jungen Wissenschaftlerinnen und Wissenschaftlern vorangetrieben werden (Kuhn 1973: 103).

Ein exemplarischer Überblick sei hier dennoch gewagt. Der Begriff der Intersektionalität findet sich in der Erziehungswissenschaft derzeit primär in den Gender Studies sowie in der interkulturellen Pädagogik bzw. Migrationspädagogik, insbesondere aber bei jenen Wissenschaftlerinnen und Wissenschaftlern, die beide Perspektiven zu verbinden versuchen. So wird das Konzept der Intersektionalität von ersten Autorinnen für die Biographieforschung produktiv gemacht (z. B. Davis/Lutz 2005; Lehmann 2008) sowie für die Analyse von Repräsentationen und Lebenslagen Jugendlicher mit Migrationshintergrund verwendet (z. B. Spindler 2006; King 2009). In der pädagogischen Praxis findet das Paradigma Intersektionalität zur Zeit Anwendung in der Bildungsarbeit, Social Justice-Trainings oder Programmen zur Gewaltprävention (Stuve/Busche 2007; Czollek/Weinbach 2007; Garske 2009; Busche/Cremers 2009).

5 Resümee

Zusammenfassend lässt sich festhalten, dass Intersektionalität als Paradigma im Sinne Kuhns auf einen theoretischen Konsens einer *scientific community* rekurrieren kann: es gibt einen gemeinsamen Bezug auf eine feministische Theorietradition, in der eindimensionale bzw. additive Perspektiven kritisiert werden. Folglich werden nicht allein mehrere Kategorien berücksichtigt, sondern ebenfalls deren Wechselwirkungen und Verschränkungen in den Blick genommen. Soziale Kategorien werden dabei nicht statisch bzw. homogen konzeptualisiert, sondern innerhalb von Macht- und Herrschaftsverhältnissen kritisch verortet.

Die Berücksichtigung mehrer sozialer Kategorien ist keineswegs neu in der Geschlechterforschung und Erziehungswissenschaft. Der Fokus auf deren Wechselwirkungen hingegen, kann als besonderes Merkmal des Intersektionalitäts-Paradigmas hervorgehoben werden.[5] Infolgedessen müssen soziale Phänomene nicht mehr auf nur *eine* Kategorie zurückgeführt werden. In der Forschung zur Jugendgewalt wurde bspw. festgestellt, dass nur die Wechselwirkungen verschiedener sozialer Merkmale wie Männlichkeit, Migrationshintergrund, geringes Bildungsniveau, delinquente Peer Groups sowie eigene familiare Viktimisierungerfahrungen die Gruppe der Mehrfach- und Intensivtäter angemessen beschreiben. Jedes Merkmal für sich kann noch nicht als Prädikator für Jugendgewalt herhalten (BMI/BMJ 2006 ; Walter/Trautmann 2003).

---

5 Gleichwohl Intersektionalität auch damit kein Alleinstellungsmerkmal für sich beanspruchen kann, da bspw. die Dokumentarische Methode ebenfalls explizit die Überlagerungen von sozialen Kategorien herausarbeitet.

In der erziehungswissenschaftlichen Migrationsforschung wurde die intersektionale Perspektive erfolgreich eingesetzt, indem ‚Klasse' als Analysedimension neben Migration und Geschlecht einbezogen wurde. Damit wurden kulturalisierende Zuschreibungen von Männlichkeit bzw. Weiblichkeit sowie die Idee homogener sozialer Kollektive dekonstruiert (z. B. Spindler 2006; Weber 2009; Lehmann 2008). Dabei wird das Potenzial des Paradigmas Intersektionalität deutlich, dekonstruktive, identitätstheoretische und sozialstrukturelle Perspektiven zusammenzubringen (Knapp 2008: 40). Es integriert somit disparate Theorietraditionen zum Problemfeld Geschlecht und Differenz, die zuvor eher durch ihre gegenseitige Kritik miteinander verbunden waren. Zu unterschiedlich waren die Auffassungen in Bezug auf Kategorien, Strukturen oder politische Praxen.

Nach Kathy Davis greift das Paradigma Intersektionalität demnach alte Fragen auf, doch führt es diese in einer Art und Weise zusammen, die zuvor nicht denkbar war. Intersektionalität ist von den Inhalten nicht immer neu, doch es offeriert eine *neue Plattform* für disparate theoretische Ansätze feministischer Theorie. Deshalb führt Davis den akademischen Erfolg von Intersektionalität gerade auf seine Offenheit, Unschärfe und Ambiguität zurück. Dadurch fühlen sich Wissenschaftlerinnen mit unterschiedlichen Theorie- und Methodenzugängen angesprochen, neue Fragen werden stimuliert, neue Forschungsprobleme aufgeworfen und neue Synthesen gesucht. Die eigene Arbeit wird nicht für obsolet erklärt, sondern kann auf neue Territorien ausgeweitet werden, *blind spots* können als analytische Ressource für weitere Untersuchungen genutzt und Defizite neu bearbeitet werden (Davis 2008a).

Hinsichtlich der Frage, was *neu* am Paradigma Intersektionalität ist, lässt sich für die BRD zudem mit Gudrun Axeli Knapp konstatieren, dass es unzureichend bearbeitete Problemstellungen in den Fokus rückt wie die analytische Integration der Kategorien ‚Rasse', Alter und Religion (s. auch Lutz 2001). Im Vergleich zu den 1980er Jahren hat sich zudem das Theoriespektrum erweitert und die Frage der Wechselwirkungen zwischen Ungleichheiten bzw. Differenz ist im *Mainstream* der Geschlechterforschung von der Peripherie in das Zentrum gerückt (Knapp 2008). Folglich reflektiert der Begriff Intersectionality auch einen gewissen Grad an Institutionalisierung innerhalb einer *scientific community* (vgl. Kuhn 1973: 33ff).

Auf den ersten Blick mag es erscheinen, als stelle die Geschlechterforschung mit dem Paradigma Intersektionalität ihre Masterkategorie zur Disposition. Doch im Gegensatz zu Termini wie Diversität bzw. Heterogenität geht mit dem Begriff Intersectionality ein *normatives commitment* (Davis 2008a: 75) einher, welches auf eine feministische Theorietradition rekurriert. Dies erklärt m.E. ebenfalls den Erfolg des Paradigmas innerhalb der Geschlechterforschung. Folglich ist gegenwärtig auch keine Verschiebung von der Geschlechterforschung zur Diversity-Forschung zu verzeichnen. Vielmehr führt Intersektionalität unterschiedliche Segmente der Geschlechterforschung zusammen. In der Erziehungswissenschaft sind dies nicht allein unterschiedliche Theorietraditionen, sondern ebenfalls Forschungszugänge, die sich zuvor auf zwei Kategorien wie ‚Klasse und Geschlecht' bzw. ‚Migration und Geschlecht' konzentrierten.

Zur Zeit umgibt Intersektionalität ein gewisser Glamour in den Gender Studies. Intersektionalität hat den Status eines Paradigmas erreicht, welches gleichwohl genug Spielräume für neue Entdeckungen bietet und akademische Kreativität stimuliert (Davis 2008a: 78f.). Für die Gegenwart kann folglich mit Kuhn festgehalten werden, dass der Erfolg eines Paradigmas am Anfang weitgehend auf seine Erfolgsverheißung beruht (Kuhn 1973: 37f.).

Literatur

Anzaldúa, Gloria und Cherrie Moraga, Cherrie (Eds.) (1981): This Bridge Called my Back: Writings by Radical Women of Color. New York: Kitchen Table, Women of Color Press

Aktaş, Gülşen (1993): »Türkische Frauen sind wie ein Schatten« Leben und Arbeiten im Frauenhaus. In: Hügel et. al. (1993): 46-60

Apostolidou, Natascha: Arbeitsmigrantinnen und deutsche Frauenbewegung. Für die Frauenbewegung auch wieder nur ein ‚Arbeitsobjekt'. In: Informationsdienst Ausländerarbeit 2. 1980. 143-146

Beale, Frances M. (1970): Double Jeopardy : To Be Black and Female. In: Cade (1970): 90-100

Becker-Schmidt, Regina (1987): Die doppelte Vergesellschaftung- die doppelte Unterdrückung. In: Unterkircher Wagner (1987): 10-25

Becker, Gerold/Lenzen, Klaus-Dieter/Stäudel, Lutz/Tillmann, Klaus-Jürgen/Werning, Rolf/Winter, Felix (Hrsg.) (2004): Heterogenität: Unterschiede nutzen- Gemeinsamkeiten stärken. Seelze: Friedrich

Bohnsack, Ralf/Nentwig-Gesemann, Iris/Nohl, Arndt-Michael (Hrsg.) (2007): Die dokumentarische Methode und ihre Forschungspraxis. Wiesbaden: VS Verlag

Bohnsack, Ralf (2007): Typenbildung, Generalisierung und komparative Analyse: Grundprinzipien der dokumentarischen Methode. In: Bohnsack/Nentwig-Gesemann/Nohl (2007): 225-254

Bräu, Karin/Schwerdt, Ulrich (Hrsg.) (2005): Heterogenität als Chance. Vom produktiven Umgang mit Gleichheit und Differenz in der Schule. Münster: Lit

Budde, Jürgen/Willems, Katharina (Hrsg.) (2009): Bildung als sozialer Prozess. Heterogenitäten, Interaktionen, Ungleichheiten. Weinheim u. München: Juventa

Bundesministerium des Inneren/Bundesministerium der Justiz (Hrsg) (2006): Zweiter Periodischer Sicherheitsbericht der Bundesregierung. Berlin: Bundesministerium der Justiz

Busche, Mart/Cremers, Michael (2009): Jungenarbeit und Intersektionalität. In: Pech (2009): 13-30

Butler, Judith (1991): Das Unbehagen der Geschlechter. Frankfurt a.M.: Suhrkamp

Cade, Toni (Ed.) (1970): The Black Woman: An Anthology. New York: New American Library

Casale, Rita/Rendtorff, Barbara (Hrsg.) (2008): Was kommt nach der Genderforschung? Zur Zukunft feministischer Theoriebildung. Bielefeld: Transcript

Combahee River Collective: A Black Feminist Statement. In: Anzaldúa/Moraga (1981): 210-218

Crenshaw, Kimberlé: Demarginalizing the Intersection of Race and Sex: A Black Feminist Critique of Antidiskrimination Doctrine. In: The University of Chicago Legal Forum 139. 1989. 139-167

Crenshaw, Kimberlé et. al. (Eds.) (1995): Critical race theory: The key writings that formed the movement. New York: New Press

Czollek, Leah Carola/Weinbach, Heike (2007): Lernen in der Begegnung. Theorie und Praxis von Social Justice Trainings. Düsseldorf: Informations- und Dokumentationszentrum für Antirassismus e.V.

Dahrendorf, Ralf (1965): Bildung ist Bürgerrecht. Hamburg: Nannen

Davis, Kathy (2008a): Intersectionality as buzzword: A sociology of science perspective on what makes a feminist theory successful. In: Feminist Theory 9. 2008. 67-86

Davis, Kathy (2008b): Intersectionality in Transatlantic Perspective. In: Klinger/Knapp (2008): 19-35

Degele, Nina/Gabriele Winker (2008): Praxeologisch differenzieren. Ein Beitrag zur intersektionalen Gesellschaftsanalyse. In: Klinger/Knapp (2008): 194-2009

Degele, Nina/Gabriele Winker (2009): Intersektionalität. Zur Analyse sozialer Ungleichheiten. Bielefeld: transcript Verlag

Diehm, Isabell (2002): Pädagogische Arrangements und die Schwierigkeit, Differenz zu thematisieren. In: Heinzel/Prengel (2002): 162-170

Fleck, Ludwik (1993): Entstehung und Entwicklung einer wissenschaftlichen Tatsache. Frankfurt a.M.: Suhrkamp

Fischer, Ute Luise/Kampshoff, Marita/Keil, Susanne/Schmitt, Mathilde (Hrsg.)(1996): Kategorie: Geschlecht?. Empirische Analysen und feministische Theorien. Opladen: Leske u. Budrich

Garske, Pia (2009): Politische Bildung und Interdependenz gesellschaftlicher Ungleichheiten. In: Mende/Müller (2009): 155-179

Gutiérrez-Rodríguez, Encarnación (1996): »Frau ist nicht gleich Frau, nicht gleich Frau... Über die Notwendigkeit einer kritischen Dekonstruktion in den feministischen Forschung«. In: Fischer et. al. (1996): 163-190

Haraway, Donna (1995): Die Neuerfindung der Natur. Frankfurt a.M./New York: Campus

Heinzel, Friederike/Prengel, Annedore (Hrsg.) (2002): Heterogenität, Integration und Differenzierung in der Primarstufe. Opladen: Leske u. Budrich

Hermes, Gisela (Hrsg.) (1994): Mit Recht verschieden sein. Forderungen behinderter Frauen an Gleichstellungsgesetze. Kassel: Bifos

Hügel, Ika et. al. (Hrsg.) (1993): Entfernte Verbindungen. Rassismus Antisemitismus, Klassenunterdrückung. Berlin: Orlanda Frauenverlag

Hull, Gloria T./Scott, Patricia Bell/Smith, Barbara (Eds.) (1982): All the Women Are White, All the Blacks Are Men, But Some of Us Are Brave: Black Women's Studies. New York: Feminist Press

Hummrich, Merle (2002): Bildungserfolg und Migration. Biographien junger Frauen in der Einwanderungsgesellschaft. Opladen: Leske u. Budrich

Kelle, Helga (2008): Kommentar zum Beitrag: ‚Intersectionality' – ein neues Paradigma der Geschlechterforschung?. In: Casale/Rendtorff (2008): 55-58

King, Vera (2009): „Weil ich mich sehr lange Zeit allein gefühlt hab` mit meiner Bildung. Bildungserfolg und soziale Ungleichheiten unter Berücksichtigung von class, gender, ethnicity. In: Budde/Willems (2009): 53-72

Klinger, Cornelia (2003): Ungleichheit in den Verhältnissen von Klasse, Rasse und Geschlecht. In: Knapp/Wetterer (2003): 14-48

Klinger, Cornelia; Knapp, Gudrun-Axeli (Hrsg.) (2008): ÜberKreuzungen. Fremdheit, Ungleichheit, Differenz. Münster: Westfälisches Dampfboot

Knapp, Gudrun-Axeli/Wetterer, Angelika (Hrsg.) (2003): Achsen der Differenz. Gesellschaftstheorie und feministische Kritik. Bd. 2. Münster: Westfälisches Dampfboot

Knapp, Gudrun-Axeli: ‚Intersectionality' – ein neues Paradigma der Geschlechterforschung?. In: Casale/Rendtorff (2008): 33-53

Köbsell, Swantje: Gibt es eine doppelte Diskriminierung von Frauen mit Behinderungen?. In: Hermes (1994): 65-73

Krell, Gertraude/Riedmüller, Barbara/Sieben, Barbara/Vinz, Dagmar (Hrsg.) (2007): Diversity Studies. Grundlagen und disziplinäre Ansätze. Frankfurt a.M.: Campus

Krüger-Potratz, Marianne/Lutz, Helma: Sitting at the crossroad- rekonstruktive und systematische Überlegungen zum wissenschaftlichen Umgang mit Differenz. In: Tertium Comparationis 2. 2002. 81-92

Kuhn, Thomas S. (1973): Die Struktur wissenschaftlicher Revolutionen. Frankfurt a.M.: Suhrkamp

Lehmann, Nadja (2008): Migrantinnen im Frauenhaus. Biographische Perspektiven auf Gewalterfahrungen. Opladen: Budrich

Lenz, Ilse/Germer, Andrea/Hasenjürgen, Brigitte (Hrsg.) (1996): Wechselnde Blicke. Frauenforschung in internationaler Perspektive. Opladen: Leske u. Budrich

Lenz, Ilse: Grenzziehungen und Öffnungen: Zum Verhältnis von Geschlecht und Ethnizität zu Zeiten der Globalisierung. In: Lenz/Germer/Hasenjürgen (1996): 200-228

Leiprecht, Rudolf/Kerber, Anne (Hrsg.): Schule in der Einwanderungsgesellschaft. Schwalbach/Ts.: Wochenschau Verlag

Lutz, Helma/Leiprecht, Rudolf (2005): Intersektionalität im Klassenzimmer. Ethnizität, Klasse, Geschlecht. In: Leiprecht/Kerber (2005): 218-234

Leiprecht, Rudolf (2008): Von Gender Mainstreaming und Interkultureller Öffnung zu Managing Diversity- Auf dem Weg zu einem gerechten Umgang mit sozialer Heterogenität als Normalfall in der Schule. In: Seemann (2008): 95-112

Lutz, Helma/Wenning, Norbert (Hrsg.) (2001): Unterschiedlich verschieden. Differenz in der Erziehungswissenschaft. Opladen: Leske u. Budrich

Lutz, Helma (2001): Differenz als Rechenaufgabe: über Relevanz der Kategorien Race, Class und Gender. In: Lutz/Wenning (2001): 215-230

Lutz, Helma/Wenning, Norbert (2001): Differenzen über Differenz- Einführung in die Debatten. In: Lutz/Wenning (2001): 11-24

Lutz, Helma/Davis, Kathy: Geschlechterforschung und Biographieforschung: Intersektionalität als biographische Ressource am Beispiel einer außergewöhnlichen Frau. In: Völter/Dausien/Lutz/Rosenthal (2005): 228-247

Lutz, Helma/Leiprecht, Rudoplp (2005): Intersektionalität im Klassenzimmer. Ethnizität, Klasse, Geschlecht. In: Leiprecht/Kerber (2005): 218-234

Mc Call, Leslie: The Complexity of Intersectionality. In: Signs. Journal of Women in Culture and Society 3. 2005. 1771-1800

Mecheril, Paul (2003): Prekäre Verhältnisse: über natio-ethno-kulturelle (Mehrfach-)Zugehörigkeit. Münster: Waxmann

Mende, Janne/Müller, Stefan (Hrsg.) (2009): Emanzipation in der politischen Bildung. Theorien- Konzepte- Möglichkeiten. Schwalbach/Ts.: WOCHENSCHAU Verlag

Meulenbelt, Anja (1988): Scheidelinien. Über Sexismus, Rassismus und Klassenherrschaft. Reinbek bei Hamburg: Rowohlt

Ministerium für Gesundheit, Soziales, Frauen und Familie des Landes Nordrhein-Westfalen (Hrsg.) (2004): Mit Vielfalt umgehen. Sexuelle Orientierung und Diversity in Erziehung und Bildung. Düsseldorf: MAG NRW

Pech, Detlef (Hrsg.) (2009): Jungen und Jungenarbeit. Hohengehren: Schneider

Phoenix, Ann/Pattynama, Pamela: Editorial. In: European Journal of Women's Studies 3. 2006. 187-1992

Prengel, Annedore (1993): Pädagogik der Vielfalt. Verschiedenheit und Gleichberechtigung in interkultureller, feministischer und integrativer Pädagogik. Opladen: Leske u. Budrich

Prengel, Annedore (2007): Diversity Education- Grundlagen und Probleme der Pädagogik der Vielfalt. In: Krell/Riedmüller/Sieben/Vinz (2007): 49-67

Raithel, Jürgen/Mansel, Jürgen (Hrsg.) (2003): Kriminalität und Gewalt im Jugendalter. Hell- und Dunkelfeldbefunde im Vergleich. Weinheim u. München: Juventa

Riegel, Christine/Geisen, Thomas (Hrsg.) (2007): Jugend, Zugehörigkeit und Migration. Subjektpositionierung im Kontext von Jugendkultur, Ethnizitäts- und Geschlechterkonstruktionen. Wiesbaden: VS-Verlag

Riegel, Christine (2007): Zwischen Kämpfen und Leiden. Handlungsfähigkeit im Spannungsfeld ungleicher Geschlechter-, Generationen- und Ethnizitätsverhältnisse. In: Riegel/Geisen (2007): 247-271

Schultz, Dagmar: Unterschiede zwischen Frauen- ein kritischer Blick auf den Umgang mit ›den Anderen‹ in der feministischen Forschung weißer Frauen. In: beiträge zur feministischen Theorie und Praxis 27.1990. 45-58

Seemann, Malwine (Hrsg.) (2008): Ethnische Diversitäten, Gender und Schule. Geschlechterverhältnisse in Theorie und schulischer Praxis. Oldenburg: Bis-Verlag

Spelman, Elizabeth (1988): Inessential Woman. Problems of Exclusion in Feminist Thought. Boston: Beacon Press

Spindler, Susanne (2006): Corpus Delicti. Männlichkeit, Rassismus und Kriminalisierung im Alltag jugendlicher Migranten. Münster: Unrast Verlag 2006

Stuve, Olaf/Busche, Mart (2007): Gewaltprävention und Intersektionalität in der Bundesrepublik Deutschland- Ein Überblick (http://www.dissens.de/isgp/docs/isgp-intersektionalitaet_und_gewaltpraevention.doc, Zugriff: 15.12.09)

Unterkircher, Lilo/Wagner, Ina (Hrsg.) (1987): Die andere Hälfte der Gesellschaft. Österreichischer Soziologentag 1985. Wien: Verlag des Österreichischen Gewerkschaftsbundes

Völter, Bettina/Dausien, Bettina/Lutz, Helma/Rosenthal, Gabriele (Hrsg.) (2005): Biographieforschung im Diskurs. Wiesbaden: VS-Verlag

Walgenbach, Katharina (2005): »Die weiße Frau als Trägerin deutscher Kultur« Koloniale Diskurse über Geschlecht, »Rasse« und Klasse im Kaiserreich. Frankfurt a.M./New York: Campus

Walgenbach, Katharina/Dietze, Gabriele/Hornscheidt, Antje/Palm, Kerstin (2007): Gender als interdependente Kategorie. Neue Perspektiven auf Intersektionalität, Diversität und Heterogenität. Opladen: Budrich

Walgenbach, Katharina (2007): Gender als interdependente Kategorie. In: Walgenbach/Dietze/Hornscheidt/Palm (2007): 23-64

Walter, Michael/Trautmann, Sebastian (2003): Kriminalität junger Migranten- Strafrecht und gesellschaftliche (Des-)Integration. In: Raithel/Mansel (2003): 64-87

Weber, Martina (2008): Intersektionalität sozialer Unterscheidungen im Schulalltag. In: Seemann (2008): 41-59

Weber, Martina (2009): Das Konzept Intersektionalität zur Untersuchung von Hierarchisierungsprozessen in schulischen Interaktionen. In: Budde/Willems (2009) 73-91

2 Zur erziehungswissenschaftlichen Topographie der Globalisierung

Friedenserziehung, Interkulturelle Pädagogik, Ästhetische Bildung.
Über den Umgang mit Differenz

Eckart Liebau

1 Einleitung

Friedenspädagogik, interkulturelle Pädagogik und ästhetische Bildung werden meist in getrennten Diskursen thematisiert. Sie haben jedoch, bei aller Unterschiedlichkeit, einen gemeinsamen allgemeinpädagogischen Kern – es geht jeweils um den Umgang mit dem Anderen, dem Fremden. Es könnte daher sinnvoll und fruchtbar sein, die Grenzen zwischen diesen Diskursen unter dem Aspekt des Umgangs mit Differenz aufzumachen. Christoph Wulf hat die Grundbegriffe interkulturellen Lernens und ästhetischer Bildung unter systematischen Perspektiven aufeinander bezogen (2009); dieser Ansatz wird hier aufgegriffen, jedoch durch eine friedenspädagogische Perspektive erweitert und auch bildungstheoretisch-pragmatisch konkretisiert. Pädagogisch-anthropologische Überlegungen bilden dabei den Ausgangspunkt.

2 Pädagogisch-anthropologische Voraussetzungen[1]

Menschen sind von Natur auf Kultur angelegt. Die – neben der Entwicklungstatsache und der Sterblichkeit – entscheidende biologische Tatsache ist ihre nahezu unendliche Plastizität. Weder die Gene noch das Gehirn als solches legen fest, was aus dem einzelnen Wesen wird; sie definieren lediglich die groben Rahmenvorgaben. Entscheidend sind die kollektiven und individuellen Entwicklungen und Erfahrungen. Nachhaltige Mutationen hat es in der Menschengattung seit mehreren zehntausend Jahren nicht gegeben. Die heute lebenden Menschen

---

[1] Der folgende Abschnitt stammt aus Liebau 2006, S. 22-25

hätten also mit der gleichen genetischen Ausstattung auch unter allen anderen uns bekannten historischen und kulturellen Umständen leben können. Aber nicht nur die Menschen selbst, auch die Menschenbilder sind in höchstem Maße historisch und kulturell variabel; ihre Entwicklung ist immer im historischen und kulturellen Kontext zu sehen. Für die Reflexion über den Menschen gilt also eine doppelte Historizität; sie macht nicht nur auf die Varianz und Variabilität menschlicher Existenz aufmerksam, sondern auch auf die ebenso gewaltige Pluralität der Menschenbilder in Geschichte und Gegenwart. Diese doppelte Einsicht nötigt zu Bescheidenheit und Skepsis gegenüber allen starken Behauptungen über das Wesen und die Natur des Menschen.

Menschen sind also natürlich-kultürliche Doppelwesen; sie bilden Kulturen und sie sind auf Kultur angewiesen. Auch hier stellt die ungeheure Vielfalt der Kulturen und der kulturellen Formen das anthropologisch und friedenspädagogisch zentrale Datum dar. Für die Kulturwissenschaften insgesamt ist diese Vielfalt zunehmend in den Mittelpunkt gerückt. Ethnologie und Kulturanthropologie sind zu zentralen Bezugswissenschaften geworden. In den Handlungswissenschaften Politik, Pädagogik und Praktische Theologie ist die Vielfalt unter den Stichworten einer multikulturellen Gesellschaft bzw. einer Interkulturellen und Interreligiösen Pädagogik aufgegriffen worden. Inzwischen hat sich gezeigt, dass diese Perspektive zu kurz greift. Im Zeitalter der Globalisierung geht es nicht nur um ein geordnetes und friedliches Mit- und Nebeneinander der verschiedenen Kulturen; zentrale Bedeutung gewinnen vielmehr die transdifferenten Prozesse der Überlagerung, Mischung, Amalgamierung, die zu zahllosen Hybrid-Formen führen und die Individualisierung immer stärker vorantreiben (vgl. Breinig,H.; Gebhardt, J.; Lösch, K., Hg., 2002).

Unter modernen Bedingungen lässt sich daher keine Pädagogik mehr denken, die sich auf ein einziges, geschlossenes Menschenbild beziehen oder gar aus einem solchen deduzieren ließe. Eine positive Bestimmung des Menschen ist also schon aus historisch-anthropologischen Gründen nicht möglich, auch wenn solche Versuche in religiösen und säkular-ideologischen Zusammenhängen immer wieder unternommen worden sind und unternommen werden. Aktuelle Beispiele bieten die verschiedenen Spielarten des Fundamentalismus in den Offenbarungsreligionen einerseits und der naturwissenschaftliche Determinismus andererseits. Besonders prominent sind hier die heilsversprechenden und außerordentlich verführerischen Beispiele aus der Hirnforschung (vgl. Liebau, Zirfas 2005). Für eine Friedenspädagogik bildet die Grundeinsicht in die doppelte Historizität den Ausgangspunkt. Sie muss sich von der Idee der Möglichkeit eines geschlossenen, verbindlichen Menschenbildes konsequent verabschieden. Als positive ethische Bestimmung muss allerdings festgehalten werden, dass jeder Mensch, auf welche Weise auch immer gezeugt, von Menschen abstammt und dementsprechend in seiner Entwicklung dem Lebenszyklus bis zum Tod unterworfen ist. Das schließt die Möglichkeit aus, Normabweichungen als nicht menschlich zu klassifizieren und damit zu dehumanisieren. Menschliches Leben gilt damit von vornherein als wertvoll und als ein schützenswertes Gut. Mit dieser ethischen Entscheidung bezieht Friedenspädagogik allerdings bereits eine universalistische Position. Eine entscheidende Frage besteht daher darin, ob und wie eine ethisch universalistische und eine historisch und empirisch relativistische Position argumentativ verbunden werden können.

Unter dem Blickwinkel der doppelten Historizität erscheinen die Erziehungsbedürftigkeit und Erziehbarkeit, die Bildungsbedürftigkeit und die Bildsamkeit, sowie die Entfaltungsbedürftigkeit und -fähigkeit von Menschen, jeweils empirisch verstanden, als Ausgangspunkt aller friedenspädagogischen Bemühungen, die von einem modernen europäischen Menschenbild ausgehen; die Förderung von Dispositionen zu einer friedlichen Konfliktlösung bildet somit einen Teil eines wesentlich umfassenderen, in den Diskursen der Aufklärung, des Neu-Humanismus und der Romantik wurzelnden pädagogischen Programms.

Damit diese Förderung Erfolg haben kann, muss sie die anthropologischen Voraussetzungen aller pädagogischen Arbeit adäquat berücksichtigen. Diese lassen sich allerdings nach dem Zusammenbruch geschlossener Menschenbilder (Tod „des" Menschen) nur noch mittels eines Ausschlussverfahrens, nur noch negativ bestimmen – man fragt nicht danach, was der Mensch wesensmäßig ist oder sein soll, sondern lediglich danach, welche Dimensionen sich unter allen Umständen finden lassen. Dabei sind pädagogisch nur jene Dimensionen interessant, die auch in irgendeiner Weise beeinflussbar sind. Dementsprechend geht es nicht um die allgemeinsten apriorischen Bedingungen (Raum, Zeit, Kontingenz), sondern immer um historisch und kulturell näher bestimmte Konstellationen. Nach gegenwärtigem Diskussionsstand sind dabei wenigstens fünf Dimensionen in den Blick zu nehmen: Leiblichkeit, Sozialität, Kulturalität, Historizität und Subjektivität des Menschen (vgl. Bilstein u.a. 2003, Liebau 2004, Zirfas 2004):

- Leiblichkeit bildet die Grundlage allen pädagogischen Handelns; sie macht auf die doppelte Konstitution des Menschen als zugleich biologischem und kulturellem Wesen aufmerksam und rückt nicht nur den Lebenszyklus von der Zeugung bis zum Tod, sondern zugleich auch die Wahrnehmungsfähigkeit des Menschen und die Grenzen seines Handelns in den Blick: und damit die Notwendigkeit, durch Pädagogik die sinnliche Wahrnehmungsfähigkeit anzuregen, einen guten Umgang mit der eigenen Physis und ihren

Grenzen zu fördern (Gesundheit/Wohlbefinden) und die Verletzlichkeit und den Tod als entscheidende Teile des Lebens zu akzeptieren.

- Sozialität verweist auf die Tatsache, dass Menschen auch als Individuen in allen Lebensphasen grundlegend aufeinander angewiesene Beziehungswesen sind: und damit auf die Notwendigkeit, Soziales zu lernen. Das schließt Kooperations- und Konfliktfähigkeit ein.
- Kulturalität zeigt Menschen als symbolgebrauchende, kommunikative Wesen, die sich mit Hilfe von sprachlichen, bildlichen, klanglichen, gestischen Symbolen ausdrücken und verständigen und die für ihre Sinnverständigung auf eben diese Symbole angewiesen sind. Die Kompetenzen zum Symbolverstehen und Symbolgebrauch müssen freilich ihrerseits erst erworben werden. Dies gilt schon für die gesamte implizite Erziehung und Sozialisation; es gilt indessen noch deutlicher für die explizite Erziehung. Friedenspädagogik wird daher der Kommunikation besondere Aufmerksamkeit widmen müssen.
- Historizität macht u.a. auf die Differenz zwischen der Endlichkeit des individuellen Lebens und der Endlosigkeit der Geschichte aufmerksam, die die Grundlage aller Kultur und aller Pädagogik darstellt, da sie Tradition und Innovation, die Weitergabe und die Weiterentwicklung des kulturellen Erbes sowohl nötig wie möglich macht (vgl. Sünkel 2002). Pädagogisch geht es dabei um die Vermittlung und Entwicklung zentraler Kompetenzen (Haltungen, Wissen, Fähigkeiten, Fertigkeiten) und Wissensbestände. Die kollektive Erfahrung muss von jedem einzelnen Individuum neu angeeignet (und transformiert) werden. Auch wenn es umstritten ist, ob Gesellschaften als ganze aus der Geschichte lernen können, so ist es doch evident, dass Individuen dies können und dass es auch für Gesellschaften ein wünschenswertes und mit allem Nachdruck festzuhaltendes Ziel ist. Jegliche Friedenspädagogik muss von diesen beiden Grundannahmen der individuellen und der kollektiven historischen Bildsamkeit ausgehen.
- Subjektivität kommt nicht nur dem mündigen Erwachsenen, sondern von vornherein und von allem Anfang an jedem Menschen zu, in welchem empirischen Zustand er oder sie sich auch befinden mag. Nur auf dieser Grundlage lässt sich ein pädagogisches Konzept der Entfaltung von Subjektivität grundlegen. Subjektivität ist nicht hintergehbar – alles menschliche Empfinden, Denken, Handeln wird von einzelnen Menschen vollzogen und geht mit ihrem Tod unter, soweit es sich nicht objektiviert hat. Das Recht auf Entfaltung der Subjektivität bildet daher das eigentliche Zentrum und den entscheidenden Fluchtpunkt der politischen, aber auch der pädagogischen Friedensbemühungen. Es bildet den Kern der Menschenrechte.

Die Entwicklung der Wahrnehmungsfähigkeit, die Orientierung an Gesundheit und Wohlbefinden, die Akzeptanz von Verletzlichkeit und Sterblichkeit, Kooperations- und Konfliktfähigkeit, symbolische Kompetenz und Kommunikationsfähigkeit, Traditions- und Innovationskompetenz, und dies alles unter dem übergreifenden Gesichtspunkt der Entfaltung der Subjektivität, stellen systematische Bezugspunkte bzw. Ziele aller Pädagogik dar, die nicht übergangen werden dürfen.

3 Friedenspädagogik[2]

Um die Friedenspädagogik ist es still geworden. Sie hatte ihren Höhepunkt in den 1980er Jahren. Seither ist, bis auf den jüngsten Beitrag von Karl Ernst Nipkow (2005), nicht allzu viel Neues dazu gekommen (vgl. Tübinger Institut für Friedenspädagogik, www.friedenspädagogik.de). Postmoderne Perspektiven sind selten explizit thematisiert worden (außer Wintersteiner 1999). Wesentliche Grundfragen sind in den frühen Debatten nachhaltig wirksam geklärt worden. Danach ist Friedenspädagogik in einem allgemeinen Sinn für den Frieden engagierte Konfliktpädagogik. Dass es Konflikte gibt und dass das normal ist, stellt somit die erste Voraussetzung jeglicher Friedenspädagogik dar. Diese Konflikte können auf allen denkbaren Ebenen liegen, auf der Ebene des Individuums, der privaten Lebensformen und persönlichen Beziehungen, auf der Ebene der Familien und Generationen, auf der Ebene der Geschlechter und Klassen, auf der Ebene der Institutionen in Gesellschaft, Politik und Öffentlichkeit, auf der Ebene der Nationen, Kulturen, Religionen etc. Sie können, konkret betrachtet, alle nur denkbaren Ursachen haben – das friedenspädagogische Grundanliegen bleibt immer gleich; es zielt politisch auf die Reduktion manifester physischer und psychischer Gewalt in konkreten Konflikten und gleichzeitig auf die Reduktion struktureller Gewalt. Pädagogisch geht es insbesondere um die Befähigung zu einem friedlichen, also nicht gewaltförmigen Umgang mit Konflikten.

Friedenspädagogik im engeren Sinne zielt auf die Entwicklung von Fähigkeiten zur friedlichen Konfliktlösung bei Konflikten zwischen kollektiven Akteuren (Nationale Kriegsparteien, Bürgerkriegsparteien, bellizistische oder terroristische Netzwerke etc.). Sie will gleichzeitig dazu beitragen, die Ursachen gewaltförmiger Konflikte zu reduzieren oder zu beseitigen. Die Friedenspädagogik gewinnt somit ihre zentralen Argumente nicht aus einem pädagogischen, sondern politischen Diskurs; das gilt sowohl für die Friedenspädagogik im en-

---

[2] Der folgende Abschnitt stammt aus Liebau 2006, S. 21/22 sowie 25-27

geren wie für die im weiteren Sinn. Dabei geht sie generell davon aus, dass nicht nur die großen Perspektiven, sondern vor allem die kleinen Schritte bedeutsam werden.

Zwei Grundpositionen können unterschieden werden, eine Maximal- und eine Minimalposition. Die Maximalposition zielt auf die Einrichtung eines dauerhaften Friedens auf Erden, auf die Beendigung der Gewalt; dazu will sie mit ausschließlich friedlichen Mitteln beitragen; und dazu will sie die Menschen befähigen (Pazifismus). Die Minimalposition ist sehr viel bescheidener; sie zielt auf die Eindämmung und, wenn irgend, möglich, Vermeidung von manifester physischer oder psychischer Gewalt; sie will die Menschen zu einem möglichst gewaltarmen Umgang mit Konflikten befähigen. Nach aller historischen Erfahrung scheint dies die realistischere Position zu sein, auch wenn der Traum von einem umfassenden Frieden eine altehrwürdige Utopie darstellt und der Wunsch und die Sehnsucht nach Frieden historisch sogar noch weiter zurückverfolgt werden können. Man muss allerdings bezweifeln, dass es diese Wünsche und Träume schon immer gab. Offenbar ist erst in der Antike eine Vorstellung vom Frieden entstanden, die es ermöglichte, diesen als normal und nicht mehr als Ausnahmesituation zu imaginieren. Heute ist es eine Frage optimistischer oder pessimistischer Weltanschauung, ob man Krieg und gewaltförmige Konflikte unter Globalisierungsbedingungen prinzipiell für unvermeidbar und normal hält oder nicht, und welche Chancen man dementsprechend einer dauerhaften Entwicklung zum Frieden gibt; die Antworten hängen wesentlich von den bevorzugten Theorien bzw. Glaubensüberzeugungen ab.

Wenn Krieg ganz selbstverständlich die normale Vorstellungswelt beherrscht, stellt es eine bedeutende kulturelle Leistung dar, sich gegen alle Evidenz Frieden als Normalform vorstellen zu können und, in Ansätzen, auch durchzusetzen und –zu halten. Was müssen Menschen dafür wissen und können? Welche Haltungen brauchen sie? Wie können sie diese erwerben? Welche Erziehungs-, Bildungs- und Entfaltungsprozesse sind nötig und wie können sie gefördert werden?

Für die Entwicklung eines friedenspädagogischen Ansatzes ist es hilfreich und nützlich, die Gesellschaft auf allen Ebenen, also von der Weltgesellschaft bis zum Individuum, unter dem Gesichtspunkt einer Ökonomie der Praxis anzusehen, also als Feld bzw. Felder konkurrierender und konfligierender, um materielle, soziale, kulturelle und symbolische Ressourcen kämpfender Interessen. Die Wahl einer solchen Perspektive ist realistisch und empirisch fruchtbar. Politik, Recht und Öffentlichkeit, Wirtschaft, Technik und Ökologie, Religionen und Ideologien, Wissenschaft, Bildung, Kultur, Kunst und Sport und der Lebensalltag in privaten Lebensformen stellen zentrale Konfliktfelder dar, in denen die Konkurrierenden nach je verschieden definierten Regeln um die Verbesserung ihrer Positionen kämpfen. Die Felder sind relativ autonom und dennoch ineinander verschränkt. Ausnahmslos sind sie durchzogen von Macht, materieller und symbolischer, d. h. struktureller Gewalt. Dabei differieren die Formen, die Verbreitung und Bedeutung manifester physischer und psychischer Gewalt außerordentlich stark.

Der friedenspädagogische Ansatz bringt gegenüber dieser Situation eine allgemeine, über Fragen der Eindämmung manifester Gewalt hinausgehende ethische Perspektive ins Spiel; sobald Fragen struktureller Gewalt aufgeworfen werden, geht es auch um Fragen der Legitimität von Zielen und gesellschaftlichen Praktiken und damit um Fragen der Gerechtigkeit und Toleranz. Den Maßstab bilden in beiden Hinsichten die Menschenrechte: Es gibt Mindestbedingungen, die eingehalten werden müssen, wenn Frieden, Gerechtigkeit und Toleranz in der Praxis dauerhaft eine Chance haben sollen. Diese Mindestbedingungen beziehen sich materiell (ökonomisch) auf die Garantie eines ausreichenden Existenzminimums aller Menschen, politisch (und rechtlich) auf die Garantie des Grundrechtekanons (Menschenrechte) für alle Menschen, sozial auf die Garantie der Anerkennung selbstbestimmter Lebenspraxis (im Rahmen des kategorischen Imperativs), kulturell auf die Garantie von an Mindeststandards orientierten Lern-, Entwicklungs- und Bildungsmöglichkeiten für alle Menschen etc.. Aber diese Mindestbedingungen werden bekanntlich nicht eingehalten bzw. nicht erreicht.

Pädagogisch ergibt sich damit eine eigentümliche Situation. Die angestrebten Bildungsziele können nur erreicht werden, wenn zugleich die objektiven Verhältnisse geändert werden. Besonders deutlich wird diese Verschränkung am Beispiel der Toleranzerziehung. Denn der Begriff Toleranz bezeichnet zugleich eine nur intersubjektiv zu realisierende Praxis und eine generalisierte subjektive Haltung, also eine möglichst auf Dauer gestellte, allgemeine Disposition des Subjekts, die unter allen Umständen zur Geltung kommen soll. Praxis kann man aber nicht als solche lernen oder lehren, Praxis kann man nur tun.

Lernen und auch Lehren kann man nur die Disposition zu einer Praxis. Pädagogisch kann es also im schulischen Unterricht oder der außerschulischen Bildung nur um die Frage der Aneignung und Vermittlung einer eigenen toleranten Haltung gehen, um die Aneignung und Vermittlung der Fähigkeit, Toleranz tendenziell unter allen Umständen innerhalb und außerhalb des Unterrichts zu praktizieren. Es geht nicht nur um die Kompetenz, tolerant sein zu können, sondern um die normative Festlegung, Toleranz tatsächlich verbindlich praktizieren und zum genuinen Bestandteil der eigenen Person machen zu wollen: ein kategorischer Imperativ, der sich auf die gesamte Lebenspraxis bezieht. Toleranz lässt sich nicht auflösen in die Differenz von Praxis und Disposition; sie ist keine „Qualifikation". Eine tolerante Haltung gibt es nicht als solche.

Aber was bedeutet das in pädagogischer Hinsicht? Ist Toleranz dann überhaupt durch Unterricht, durch intentionale Pädagogik vermittelbar? Wie kann man Toleranz erwarten und vermitteln, wenn die Mindestbedingungen nicht eingehalten bzw. nicht erreicht werden? – Friedenspädagogik, das zeigt das Beispiel der Toleranzvermittlung, wird sich, um es paradox zu formulieren, auf Pädagogik nicht beschränken können. Sie wird sich politisch für die Durchsetzung solcher Mindestbedingungen und Mindeststandards stark machen, in ihrem Unterricht solche Gegenstände bearbeiten und selbst ein Praxisfeld der Toleranz werden müssen. Ihre Aufgabe ist es, Intoleranz und Verletzungen der Menschenwürde in allen ihren Erscheinungsformen zu skandalisieren und zugleich selbst Beispiele praktizierter Toleranz und Solidarität zu geben. Denn ungleiche Menschen werden und können nur dann friedlich und freundlich miteinander umgehen, wenn sie mindestens ihr ökonomisches, politisches, soziales und kulturelles Auskommen haben. Es ist richtig, dass es keine Toleranz gegen Intoleranz geben darf und kann. Aber es ist ebenso richtig, dass tragfähige und dauerhafte Toleranz erst aus Solidarität erwachsen kann. Das setzt den Abschied von festen Menschenbildern und Identitätskonzepten voraus, nicht nur im Blick auf den Anderen, sondern vor allem auf sich selbst. „Ich bin ein anderer", schreibt *Rimbaud* 1871, fünfzehnjährig, am Beginn der radikalen Modernisierung. Eine Konsequenz der Einsicht, dass der Mensch nicht „Herr im eigenen Haus" ist (*Freud*), liegt in der notwendigen Skepsis auch gegenüber eigenen Zielen, Überzeugungen und Handlungen. Wenn man sich der mit der Moderne verbundenen radikalen Erfahrung von Kontingenz aussetzt, schützt dies nachhaltig vor aller allzu eifrigen und selbstbewussten Mission.

Ein skeptischer Universalismus ist darum nicht normativ-apodiktisch. Er besteht nicht auf der richtigen Lösung für alle. Er klagt nur Mindestbedingungen, Mindeststandards ein. Dementsprechend ist er zukunftsoffen. Aber diese Zukunftsoffenheit muss garantiert und durchgesetzt werden, wenn Frieden, Menschenrechte und Toleranz eine Zukunft haben sollen. Die Zukunftsoffenheit ist nämlich selbst eine entscheidende, wenn nicht die zentrale Mindestbedingung.

Was folgt daraus für die Praxis der Friedenspädagogik? Wenn es zutrifft, dass hier die Entwicklung der Praxis und die Entwicklung der Dispositionen untrennbar miteinander verknüpft sind, bedeutet das zugleich, dass die Dispositionen zur friedlichen und toleranten Haltung nicht als solche, getrennt von Praxis, angeeignet und gesichert werden können. Die Bildungssituationen können und dürfen hier also nicht von der Lebenspraxis getrennte „Übungsfelder" sein; sie sind vielmehr selbst als Ernstsituationen des Friedens und der Toleranz zu verstehen. Toleranz wird dadurch gelernt, dass sie gelebt wird. Die Aneignung der Disposition in der Unterrichtspraxis kann dementsprechend nur gelingen, wenn die Unterrichtspraxis selbst als eine Ernstsituation verstanden wird, als ein zentraler Teil der Lebenspraxis der Aneignenden. Wer miteinander lacht, miteinander lernt und miteinander spielt, kann nicht gleichzeitig den anderen verlachen und bekämpfen.

4 Kulturelle Identität oder gesellschaftliche Teilhabe – Perspektiven interkultureller Pädagogik

Globalisierung, Regionalisierung und Lokalisierung stellen zentrale, miteinander verschränkte Elemente des Modernisierungsprozesses dar. Sie haben weit reichende Folgen für die Lebensformen. Weltweite Kommunikation und radikal zunehmende Mobilität führen zunehmend zu neuen kulturellen Mischformen, die nicht mehr einzelnen nationalen oder soziokulturellen Milieus zugeordnet werden können. Traditionale Strukturen, Praktiken und Habitusformen verflüssigen sich zu Gunsten transkultureller und transnationaler Differenzierungen, die die Pluralisierungs- und Individualisierungsprozesse radikalisieren und weiter beschleunigen. Hier entstehen offensichtlich neue Normalformen der Moderne. Die Folgen sind tiefgreifend:

- Integration und darüber hinaus Inklusion stellt eine außerordentlich komplexe Aufgabe immer höherer Bedeutung dar.
- Die Heterogenität wächst; Kinder mit unterschiedlichstem sozialkulturellem Hintergrund, unterschiedlichstem kulturellen, ökonomischem, sozialem und schließlich symbolischem Kapital bilden die Schülerschaft; die Migration potenziert hier die ohnehin schon starke Heterogenität.
- Die Situation der Migrantenkinder ist sehr unterschiedlich. Probleme entstehen insbesondere bei Kindern, wenn kulturelle Fremdheit, schwache sprachliche Kompetenz (geringe oder vollständig fehlende Deutsch-Kenntnisse) und schwacher sozialer Status zusammentreffen. Es gelingt der Schule bei diesen Gruppen bisher nicht hinreichend, auch nur die grundlegenden Kompetenzen (Lesen, Schreiben, Rechnen) auf angemessene Weise zu vermitteln und zu sichern.
- Damit gelingt es der Schule zugleich nicht, die Kompetenz-Defizite dieser Gruppen soweit auszugleichen, dass eine chancengerechte Partizipation möglich würde; die Hürden für den Schulerfolg, für den Übergang auf weiterführende Bildungsgänge und für das Erreichen höherer Bildungsab-

schlüsse sind bei diesen Gruppen deutlich höher als bei den anderen Schülern mit oder ohne Migrationshintergrund („doppelte Selektivität").

Die bloße Wahrnehmung und Anerkennung von Heterogenität, von Verschiedenheit führt noch nicht zu pädagogischen Perspektiven. In der pädagogischen und politischen Diskussion findet sich zwar manchmal unter dem Signum der Förderung und des Schutzes der Diversität der Vorschlag, die Heterogenität als solche zu akzeptieren und die pädagogische Arbeit dementsprechend am Erhalt und der Pflege der sogenannten „kulturellen Identität" der jeweiligen Gruppen zu orientieren. Dieser Vorschlag, ernst genommen, führt indessen schon theoretisch in unauflösliche Widersprüche: Wie wäre denn die "kulturelle Identität" z. B. von Transmigranten, Menschen also, die zugleich in zwei oder mehreren Kulturen leben, oder gar deren Kindern der zweiten und dritten Generation zu bestimmen? Man kommt mit der Frage nach der kulturellen Identität unter postmodernen Bedingungen pädagogisch nicht weiter. Aussichtsreichere Perspektiven bietet die Frage nach Teilhabemöglichkeiten, Teilhabeinteressen und Teilhabefähigkeiten.

Damit Menschen an Gesellschaft und Kultur aktiv partizipieren können, brauchen sie ein Mindestmaß an Integration und darauf bezogener Qualifikation (Sprache, Lebensbewältigung in Alltag und Arbeit bzw. für Kinder und Jugendliche: in der Schule). Damit rückt die Partizipationskompetenz in den Mittelpunkt der friedenspädagogischen Aufmerksamkeit, auch in der Schule. Das dafür zentrale Recht auf Selbst- und Mitbestimmung kann nur dann realisiert werden, wenn auch die entsprechenden Kompetenzen erworben werden können; Kompetenz hat aber, was bei PISA immer übersehen wird, nicht zufällig die schöne Doppelbedeutung von Fähigkeit und Befugnis. Hier müssen also durch die pädagogische Arbeit innerhalb und außerhalb der Schule Mindeststandards nicht nur im Blick auf die Lernanforderungen, sondern auch und vor allem im Blick auf die Bildungs- und Lerngelegenheiten geschaffen und gewährleistet werden.

Es ist hier natürlich nicht möglich, die Fülle der Einzelkonzepte vorzustellen; deutlich ist jedoch,

- dass Kompetenzvermittlung und Integration nicht erst in der Schule beginnen dürfen, sondern so früh wie möglich in der frühkindlichen und vorschulischen Pädagogik ansetzen müssen,
- dass auf Dauer nur sozialräumlich ansetzende, vernetzte Konzepte aussichtsreich sind, die systematisch die familialen und sozialen Kontexte auch in der schulischen pädagogischen Arbeit berücksichtigen und aktiv einbeziehen,

- dass dementsprechend schulische, sozial- und kulturpädagogische Angebote von vornherein aufeinander zu beziehen sind,
- dass spätestens vom Kindergartenalter an Ganztagseinrichtungen erforderlich sind, in denen nicht Selektion, sondern Förderung und Zusammenleben unter inklusiven Perspektiven im Mittelpunkt stehen,
- dass für die größeren Sprachgruppen systematisch und institutionell bilinguale Angebote entwickelt und angeboten werden müssen, für die kleineren Sprachgruppen aber entsprechend individualisierte Angebote,
- dass auch das Angebot für die Kinder ohne Migrationshintergrund systematisch im Blick auf die Normalisierung von Heterogenität und Integration weiterentwickelt werden muss.

Der Sinn des Unternehmens liegt darin, dass jedes Kind allmählich lernt, an der Welt der Erwachsenen in der gegebenen Gesellschaft aktiv und passiv teilzuhaben, in Arbeit und Beruf, Kunst und Kultur, Politik und Gesellschaft, Wissen und Glauben, schließlich auch im Alltag und in der Freizeit – und zwar so, dass dieses Lernen selbst Teil einer sinnvoll gelebten und als sinnvoll erfahrbaren Gegenwart des Kindes oder Jugendlichen ist: da ist die Schule als Lebens- und Erfahrungsraum tatsächlich der Ernstfall. Denn das Zusammenleben und das Zusammen-Lernen finden, bei allem Zukunftsbezug, in der aktuell zu gestaltenden Situation, in der gemeinsam geteilten Gegenwart statt.

Das pädagogische Problem besteht dabei vor allem darin, dass das Lehren und Lernen nur mit dem Kind oder dem Jugendlichen zusammen möglich ist, da das Kind in jedem Fall selber lernen muss – Erziehung und Bildung ist eben kein technischer Vorgang. Das Kind muss es selber wollen und selber tun – genau deswegen braucht es pädagogische Hilfe. Daher kommt alles darauf an, das Interesse des Kindes zu wecken und zu erhalten.

5 Ästhetische Bildung

Die besten Beispiele integrativer bzw. inklusiver Erziehung und Bildung finden sich nicht zufällig im Bereich der ästhetischen Bildung: Es ist die Kunst der Schule, die es weiterzuentwickeln gilt. (Vgl. Liebau 2009a, b)

Die Bedeutung der Künste für die Bildung wächst unter Bedingungen der Globalisierung. Im Blick auf inter- und transkulturelle Kommunikation sind Bildung durch die Künste und kulturelle Erfahrung absolute *conditio sine qua non*. Bisher hat die ästhetische Arbeit zwar in manchen Fächern (Musik, Kunst, Sport, Deutsch, zunehmend auch Theater) ihren Ort; viele interessante Ansätze finden sich darüber hinaus seit eh und je in außerunterrichtlichen schulkulturellen Aktivitäten (Chor, Orchester, Theater etc.). Aber in der Qualifikationshierarchie rangieren die wissenschaftsorientierten Inhalte einstweilen eindeutig und mit weitem Abstand vor den ästhetischen. PISA zum Beispiel untersucht Kompetenzen in Mathematik, Naturwissenschaften und Sprachen – und nichts sonst. Erfindungskraft, Phantasie, Vorstellungsvermögen und Innovation werden da seltsamerweise nur von den Wissenschaften erwartet und nicht von jenen Disziplinen, deren Kern sie doch bilden: den Künsten. Oder werden sie doch gerade deswegen in den Schulen noch immer so gering geschätzt, weil sie zum traditionellen Schulschema strukturell nicht passen? Anne Bamford hat überzeugend ausgeführt, dass

> "in our economy today, inventiveness, design and innovation are necessary for survival. Innovation demands, that ideas are free flowing, which in turn requires that people be creatively and well educated. The young people of today will be the inventors of the new cultural patterns and social philosophies of tomorrow. They will need to be able to design the materials, conditions, and community to fit this new world. To achieve this, young people require sustained and sequential learning both within and through the arts." (2006, 19)

Es ist daher eine der wichtigsten pädagogischen Aufgaben, hier die Spielräume und Praxismöglichkeiten zu erweitern, also den Kunst-, den Musik-, den Literatur- und Theater-, aber auch den Sportunterricht und die entsprechenden Ansätze innerhalb und außerhalb der Schule so intensiv wie möglich zu fördern. Dabei ist es wichtiger, Theater zu spielen, als über Theater pseudowissenschaftlich Bescheid zu wissen. Das Theaterspiel also, das Marionettenspiel, die Ausstellung, die musikalische Aufführung, die Arbeit am eigenen Buch, das Plakat usw.: Dies alles sind leicht zugängliche, vielfach erprobte und doch im pädagogischen Alltag immer noch viel zu selten realisierte Formen. Gerade in diesem Bereich kommt es mehr auf den praktischen Umgang als auf bloßes Wissen an; Wissen ohne Umgang bleibt hier tot.

Es muss daher eines der wichtigsten Ziele für die kommenden Jahre werden, Öffentlichkeit und Politik für die Einsicht zu gewinnen, dass ästhetische Bildung durch die Künste und zu den Künsten gerade unter Globalisierungsbedingungen in mindestens gleich bedeutender Weise zur Bildung gehört wie die so genannten wissenschaftlichen Disziplinen. Ästhetische Bildung braucht mehr Raum, mehr Zeit, mehr Aufmerksamkeit, mehr Ressourcen. Und vor allem: Hier müssen die Kinder und Jugendlichen die Chance und Gelegenheit finden, selbst herauszufinden, zu entdecken, praktische Erfahrungen zu machen. Man weiß nicht, was Theater ist, wenn man niemals auf der Bühne stand oder die Lichter angedreht hat.

Hartmut von Hentig hat einmal geschrieben, dass es "Theater und *science*" sei, was man für Bildung wirklich brauche (1997, 120). Die Künste zu kultivieren bedeutet zugleich eine breitere Akzeptanz kultureller Differenz und Diversität. Die Künste bieten eine gemeinsame und gemeinsam fremde dritte Sprache, die auch die Chance auf inter- und transkulturelle Kommunikation radikal erhöht: Man kann zusammen tanzen, spielen, aufführen. Man muss nicht unbedingt dieselbe verbale Sprache sprechen, um friedlich miteinander leben zu können.

Die anthropologischen, die friedenspädagogischen, die interkulturellen und die ästhetisch-bildungstheoretischen Argumente ergänzen sich. Das gilt in theoretisch-systematischer, in empirischer und in normativ-pragmatischer Hinsicht. Jede dieser Hinsichten gilt es nun weiter auszuarbeiten. In der Theorie könnte hier ein neuer systematisch integrativer bildungstheoretischer Ansatz entstehen. In der Empirie ergeben sich höchst interessante neue Schnittstellen und Verknüpfungsperspektiven. Und für die Pragmatik zeigen sich aufregende Perspektiven. Denn die Friedenserziehung, die interkulturelle Erziehung und die ästhetische Bildung bieten der Schule und allen anderen pädagogischen Praxisorten die seltene pädagogische und didaktische Chance, nicht nur zu simulieren, sondern Ernst zu machen. Dabei bildet, vor und nach aller friedenspädagogischen und interkulturellen Aufklärung, die ästhetische Bildung in den Künsten und durch die Künste das Zentrum. Deren Krone aber ist die Kultivierung der Kunst des Zusammenlebens, im kleinen wie im großen Maßstab. Da gibt es ziemlich viel zu lernen.

Literatur

Bamford, Anne (2006): The WOW Factor. Global research compendium on the impact of the arts in education. Münster/New York/München/Berlin: Waxmann

Bilstein, Johannes/Liebau, Eckart/Peskoller, Helga/Wulf, Christoph (2003): Einleitung. In: Liebau u.a. (2003), 7-10

Bilstein, Johannes/Kneip, Winfried (Hg.) (2009): Curriculum des Unwägbaren. II. Die Musen als Mägde: Von der Veränderung der Künste in der Schule. Oberhausen: Athena

Bizer, Christoph/Degen, Roland/Englert, Rudolf/Kohler-Spiegel, Helga/Rickers, Folkert/Schweitzer, Friedrich (Hg.) (2004): Menschen Bilder im Umbruch – Didaktische Impulse. Jahrbuch der Religionspädagogik 20. Neukirchen: Neukirchener Verlag

Breinig, Helmbrecht/Gebhardt, Jürgen/Lösch, Klaus (Hg) (2002): Multiculturalism in Contemporary Societies. Perspectives on Difference and Transdifference, Erlangen: Erlanger Forschungen Reihe A: Geisteswissenschaften, Bd. 101. Erlangen: Univ.-Bibliothek

Haussmann, Werner/Biener, Hansjörg/Hock, Klaus/Mokrosch, Reinhold (Hg.) (2006): Handbuch Fridenserziehung. Interreligiös – interkulturell – interkonfessionell. Gütersloh: Gütersloher Verlagshaus

Hentig, Hartmut von (1997): Bildung. Ein Essay. Darmstadt: Wissenschaftliche Buchgesellschaft

Liebau, Eckart/Peskoller, Helga/Wulf, Christoph (Hg.) (2003): Natur. Pädagogisch-anthropologische Perspektiven. Weinheim,Basel, Berlin: Beltz

Liebau, Eckart (2004): Braucht die Pädagogik ein Menschenbild? In: Bizer u.a. , 123ff.

Liebau, Eckart (2006): Friedenserziehung aus pädagogischer Sicht. In: Haussmann u.a. 2006, 21-27

Liebau, Eckart/Zirfas, Jörg (2006): Erklären und Verstehen. Zum methodologischen Streit zwischen Bio- und Kulturwissenschaften, in: Scheunpflug u.a. (2006): 231 ff.

Liebau, Eckart (2009a): Schulkünste. In: Liebau u.a. (2009), 47-65

Liebau, Eckart: (2009b): Die Kunst der Schule. In: Bilstein u.a. (2009), 43-58

Liebau, Eckart (Hg.) (2009c): Lebensbilder. Streifzüge in Kunst und Pädagogik. Oberhausen: Athena

Liebau, Eckart/Zirfas, Jörg (Hg.) (2009): Die Kunst der Schule. Bielefeld: transcript

Nipkow, Karl-Ernst (2005): Pädagogik und Religionspädagogik zum neuen Jahrhundert. 2 Bde.: Bd. 2: Christliche Pädagogik und Interreligiöses Lernen – Friedenserziehung – Religionsunterricht und Ethikunterricht, Gütersloh: Gütersloher Verlagshaus

Scheunpflug, Annette/Wulf, Christoph (Hg.) (2006): Bio- und Erziehungswissenschaft, Zeitschrift für Erziehungswissenschaft, Beiheft 5. Wiesbaden:VS-Verlag

Sünkel, Wolfgang (2002): Phänomenologie des Unterrichts. Grundriss der theoretischen Didaktik. Weinheim und München: Juventa

Wintersteiner, Werner (1999): Pädagogik des Anderen. Bausteine für eine Friedenspädagogik in der Postmoderne. Münster: Agenda-Verlag

Wulf, Christoph (2009): Grundbegriffe interkulturellen Lernens. Konvergenzen mit ästhetischer Bildung. In: Liebau (2009c), S. 141-148

Zirfas, Jörg (2004): Pädagogik und Anthropologie. Eine Einführung. Stuttgart: Kohlhammer

Kulturelle Bildung –
der Joker, den es klug einzusetzen gilt?

Agnieszka Dzierzbicka

1 Einleitung

Der Titel dieses Aufsatzes könnte auch anders lauten, nämlich „Aus der Krise lernen: Be creative!" oder „Vom Glücksfall zur Methode", wie der Leitspruch einer Broschüre aus dem Jahr 2007 des Bundesministeriums für Unterricht, Kunst und Kultur zum Thema: „Vielfalt und Kooperation, Kulturelle Bildung in Österreich – Strategien für die Zukunft" lautet. Mit der Variationsmöglichkeit der Titel möchte ich auf die Spannbreite der Herausforderungen und Lösungen verweisen, auf die der Begriff der *Kulturellen Bildung* aktuell Perspektiven bieten soll. Eine Aussicht verspricht sie angesichts der Misere der ökonomischen Krisen, ebenso wie in der Frage des scheinbar verstaubten Begriffs der *Politischen Bildung,* wie auch in Bezug auf persönliche Selbstfindung, – nur um einige der Dimensionen zu nennen, die im Rahmen der Kulturellen Bildung gern strapaziert werden. Und diese Form der Bildung ist vielversprechend, sie ist insofern vielversprechend, als sie Sinnlichkeit ebenso wie Rationalität zu berücksichtigen weiß. Damit gelingt es hier scheinbar, die Spaltung der Moderne schlechthin zu überwinden und eine Ganzheitlichkeit zu propagieren, die über den Verdacht der naiven „Zurück-zur-Natur-Romantik" der Reformpädagogik erhaben ist. Unter dem Motto „Vom Glücksfall zur Methode" wird also mit „Vielfalt und Kooperation" der Versuch unternommen, die Kulturelle Bildung, den Begriff wie auch die darunter verhandelten Inhalte, die rund um Kunst, Kultur und Kreativität im weitesten Sinne kreisen, öffentlichkeitswirksam zu positionieren. Gründe für die offensive Bewerbung von Kultureller Bildung finden sich in der programmatischen Presseaussendung der zuständigen Bundesministerin Claudia Schmied, aus der ich illustrierend zitieren möchte:

> „Kunst- und Kulturvermittlung muss einen zentralen Stellenwert in unserem Bildungssystem einnehmen. Wir brauchen mehr Kreativität, Innovation und Vermittlung kultureller Kompetenzen an unseren Schulen. Kulturelle Bildung bedeutet für mich die vielfältige Förderung von Kreativität, Reflexion, Ästhetik, von interkulturellem Verständnis, Toleranz und gesellschaftlichem Diskurs. Auf Basis der Studie „Vielfalt und Kooperation" setzen wir Schritte für mehr und bessere kulturelle Bildung. Es gibt bereits viele wegweisende Projekte. Diese Positivbeispiele werde ich zur Methode machen". (Schmied 2007)

Zur Untermauerung werden in Auftrag gegebene Studien angeführt, denen zu Folge das Mandat für die geplanten Vorhaben von der Bevölkerung selbst kommen Demnach misst die Bevölkerung dem Thema Kulturvermittlung in der Schule hohe Bedeutung zu. 75 Prozent der Bevölkerung hält Kunst- und Kulturvermittlung für Jugendliche für sehr wichtig. „Ich leite aus diesen Daten einen klaren Auftrag für mehr und bessere Kunst- und Kulturvermittlung an unseren Schulen ab", so Schmied weiter (ebd.). „Vielfalt und Kooperation" bildet somit den Ausgangspunkt für die Etablierung der Kulturvermittlung an den Schulen. Dabei handelt es sich um eine Studie, die von Michael Wimmer (EDUCULT) im Auftrag des Bildungsministeriums erstellt wurde. (Vgl. EDUCULT 2007) Sie umfasst Analysen bereits bestehender Initiativen und konkrete Handlungsvorschläge und zeichnet sich durch eine differenzierende und vermittelnde Zugangsweise aus. Neben Good-Practise-Beispielen wird auch der Begriff der Kulturellen Bildung und ihrer Vermittlung abgesteckt. Dabei wird in einer weit ausholenden Problematisierung die Uneindeutigkeit der Abgrenzung betont und an die Zuständigkeit aller verwiesen. Also auch hier eine Bandbreite, die alles beinhaltet und jeden vereinnahmt:

> „Wer vermittelt Kulturelle Bildung? Eine erfahrene Kulturvermittlerin an die BesucherInnen eines Museums? Oder ist auch der Vater, der seiner dreijährigen Tochter Gute Nacht-Geschichten vorliest, ein Kulturvermittler? Wer sind die Adressaten Kultureller Bildung? ‚Kulturelle Bildung für alle!' – ein gut gemeinter Slogan, der in seiner Umfassteit die individuell unterschiedlichen Lifestyles einer zunehmend vielfältigen Gesellschaft außer Acht lässt. Dennoch geht es nicht um ein Angebot für einige wenige Kunst- und Kulturinteressierte. Kulturelle Bildung geht alle an. Kulturelle Bildung vom Säugling bis zum Großvater – wie ist dieser Anspruch des Lebenslangen Lernens realisierbar, wenn unser Bildungssystem vorwiegend auf die Anforderungen der verschulten Kinder und Jugendlichen eingerichtet ist? Warum ist Kulturelle Bildung als Schlüsselkompetenz des 21. Jahrhunderts elementar? Wo bleibt in einer globalisierten Gesellschaft mit Wettbewerb und Leistungsdruck Raum für die Entfaltung von Phantasie, Individualität und Kreativität – Fähigkeiten, die nicht auf Knopf-

druck abrufbar sind, sondern in Lernprozessen mit Umwegen und Erfahrungen des Scheiterns entwickelt werden?" (Vgl. EDUCULT 2007: 23)

In ähnlichem Duktus werden weitere Fragen zur wirtschaftlichen Situation aufgeworfen. Da ist die Rede vom globalen Wettbewerb und den Herausforderungen, denen Österreich sich als ressourcenarmes Land zu stellen hat und die Möglichkeiten, die dabei der Kreativwirtschaft zukommen. Doch auch die „eigene künstlerisch-kreativen Fähigkeiten" finden eine Berücksichtigung, ebenso wie die ästhetische Erfahrung als „letztes Refugium von Zweckfreiheit" eine Erwähnung findet. Im Bewusstsein um Umfang und Vielfalt der Themen kommt die Studie zum Schluss, dass hier Potenzial wie auch mangelnde Professionalisierung, als charakteristisch für das Feld anzusehen sind. Trotz der Conclusio, Kulturelle Bildung bringe mehr Fragen als Antworten, werden „Wegmarken im Dschungel der Kulturellen Bildung" beschrieben. Als Koordinaten dienen einerseits die professionellen Handlungsfelder, in dem die unterschiedlichen AkteurInnen, wie PädagogInnen, VermittlerInnen und KünstlerInnen, wirken, anderseits die konkreten Orte wie Schulen, Jugendzentren, Museen, Theater usw., an denen Kulturelle Bildung stattfindet.

Neben der starken schulischen Verortung lässt die Broschüre dennoch keinen Zweifel, Kulturelle Bildung geht uns alle an: vom Säugling bis zum Großvater. Dieses Bild ist nicht neu und erinnert nicht zufällig an die Life-Long-Learning-Phrasen und Imperative. Neu an der Auseinandersetzung ist die Verschiebung des Fokus. Standen mit der gesellschaftlichen Verschreibung an die Idee des *Life Long Learnings* und der Verpflichtung zur Employability bislang Institutionen des Lernens im Zentrum bildungspolitischer Schwerpunktsetzungen und einschlägiger Finanzierungsprogramme, so rückt nun unter dem Schlagwort Kulturelle Bildung auch der Lernprozess selbst in den Vordergrund. Das gesamte Leben im Zeichen des Lernens macht eine Neubestimmung des Lernens unabdingbar; eine Ausdifferenzierung des Lernbegriffs sowieso, denn Lernen ist nicht gleich Lernen. Der Ort, die Umstände und Gelegenheiten, die Lernen ermöglichen, aber auch das Alter der Lernenden sind Gegenstand von Vermessungsbemühungen und des Ringens um Klarheit bezüglich eines Phänomens, dessen Parameter aus der neurobiologischen Perspektive längst abgesteckt scheinen (vgl. v.a. Spitzer 2002). Anders verhält es sich mit der Pädagogik, hier wird das Feld erst abgesteckt (vgl. Göhlich et al 2007, vgl. Göhlich/Zirfas 2007, vgl. Mitgutsch et al. 2008). In den Klassifizierungen formale, nichtformale und informelle Bildung werden solche Absteckbemühungen deutlich. (Vgl. u.a. Bekerman et al.) Nicht neu, aber wieder entdeckt scheint in diesem Zusammenhang der „Imperativ des Kreativen" (Von Osten/Spillmann 2003), der angesichts der aktuellen gesellschaftlichen Verfasstheit einmal mehr eine Reaktion vorstellt. Nach Jahren der Versuche, messbare kognitive Leistungen sowie evaluierbare Kompetenzen zum Maßstab gelungenen Lernens zu erklären, rücken Kreativität und Innovation nun in den öffentlichen Diskurs, der sich in Fragen des globalen Wettbewerbs, Jobaussichten und Wirtschaftskrisen verliert.

Aktuell wie historisch betrachtet ist diese Diagnose nun wenig überraschend, haben sich bildungspolitische Interventionen von Beginn an durch wiederkehrende Krisen und Konjunkturen der Topoi Kunst und Kultur ausgezeichnet. So scheint angesichts aktueller gesellschaftlicher Entwicklungen die angedeutete Kursänderung zum wiederholten Mal an der Tagesordnung zu stehen.

2   Konjunkturen des Ästhetischen

Seit den 1980ern lässt sich eine Konjunktur des Ästhetischen in der Pädagogik beobachten, die gern als Rationalitätskritik und als Argument wider die Entfremdung und Verdinglichung ins Treffen geführt wird. Susanne Ehrenspeck spricht in diesem Zusammenhang von „Versprechungen des Ästhetischen" (Ehrenspeck 1998), die darin bestehen, Sinnlichkeit und Vernunft versöhnen zu können. Insbesondere in gesellschaftlichen Krisenlagen wird diese Leistungsfähigkeit des Ästhetischen gern bemüht, verheißt sie doch eine aussichtsvolle Zukunft, zumindest das Wiedererlangen von Sinn und Orientierung in Zeiten von Sinnverlust und Orientierungslosigkeit: „Ästhetik tritt seither im weiteren und im engeren Sinne verstärkt in den Fokus des allgemeinen Interesses und avanciert zu dem Medium, welches zur Lösung aller möglichen Probleme beitragen soll. Ästhetisierung des Alltags wird als Mittel gegen gesellschaftliche und individuelle Probleme angeboten." (Ehrenspeck 1998: 18f.) Ob randalierende Jugendliche, Aufarbeitung von Vergangenheit, Betreuung von Menschen mit Behinderung bzw. speziellen Bedürfnissen, Fragen der Erwachsenenbildung, Aufeinanderprallen von verschiedenen Kulturen, Herausforderungen der Altenarbeit oder eben zeitgemäße Reaktion auf wirtschaftlichen Einbruch, auf alles scheint die ästhetische Bildung bzw. Erfahrung eine gesellschaftlich tragfähige Lösung zu bieten. Die Gründe dafür sind vielfältig und liegen unter anderem in der Verortung der Pädagogik als wissenschaftliche Disziplin. Nach den nicht eingehaltenen Zusicherungen der Wissenschaften in den 1970er Jahren (vgl. Liebau 1992: 9) – hier vor allem die gesellschaftspolitischen Hoffnungen, die mit der Planbarkeit von Erziehung verbunden waren (vgl. Ziehe 2005), sowie die stärker einsetzende Fortschritts- und Vernunftkritik angesichts der Rezeption postmoderner Theoriearbeit in der Pädagogik (Vgl. u.a., Mayer-Drawe 1990, Marotzki/Sünker 1992, Koller 1999, Pongratz et al 2004, Wimmer 2006), setzt man, wie zuvor geschehen, große Hoffnungen auf Kunst und Kultur.[1] Paradox genug scheint gleichzeitig mit dem Erstarken der Bildungsforschung (vgl. Tippelt 2002) und der Verbreitung von Large-Scale-Assessments (also groß angelegte Studien) die Etablierung einer messbaren und quantifizierbaren Bildung, konkret: Bildungsstandards, unumgänglich – vor dem Hintergrund einer Ökonomisierung des Sozialen (vgl. Bröckling et al. 2000, 2002, Pieper/Gutiérrez 2003) sowieso.

Die daraus abzuleitenden Konsequenzen könnten nicht unterschiedlicher sein. Während auf der einen Seite Versuche laufen, informelle Momente der Bildung durch zweifelhafte Klassifizierungen zu technisieren und in den Griff zu bekommen, (vgl. Cheetham/Chivers 2005) wird gleichzeitig die „Kreativitätskeule" geschwungen und Lehrende, ob in Schulen oder Institutionen der Erwachsenenbildung, werden zu „Aktivierungsinstanzen" mit dem fragwürdigen Imperativ „Sei doch kreativ!" auf den Lippen ermächtigt (vgl. Schirlbauer 2005, Raunig/Wuggenig 2007).

3 Im Zeichen des Wettbewerbs

Diese widersprüchlichen Tendenzen ergeben dann Sinn, wenn in Betracht gezogen wird, dass die derzeitige gesellschaftspolitische Lage nicht nur von einer Kulturalisierung der Gegenwart, sondern vor allem von der Situation des globalen Wettbewerbs in der Krise gekennzeichnet ist. Also eine Wettbewerbsituation, die zwar relativ offen lässt, was zum Gegenstand des Wettbewerbs werden kann, aber sehr deutlich in ihrer *Message* ist, dass nahezu *alles* wettbewerbsrelevant werden könnte. Auf der individuellen Ebene wurde im bildungspolitischen Eifer das hübsche Label *Employability* aufgegriffen. Und so werden Individuen im Fieber des *Life-Long-Learnings* dazu angehalten, ihre Employability zu gewährleisten. Allein, es fehlt an den Voraussetzungen und Definitionen der notwendigen Fähigkeiten und Kompetenzen für die – auf deutsch etwas unelegante – immerwährende Beschäftigungsfähigkeit. Denn die Krux der Employability besteht ja gerade darin, dass man diese erst erreicht, wenn man employed, also eingestellt, wird (vgl. Kraus 2006). So lange es keinen Job gibt, solange mangelt es an der Employability. Freilich bleibt der Wettbewerb am Arbeitsmarkt Keinem erspart, also müssen vergleichbare Daten her. Zugleich erschweren die strukturellen Veränderungen des Arbeitsmarktes, welche in der Zukunft notwendige Kenntnisse

---

[1] Wie etwa seitens des Bildungsministeriums verlautet, ein Stück mehr Leichtigkeit des Seins im Schulalltag verankert werden soll und zwar über Kunst- und Kulturprojekte an den Schulen oder in der Theorie, das „En vogue"-Werden der Foucault'schen Frage nach ästhetischer Existenz.

und Fertigkeiten kaum vorhersehbar machen, den Job der Vermittlungsinstitutionen, die wiederum eine verbindliche (Aus)Bildung garantieren sollen.
Mit der Messung und Erhebung des Status quo der Leistungen von Lehrenden und Lernenden sowie der damit verbundenen Veröffentlichung von Rankings, die den internationalen Standort in seiner wirtschaftlichen Potenz ausweisen, wird der Eindruck erweckt, man könne etwas fixieren und vergleichbar machen, das an sich nicht erfassbar ist: nämlich die strategische Ausgangslage einer Gesellschaft im dynamischen, globalen Wirtschaftsraum. Gleichzeitig – und das ist das Erstaunliche an den Debatten um Bildung und Lebenslanges Lernen – wird eine Ganzheitlichkeit propagiert, die dem Reißbrett Wilhelm von Humboldts entstammen könnte, und zwar sowohl von VertreterInnen wie auch KritikerInnen des Employability-Ansatzes und Life-Long-Learning-Konzepten. Schnell ist hier der Ruf nach Kunst, Kreativität, Wissen und Kultur bei der Hand, wenn es um Fragen eines exzellenten Bildungsprogramms mit Zukunft geht.

4 Tücken eines Imperativs

Der erneute Ruf nach Ganzheitlichkeit, die v.a. durch zusätzliche Kunst- und Kulturangebote gewährleistet werden soll, die wiederum den kreativen, sozusagen schöpferischen Geist aktivieren, erstaunt doch und veranschaulicht die problematische Vermischung von Bildungsbegriffen, Bildungstheorien und aktuellen gesellschaftlichen Lagen. Erklären lässt sich dieser Umstand mit der deutschsprachigen Tradition der Auslegung von „Bildung" und „Kultur", die sich seit der Aufklärung in der für Deutschland wie Österreich typischen Diskrepanz manifestiert und deren Spannbreite von normativer Höhe bis zum tiefem Fall reicht. Damit ist die Unterscheidung einer „wissenschaftsgeschichtlichen und sozialgeschichtlichen Optik" (vgl. Bollenbeck 1996: 26) angesprochen, wie Georg Bollenbeck es nennt. Während die Entwürfe auf der wissenschaftsgeschichtlichen Ebene durch Emanzipationsanspruch und Modernisierungsleistung charakterisiert sind (große Entwürfe), haben wir auf der sozialgeschichtlichen Ebene politische Unmündigkeit und Modernisierungskrise (banale Praxis) als prägende Merkmale: „‚Bildung' und ‚Kultur' – trivialisiert – erscheinen als Besitz, als sozialreputative Aktivposten, mit denen man sich schmückt; der Kulturbegriff wird zudem affirmativ, d.h. es kommt zu einer Ablösung der geistig-seelischen Welt als selbständiges Wertreich von der ‚Zivilisation', der tatsächlichen Welt alltäglicher Konkurrenz. Das sind dann die ‚hohen Werte', die folgenlos, aber phrasenreich den Alltag ausschmücken." (Bollenbeck 1996: 27) Für Bollenbeck sehr wohl folgenreich ist aber die Spannung, die zwischen banaler Praxis und konzeptionellem Überschuss bestehen bleibt. Sie ist deshalb folgenreich, weil ihretwegen die Gegenwart als Zustand von „Bildung" und „Kultur" im normativen Namen von Bildung und Kultur kritisiert werden kann. Die Begriffe „Bildung" und „Kultur" liefern somit der kritischen Reflexion den Gegenstand ebenso wie die normativen Kriterien und sie erlauben damit eine Trennung zwischen falscher bzw. wahrer Bildung und Kultur. Dass dies wohl problematisch ist, und nicht der Zweck der Übung sein kann, wird klar, wenn in Betracht gezogen wird, dass sich mit semantischen Überschüssen weder Innovation noch langfristige Lösungen globaler Herausforderungen begründen lassen. In diesem Sinne ist wahrlich Kreativität gefragt.

Zurückkehrend nun zur Frage der Kulturellen Bildung vor dem Hintergrund der Krisen wie Konjunkturen des Ästhetischen: So lässt sich festhalten, dass diese nicht erst in den 1980ern auftreten, zu jenem Zeitpunkt, an dem selbst die hartnäckigsten Pädagogiken postmoderne Brüche und Diskontinuitäten nicht mehr leugnen konnten. Wir finden den Ruf nach dem Ästhetischen als Lösung für reale Dilemmata bereits seit Beginn der klassischen Bildungsentwürfe. So findet sich bereits bei Friedrich Schiller eine Bestimmung der ästhetischen Erziehung, die Kritik an den überzogenen Vorstellungen der Bildungsentwürfe ebenso übt wie auch ein Engagement für die Praxis vorstellt.[2] Schiller verwendet für ästhetische Erziehung das Bild einer Stütze, die die „Leiter der Natur", die den Menschen aufgrund der Vernunft weggezogen werde, ersetzen soll. „Man muß also für die Fortdauer der Gesellschaft eine Stütze aufsuchen, die sie von dem Naturstaate, den man auflösen will, unabhängig macht." (Schiller 2001: 13) Ähnlich stützend, funktional scheint mir die erwähnte Leichtigkeit des Seins, die in die Schulen und eben nicht nur dort heute qua Kunstvermittlung und Kultur treten soll. Darum kann es wohl nicht gehen, wenn es um Kulturelle Bildung und kulturelle Kompetenz gehen soll. Denn mit Leichtigkeit haben emanzipatorische Bemühungen stets so ihre Schwierigkeiten gehabt. Was aber nicht bedeutet, dass Kunstprojekte deswegen nicht etwa an Schulen stattfinden und Schulen nicht zum "offenen Ort für Kunstschaffende" werden sollen. Diesbezüglich möchte ich nicht missverstanden werden. Es geht mir vielmehr um die Kritik an der Argumentation, die bei der Realisierung solcher Projekte und Anliegen implizit vertreten wird, nämlich dass solche Initiativen per se „bessere" Menschen und Institutionen hervorbringe. So geht es mir abschließend und zusammenfassend formuliert um folgende Positionierung: Will die Kunstpädagogik nicht ein

---

2 Also auch hier findet sich eine Krise, aus der die ästhetische Erziehung helfen soll, wenn etwa der »ästhetische Charakter« jenen Übergang darstellt, der zwischen die physische Gemeinschaft »in der Zeit« und die moralische Gemeinschaft »in der Idee« treten muss, um die menschliche Existenz in der Zeit nicht zu gefährden (Schiller 2001: 12).

Spielball, eine Ersatzleiter, ein Notfallszenario für Krisenzeiten oder schmuckes Beiwerk bildungspolitischer und bildungswissenschaftlicher Konjunkturen bleiben, so ist es an der Zeit, einen Weg zu beschreiten (methodos), der Kunst, Kultur und Pädagogik gleichermaßen berücksichtigt und ohne Standesdünkel jedweder Art denkbar macht. Das gilt insbesondere in Zusammenhang mit dem Begriff der Kultur, der so scheint mir jedenfalls, derzeit für vieles Herhalten muss. Im Labeling „Kulturelle Bildung" finden sich nun die problematischen Deutungen beider Begriffe versammelt,, weshalb es meines Erachtens nahe liegend ist, dass ausgerechnet in Zeiten der politischen Herausforderungen der Globalisierung, die nationalstaatliches Denken und entsprechende Strategien in einer Migrationsgesellschaft bedingt tauglich macht, der Begriff „Kulturelle Bildung" vermehrt zum Einsatz kommt, wo einst „Politische Bildung" bemüht wurde. Heikel an diesen Bemühungen ist, dass sie vor dem Hintergrund der Versprechen des Ästhetischen vorangetrieben werden, die allzu oft am Hehren und Schönen verpflichtet sind. In der Variante der Kinder- und Jugendbildung erhält die Umsetzung dieser Bemühungen in der Regel eine verniedlichende Komponente. Die Darstellung von lachenden Kindern in schickem Kunstumfeld ist so z. B. ein gängiges, viel gesehenes Motiv. Weniger oft wird kulturelle Bildung vor dem Hintergrund der Globalisierung und ihren Folgen thematisiert. Freilich ist da die Rede vom globalen Wettbewerb, weniger aber wird von der Bedeutung der Globalisierungsprozesse für das konkrete Leben aller geredet. Denn Globalisierung ist nicht nur Wettbewerb, sie ist auch wie Astrid Messerschmidt (2009: 18) betont, „Schreckensgespenst und Verheißung" zugleich und zeichnet sich durch „widersprüchliche Effekte der Öffnung und Schließung, der Integration und der Ausgrenzung" aus. Das heißt, während die kulturelle Bildung alle etwas angeht und in nahezu allen Bereichen des Lebens verortet wird, wird in bekannter Tradition eine versöhnliche Lösungsmöglichkeit, also einmal mehr die Überfrachtung mit Deutungen dieser Form von Bildung zugewiesen, was bedauerlich ist. Denn gerade in der Neubesetzung des Begriffs könnte die Chance liegen der Überfrachtung des Bildungs- und Kulturbegriffs zu entkommen. Anders formuliert, professionstheoretische Verortung der kulturellen Bildung als Praxis und Theorie könnte ein möglicher Weg sein. Und dieser Weg scheint mir, ohne einen Kultur- und Bildungsbegriff, der auch den Alltag, die Lebensweise und die gesellschaftliche wie politische Verwicklung der Individuen reflektiert, ebenso wie die Unmöglichkeit einer Vermessung und Standardisierung von zu Bildenden berücksichtigt, nur bedingt orientierend – wenn es darum gehen soll, dem schwachen, dilettierenden Subjekt (vgl. Reichenbach 1999) im überhöhten Bildungsgerede der im deutschsprachigen Raum geführten Debatte eine Chance zu geben.

Literatur

Bekerman, Zvi/Burbules, Nicholas C./Silbermann, Diana (2006) (Hg.): Learningn in places. The informal education reader. – New York. u.a.: Lang.

Bollenbeck, Georg (1996): Bildung und Kultur. Glanz und Elend eines deutschen Deutungsmusters. Frankfurt am Main: Suhrkamp.

Bröckling Ulrich/Krasmann, Susanne/Lemke, Thomas (Hg.) (2000): Gouvernementalität der Gegenwart. Studien zur Ökonomisierung des Sozialen. Frankfurt am Main: Suhrkamp.

Bröckling, Ulrich/Krasmann, Susanne/Lemke, Thomas (Hg.) (2004): Glossar der Gegenwart. Frankfurt am Main: Suhrkamp.

Cheetham, Graham/Chivers, Geoff (2005): Professions, Competence and Informal Learning. Cheltenham: Edward Elgar.

Ehrenspeck, Yvonne (1998): Versprechungen des Ästhetischen. Die Entstehung eines modernen Bildungsprojekts. Opladen: Leske + Budrich.

EDUCULT (2007): Vielfalt und Kooperation, Kulturelle Bildung in Österreich – Strategien für die Zukunft. Bericht im Auftrag des Bundesministeriums für Unterricht, Kunst und Kultur. Online abrufbar unter: www.bmukk.gv.at/medienpool/15735/kul turellebildung.pdf.

Kraus, Katrin (2006): Vom Beruf zur Employability? Zur Theorie einer Pädagogik des Erwerbs. Wiesbaden: VS.

Liebau, Eckart (1992): Die Kultivierung des Alltags. Das pädagogische Interesse an Bildung, Kunst und Kultur. Weinheim und München: Juventa.

Marotzki, Winfried/Sünker, Heinz (Hg) (1992): Kritische Erziehungswissenschaft – Moderne – Postmoderne. Weinheim: Deutscher Studienverlag.

Meyer-Drawe, Käte (1990): Illusionen von Autonomie. Diesseits von Ohnmacht und Allmacht des Ich. München: P. Kirchheim.

Messerschmidt, Astrid (2009): Weltbilder und Selbstbilder. Bildungsprozesse im Umgangn mit Globalisierung, migration und Zeitgeschichte. Brandes & Apsel.

Pieper, Marianne/Gutiérrez Rodriguez, Encarnación (Hg.) (2003): Gouvernementalität. Ein sozialwissenschaftliches Konzept in Anschluss an Foucault. Frankfurt/New York: Campus.

Pongratz, Ludwig A./Wimmer, Michael/Nieke, Wolfgang/Masschelein, Jan (Hg.) (2004): Nach Foucault. Diskurs- und machtanalytische Perspektiven der Pädagogik. Wiesbaden: VS.

Raunig, Gerald/Wuggenig, Ulf (Hg.) (2007): Kritik der Kreativität. Wien: Kohlhammer.

Reichenbach, Roland (2001). Demokratisches Selbst und dilettantisches Subjekt. Demokratische Bildung und Erziehung in der Spätmoderne" Münster: Waxmann Verlag.

Schirlbauer, Alfred (2005): Disziplin. Bemerkungen zum heimlichen Ziel aller Erziehung. In: Ders.: Die Moralpredikt. Destruktive Beiträge zur Pädagogik und Bildungspolitik. Wien: Sonderzahl, S. 90-102.

Schmied, Claudia (2007): „Kunst macht Schule. Kreativität als Schlüssel zu Innovation." OTS-Originaltext Presseaussendung unter ausschließlicher inhaltlicher Verantwortung des Aussenders. In: APA 6.12. 2007

Von Osten, Marion/Spillmann, Peter (2003): Be Creative! Der kreative Imperativ. Zürich: Edition Museum für Gestaltung.

Wimmer, Michael (2006): Dekonstruktion und Erziehung. Studien zum Paradoxieproblem in der Pädagogik. Bielefeld: transcript.

Cultural Turn und Kindheitsforschung.
Zur Erforschung von Kindern und Kindheit im Zeichen einer kulturwissenschaftlichen Wende

Peter Gansen

1 Einführung: Welche Aufgaben stellt uns der Kulturbegriff

In der Geschichte der Pädagogik hat der Begriff der Kultur immer wieder eine wichtige Rolle gespielt; allerdings lassen sich in dieser Fachdisziplin von historischen Epochen bis heute ideologische Verkürzungen und Funktionalisierungen desselben feststellen. Die sozialwissenschaftliche Wende zur Erziehungswissenschaft führte zu einem folgenreichen Paradigmenwechsel, der zu einer Abwendung von einem Kulturbegriff geisteswissenschaftlicher Tradition und einer Ausrichtung an – überwiegend soziologischen – Leitbegriffen und Theoremen führte. In den letzten Jahren ist verstärkt wieder die Rede von einer kulturwissenschaftlichen Erneuerung der Erziehungswissenschaft, wenn „Pädagogik" als (kritische) Kulturwissenschaft konzeptualisiert wird (vgl. Wimmer 2002, Brumlik 2006). Auf dem Weg eines – verspäteten – kulturwissenschaftlichen *turns* soll die „interne Vielsprachigkeit" (Wimmer 2002: 117) des Diskurses in der Erziehungswissenschaft theoretisch legitimiert bzw. kultiviert werden. Die Sprache der Erziehungswissenschaft als Fachsprache steht ja in engem Zusammenhang zu Fachsprachen diverser Nachbardisziplinen, und es mangelt ihr in gewisser Weise an „einheimischen" Begriffen. Ewald Terhart hat deutlich gemacht, dass erziehungswissenschaftliche Diskurse äußerst vielfältig und wandelbar sind und dass sich aus der „Zirkulation der sprachlichen Formen und Inhalte" (Terhart 1999, S. 158) immer wieder Quellen für Missverständnisse ergeben. Es gilt deshalb stets, den „wissenschaftlichen Diskurs immanent weiterzuentwickeln (...). Hierzu gehört im Sinne einer wissenschaftstheoretischen Selbstreflexion (...) auch die Erörterung von Möglichkeiten zur Benennung von Standards erziehungs*wissenschaftlicher* Rede. Sie muss darüber hinaus (...) das komplexe Gefüge >vielschichtigen< Redens über Erziehung selbst als Teil ihres Gegenstandsbereiches bzw.

wissenschaftlichen Aufgabenfeldes erkennen – dies sowohl in theoretischer wie in empirischer Hinsicht" (ebd., Hervorhebung von ihm).

Nehmen wir dies ernst, ist zunächst der Kulturbegriff zu klären, wie er im vorliegenden Beitrag gemeint ist:[1]

Kulturalität ist ein wesentlicher Faktor zum Verstehen des Menschen. Es wird gegenwärtig selbst von Seiten der Kognitionswissenschaften und der naturwissenschaftlichen Anthropologie betont, dass diesen in seiner onto- und phylogenetischen Entwicklung vor allem seine Sozialität und Kulturfähigkeit auszeichnet (vgl. Tomasello 2002). Angesichts kultureller Disparitäten und der pädagogischen Notwendigkeit, mit Heterogenität und Vielfalt umzugehen, ist in der Erziehungswissenschaft für ein nicht-essentialistisches Verständnis von Kultur zu plädieren, das sich von der Konstruktion idealistischer Vereinheitlichungen und kulturübergreifender Bildungskonzepte verabschiedet. Kulturen können nicht mehr als abgrenzbare und homogene Ganzheiten betrachtet werden. Im Zuge der jüngeren Forschungen in den *cultural studies* wird Kultur nicht mehr als eine spezifische Bildungssphäre, sondern als ein vielschichtiger sozialer Aushandlungsprozess in einer kulturell dynamischen Wirklichkeit verstanden; „Kultur" umfasst dann allgemein die Lebensweisen und Vorstellungen, durch die Menschen ihr Leben erfahren und gestalten (können) (vgl. Bachmann-Medick 2004, Wimmer 2008). Das bedeutet, es ist von einem pluralistischen und diskursiven Modell von Kultur auszugehen, das Kultur „als Auseinandersetzung von Menschen mit den Bedingungen ihrer Existenz" begreift und – pädagogisch gewendet – als Ressource „die Individuen nutzen, um Probleme ihrer Lebensführung zu lösen. Kulturen geben Menschen Orientierung in Bezug auf die dingliche Außenwelt, die soziale Mitwelt und die subjektive Innenwelt. Als symbolische Ordnungen sind sie funktional mit existenziellen Bedürfnissen verbunden und werden umgeschaffen, sobald sich die Lebensbedingungen ändern" (Herzog 2001: 117).[2]

Damit stellt sich die Frage, wie wir erziehungswissenschaftlich mit der Prozesshaftigkeit von Kultur umgehen, wie wir sie in ihrer Dynamik erforschen können und ihrer (Um-)Gestaltung durch kulturelle Akteure und deren Bedeutungszu-

---

[1] Dieser Artikel stellt die eine grundlegende Überarbeitung und Erweiterung eines Beitrags des Autors aus dem Band „Lernen und Kultur. Kulturwissenschaftliche Perspektiven in den Bildungswissenschaften" dar (Fink/Gansen/Hartung et al. 2009).

[2] Allerdings muss sich die Begründungen dieser Position aus anthropologischer Sicht einer ebenso kritischen Befragung unterziehen lassen; denn dort, wo zurecht die Berücksichtigung kultureller Diversität und ein pluralistisches Bewusstsein um Anerkennung und Vielfalt gefordert wird, gerät man wieder in ein – aus dem Konstruktivismus abgeleitetes – mehr oder weniger biologistisch und funktionalistisch verkürztes Verstehen des kulturellen Lebens, wenn dieses vor allem als eine Anpassungsleistung an die Lebensbedingungen interpretiert wird.

schreibungen gerecht werden. Von der methodologischen Seite her bietet uns hier die qualitative Forschung einige Ansätze, insbesondere an phänomenologische und ethnographische Forschungszugänge ist hier zu denken (vgl. Scholz 2004). In Bezug auf die Forschungsinhalte gilt es Fragestellungen und Themen zu entwickeln, welche die hier skizzierte Dynamik der Auseinandersetzung mit Kultur besser verstehen und – gleichsam von „innen heraus" – beschreiben lassen.

2 Auf der Suche nach einem *Cultural Turn* in der Erziehungswissenschaft

Die Ansprüche der notwendigen Kulturalität pädagogischen Denkens und Handelns stellen offensichtlich noch immer – oder immer wieder – „vergessene Zusammenhänge" dar (vgl. Mollenhauer 1983). In den letzten Jahren hat die Bildungsoffensive seit PISA in der Erziehungswissenschaft zu einer massiven Verdrängung kulturbezogener Forschungszugänge zu kindlichen Entwicklungs- und Bildungsprozessen durch eine quantitativ-empirische Schulleistungs- und Evaluationsforschung geführt. Von prominenten Vertretern der empirischen Bildungsforschung (vgl. z. B. Baumert et al. 2001, Klieme et al. 2007) werden kulturwissenschaftliche und bildungstheoretische Kategorien weitgehend ausgeschlossen; es erfolgt vor allem eine Orientierung am Begriff der *Literacy* (in seinen verschiedenen fachbezogenen Ausprägungen). Dabei besteht die Gefahr eines Rückschritts in längst überwunden geglaubte Denkweisen, etwa wenn „Kulturtechniken" als *Vermittlungsziele* in den Mittelpunkt gestellt werden. Der Frage, welche Kultur hier überhaupt gemeint sein soll und wie diese von unterschiedlichen Kindern erfahren und angeeignet wird, kann wenig entgegnet werden, wenn man sich nach der altbekannten Vermittlungslogik eines Lehr-Lernkurzschlusses (vgl. Holzkamp 1995) lediglich auf eine „Technik" der Übertragung standardisierter Kompetenzen konzentriert. Kulturtechniken hätten selbstverständlich assimilativ und funktionalistisch „dafür zu sorgen, dass heranwachsende Menschen in ihrer Kultur keine Fremden bleiben" (Fend 2006, S. 48). Kulturaneignung wird dann im Wesentlichen als Anpassungsleistung verstanden, die in der „Akkulturation" normierten Wissens und Könnens besteht. Dem wäre im Folgenden, auf der Grundlage eines zeitgemäßen Kulturverständnisses (s.o.) eine Kinderkulturforschung – und damit auch Bildungsforschung – entgegenzuhalten, die sich der Komplexität kultureller Vielfalt stellt und Kinder als kulturelle Subjekte begreift.

Walter Herzog spricht angesichts der Inflation des Kulturbegriffs in der Erziehungswissenschaft seit den 1990er Jahren von einer vielfach „jargonhaften

Verwendung" desselben.³ Das erziehungswissenschaftliche Interesse am Kulturbegriff sei weniger durch dessen theoretisches Potential oder durch die Logik der disziplinären Entwicklung bedingt, sondern „durch die Identitätsschwäche und die dadurch motivierte Rezeptionsfreude" des Fachgebiets (Herzog 2001). Am Kulturbegriff seien häufig eine konservative Ausrichtung und eine restaurative Funktion erkennbar; er diene dann als Einheits- und Integrationsmedium, um über kulturelle Differenzen und Brüche hinwegzutäuschen und einen kulturellen Bestand zu sichern. Einzig im Feld der Interkulturellen Pädagogik sei der Ansatz erkennbar, Kultur als Prozess aufzufassen, welcher der Notwendigkeit eines Umgangs mit kultureller Diversität geschuldet ist.⁴ Aleida Assmann fasst unter Kultur alles zusammen, „was Menschen aus sich und den Dingen machen und was ihnen dabei widerfährt; darin eingeschlossen sind symbolische Ordnungen, kollektive Rituale, Kunststile oder soziale Einrichtungen sowie die ständig wachsende Zwischenwelt aus Technik und Medien" (Assmann 2006, S. 9). Das Aufstreben der Kulturwissenschaften bzw. der umfassende *Cultural turn*⁵ in den Geistes- und Sozialwissenschaften kann nach Assmann (2006: 14) nicht einfach einer „M(eth)ode oder theoretischen Wende" zugeschrieben werden, sondern ist als Antwort auf einen „tief greifenden Wandel unserer Welt(un)ordnung" zu erklären. Wenn wir Kinder als kulturelle Akteure und gleichsam als (potentielle) Avantgarde kultureller Wandlungsprozesse verstehen, dann wäre den kulturellen Ausdrucksformen des Kinderlebens hier eine ebensolche Aufmerksamkeit zu schenken wie anderen kulturwissenschaftlichen Forschungsgegenständen. Die Begegnung der Cultural Studies und der Pädagogik kann bisher allerdings als „eine Geschichte der verpassten Chance" (Sauter 2006: 111) bezeichnet werden. Nach dem Forschungsparadigma der Cultural Studies ist Kultur „eine Per-

---

3 Allerdings hat Ludwig Duncker (1994) eine ausführliche Auseinandersetzung mit dem Kulturbegriff vorgelegt, in der die wesentlichen kulturanthropologischen und soziologischen Auslegungen des Begriffs zusammengefasst werden, (ebd.: 45-51). Hier lassen sich die im Vorliegenden relevanten Aspekte des Kulturbegriffs finden, etwa Kultur als Verweisungszusammenhang von Bedeutungen (Geertz bzw. Landmann), als Sinnsuche und Sinnstiftung (Weber), als „Horizont von Werten, wie die Gesellschaft sein will" (Tenbruck), als geschichtlicher, plurivalenter, intentionaler Zusammenhang für Mentalität(en) (Lipp) u.a.
4 Wobei dieser Richtung wiederum entgegenzuhalten wäre, dass sie z.T. in eine multikulturelle Toleranzideologie verflacht, die unreflektiert alles vereinnahmen (bzw. „inkludieren" will), ohne die eigenen, implizit transportierten Weltanschauungen zu reflektieren, und damit letztlich der gleichen Ignoranz gegenüber kultureller Differenz und Fremdheit erliegt wie die konservative Kulturpädagogik geisteswissenschaftlicher Provenienz (vgl. Woo/Gansen 2009).
5 Inzwischen lassen sich im Anschluss an *den* Cultural Turn diverse Turns unterscheiden (Interpretative, Reflexive/Literary, Postkolonial, Translational, Performative, Spatial, Corporal, Iconic) (vgl. Bachmann-Medick 2006), wobei sich gegenwärtig vor allem eine Konzentration auf kulturelle Dimensionen jenseits eines Verständnisses von „Kultur als Text" erkennen lässt (Körper/Leib, Raum, Performativität, Alltagsrituale etc.).

spektive (...), um die polyphonen, stets umstrittenen und umkämpften, komplexen Prozesse der Konstruktion von sozialen Differenzen und Identitäten zu beschreiben und zu untersuchen" (Mecheril/Witsch 2006: 9). Folglich ist auch Kulturwissenschaft eher als eine disziplinübergreifende Forschungsperspektive und -haltung zu verstehen denn als ein theoretisch und methodologisch fest gefügtes Programm.

Die aktuellen Verwendungen des Kulturbegriffs in den Kulturwissenschaften lassen sich auf drei wesentliche Dimensionen zusammenfassen: Prozess, System und Symbol (vgl. z. B. Wimmer 1996, Nünning/Nünning 2008). Kultur wird als ein dynamischer und diskursiver (Aushandlungs-)Prozess beschrieben (vgl. Wimmer 2008). Verschiedene Kulturen gilt es, in ihrer Pluralität als sozial konstruierte Systeme symbolischer Ordnungen wahrzunehmen. – Man könnte stark vereinfacht sagen „Kultur ist das, was wir täglich gemeinsam herstellen"; wobei es hier in einem weiten Sinne von Herstellen bzw. (Re-)Konstruieren nicht nur um kulturelle Güter oder Medien geht (also die materielle Ebene von Kultur), sondern auch um soziale Praktiken (Handlungsrituale, Sprachformen usw.) und um das in diesen enthaltene und mehr oder weniger direkt repräsentierte mentale Verhältnis zur Wirklichkeit (Werthaltungen, Glaubenssätze, Meinungen usw.).[6] Das Hauptanliegen kulturwissenschaftlicher Forschungszugänge besteht im „Theoretisieren von kulturellen Alltagpraktiken", die vor allem als „Weisen der Unterscheidung" aufgefasst werden, denn sie „erzeugen Unterscheidungen und werden durch Unterscheidungen erzeugt" (Mecheril/Witsch 2006: 13). Forschungen in der Tradition der *Cultural Studies* konzentrieren sich in einem erkenntnispolitischen Interesse dabei auch auf Ungleichheits- und Machtverhältnisse und fragen danach, wie diese konstruiert und im Alltag „prozessiert" werden. Diese Frage hat für die Theorie und Methodologie der Kindheitsforschung eine besondere Brisanz, denn neben der Heterogenität vielfältiger Kulturen hat sie es mit dem grundlegenden Differenz- und Ungleichheitsverhältnis zwischen Kindern und Erwachsenen zu tun. Ähnlich wie sich die *Cultural Studies* immer wieder darum bemühen, einen ethnographischen Blick insbesondere auf benachteiligte (Sub)Kulturen am Rande der Gesellschaft zu richten,[7] hätte die erziehungswissenschaftliche Kindheitsforschung auch im Sinne einer *child agency* dazu bei-

---

6 Es geht hier also im Wesentlichen darum, wie in alltäglichen Prozessen neue Ordnungen hergestellt werden; der (Soziale) Konstruktivismus kann dabei als erkenntnistheoretischer Hintergrund vieler kulturwissenschaftlicher Ansätze betrachtet werden (vgl. Schmidt ²1996).

7 Es ist allerdings einzuräumen, dass der methodisch sehr anspruchsvolle und aufwändige Ansatz der Ethnographie, gleichsam die Ursprungsschule qualitativer Forschungsmethodologie, mittlerweile auch in der erziehungswissenschaftlichen Kindheitsforschung eine viel versprechende Anwendung und Diskussion erfahren (Vgl. z. B. Schäfer 1997, Zinnecker 1997, Breidenstein/ Kelle 1998, Scholz 2004, Breidenstein 2006), allerdings meist eher als methodisches Konzept

zutragen, dass Kinder angesichts generationaler Abhängigkeitsverhältnisse und einer sie marginalisierenden demographischen Entwicklung als soziale Gruppe mit einer wichtigen kulturellen Produktivkraft wahrgenommen werden und (gemäß der UN Kinderrechtskonvention von 1989) zu ihren Rechten kommen.

3 Zur erziehungswissenschaftlichen Konstruktion von „Kindheit"

Kindheit wird unter verschiedenen disziplinären, theoretischen und methodischen Perspektiven untersucht; gerade kulturhistorische Untersuchungen haben neben den vorherrschenden sozialisationstheoretischen Konzepten wichtige Impulse zur wissenschaftlichen Rekonstruktion und Theoriebildung von „Kindheit" gegeben. Kindheit ist in erster Linie kein deskriptiver, sondern ein normativer Begriff – das haben einschlägige Historisierungen der Kindheit (z. B. von Ariès, De Mause, Postman) gezeigt. An diesen ist vor allem zu kritisieren, dass sie einerseits, um Kohärenz und Plausibilität herzustellen (bzw. zu suggerieren), viele Facetten des Kinderlebens ausklammern, indem sie sich nur auf einen Teil der Kinder beschränken (bestimmte gesellschaftliche Schichten), und dass sie andererseits in ihren Interpretationen des Geworden-Seins „der" Kindheit von normativen Kindheitsmustern geleitet sind, ohne diese methodisch zu reflektieren und zu kontrollieren. Kindheitskonstrukte sind beständig im Wandel; „Kindheiten" werden stets wieder neu entdeckt, tradierte Muster kehren wieder, verändern sich oder verschwinden – in jedem Fall müssen diese mitsamt ihren pädagogischen Implikationen immer wieder neu analysiert werden. Insbesondere der Wandel der Differenzierungsformen zwischen Kindern und Erwachsenen steht dabei im Mittelpunkt der Aufmerksamkeit. Diese Fokussierung auf „Unterscheidungsweisen" (s.o.) legt eine kulturwissenschaftliche Orientierung theoretischer und empirischer Kindheitsforschung nahe – eine solche findet allerdings kaum statt. In umfassenden Überblickswerken zur Kindheitsforschung im deutschsprachigen Raum (vgl. Behnken/Zinnecker 2001, Bründel/Hurrelmann 2003, Krüger/Grunert 2006) findet man keinen einzigen Beitrag, der sich an neueren kulturwissenschaftlichen Denk- und Forschungsansätzen orientiert.[8] Einen interessanten Teilbereich in dieser Forschungslandschaft bilden allerdings Forschungen zur

---

im Rahmen des Bestehenden denn als grundsätzlich anderer Begründungszusammenhang und andere Forschungshaltung zu Kindern.

8 Eine erwähnenswerte Ausnahme der konsequenten Auseinandersetzung mit kulturwissenschaftlichen Forschungen stellen im Fachgebiet die Arbeiten um den Erziehungswissenschaftler Christoph Wulf im interdisziplinären Sonderforschungsbereich „Kulturen des Performativen" (FU Berlin) dar; hier erfolgte jüngst auch eine empirische Hinwendung zu Dimensionen kindlichen Lernens im institutionellen Kontext der Schule (vgl. bspw. Wulf 2007).

Geschichte und Theorie der Kindheit – die wie die empirische Forschungsrichtung stark von der Soziologie geprägt sind. Michael-Sebastian Honig (1999) hat in einer vielperspektivischen Analyse historische und aktuelle Konstruktionen von Kindheit systematisiert. Honig legt nahe, eher von einer „Herstellung" oder „Durchsetzung" moderner Kindheit zu sprechen als von ihrer „Entdeckung". Die verschiedenen Geschichten der Kindheit wären als kulturhistorische Ethnographien zu lesen, deren Schlüsselfrage lautet: Wie wird Kindheit bzw. die Unterscheidung von Kindern und Erwachsenen hervorgebracht und sozial organisiert? Kindheit als Forschungsgegenstand konstituiert sich in dieser diskursanalytischen Sichtweise dann als eine Kategorie der Selbstbezüglichkeit Erwachsener und der Sozialstruktur sowie als Kategorie öffentlichen Wissens und der (konfliktträchtigen) Erfahrung sozialer Akteure, nicht zuletzt der Kinder selbst (vgl. Honig 1999: 7-13). Diese letzte Kategorie, die nur über kindliche Selbstauskünfte eruiert werden kann, kommt in kindheitswissenschaftlichen Arbeiten de facto allerdings äußerst selten zum Tragen.

Kindheitsforschung hat die Aufgabe, sich Klarheit über die je eigenen Theorien und deren Geltung und Relevanz zu verschaffen; dafür scheinen kulturwissenschaftliche Ansätze besonders geeignet, da sie die normativen oder teleologischen Fallstricke der angesprochenen „Kindheitsgeschichten" konsequent vermeiden. In der internationalen Forschungsdebatte zur Soziologie der Kindheit werden einige wesentliche Facetten sozialhistorischer Entstehung von moderner Kindheit und die mit diesen einhergehenden (z.T. widersprüchlichen) Einstellungen und Perspektiven in Bezug auf Kinder herausgearbeitet (vgl. Qvotrup 2005). Ziel ist nicht nur eine Reflexion der Generationenperspektive und der mit ihr verbundenen Ambivalenzen und Machtverhältnisse, sondern auch eine stärkere Wahrnehmung sowohl der eigenrechtlichen Individualität des Kindes als sozialer Akteur als auch der Kinder als gesellschaftliche Interessengruppe, der eine größere Teilhabe zuzusprechen sei. Eine solche Art von theoretischer Reflexion kann als Voraussetzung für eine „methodisch kontrollierte" kulturwissenschaftlich begründete Erforschung von Kindern und Kindheit durch die Erziehungswissenschaft angesehen werden.

Die empirische Kindheitsforschung hat eine stark sozialwissenschaftliche Ausprägung, die in den vielfältigen Wandlungsprozessen einer sich rasch modernisierenden Gesellschaft begründet liegt. Die Wendung zu soziologisch geprägten Fragestellungen und sozialwissenschaftlichen Forschungsmethoden in Deutschland hat in den letzten zwei Jahrzehnten zu einem recht umfassenden Verständnis vom „Wandel der Kindheit" (Bründel/Hurrelmann ²2003, Krüger/ Grunert 2006) geführt. Die verschiedenen Auswirkungen auf die Entwicklung und Sozialisation der heranwachsenden Generation, und gerade auch die großen

Unterschiede zwischen den verschieden „Kindheiten" sind vielfältig aufgearbeitet worden. Allerdings hat die Erforschung sozialstruktureller Gegebenheiten (in Survey-Studien u.Ä.) bei aller gesellschaftspolitischen Relevanz oft das Problem, Kinder nur noch als statistische Anhanggröße der Erwachsenen zu betrachten – und in der expandierenden sogenannten empirischen Bildungsforschung existieren jene lediglich als Prozentrangvertreter in Schulleistungstests. In der skandinavischen und angelsächsischen Diskussion zur Kindheit wird seit den 1990 Jahren mit einem kinderpolitischen Impetus eine Diskriminierung von Kindern durch die Kindheitsforschung beklagt, etwa wenn Leena Alanen in einer emanzipatorischen Absicht vorschlägt, analog zur Differenzierung von *sex* und *gender* in der Geschlechterforschung, „natürliche" und „soziale" Kindheit zu unterscheiden. Entsprechend heißt es bei ihr: „Herkömmliches soziologisches Wissen ignoriert Kinder, es diskriminiert oder unterdrückt sie. (...) Sowohl der explizite Ausschluss als auch die scheinbare Berücksichtigung lassen die Kinder selbst, ihr Handeln, ihre Erfahrungen außen vor, bringen ihre Stimmen zum Schweigen. Im Gegensatz dazu fordert die neue Kindheitsforschung, dass Kinder nicht nur als Forschungsobjekte gesehen werden, sondern als sprachbegabte Subjekte mit eigenen Erfahrungen und Wissensformen" (Alanen 1994: 93).

Zwar ist seit den 1990er Jahren eine vermehrte Rezeption qualitativer Forschungsmethoden zu beobachten (vgl. Heinzel 2000) und eine stärkere Hinwendung zum individuellen Kind, das aufgrund konstruktivistischer Denkansätze und einer Revision der Sozialisationstheorie nun als selbsttätiger sozialer Akteur wahrgenommen wird, aber die tatsächliche Umsetzung eines systematischen Einbezugs der „Perspektive von Kindern" (Honig/Lange/Leu 1999) in der Kindheitsforschung verlangt noch viele weitere Forschungsanstrengungen. Subjekt- und lebensweltorientierte qualitative Forschungen zur *Kultur* der Kinder – insbesondere solche, in denen Kinder selbst zu Wort kommen – sind nach wie vor eine Randerscheinung. Über der Erzeugung empirischer Daten zu den Lebensumständen von Kindern sowie durch den forschungsmethodisch begründeten Ausschluss pädagogischer Fragestellungen und der Distanz zum kindlichen Lebensbereich Schule gerät der – nicht zuletzt naturgegebene – Umstand in Vergessenheit, dass Kinder eben auch „Werdende" und „Sich-entwickelnde" sind. Duncker/Scheunpflug/Schultheis (2004) haben diesen Kritikpunkt in ihrem Ansatz einer Anthropologie des Lernens im Grundschulalter hervorgehoben; darin werden Kinder „keineswegs als defizitär in Bezug auf Erwachsene gesehen, sondern werden gerade in ihrer Lernfähigkeit, in ihren Ausdrucksmöglichkeiten und hinsichtlich ihrer Potentialität in den Blick genommen" (Duncker et al. 2004: 13). Stellt man die Positionen einer sozialwissenschaftlichen und einer (kultur)anthropologischen Interpretation und Erforschung des Kinderlebens gegenüber, lässt sich zeigen, dass diese und jene sich in ihrer jeweiligen Akzentuierung auf die Erforschung des Selbständigwerdens bzw. Selbständigseins ergänzen (vgl. Lippitz 2003: 130). Beiden Perspektiven gemeinsam ist der Versuch, Differenzen sowie Überschneidungen der Kinderwelten mit denen der Erwachsenen herauszuarbeiten, und zwar unter der pädagogisch bedeutsamen Hinsicht des kulturellen Tätigwerdens bzw. -seins von Kindern.

4 Kulturwissenschaftliche Perspektive als Korrektiv erziehungswissenschaftlicher Kindheits- und Bildungsforschung?

Nach der kritischen Diskussion kulturwissenschaftlicher Leerstellen in der erziehungswissenschaftlichen Erforschung von Kindern und Kindheit gilt es anhand der Skizzierung eines bestimmten Forschungsthemas zu zeigen, wie diese überbrückt und eine kulturwissenschaftlich begründete Kinderforschung gestaltet werden kann.[9] Dieses ist exemplarisch in Bezug auf die Themen- bzw. Fragestellung, die Rezeption und Entwicklung theoretischer Ansätze und Hypothesen, die methodologische Begründung sowie die Durchführung und Auswertung empirischer Studien. Die Forschungsarbeit kann an dieser Stelle nur in groben Umrissen angedeutet werden; es geht hier darum, die Aspekte herauszustellen, die das Potential *kulturwissenschaftlicher* Forschungszugänge für die Kindheitsforschung erkennen lassen. Die Fragestellungen sind: Welche metaphorischen Ausdrucksformen zeigen sich bei Kindern? Wie stellen sie metaphorisch Sinn und Bedeutung her? Wie lässt sich die Entwicklung metaphorischen Denkens und Sprechens theoretisch fassen? Welche Bedeutung haben Metaphern für kindliche Entwicklungs- und Bildungsprozesse? Diese Problemstellung ist im Hinblick auf das oben formulierte Anliegen dieses Beitrags leicht zu begründen: Wenn wir zum einen mit einem semiotischen Begriff Kultur als ein „Bedeutungsgewebe" verstehen, das in sozialen Aushandlungsprozessen entwickelt wird, und wenn wir zum anderen Bildung und Lernen in Form von Symbolisierungsprozessen analysieren, die hierin verwoben sind, dann befinden wir mit diesem Thema im Zentrum kulturwissenschaftlicher Forschung; denn es geht hier um eben diese Prozesse des Umgangs mit Bedeutungen.

---

9   Reinhard Fatke grenzt eine anthropologische und spezifisch pädagogische Kind*er*forschung ab von der Kind*heits*forschung, die sich ausschließlich an sozialwissenschaftlichen Theorien und Methoden orientiert. Er plädiert für Studien zu Ausdrucksformen des Kinderlebens, die sich – mit phänomenologischer Grundhaltung – an den Perspektiven von Kindern selbst orientiert (vgl. Fatke 1994: 107).

4.1 Metaphernforschung als Beispiel

Unsere Sprachformen bieten uns die wichtigsten Repräsentationsmedien sowohl als Ausdrucksbestand unseres kulturellen Gedächtnisses als auch für unser kommunikatives Handeln. In Metaphern können symbolische Ordnungen der Kultur entdeckt werden sowie soziale Praktiken und individuelle Relevanzsetzungen. Sprachbilder und metaphorische Konzepte haben in verschiedenen Dimensionen der menschlichen Kultur und Lebenswelt eine Bedeutung als Bestandteile unserer Sprach- und Bildkultur und damit als (vgl. Gansen 2009: 246):

- Strukturprinzipien symbolischer Ausdrucksformen,
- Mittel der kommunikativer Verständigung und Element sozialer Praktiken und
- Ausdrucksmittel für subjektiv bedeutsame Erfahrungen und Erinnerungen und die Formulierung von Ideen und Theorien.

Bei der Theorierezeption eines solchen Themas gilt es, entsprechend der eingangs skizzierten kulturwissenschaftlichen Forschungsperspektive offen zu bleiben für verschiedene disziplinäre Zugänge und Positionen (literatur- und sprachwissenschaftliche, kognitionswissenschaftliche etc.). Eine erziehungswissenschaftlich begründete Theoriereentwicklung gelingt im Anschluss an kulturanthropologische Bezüge im Fach (Duncker 1994, Nießeler 2003) und einer heuristisch verstandenen pädagogische Anthropologie (vgl. Wulf 2001, Zirfas 2004). Die theoretischen Studien folgen in ihrem Untersuchungsgang einer schrittweisen Erweiterung des „Fokusses" bzw. „Kontexts", indem der sich entwickelnde Mensch als metaphernbildendes und -verstehendes Wesen betrachtet wird – vom Körper und dem Angewiesensein auf leibliche Responsivität über die Sprache wird der Blick auf das Selbstkonzept gelenkt, dann weiter über die Sozialität und Interaktion zur Kulturaneignung. Eine empirische Untersuchung metaphorischer Ausdrucksphänomene erfolgt dann in Studien, die sich auf möglichst non-directive Verfahren konzentrieren (qualitative Interviews, Kreisgespräche, ästhetisches Gestalten) oder auf die Sekundäranalysen von Daten aus anderen Forschungszusammenhängen (größere Korpora mit Kindertexten), um so möglichst vielfältig die „Perspektiven" bzw. „Stimmen" der kulturellen Akteure zur Geltung kommen zu lassen. – Dazu ein kurzer Einblick:

Medienmetaphern: Dicke Luft und Mr. Bean

Die Medien bieten in vielfältigen Zusammenhängen eine Fülle von Metaphern dar. Von Ausdrucksweisen in Erzählungen und Spielfilmen, über Karikaturen und Liedtexte bis hin zu Sprachbildern und Wortspielen in der Werbung begegnet man täglich metaphorischen Darstellungen. In einer Reihe vom Autor durchgeführten Leitfadeninterviews zum Metaphernverständnis von Grundschulkindern (vgl. Gansen 2004 und 2005) wurde häufig auf mediale Erfahrungen Bezug genommen wurde: Mehrfach wurde erklärt, dass man einen Ausdruck schon einmal gelesen hätte oder jemand im Fernsehen so etwas gesagt hätte. Die neunjährige Marlene erinnert sich z. B. bei „im Regen stehen lassen" an eine Kaufhausreklame („Wir lassen Sie nicht im Regen stehen."). Ein anderes Mädchen konnte mehrmals eine Metapher von einem Liedtext her erschließen, und ein Junge nimmt bei „Grünschnabel" Bezug auf eine Comicfigur. Der zehnjährige Rick erinnert sich bei den Ausdrücken „dicke Luft" und „jemanden den Rücken stärken" an spannende Situationen in Fernsehkrimis, in denen es „brenzlig" wird. Für den gleichaltrigen Johannes ist ein „bunter Hund" jemand, der so ist „wie Mr. Bean". Es wird hier offensichtlich, dass Kinder ihr Metaphernverständnis auch aus verschiedenen Medien ableiten, metaphorische Äußerungen aus diesen aufgreifen und in ihren Wortschatz aufnehmen. Gerade Medienerfahrungen werden von Kindern oft in einem ganzheitlichen Verstehensprozess mit eigenen Erfahrungen, Bedürfnissen und Problemsituationen verknüpft und in einem produktiven Spielen mit Sinn symbolisch verarbeitet. Eine wichtige Rolle spielen dabei handlungsleitende Themen, mit denen die Kinder auf das symbolische Material ihrer Kultur treffen: „Dazu eignen sich insbesondere Kinder die Symbolik der Medien subjektiv an und verarbeiten sie thematisch (...)" (Bachmair 1994, S. 177).

Wissenschaftsmetaphern: Computerhirn

> „Eigentlich ist es der Verstand, der *im Gehirn* jedem sagt, also der sagt jedem „Ich bin ich" oder „So heißt mein Name" oder was. Da ist praktisch *alles Wichtige abgelagert*. Und genauso sagt der Verstand, dass man selbst das Ich ist. Bloß, wenn man praktisch „Ich" sagt, ist das nur *die Erfindung vom eigenen Verstand*. Und der eigene Verstand wird *vom Menschen gesteuert*, und der Mensch wird vom Verstand *gesteuert*. Also praktisch ist es *eine Kette unbeschreiblicher Dinge, die alle auf einmal passieren*. (...) Also das *kombiniert man so zusammen*. Aus dem...zum Beispiel im Gehirn, dass man *Information speichern* kann, und auch Information *drin versteckt* sein kann. Aber so, dass man selber bei sich alleine ist – und nicht wie beim Computer, der einen fragt:

Willst du das wirklich? Oder willst du das oder willst du das? Sondern dass man sagt, ich will das oder ich will das, weil ich das denke. Dort funktioniert es ungefähr auch *wie beim Computer*. Nur dass es tausendmal komplizierter ist und *mit viel mehr Sachen drin*." (Mädchen, 9 Jahre)

Lebensmetaphern: geregelte Karrierewege

„Wie ich mir meinen *Lebensweg* vorstelle? Um ehrlich zu sein, habe ich mir seit dem 2. Schuljahr alles *ausgemalt*! Und ich *befinde mich* noch immer *auf dem besten Weg*, mein Ziel zu erreichen (...). Über Kinder, Ehe und solche Sachen habe ich noch nicht nachgedacht, denn 1. *geht mir meine Karriere über fast alles* und 2. kommt es anders als man denkt! (...) ich denke, dass wenn man sich *etwas so Wichtiges in den Kopf gesetzt* hat, dann werde ich *alles daran setzten*, mein Ziel zu erreichen. (...) Es ist so, dass wenn ich mir Mühe gebe und so motiviert bin, eher eine reelle Chance habe, *mein Leben selbst in die Hand zu nehmen*, als jemand, der gewohnt ist, sich *durch faules „Rumsitzen" und Glück durchs Leben zu schlagen*."
(Mädchen, 15 Jahre)

„(...) Ich hoffe das ich später ein *geregeltes Leben* habe mit einen guten Job hab. Natürlich möchte ich einen gut bezahlten Job haben, aber so *wie die Lage aussieht* ist es sehr schwer einen guten Job zubekommen. Aber das wär mir egal hauptsache ich *führe eine Betätigung aus*. Ich gehe jetzt auch schon Arbeiten, nicht weil ich es muss oder nötig habe, sondern weil ich *nicht Knapsen will* und gerne Klamotten kaufe und Rauche. (...) Und *nicht jeden Pfennig 2x umdrehen muss*. Ich möchte auch erst Kinder bekommen wenn ich *dem Kind eine Zukunft bieten* kann. Denn Leute die *ein Kind oder mehr in die Welt setzen* wo man heute schon weiß das die Kinder *keine Zukunft haben* kann ich nicht verstehen! Leute die <u>nichts</u> in den großen *„Pott"* einzahlen können meiner Meinung nach auch <u>nichts</u> rausnehmen. (...) *Ätzend!* So viele Leute müssen betteln (...) und andere bekommen *das Geld in den Arsch geschoben*. So etwas darf es nicht geben. Das Leute die *zu Faul sind ihren Arsch zu bewegen* noch von denen die ihr Lebenlang arbeiten Geld bekommen. (...) *So was ist der Hammer!!!!* Die *Leute sind sich zu fein Drecksarbeit* zu machen, deßhalb kommen so viele Außländer nach Deutschland, denn *Arbeit gibt es genug*. Jobs, (...) die *gibt es an jeder Ecke*! Und wegen solcher Leute ist *meine Zukunft gefährdet* (...)."[10]
(Mädchen, 16 Jahre)

---

10 Diese beiden Abschnitte stammen aus einem großen Textkorpus von Zukunftsaufsätzen, der im Rahmen der Untersuchung „null zoff und voll busy " (erhoben und dem Autor freundlicherweise zur Verfügung gestellt wurde.

Diese illustrierenden empirischen Beispiele können an dieser Stelle nicht analysiert werden (vgl. dazu Gansen 2009),[11] aber es zeigt sich deutlich, dass die Metaphorik von Sprache und Bildern in unserer Kultur allgegenwärtig ist und die Ausdrucksformen von Kindern und Jugendlichen in vielfältiger Weise beeinflusst. Das Verstehen alltäglicher metaphorischer Redewendungen ist wichtig für die kompetente Teilhabe an der uns umgebenden Kultur. Wir müssen davon ausgehen, dass Metaphern neben überindividuellen und kulturübergreifenden leiblichen Motivationen häufig *kulturspezifische* Wissensbestände (auch in Form von Stereotypen u.Ä.) zugrunde liegen (vgl. Zinken 2002), deren Verstehen ein wichtiger Bestandteil kultureller Bildung darstellt.

Im Anschluss an kulturwissenschaftliche Ansätze ergibt sich eine notwendige „Transformation des Verständnisses von Aneignungs- und Vermittlungsprozessen" (Kolbe et al. 2009: 349). Wenn die Wirklichkeit vor allem in ihrer kulturellen Konstruktion durch den Menschen betrachtet wird und die Welt als ein Repertoire von „Weltansichten" (Humboldt), von Vorstellungsbildern und symbolischen Formen verstanden wird, die es zu lesen oder zu rekonstruieren gilt, die zugleich aber auch ständig von uns mitgestaltet und verändert werden; – wenn wir also in dieser Logik die Entwicklung des Kindes als ein Wechselspiel aus dem Hineinwachsen und Neuschöpfen des Sinngefüges der Kultur verstehen, dann müssen auch Bildung und Lernen in diesen Zusammenhang gestellt werden. Ludwig Duncker hat in diesem Sinne das „Lernen als Kulturaneignung" (1994) konzipiert. In Anknüpfung an das kulturanthropologische Verständnis symbolischer Formen nach Cassirer wird Kultur als Methode und die kindliche Aneignung von Kultur vor allem als Erwerb von Bedeutungen und Formen betrachtet. Lernen besteht dann wesentlich in der Fähigkeit, symbolische Formen verstehen und kreieren zu können und „kann also nicht von außen her erfolgen, da es keinen Standpunkt außerhalb der Kultur gibt. Kultur muss vielmehr von innen her erschlossen werden (...). Für die Pädagogik lautet deshalb die Aufgabe, Formen zu benennen, in denen die Elemente der Kultur als Innenseite der Methode ausgelegt werden können und umgekehrt" (Duncker 1994: 61f.). Die Welt als Kulturwelt wird dann als Text (oder wie ein Text) betrachtet,[12] der zum einen entschlüsselt und verstanden werden muss, zugleich aber die Möglichkeit

---

11 Zum Verständnis der hier gekennzeichneten metaphorischen Ausdrücke und Konzepte dient die *Kognitive Metapherntheorie* nach Lakoff/Johnson ([1980]²2003). In den hier erwähnten empirischen Studien orientiert sich die Auswertung außerdem an der *Qualitativen Inhaltsanalyse* (Mayring 2008) und der *Systematischen Metaphernanalyse* (Schmitt 2003).
12 Die Auffassung der „Kultur als Text" geht auf die ethnographischen Ansätze Clifford Geertz' zurück. Dieser kann auch als einer der wichtigsten Vertreter einer modernen Kulturanthropologie betrachtet werden; er hat sich ausdrücklich an der hier skizzierten Theorie der symbolischen Formen orientiert und darauf aufmerksam gemacht, dass kulturelle Anthropologie immer von ei-

der Distanzierung sowie der konstruktiven Auseinandersetzung und Fortschreibung ermöglicht.

Kinder müssen versuchen, für die Phänomene ihrer Lebenswelt sprachliche Bilder zu (er)finden, auszuwählen, zu organisieren und auch wieder zu verändern. Die Metaphorik von Sprache und Bildern ist Teil unserer Kultur(en), Teil des kulturell Erinnerten, Vorgedachten und Vorformulierten, das uns prägt. Die Aneignung metaphorischer Sprache ist dann auch als ein Bildungsprozess im Kindesalter aufzufassen. Dieser ist zu verstehen als ein Wechselspiel aus der Übernahme von Sprachbildern und einem Hineinwachsen in metaphorische Konzepte einerseits und einer individuellen und kreativen Ausgestaltung metaphorischer Denk- und Sprechweisen andererseits. Ob wir die kindliche Konstruktion und Reflexion von Weltwissen betrachten, die Aushandlung von sozialen Beziehungen und Praktiken oder die Entfaltung von Subjektivität und Selbstkonzept – in allen diesen Dimensionen dienen Metaphern dazu, Struktur, Bedeutung und Sinn herzustellen (vgl. Gansen 2009: 248).

5 Ausblick: Kultur als Prozess im Forschungsfokus

Die Perspektive einer intersubjektiv bzw. sozial hergestellten Wirklichkeit ermöglicht es, Metaphern und Modelle insbesondere als überindividuelle Werkzeuge einer Kultur oder gesellschaftlichen Gruppe zu betrachten (vgl. Gibbs 1999). Die Entwicklung metaphorischen Verstehens im Kindesalter muss dann als ein „Einleben" in diese kulturspezifischen Ausdrucks- und Kommunikationsformen verstanden werden. Metaphorische Ausdrucksweisen werden beim Spracherwerb nicht nur leiblich verinnerlicht, sondern teilweise auch bewusst imitiert und angeeignet; sie werden dann aber in der alltäglichen Kommunikation zu einem meist unbewussten Bestandteil unserer gedanklichen Operationen und unseres Sprachhandelns. In qualitativ-empirischen Studien lässt sich zeigen, dass zum Beherrschen der Metaphernsprache weniger die sprachliche Kompetenz oder die „verbale Intelligenz" entscheidend sind als vielmehr Formen der Habitualisierung nach dem hier skizzierten Verständnis, d.h. Fähigkeiten des sozialen Verstehens und das Erlernen kultureller Praktiken (vgl. Gansen 2009: 421).

Die Entwicklung metaphorischer Fähigkeiten ist in Prozessen der *sozialen Mimesis* oder des *mimetischen Lernens* zu verstehen. Mit diesem kulturanthropologische Zugang können wir noch deutlicher als in der ausschließlichen Perspektive auf den Habitus die kulturelle Motiviertheit und die pädagogische Be-

---

ner gemeinschaftlich hergestellten, symbolischen und öffentlichen Kultur ausgehen muss: „Kultur ist öffentlich, weil Bedeutung etwas Öffentliches ist" (Geertz 1983, S. 18).

deutung von Metaphern deutlich machen; denn mimetisches Lernen wird nicht nur als die Aneignung von „Körper- und Handlungswissen" dargestellt, das auf Reproduktion und Nachahmung bzw. Imitation beruht, sondern es verweist auf den kreativen Charakter mimetischer Prozesse (vgl. Wulf 2001: 76); diese sind nur aus einem bestimmten kulturellen Kontext heraus zu verstehen, der in Form von Gesten, „Sprachspielen" und Handlungsritualen repräsentiert bzw. täglich (re)konstruiert und ausgehandelt wird. In diesen Prozessen aus mimetischer Verinnerlichung und „performativer" Auseinandersetzung übernimmt das Kind Vorstellungen, und Sprachgewohnheiten seiner Umgebung; es imitiert zwar modellhaft Verhaltensweisen von Vorbildern, handelt dabei jedoch weitgehend unbewusst. Aber: Mimetisches Lernen schließt immer auch die eigene Gestaltung mit ein, die Art des Erlebens, die individuellen Vorstellungen, Bedeutungszuschreibungen und Ausdrucksformen. Auf der Grundlage einer kulturanthropologischen Theorie der Entwicklung der Metaphernsprache im Kindesalter können wir davon ausgehen, dass sich die Wechselspiele aus mimetischer Habitualisierung und schöpferischer Auseinandersetzung mit der Kultur wesentlich in Formen metaphorischen Denkens und Sprechens vollziehen bzw. in diesen in besonderer Weise identifizieren lassen.

Das hier skizzierte Forschungsfeld hat eine Bedeutung für Bildungsprozesse in verschiedenen – auch informellen – Kontexten. Es wäre allerdings interessant, im Anschluss an einen Vorschlag zu einer kulturanthropologisch begründeten Schulforschung (Scholz 2004), umfangreiche Metaphernanalysen in den empirischen Feldern Schule/Schulklasse vorzunehmen, welche die Metaphernsprache schulischer Kommunikations- und Lernprozesse fokussieren. Der Erziehungswissenschafter Gerold Scholz hat – ähnlich wie eingangs des vorliegenden Beitrags geschehen – den (Nicht-)Umgang mit dem Kulturbegriff in der Kindheits- und Bildungsforschung kritisiert und eine an der *cultural anthropology* orientierte Ethnographie der Schule und des Unterrichts gefordert. Dabei möchte er Schule und Unterricht als Konstruktion „kultureller Tatsachen" erforschen; d. h. er fragt nach den „von den Beteiligten gemeinsam gelebten Bedeutungen" und „wie die gesellschaftliche Funktion von Schule eingebettet ist in kulturelle Figurationen" (Scholz 2004: 522). Kultur wird dann auf das ethnographische Feld Schule bezogen und als ein Prozess betrachtet, „in dem die Beteiligten fortlaufend aushandeln, wer, wann, was, wo mit wem zusammen auf welche Weise tun, denken, fühlen darf" (ebd.). Auch in einem solchen Zugang könnte die Metaphorik dieser Figurationen ein aufschlussreicher Analyseaspekt sein, um (Schul)Kultur (i.w.S.) als sozialen Aushandlungsprozess zu untersuchen.

Literatur

Alanen, Leena (1994): Zur Theorie der Kindheit. In: Sozialwissenschaftliche Literaturrundschau, (17. Jg.) H. 28, 93-112

Assmann, Aleida (2006): Einführung in die Kulturwissenschaft. Grundbegriffe, Themen, Fragestellungen. Berlin: Erich Schmidt Verlag

Bachmann-Medick, Doris (Hrsg.) (^{2}2004): Kultur als Text. Die anthropologische Wende in der Literaturwissenschaft. Basel: UTB

Bachmann-Medick, Doris (2007): Cultural Turns. Zur Neuorientierung in den Kulturwissenschaften. Reinbek bei Hamburg: Rowohlt

Baumert, Jürgen et al. (Hrsg.) (2001): PISA 2000: Basiskompetenzen von Schülerinnen und Schülern im internationalen Vergleich. Opladen: Leske + Budrich.

Behnken, Imbke/Zinnecker, Jürgen (Hg.) (2001): Kinder, Kindheit, Lebensgeschichte. Ein Handbuch. Seelze-Velber: Kallmexersche

Breidenstein, Georg (2006): Teilnahme am Unterricht. Ethnographische Studien zum Schülerjob. Wiesbaden: VS

Bründel, Heidrun/Hurrelmann, Klaus (^{2}2003): Einführung in die Kindheitsforschung. Weinheim: Beltz

Brumlik, Micha (2006b): Pädagogik als kritische Kulturwissenschaft. In: Vierteljahrsschrift für wissenschaftliche Pädagogik 82. 4, 499-510

Duncker, Ludwig (1994): Lernen als Kulturaneignung. Schultheoretische Grundlagen des Elementarunterrichts. Weinheim und Basel: Beltz

Duncker, Ludwig/Scheunpflug, Annette/Schultheis, Klaudia (2004): Schulkindheit. Anthropologie des Lernens im Schulalter. Stuttgart: Kohlhammer

Cameron, Lynne (2003): Metaphor in educational discourse. London, New York: Continuum

Fend, Helmut (2008): Neue Theorie der Schule. Einführung in das Verstehen von Bildungssystemen. Wiesbaden: VS

Fink, Matthias./Gansen, Peter/Hartung Olaf et al. (Hrsg.) (2009): Lernen und Kultur. Kulturwissenschaftliche Perspektiven in den Bildungswissenschaften. Wiesbaden: VS.

Gansen, Peter (2004): Figurative Sprache bei Grundschulkindern. Theoretische und empirische Untersuchungen zur Metaphernkompetenz. (Unveröffentlichte Diplomarbeit, Justus-Liebig-Universität Gießen 2004)

Gansen, Peter (2005): Kindliches Denken in symbolischen Kontexten – Kinderphilosophie als Methode der pädagogischen Kinderforschung. In: Duncker, L./Nießeler, A. (Hrsg.) (2005), 167-206.

Gansen, Peter (2009): Metaphorisches Denken von Kindern. Theoretische und empirische Studien zu einer pädagogischen Metaphorologie. Würzburg: Ergon

Gibbs, Raymond W. (1999): Taking metaphor out of our heads and putting it into the cultural world. In: Gibbs, Raymond W./Steen, Gerald J. (Hg.): Metaphor in Cognitive Linguistics. Amsterdam, Philadelphia: John Benjamins, 125-166

Geertz, Clifford (1983): Dichte Beschreibung. Beiträge zum Problem kultureller Systeme. Frankfurt/M.: Suhrkamp

Heinzel, Friederike (2000): Methoden der Kindheitsforschung. Ein Überblick über Forschungszugänge zur kindlichen Perspektive. Weinheim und München: Juventa

Herzog, Walter (2001): Das Kulturverständnis in der neueren Erziehungswissenschaft. In: Appelsmeyer, Gertrud/Billmann-Mahecha, Elfriede (Hrsg.): Kulturwissenschaft: Felder einer prozessorientierten wissenschaftlichen Praxis. Weilerswist: Velbrück, 97-124

Holzkamp, Klaus (1995): Lernen – Subjektwissenschaftliche Grundlegung. Frankfurt/M.: Campus

Honig, Michael-Sebastian (1999): Entwurf einer Theorie der Kindheit. Frankfurt/M.: Suhrkamp

Honig, Michael-Sebastian/Lange, Andreas/Leu, Heinz Rudolf (Hg.) (1999): Aus der Perspektive von Kindern? Zur Methodologie der Kindheitsforschung. Weinheim: Juventa

Kelle, Helga/Breidenstein, Georg (1996): Kinder als Akteure. Ethnographische Ansätze in der Kindheitsforschung. In: Zeitschrift für Sozialisationsforschung und Erziehungssoziologie, 16. Jg., 47-67

Klieme, Eckard et al. (Hg.) (2007): Zur Entwicklung nationaler Bildungsstandards. Eine Expertise. Bonn, Berlin: BMBF

Krüger, Heinz-Herrmann/Grunert, Cathleen (Hg.) (2006): Handbuch der Kindheits- und Jugendforschung. Opladen: Leske & Budrich

Lakoff, George/Johnson, Mark (²2003): Leben in Metaphern. Konstruktion und Gebrauch von Sprachbildern. Heidelberg: Auer

Lippitz, Wilfried (2003): Differenz und Fremdheit. Phänomenologische Studien in der Erziehungswissenschaft. Frankfurt/M. u.a.: Peter Lang

Mayring, Philipp (2005): Qualitative Inhaltsanalyse. In: Flick, Uwe/Kardoff, Ernst v./Steinke, Irene et al. (Hrsg.) (³2005): Qualitative Forschung – Ein Handbuch. Hamburg: rororo, 468-475

Mecheril, Paul/Witsch, Monika (2006): Einführung. In: Dies. (Hg.): Cultural Studies und Pädagogik. Kritische Artikulationen. Bielefeld: Transcript, 7-18

Mollenhauer, Klaus (1983): Vergessene Zusammenhänge. Über Kultur und Erziehung. Weinheim und München: Juventa

Kolbe, Franz-Ulrich/Reh, Sabine/Wulf, Christoph et al. (2009): Theorien der Lernkultur. Kulturwissenschaftliche Transformation des Verständnisses von Aneignungs- und Vermittlungsprozessen. In: Melzer, Wolfgang/Tippelt, Rudolf (Hrsg.): Kulturen der Bildung. Beiträge zum 21. Kongress der Deutschen Gesellschaft für Erziehungswissenschaft. Opladen: Barbara Budrich

Nießeler, Andreas (2003): Formen symbolischer Weltaneignung. Zur pädagogischen Bedeutung von Ernst Cassirers Kulturphilosophie. Würzburg: Ergon

Nünning, Ansgar/Nünning, Vera (Hrsg.) (2008): Einführung in die Kulturwissenschaften. Trier: WVT

Qvortrup, Jens (Hrsg.) (2005): Studies in Modern Childhood. Society, Agency, Culture. Hampshire: Palgrave

Sauter, Sven (2006): Die Schule als Kampfplatz und Aushandlungsraum. Über die soziale Bedeutung des Wissens aus der Perspektive der Cultural Studies. In: Mecheril, Paul/Witsch, Monika (2006): Cultural Studies und Pädagogik. Kritische Artikulationen. Bielefeld: Transcript, 111-148

Schäfer, Gerd E. (1997): Aus der Perspektive von Kindern? Von der Kindheitsforschung zur ethnographischen Kinderforschung. In: Neue Sammlung, 3/1997, 377-394

Schmitt, R. (2003): Methode und Subjektivität in der Systematischen Metaphernanalyse. [54 Absätze]. Forum Qualitative Sozialforschung/Forum: Qualitative Social Research [On-line Journal], 4(2). http://www.qualitative-research.net/fqs-texte/2-03/2-03schmitt-d.htm [Zugriff: 15.04.2004]

Schmidt, Siegfried J. (^{2}1996): Kognitive Autonomie und soziale Orientierung. Konstruktivistische Bemerkungen zum Zusammenhang von Kommunikation, Medien und Kultur. 2. Aufl. Frankfurt/M.: Suhrkamp

Scholz, Gerold (2004): Die *cultural anthropology* als Rahmentheorie für eine Ethnographie der Schule und des Unterrichts. In: Pädagogische Rundschau, Heft 5/2004, 505-526

Terhart, Ewald (1999): Sprache der Erziehungswissenschaft. (Einführung) In: Zeitschrift für Pädagogik, 45(2), 154-159

Tomasello, Michael (2002): Die kulturelle Entwicklung des menschlichen Denkens. Frankfurt/M.: Suhrkamp

Wimmer, Andreas (1996): Kultur. Zur Reformulierung eines sozialanthropologischen Grundbegriffs. In: Kölner Zeitschrift für Soziologie und Sozialpsychologie, Jg. 48. H. 3/96, 401-425

Wimmer, Andreas (2008): Kultur als Prozess. Zur Dynamik des Aushandelns von Bedeutungen. Wiesbaden: VS

Wimmer, Michael (2002): Pädagogik als Kulturwissenschaft. Programmatische Überlegungen zum Status der Allgemeinen Erziehungswissenschaft. In: Zeitschrift für Erziehungswissenschaft. 1. Beiheft, 109-122

Woo, Jeong-Gil/Gansen, Peter (2009): Responsivität und Fremdverstehen. Kulturvergleichende Überlegungen zur Interkulturellen Pädagogik. In: Fink, Matthias./Gansen, Peter/Hartung Olaf et al. (Hrsg.) (2009): Lernen und Kultur. Kulturwissenschaftliche Perspektiven in den Bildungswissenschaften. Wiesbaden: VS

Wulf, Christoph (2001): Anthropologie der Erziehung. Weinheim: Beltz

Wulf, Christoph et al. (2007): Lernkulturen im Umbruch. Wiesbaden: VS

Zinken, Jörg (2002): Imagination im Diskurs. Zur Modellierung metaphorischer Kommunikation und Kognition (Dissertation Universität Bielefeld)

Zinnecker, Jürgen/Behnke, Imbke/Maschke, Sabine/Stecher, Ludwig (2003): null zoff & voll busy. Die erste Jugendgeneration des neuen Jahrhunderts. Ein Selbstbild. Opladen: Leske & Budrich

Zirfas (2004): Pädagogik und Anthropologie. Stuttgart: Kohlhammer.

Internationale Bezüge im Vorschuldiskurs 1965-1976

Adrian Schmidtke

1 Einleitung

Der folgende Beitrag untersucht die Frage, inwiefern internationale Bezüge – d.h. argumentative Verweise auf das Ausland, auf empirische Befunde, Debatten und Praxiserfahrungen – innerhalb der Reformdebatte um den Kindergarten und die Vorschule in der Bundesrepublik Deutschland zwischen 1965 und 1976 von Bedeutung gewesen sind.

Bei der Frage nach dem „Ausland als Argument" (Zymek 1975) in erziehungswissenschaftlichen Reformdebatten kann innerhalb der deutschsprachigen historischen Bildungsforschung auf eine gewachsene, wenn auch mengenmäßig nach wie vor überschaubare Tradition verwiesen werden.[1] Dabei ist der Bereich der Vorschule und des Kindergartens bislang zwar weitestgehend ausgeklammert worden, dennoch sind die vorliegenden Untersuchungen für die Fragestellung von großem Interesse, lassen sich doch gerade aus dem Vergleich von Vorschuldiskurs und allgemeinem erziehungswissenschaftlichen Fachdiskurs die strukturellen und argumentativen Besonderheiten des Vorschuldiskurses herausarbeiten. Dass diese zweifellos vorhanden sind, wird bereits bei einer oberflächlichen Betrachtung deutlich; offensichtlich folgt der Vorschuldiskurs anderen Gesetzen und Regelmäßigkeiten, als es für den erziehungswissenschaftlichen Fachdiskurs insgesamt der Fall zu scheint.

Ich möchte im Folgenden zeigen, welches die wichtigsten Referenzstaaten, Themen und Argumentationsmuster im Vorschuldiskurs sind, wenn vom ‚Ausland' die Rede ist. Einer kurzen Einführung in den Forschungshintergrund (Kap. 2) folgt zunächst eine knappe Darstellung des für die vorliegende Fragestellung relevanten Stands der Forschung zum internationalen Bezug in der Erziehungs-

---

[1] Vgl. insb. Zymek 1975; Keiner 1999: 222ff.; Herrlitz 2000. Zur historischen Entwicklung des internationalen Vergleichs und der kommunikativen Praxis in der Erziehungswissenschaft vgl. Schriewer 2000; Keiner/Schriewer 2000; Keiner 1999; Kaelble/Schriewer 1999; Tenorth 1997.

wissenschaft (Kap. 3). Vor diesem Hintergrund möchte ich dann den Versuch unternehmen, den Auslandsbezug im Vorschuldiskurs zwischen 1965 und 1976 einer Systematisierung zu unterziehen (Kap. 4), die Rückschlüsse auf Eigenarten und Besonderheiten des Vorschuldiskurses zulässt, aber auch Parallelen zum allgemeinen erziehungswissenschaftlichen Fachdiskurs aufzeigt (Kap. 5).

Das für den vorliegenden Beitrag untersuchte Quellenkorpus wurde sukzessive nach den Prinzipien des ‚Theoretical Samplings' (vgl. Glaser 1978; Glaser/ Strauss 1967) zusammengestellt. Es beinhaltet einen großen Anteil von Publikationen aus Zeitschriften, die sich eher mit der pädagogischen Praxis des Elementarbereichs denn mit Theoriereflexionen beschäftigen (vor allem *betrifft: erziehung* und *spielen & lernen*). Darüber hinaus wurden Beiträge aus der *Zeitschrift für Pädagogik*, des *Arbeitskreis Vorschule* (vgl. 1970) und Lexikonartikel hinzugezogen. Damit weist die Zusammensetzung des Quellenkorpus einen erheblichen Anteil von Beiträgen aus Spezialzeitschriften auf, so dass Vergleiche mit den Befunden vorliegender Forschungsarbeiten (s.u.) allein schon aufgrund der strukturell unterschiedlichen Datenkorpora mit aller Vorsicht erfolgen müssen. Der vorliegende Beitrag berichtet darüber hinaus aus einem laufenden Forschungsprojekt, hat somit vor allem den Charakter eines Werkstattberichts und erhebt keinesfalls den Anspruch einer abschließenden Einschätzung. Er zeigt vielmehr erste Tendenzen auf, die weiterführender Untersuchungen bedürfen.

2 Forschungshintergrund: Bildungsreform und Vorschuldiskurs

Das Hauptanliegen des Forschungsprojekts, aus dem dieser Beitrag berichtet, besteht in der diskursanalytischen Rekonstruktion des Reformdiskurses um Kindergarten und Vorschule in der Bundesrepublik Deutschland zwischen 1965 und 1976. Innerhalb dieses Zeitraums[2] vollzieht sich eine erstaunliche Trendwende in der wissenschaftlichen Fundierung frühkindlicher Bildung und Erziehung weg von eher ganzheitlichen Bildungsvorstellungen fröbelscher Prägung hin zu einer Vorstellung des Kindergartens als Bildungseinrichtung, die im Rahmen eines Bildungsgesamtplanes enger an die Grundschule heranrücken und mit neueren Ansätzen zur Bildung in der frühen Kindheit aufgeladen werden sollte. Darü-

---

2 Der Beginn des Untersuchungszeitraumes wird durch die Auflösung des Deutschen Ausschusses für das Erziehungs- und Bildungswesen 1965 und der Gründung des Deutschen Bildungsrates 1966 markiert; den – vorläufigen – Abschluss bildet das zusammenfassende Gutachten der Bund-Länder-Kommission 1976, das mit seiner verhaltenen Einschätzung zum Erfolg vorschulischer Erziehung auf die Debatte eine im höchsten Maße ernüchternde und eindämmende Wirkung gehabt hat.

ber hinaus lässt sich für diesen Zeitraum ein erheblicher Wandel der Institutionenlandschaft beobachten, der in hohem Maße auch auf die geführten Debatten zurückführbar ist und der allein schon bei der Betrachtung der quantitativen Entwicklung einen Eindruck von der starken Wirkungsmacht dieses Diskurses vermittelt.

Während der Bereich der Vorschulerziehung im untersuchten Zeitraum eine enorme Aufmerksamkeit erlangte und „dabei fast explosionsartig eine Welle nicht immer nur fachlichen Interesses, sondern auch stürmischer, oft unkontrollierter Begeisterung und voreiliger publizistischer Aktivität auszulösen vermochte" (Pause 1970), so bricht diese Debatte mit dem Gutachten der Bund-Länder-Kommission (vgl. 1976) in sich zusammen und kommt in der zweiten Hälfte der 1970er Jahre fast vollständig zum Erliegen. In ihrem Gutachten hatte die Bund-Länder-Kommission – auch vor dem Hintergrund eher ernüchternder Ergebnisse der US-amerikanischen Forschung – als ein zentrales Ergebnis herausgestellt, dass sich nach bisherigem Kenntnisstand keine klaren Argumente für eine Zuordnung der Kinder im Vorschulalter entweder zum Elementar- oder zum Primarbereich ausmachen ließen und auch die pädagogischen Inhalte der Institutionen nur von untergeordneter Bedeutung seien, was dem Gros der zuvor noch hitzig geführten Kontroversen über Ziele und Ausgestaltung frühkindlicher Bildung weitgehend den Boden entzog.

Für die Rekonstruktion des Verlaufs dieser Debatten ist die Frage nach dem Auslandsbezug in den Diskursbeiträgen von entscheidender Bedeutung. Nach bisherigem Kenntnisstand (vgl. u.a. Reyer 2006; Konrad 2004) ist weitgehend ungeklärt, warum das spezifische Interesse an der Vorschulerziehung zwischen 1965 und 1976 vor allem an neuere Erkenntnisse der (US-amerikanischen) Entwicklungspsychologie und Lernforschung gekoppelt wurde und die zweifellos vorhandenen eigenen etablierten Wissensbestände und Referenzrahmen – etwa die Entwicklungstheorien in Anschluss an Fröbel, die über mehr als ein Jahrhundert den Diskurs um frühkindliche Bildung und Erziehung dominiert hatten – innerhalb eines relativ kurzen Zeitraumes ins Hintertreffen gerieten. Dieser Befund erscheint vor dem Hintergrund des häufig proklamierten Sonderwegs der theoretischen und praktischen Separierung der deutschen Erziehungswissenschaft mit der Symptomatik einer tendenziellen „Abschottung gegen den Weg oder Normalweg anderer Kulturen" (Tenorth 1997: 209) umso irritierender.

Schließlich bietet ein Ansatz, der den Diskurs selbst in den Mittelpunkt des Interesses rückt, die Möglichkeit, strukturelle Ähnlichkeiten zu gegenwärtigen Debatten aufzuzeigen und diese mit Blick auf ihre Prämissen kritisch zu hinterfragen.³ Verschiedene Autoren verweisen auf deutliche Parallelen zwischen dem Vorschuldiskurs der 1960er und 1970er Jahre und aktuellen Debatten (vgl. u.a. Reyer/Franke-Meyer 2008) und heben dabei hervor, dass gerade diese Parallelen zumeist unreflektiert bleiben.

3 Internationale Bezüge in der deutschen Erziehungswissenschaft

Die bildungshistorisch und wissenschaftsgeschichtlich spannende Frage, in welchen Phasen die deutsche Erziehungswissenschaft einen besonders starken oder besonders schwachen argumentativen Bezug auf das Ausland gehabt hat, ist vor allem von Bernd Zymek für den Zeitraum 1871 bis 1952 (vgl. Zymek 1975), von Peter Drewek im Rahmen eines DFG-Projekts über die ‚Internationale Rezeption in der Erziehungswissenschaft im deutsch-amerikanischen Vergleich 1871-1933' (vgl. Drewek 1999) und von Edwin Keiner im Rahmen seiner Habilitationsschrift für den Zeitraum 1947 bis 1990 untersucht worden (vgl. Keiner 1999: insb. 222 ff.). Hans-Georg Herrlitz (vgl. Herrlitz 2000) hat darüber hinaus den Versuch unternommen, die Datenbasis Bernd Zymeks über das Jahr 1952 hinaus und damit in die bildungshistorisch äußerst spannende Phase der Bildungsreform und -expansion zu verlängern – leider hat dieses lobenswerte Unterfangen den Status eines Werkstattberichts nicht überschritten.⁴ Immerhin lässt der Zwischenbericht Herrlitz' einen zusammenfassenden Überblick zu, wann in welcher Zeitschrift mit welcher argumentativen Ladung das Ausland als Referenzrahmen herangezogen wurde. Herrlitz konzentriert seine Untersuchung auf eine Kernstichprobe von fünf Zeitschriften; die geringe Größe seiner Stichprobe (1.560 Titel mit Auslandsbezug im Titel und davon 175 Titel mit mehr oder weniger ausdrücklichem inhaltlichen Bezug) lässt allerdings nur sehr vorläufige und vorsichtige Schlussfolgerungen zu.

---

3   Innerhalb des Forschungsprojekts wird auf einen Diskursbegriff zurückgegriffen, der eng mit den frühen Arbeiten Michel Foucaults zur ‚Archäologie des Wissens' (vgl. Foucault 1988) und den Arbeiten der späteren ‚Genealogie' (vgl. Foucault 1991) verknüpft ist. Ich werde die innerhalb des Forschungsprojekts zentrale diskursanalytische Perspektive im Folgenden – vor allem aus Platzgründen – nicht weiter ausführen.
4   Ich werde mich im Folgenden vor allem auf die Arbeit von Herrlitz beziehen, da die dort zugrunde gelegte Datenbasis am ehesten Bezüge zum von mir untersuchten Quellenkorpus zulässt. Auf die für meine Arbeit relevanten Befunde Keiners, der seine Untersuchung auf einen noch kleineren Kreis von für die vorliegende Fragestellung weniger aussagekräftigen Kernzeitschriften der deutschen Erziehungswissenschaft (*Pädagogischen Rundschau, Bildung und Erziehung, Zeitschrift für Pädagogik*) stützt, werde ich insbesondere im Schlusskapitel noch einmal eingehen.

Für den Zeitraum 1945 bis 1995 arbeitet Herrlitz für die von ihm untersuchten Zeitschriften mit 7,6% insgesamt einen überraschend geringen Anteil von Beiträgen mit Auslandsbezug heraus. Für den Zeitraum 1965 bis 1976 lässt sich für einzelne Zeitschriften zwar ein relativ großes Interesse an Auslandsbezügen erkennen, welches in den Jahren danach, fasst man die Zeitschriftenbeiträge insgesamt, aber deutlich zurückgeht, und erst Anfang der 1990er Jahre wieder zunimmt. Ganz überwiegend sind die USA der häufigste Referenzstaat in Beiträgen mit Auslandsbezug, mit Ausnahme des Zeitraums 1945-1952 sowie in der *Pädagogischen Rundschau* und der *Sammlung*, die beide, wohl bedingt durch ihren Standort in der britischen Besatzungszone, den Blick in den meisten Fällen auf Großbritannien richten. Die DDR, Frankreich und die UdSSR verteilen sich mit jeweils ähnlichen Anteilen auf die Plätze drei bis fünf.

Beim Themenspektrum der Aufsätze mit Auslandsbezug lassen sich deutliche Präferenzen für Schulpolitik und Schulverwaltung, Allgemeine Erziehungswissenschaft und Didaktik/Fachdidaktik sowie allgemein gehaltene Überblicke über das Bildungswesen und Bildungsforschung herausarbeiten. Von einem über die Maßen differenzierten Informationsbedürfnis kann die Rede somit nicht sein. Dass der Elementarbereich hier nicht auf den vordersten Plätzen landen würde, überrascht nicht, da dieser – wie gesagt – in der deutschen Erziehungswissenschaft insgesamt nur eine untergeordnete Rolle spielt. Die von Herrlitz dargestellte Zusammensetzung des Themenspektrums irritiert dennoch: Folgt man dieser, so scheint der Elementarbereich, und die mit ihm verknüpften Themen, Fragestellungen und Institutionen, *gar kein* Thema der wichtigsten deutschsprachigen pädagogischen Publikationsorgane gewesen zu sein, wenn es um den Auslandsbezug geht, es sei denn, er verbirgt sich thematisch irgendwo in den Rubriken ‚Allg. Überblick' oder ‚Sonstiges'.

Welches sind die wichtigsten Argumentationsmuster im international-vergleichenden Fachdiskurs insgesamt? Insgesamt überwiegen im erziehungswissenschaftlichen Fachdiskurs in Deutschland eindeutig empirische, pädagogische und soziale Argumentationsmuster.[5] In der *Zeitschrift für Pädagogik* überwiegen empirische und pädagogische Argumentationsmuster, nur *Die Deutsche Schule* hat im westdeutschen Raum einen noch höheren Anteil empirischer Argumentationsmuster. In *Bildung und Erziehung* überwiegen hingegen pädagogische Argumentationsmuster, sie hat zudem mit 13,9% einen herausragend hohen Anteil

---

5 Das *empirische Muster* bezeichnet einen allgemeinen Bezug auf ausländische Erfahrungswerte, während das *pädagogische Muster* auf die Erziehung und Bildung des Menschen als höchste Priorität pädagogischen Denkens und Handelns verweist; das *soziale Muster* betont u.a. das Postulat der Chancengleichheit.

ökonomischer Argumentationsmuster,[6] die in der *Zeitschrift für Pädagogik* wiederum vollkommen fehlen (s.u., Tabelle 4). Darüber hinaus arbeitet Herrlitz heraus, dass für die Jahre 1956 bis 1965 eine auffallend positive Ladung der Argumente erkennbar ist, für die Jahre 1966 bis 1975 dagegen einer eher abwägende Ladung der Argumente. Das heißt: Wird das Ausland zunächst als positives Beispiel – etwa für geglückte Reformen – herangezogen, so verschiebt sich dies hin zu einer eher „vermittelnden sowohl-als-auch-Argumentation" (Herrlitz 2000, S. 75). Gleichzeitig betont Herrlitz die wachsende Bedeutung von Argumenten, die sich auf empirische Daten, ökonomische Sachverhalte und soziale, d. h. das Postulat der Chancengleichheit betonende Begründungszusammenhänge stützen. Traditionalistische, d. h. die Kraft des eigenen Landes herausstellende Argumentationsmuster, seien hingegen zurückgegangen (vgl. ebd., S. 76ff.). Es wird im Folgenden zu zeigen sein, ob diese Befunde auch für den hier untersuchten Vorschuldiskurs gelten.

4 Internationale Bezüge im Vorschuldiskurs

Wenigstens zwei Merkmale unterscheiden den Vorschuldiskurs vom allgemeinen erziehungswissenschaftlichen Fachdiskurs. Erstens: Er ist zeitlich klar begrenzt, d. h. Vorschule und Kindergarten sind außerhalb des gewählten Untersuchungszeitraumes kein nennenswertes Thema der ‚großen' erziehungswissenschaftlichen Publikationsorgane im 20. Jahrhundert.[7] Zweitens: Der Vorschuldiskurs findet in einem sehr eingeschränkten Rahmen statt, d. h. der Raum, in dem zur Reform der Vorschule und des Kindergartens gesprochen und publiziert wird, ist auf einen relativ kleinen Kreis von Zeitschriften beschränkt. Dass die Vorschulerziehung jedoch wenigstens rein quantitativ ein ‚großes' Thema der Erziehungswissenschaft gewesen ist, zeigt die *Bibliographie Vorschulerziehung* (herausgegeben vom Deutschen Jugendinstitut München), die bereits 1970 über 800 Titel zum Thema Vorschulerziehung auflisten kann (vgl. Deutsches Jugendinstitut 1970).

Schon eine grobe, zunächst noch vorläufige Übersicht über die Häufigkeit zentraler, die Thematik kennzeichnender Begriffe in der *Zeitschrift für Pädagogik* gibt Hinweise auf die Bedeutung des Themas für den allgemeinen erziehungswissenschaftlichen Fachdiskurs im Untersuchungszeitraum insgesamt, d. h. beim

---

6   Das *ökonomische Muster* verweist auf Zusammenhänge zwischen Bildung, Beschäftigung und ökonomische Sachverhalten.
7   Erst in den letzten Jahren zeichnet sich diesbezüglich im Anschluss an die PISA-Debatte eine leichte Trendwende ab.

Internationale Bezüge im Vorschuldirskurs 1965-1976 181

Vorschuldiskurs handelt es sich keineswegs um ein vom Kernbereich der Erziehungswissenschaft vollständig ignoriertes Themengebiet:[8]

Jahr	Häufigkeit	Jahr	Häufigkeit	Jahr	Häufigkeit	Jahr	Häufigkeit	Jahr	Häufigkeit
1955	0 (2)	1963	0 (3)	1971	12 (4)	1979	0 (0)	1987	0 (3)
1956	0 (4)	1964	0 (2)	1972	1 (4)	1980	3 (6)	1988	0 (4)
1957	0 (2)	1965	0 (10)	1973	0 (6)	1981	1 (3)	1989	3 (4)
1958	0 (2)	1966	1 (3)	1974	3 (8)	1982	4 (7)	1990	0 (2)
1959	0 (1)	1967	2 (1)	1975	5 (12)	1983	2 (3)	1991	1 (4)
1960	0 (2)	1968	0 (3)	1976	1 (6)	1984	0 (2)		
1961	0 (0)	1969	0 (0)	1977	0 (5)	1985	0 (5)		
1962	0 (4)	1970	7 (12)	1978	0 (5)	1986	0 (2)		

Tabelle 1: Vorschule und Kindergarten in der Zeitschrift für Pädagogik 1955-1991

Die Häufigkeit dieser Begriffe in den Inhaltsverzeichnissen, den Beiheften und Sachregistern der *Zeitschrift für Pädagogik* bestätigt den Befund eines durchaus vorhandenen Interesses des deutschen Erziehungswissenschaft insgesamt an der Thematik im Untersuchungszeitraum, zeigt aber auch, dass sich die *Zeitschrift für Pädagogik* offenbar erst mit einer gewissen Verzögerung des Themas angenommen hat.

Der Auslandsbezug im Vorschuldiskurs ist gemessen an der Gesamtzahl der erziehungswissenschaftlichen Publikationen äußerst gering, allein schon deshalb, weil in weiten Bereichen bereits der Vorschul- und Kindergartenbezug eine absolute Ausnahme darstellt. Umgekehrt ist der Anteil von Artikeln mit implizitem oder explizitem Auslandsbezug ungleich höher, sobald von Kindergarten und Vorschule die Rede ist. Mit einem Anteil von 63 von 231 in die Untersuchung

---

8 Die Häufigkeit von Begriffen wie *Vorschule, Kindergarten, Schuleingangsstufe, Einschulungsalter*, aber auch kognitive Frühförderung folgen der Jahreszahl; unspezifische Begriffe wie *Kindheit, Kind, Kindesalter, Kindersprache, Kinderspiel, Kinder- und Jugendpsychologie, frühkindliche Sozialisation*, oder *Tagesmütter*, Verweise auf Klassiker der Pädagogik, die einen ersichtlichen Bezug zum Themenkomplex Kindheit, frühkindliche Bildung und Erziehung aufweisen (wie etwa *Émile* oder *Fröbel*) aber keinen erkennbaren Bezug zur relevanten Thematik haben, sind in der Darstellung in Klammern gesetzt.

eingegangenen Artikeln liegt er bei gut 25 %, d. h. rund doppelt so hoch, wie bei dem durch Herrlitz untersuchten Quellenkorpus. Dieser Anteil gilt dabei für alle Zeitschriften, wobei solche Aussagen angesichts der bislang eher kleinen Stichprobe bestenfalls als Tendenz aufgefasst werden sollten.

4.1 Referenzstaaten

Bei den *Referenzstaaten* im Vorschuldiskurs sind die USA erwartungsgemäß der unangefochtene Spitzenreiter. Dies verwundert insofern nicht, als diese sich auch in anderen Untersuchungen schon zu einem frühen historischen Zeitpunkt als wichtigster Referenzstaat des internationalen Vergleichs innerhalb der westdeutschen Erziehungswissenschaft herauskristallisiert haben (vgl. Drewek 1999; Keiner 1999: insb. 222 ff.).

Referenzstaat	Verweise insg.	kritisch-negativ	abwägend-neutral	vorbildhaft-positiv
USA	56	17	26	13
DDR	6	--	3	3
UdSSR	6	1	4	1
‚Europa'	6	--	3	3
Großbritannien	4	2	--	2
Schweden	2	--	2	--
Frankreich	1	--	--	1
‚Ausland' (unspez.)	3	2	--	1

Tabelle 2: Das Auslandsprofil im deutschen Vorschuldiskurs 1965-1976 im Themenspektrum der Aufsätze mit Auslandsbezug

Die zweite Position nehmen mit bereits deutlichem Abstand die DDR und die UdSSR (die häufig gemeinsam genannt werden), die europäischen Nachbarstaaten und Großbritannien ein. Auch wenn die Verteilung derjenigen des allgemeinen Fachdiskurses zumindest ähnelt, so fällt dennoch der enorme Abstand auf, mit dem die USA als Spitzenreiter bei den Referenzstaaten fungieren: Fasst man die argumentativen Auslandsverweise insgesamt, so sind die USA bei zwei Dritteln dieser Verweise der Referenzstaat. Es wird weiter unten zu zeigen sein,

dass sich dies auch in einer spezifischen thematischen Präferenz des Auslandsbezugs widerspiegelt.
Die Frage hingegen, ob bei einzelnen Referenzstaaten eher positive – d. h. das Vorbildhafte des Referenzstaates betonende – oder eher negative – d. h. eher auf eine abschreckende Wirkung des Auslandsbezugs abzielende – Verweise vorherrschen, lässt sich angesichts des bislang vorliegenden Datenkorpus nicht ausreichend valide beantworten. Auffallend ist allerdings, dass bei der DDR als Referenzstaat bislang keine ausdrücklich kritisch-negativen Verweise zu finden waren. Möglicherweise ist dies Abbild einer allgemeinen Tendenz der Bildungsdebatten der 1960er Jahre, im Anschluss an den ‚Sputnik-Schock' von 1957 das osteuropäische Ausland eher als Bedrohung (im Sinne seiner technologischen und militärischen Überlegenheit) und damit letztlich vorbildhaft darzustellen.

4.2 Themen

Welches sind die wichtigsten Themen des Vorschuldiskurses zwischen 1965 und 1976? Bereits ein noch recht grober Überblick zeigt, dass sich der auslandsbezogene Vorschuldiskurs, wenig überraschend, anderen Themen zuwendet als der allgemeine Fachdiskurs mit Auslandsbezug und gleichen oder ähnlichen Themen eine andere Bedeutung beigemessen wird:

Themen	Verweise insg.	betriff: erziehung	spielen & lernen	Z.f.Päd.	andere
Bildungssystem/Institutionen	37	13	15	4	5
Neue Medien/Sesamstraße	20	16	3	1	--
Kompensatorische Erziehung	17	9	--	6	2
Gesellschaft	13	4	5	1	3
Curriculumforschung	10	--	2	6	2
Entwicklungspsychologie	5	1	2	--	2
Allgemeine Verweise	5	2	2	--	1
Sonstiges	4	--	--	--	4

Tabelle 3: Das Themenspektrum im deutschen Vorschuldiskurs 1965-1976 in Beiträgen mit Auslandsbezug (mit Mehrfachzuordnungen)

Mit großem Abstand interessieren in den Beiträgen die *Bildungssysteme* anderer Länder, Erfahrungen mit der institutionellen Ausgestaltung und mit Modellversuchen. Dies verwundert nicht weiter, sah man doch das Ausland – zu recht – als Vorreiter bei der Erprobung von Modellen der Vorschulerziehung und Ansätzen kompensatorischer Erziehung. Häufig sind dabei empirische Argumentationsmuster:

> „In östlichen Ländern kann man freilich noch höhere Prozentzahlen nennen. In der DDR gehen 75 Prozent der Jungen und Mädchen, die älter als vier Jahre sind, in den Kindergarten, in der Sowjetunion sind es gar 83 Prozent." (s&l 1970)

Ebenso häufig sind allerdings sehr allgemeine, weitgehend unspezifische und nur schlecht belegte Verweise auf das Ausland.

> „Wie die Vorschule in diesen europäischen Ländern organisiert ist, finanziert wird und wie die Kinder dort spielen und lernen. Wir meinen: bundesdeutsche Vorschul-Idealisten können aus dem Vergleich eine Menge lernen!" (s&l 1972)

Hier lassen sich zumindest Indizien finden für das Bemühen, allein mit dem Verweis auf die Andersartigkeit der Bildungssysteme anderer Länder – vermeintliche und häufig auch nicht weiter belegte – Rückständigkeiten und Defizite des eigenen Bildungssystems implizit zu belegen.

An zweiter Stelle bei der Häufigkeit der gewählten Themen (und das allein im Zeitraum 1969 bis 1976) findet sich die anlässlich ihrer Einführung in Deutschland heftig diskutierte *Sesamstraße*. Generell wird – auch und vor allem innerhalb der Medienpädagogik – auf ausländische, d. h. hier: vorrangig US-amerikanische Erfahrungswerte zurückgegriffen. Auffällig ist im Falle der Sesamstraße und des Fernsehens generell, dass keine der ,großen' erziehungswissenschaftlichen Publikationsorgane sich des Themas auch nur annimmt; die Sesamstraße ist Thema allein in den Zeitschriften, die sich explizit auf die pädagogische Praxis beziehen. Hier fällt zunächst auf, dass nur selten auf Debatten und Kontroversen innerhalb des Referenzstaates verwiesen wird und dies auch erst zu einem sehr späten Zeitpunkt:

> „Hilft die TV-Serie ,Sesame Street' Kindern aus unterprivilegierten Familien? Oder vergrößert sie die ,Lücke' zwischen Getto- und Mittelschichtkindern? Darüber streiten sich zwei US-Forscher-Teams." (Jabs 1976)

Hier hätte man sehr viel eher erwarten können, dass der Verweis auf die US-amerikanische Debatte über die Sesamstraße der Frage vorausgehen würde, welche

Befunde für die hiesigen Verhältnisse von Bedeutung sein könnten. Stattdessen werden in der Regel anlässlich der Einführung der Sesamstraße in Deutschland allein Wirkung, Nutzen und Gefahren für deutsche Kinder diskutiert. Neben bloßen Hinweisen auf die Einführung halten sich kritische und abwägend-neutrale Einschätzungen die Waage.

An dritter und vierter Position bei der Häufigkeit der diskutierten Themen finden sich der Komplex der *kompensatorischen Erziehung* und die US-amerikanische *Curriculumforschung*. Hier steht deutlich das Interesse an praktischen Erfahrungen mit konkreten Konzepten und Modellversuchen im Vordergrund:

> „In der Übersicht von Bronfenbrenner (1974) über die unterschiedlichen kompensatorischen Erziehungsmaßnahmen während der frühen Kindheit in den USA wird deutlich, dass der bisher übliche Ansatz, mit individuumbezogenen Einzelmaßnahmen eine Verbesserung bestimmter Fähigkeiten erzielen zu wollen, wenig Erfolg gebracht hat." (Kreppner 1976)

Einerseits wird am Bezug auf Ansätze kompensatorischer Erziehung und die Rezeption der US-amerikanischen Curriculumforschung die prinzipielle Offenheit gegenüber neuen Praxisansätzen, Kernbegriffen und Bezugswissenschaften – insbesondere der Psychologie – deutlich.[9] Andererseits ist diese Offenheit begleitet von einer eigenartigen Engführung auf bestimmte Publikationen und, was noch auffälliger ist, auf bestimmte Autoren. So finden sich allein im von mir bislang ausgewerteten Quellenkorpus 13 Verweise auf ein und dieselbe Publikation Urie Bronfenbrenners (vgl. Bronfenbrenner 1974; Abels 1976), so dass es schwerfällt, angesichts dieses und ähnlicher Befunde von einer wirklich differenzierten Rezeption neuerer US-amerikanischer Forschungsergebnisse zu sprechen.

Überraschend (und erfreulich) selten sind innerhalb des wissenschaftlichen Vorschuldiskurses *unspezifische und kaum belegbare Verweise* auf die berüchtigten ‚US-amerikanischen Untersuchungen' bzw. Erkenntnisse ‚US-amerikanischer Forscher', wie man Sie auch gehäuft in den öffentlichen Medien findet:

> „Amerikanische Untersuchungen haben ergeben, dass kompensatorische Erziehung im Vorschulalter nur dann und auf Dauer erfolgreich ist, wenn sie in der Schulzeit fortgesetzt wird." (Hamm-Brücher 1970)

Möglicherweise, aber das ist bislang nur eine Vermutung, führen die stets mitgedachte Praxisrelevanz, sowie, vor allem in den Anfangsjahren, ein hohes Maß

---

9 Die Zeitschrift für Pädagogik stellt hier allerdings eine Ausnahme dar; explizite Verweise auf neuere Forschungsergebnisse der US-amerikanischen Entwicklungspsychologie fehlen in den untersuchten Beiträgen vollständig.

reformerischer Motivation, die auf eine unmittelbare Veränderung der pädagogischen Praxis appellieren, dazu, dass Regeln wissenschaftlichen Argumentierens zuweilen vom Reformenthusiasmus etwas in den Hintergrund gedrängt werden.

Festhalten lässt sich zu diesem Zeitpunkt jedenfalls zweifelsfrei, dass das Themenspektrum innerhalb des Vorschuldiskurses zwischen 1965 und 1976 deutlich von dem des allgemeinen erziehungswissenschaftlichen Fachdiskurses abweicht. Dominieren dort nämlich Schule, Schulpolitik und -verwaltung sowie die Allgemeine Pädagogik, so sind es hier vor allem die Organisation und innere Logik der Bildungssysteme anderer Länder, didaktische und allgemeinpädagogische Implikationen des Fernsehens sowie konkrete Erfahrungen mit Ansätzen kompensatorischer Erziehung.

4.3 Argumentationsmuster

Stellt man nun die *Häufigkeit der verwendeten Argumentationsmuster* gegenüber, so lassen sich einige weitere Besonderheiten des deutschen Vorschuldiskurses herausarbeiten. Hier gilt der bereits mehrfach formulierte Vorbehalt ganz besonders: Angesichts der geringen Größe der Stichproben (das gilt insbesondere für das von mir untersuchte Quellenkorpus), nur eingeschränkter Deckungsgleichheit des Untersuchungszeitraumes und Verzerrungen, die sich aus der Konzentration auf ausgewählte Publikationsorgane beinahe zwangsläufig ergeben, können die Daten allenfalls Tendenzen aufzeigen und müssen als Ausgangspunkt für weitere, umfangreichere empirische Untersuchungen angesehen werden:

Kategorien	Fachdiskurs 1960-1979		Vorschuldiskurs 1965-1976	
Empirisch	39	(25,5 %)	60	(48,4 %)
Pädagogisch	18	(11,8 %)	10	(8,1 %)
Sozial	28	(18,3 %)	29	(23,4 %)
Politisch	25	(16,3 %)	12	(9,7 %)
Traditionalistisch	7	(4,6 %)	4	(3,2 %)
Ökonomisch	13	(8,5 %)	7	(5,6 %)
Kommunitaristisch	8	(5,2 %)	2	(1,6 %)
Evolutionär	10	(6,5 %)	0	(0 %)
Elitär	5	(3,3 %)	0	(0 %)
Gesamt	153	(100 %)	124	(100 %)

Tabelle 4: Häufigkeit der Argumentationsmuster im erziehungswissenschaftlichen Fachdiskurs 1960-1979 (nach Herrlitz 2000) und im Vorschuldiskurs 1965-1976

Was sofort auffällt, ist der ungleich höhere Anteil *empirischer Argumentationsmuster*, der nicht allein mit der relativen Unschärfe des Begriffs selbst zu erklären ist. Möglicherweise, aber das ist bislang nur eine Vermutung, finden sich im Vorschuldiskurs zu einem frühen Zeitpunkt erste, bereits recht deutliche Anzeichen für eine Verdrängung geisteswissenschaftlicher, zugunsten empirischer Argumentationsmuster, wie sie sich später auch für den allgemeinen erziehungswissenschaftlichen Fachdiskurs ausmachen lassen. Pädagogische Argumentationsmuster machen einen geringeren, soziale Argumentationsmuster wiederum einen höheren Anteil aus. Letzteres ist wohl vor allem mit der Prominenz von Ansätzen kompensatorischer Erziehung zu erklären, bei denen trotz unterschiedlicher inhaltlicher Ausgestaltungen das Postulat der Chancengleichheit grundlegend ist. Politische, ökonomische und kommunitaristische Argumentationsmuster spielen in dieser Darstellung innerhalb des Vorschuldiskurses eine geringere Rolle als im allgemeinen Fachdiskurs; hier ist die Zahl an Belegen – wohlgemerkt auf beiden Seiten – aber so gering, dass ich mich vor einer Deutung scheue.

Festhalten lässt sich jedoch grundsätzlich, dass in einem und durch einen Auslandsvergleich fast immer ein *Vergleich mit dem eigenen Bildungssystem* hergestellt wird. Eine quasi neutrale Berichterstattung über Entwicklungen in anderen Bildungssystemen, wie sie Herrlitz und Zymek zumindest in Teilbereichen für ihre Untersuchungszeiträume herausarbeiten können, findet innerhalb des Vorschuldiskurses praktisch nicht statt. Die Verknüpfung von empirischen Daten aus dem Ausland und den Verhältnissen im eigenen Land ist im Gegenteil mitunter so eng, dass die Grenzen fast vollständig verwischen:

> „Es ist ein folgenschwerer Irrtum, wenn man von der Annahme ausgeht, dass soziokulturell benachteiligte Kinder nahezu ausschließlich aus den Slumvierteln der Industriestädte kommen, Tausende von ihnen leben hinter weißen Gardinen, in neuen Betonbauten, umgeben von gepflegten Grünanlagen, in *unseren* Vorstädten." (Kleinschmidt 1971, Herv. A.S.)

Dabei halten sich Einschätzungen, die Verhältnisse im Referenzstaat kritisch beurteilen, in etwa mit denen die Waage, die auf den Vorbildcharakter des Auslandes verweisen. In beiden Fällen vermisst man jedoch häufig eine differenzierte Berücksichtigung der historischen und politischen Bedingungen, auf denen die institutionalisierte Kleinkinderziehung in den jeweiligen Staaten fußt. Diese würden Vergleiche wie den folgenden häufig streng genommen verbieten:

> „Ihre Ausbildung ist mangelhaft im Vergleich zum vierjährigen Universitätsstudium amerikanischer Vorschullehrerinnen, die übrigens ausgebildet werden für eine bestimmte Altersgruppe, etwa von drei- bis achtjährigen Kindern. Die Bezahlung deutscher Kindergärtnerinnen ist viel zu gering, gemessen an ihrem folgenreichen und verantwortungsvollen pädagogischen Handeln und im Vergleich zum monatlichen Anfangsgehalt von mehr als 1700 DM mancher amerikanischer Kolleginnen." (Zimmer/Hoenisch 1970: 142)

Insgesamt zeichnet sich der Vorschuldiskurs zwischen 1965 und 1976 eher dadurch aus, dass vielen Autoren weniger an einem strukturellen Vergleich fremder Bildungssysteme mit dem eigenen gelegen ist oder daran, Erfahrungen mit pädagogischen Ansätzen anderer Länder systematisch – und das heißt auch: mit allen notwendigen Differenzierungen und Einschränkungen – mit eigenen Praxiserfahrungen zu kontrastieren. Vielmehr dient der Auslandsbezug häufig *per se* schon zur Untermauerung der eigenen Positionen, ohne dass bei genauerer Betrachtung der Belegcharakter des Verweises wirklich zwingend werden würde.

Den größten Anteil macht daher in dem von mir untersuchten Quellenkorpus ein Argumentationsmuster aus, das sich bei Herrlitz nicht findet, und das ich *komparatives Argumentationsmuster* nennen möchte, weil es in ihm, jenseits empirischer Daten einzig und allein auf den Vergleichs- und Vorbildcharakter des Auslandsbezugs ankommt:

> „Dagegen steht eher zu erwarten, dass sich – analog zur Entwicklung in den USA – die von der Lehrmittelindustrie produzierten und von der Schulbürokratie begrüßten sogenannten ‚teacher-proof-curricula' in der Praxis durchsetzen werden." (Rauch/Anzinger 1972: 66, Stichwort ‚Curriculum')

An diesem Beispiel lässt sich darüber hinaus auch der weitverbreitete Glaube daran erkennen, dass der Einfluss des Auslands auf das eigene Bildungssystem unvermeidlich ist – auch wenn dies im zitierten Beispiel nicht explizit thematisiert wird und gerade dieser Punkt von den Autoren eher eine kritische Einschätzung erfahren haben dürfte. Für die Wirkungsmacht des Diskurses ist die fortwährende Wiederholung solcher impliziter Annahmen jedoch von entscheidender und folgenschwerer Wirkung, wird durch sie der Glaube an die Wirkungsmächtigkeit des Auslandsbezugs überhaupt erst hergestellt.

Beim Thema Sesamstraße überwiegt demgegenüber ein Argumentationsmuster, welches man im weitesten Sinne ‚empirisch' nennen könnte, welches aber zugleich im Sinne eines ‚traditionalistischen' Musters auf die normative Kraft des eigenen Landes verweist:

> „U. Bronfenbrenner kritisierte, dass Sesame Street eine harmonische Welt zeige, in der es keine Konflikte, nichts Hässliches und keine Verpflichtungen oder sichtbaren Zwänge gäbe. Die Neue Linke lehnte die starke Betonung von Lernleistungen generell ab. (...) Pädagogen befürchteten, dass die persönliche Beziehung zu einem Lehrer nun durch das Medium des Fernsehens ersetzt würde. (...) Für kompensatorische Bemühungen in der BRD eignet sich ‚Sesame Street' dennoch als Vorbild, das man allerdings nicht einfach synchronisieren oder kopieren kann, das aber eine Fülle von Anregungen und Erfahrungen anzubieten hat und deren Faszination als Sendereihe man sich kaum verschließen kann." (Iben 1971)

Interessanterweise finden sich derart deutliche traditionalistische Muster an kaum einer Stelle außerhalb dieses Themenbereichs. Im Gegenteil ist der Vorschuldiskurs eher durch einen Mangel an Verweisen auf die normative Kraft eigener Wissenstraditionen gekennzeichnet. In den seltenen Fällen, in denen dennoch an diese appelliert wird, ist für gewöhnlich nicht ersichtlich, welche ‚eigenen' Wissensbestände und -traditionen denn nun eigentlich konkret gemeint sind, wenn beispielsweise davon die Rede ist, dass der schwierige Auftrag Europas darin besteht, „jene Formen der Erziehung zu finden, die für das Neue offen sind, ohne die abendländische Bildungstradition zu verleugnen oder zu ignorieren" (Kleinschmidt 1971).

Beim Thema „kompensatorische Erziehung" überwiegen die empirischen Argumentationsmuster mit kritischen Einschätzungen; überwiegend empirisch-kritische Argumentationsmuster finden sich zudem immer dort, wo es um eher allgemeine gesellschaftliche Bedingungen geht:

> „Man kann in den Vereinigten Staaten nicht nur von einer Klassen- und Rassengesellschaft sprechen, sondern auch von einer Altersgruppengesellschaft. Kinder eines bestimmten Alters haben nahezu ausschließlich mit Gleichaltrigen Kontakt." (Kleinschmidt 1971)

Hier gelten die weiter oben skizzierten Bedenken, die sich angesichts der Oberflächlichkeit vieler Verweise, fehlender Belege und eines häufig anzutreffenden hypothetischen Charakters derselben einstellen, gleichermaßen.

Ein wirklich überraschender Befund, mit dem in dieser Form nicht zu rechnen war, ist die weitreichende *Kongruenz der Referenzstaaten, Themen und Argumentationsmuster unabhängig vom Ort der Publikation.* Auch wenn die Beiträge naturgemäß unterschiedlichen Umfangs sind und mit Blick auf ihre Darstellung nicht zuletzt auch sprachlich-stilistisch mitunter erheblich voneinander abweichen, so ist die Übereinstimmung der Themen und die Art und Weise, wie die in der Summe nicht sehr unterschiedlichen Positionen begründet und belegt werden, geradezu frappierend. Natürlich finden sich gerade bei der Wahl der Themen auch deutliche Unterschiede: So ist die Sesamstraße ein Thema, das in der *Zeitschrift für Pädagogik* keine Erwähnung findet, in Zeitschriften mit einem expliziten Praxisbezug aber in einer erstaunlichen Ausführlichkeit und vergleichsweise kontrovers diskutiert wird. Demgegenüber herrscht in der *Zeitschrift für Pädagogik* ein klares Interesse an Erfahrungen mit *Konzepten kompensatorischer Erziehung* wie auch Verweise auf die US-amerikanische *Curriculumforschung* vor, die sich wiederum durch einen – zumindest impliziten und für die *Zeitschrift für Pädagogik* ungewöhnlich stark ausgeprägten (vgl. Keiner 1999: 162ff.) – Praxisbezug auszeichnen. Darüber hinaus aber kann in den Grenzen des Vorschuldiskurses von einer starken Übereinstimmung sowohl der Themen und Referenzstaaten, wie auch der verwendeten Argumentationsmuster gesprochen werden.

Von eine wirklich differenzierten Auseinandersetzung kann indes nur sehr eingeschränkt die Rede sein; eine wirklich kontrovers geführte Auseinandersetzung, die auch erheblich vom Mainstream abweichende Positionen zuließe, findet sich, mit wenigen Ausnahmen, in den Artikeln mit Auslandsbezug nicht.

5 Fazit und Ausblick

Welche Erkenntnisse lassen sich aus den Zahlen und Argumentationsmustern ableiten? Insgesamt ist der Auslandsbezug innerhalb des Vorschuldiskurses viel stärker ausgeprägt, als es der Stand der Forschung zum allgemeinen erziehungswissenschaftlichen Diskurs nahelegt. Im von mir untersuchten Quellenkorpus hat mehr als jeder vierte Beitrag einen mehr oder weniger stark ausgeprägten argumentativen Bezug auf das Ausland. Weitgehend ähnlich ist hingegen die Präferenz bestimmter Referenzstaaten, wobei die USA die Rangfolge der Referenzstaaten sehr viel deutlicher als im allgemeinen, erziehungswissenschaftlichen Fachdiskurs dominieren.

Gravierende Unterschiede finden sich bei den Themen und bei den Argumentationsmustern. Auffällig ist innerhalb des Vorschuldiskurses das Zurückstellen des eigenen Bildungssystems und eigener Bildungstraditionen. Im Vorschuldiskurs zeichnet sich bei den Begründungsmustern mit und möglicherweise *durch* den Auslandsbezug eine deutliche Verschiebung ab – weg von traditionellen geisteswissenschaftlichen hin zu empirischen Begründungsmustern, welche sich auch in der Häufigkeit rezipierter Arbeiten aus der Psychologie spiegelt. Zugleich werden traditionalistische, pädagogische Begründungsmuster – also solche, die die normative Kraft des eigenen Bildungssystems und eigener etablierter Vorstellungen von der Bildung des Menschen betonen – zunehmend verdrängt, was im Untersuchungszeitraum nicht zuletzt auch im fast vollständigen Fehlen historiographischer Beiträge zur Geschichte frühkindlicher Bildung ablesbar wird.

Der grundsätzliche Befund, dass Vorschule und Kindergarten zu keinem Zeitpunkt ein wirklich relevantes Thema in den erziehungswissenschaftlichen Kernzeitschriften gewesen sind (vgl. Keiner 1999: insb. 195ff.), wird durch das vorliegende Datenkorpus bestätigt. Auch wenn ein grundsätzliches Interesse an Fragen frühkindlicher Bildung auch im Untersuchungsraum auch in den Kernzeitschriften verstärkt vorhanden gewesen ist (s. Tabelle 1), so muss doch konstatiert werden, dass der Vorschuldiskurs trotz eines zweifellos vorliegenden großen öffentlichen Interesses auf insgesamt doch weniger bedeutsame *Spezialzeitschriften* beschränkt geblieben ist. Nichts desto trotz lassen sich demgegenüber auch eine Vielzahl von Parallelen zwischen Vorschul- und allgemeinem erziehungswissenschaftlichen Diskurs ausmachen. So findet sich der Befund einer zunehmenden Abkehr von traditionellen Begründungsmustern innerhalb des Vorschuldiskurses indirekt im Verschwinden des Bildungsbegriffs als theoretisch bestimmender Kern erziehungswissenschaftlicher Reflexion seit 1969 wieder, den Tenorth für die *Zeitschrift für Pädagogik* herausgearbeitet hat (vgl. Tenorth 1986: 43ff.). Umgekehrt findet sich das „Verschwinden der pädagogischen ‚Praxis'" (Keiner 1999: 161), das Keiner insbesondere für die 1960er Jahre festgestellt hat, nicht bzw. deutlich weniger ausgeprägt im Vorschuldiskurs. Hier lässt sich eher ein über den gesamten Untersuchungszeitraum hoher Praxisanteil erkennen, und zwar sowohl mit Blick auf den thematischen Praxisbezug als auch mit Blick auf die Autorenschaft.

Parallel zum Vorschuldiskurs findet sich auch in den erziehungswissenschaftlichen Kernzeitschriften eine eigenartige Engführung bei den internationalen Bezügen auf wenige Autoren, Zeitschriften und, was noch auffälliger ist, auf wenige Artikel, die die Basis eines Großteils der Zitationen ausländischer Publikationen bilden (vgl. Keiner 1999: 226). Anders als in den von Keiner untersuchten Kernzeitschriften ist der Anteil anderer Disziplinen am Vorschuldiskurs, z. B. der Psychologie, jedoch vergleichsweise hoch. In gewissem Sinne lässt sich zumindest für diesen Teilbereich der Erziehungswissenschaft so etwas wie eine ‚realistische Wendung' ausmachen (vgl. Keiner 1999: 186). Charakteristisch für den Vorschuldiskurs scheint gerade ein hohes Maß an *Praxisbezug und eine prinzipielle Offenheit für den Import neuer Bezugswissenschaften* zu sein. Bei den verwendeten erziehungswissenschaftlichen Kernbegriffen scheint der Vorschuldiskurs zudem eine Art Vorreiterrolle zu spielen, wenn es um den *Import von Begriffen* geht. Diese finden sich bereits in der zweiten Hälfte der 1960er Jahre in relativ großer Zahl – man denke an die fast schon inflationäre Verwendung des Begriffs ‚Curriculum' –, während die erziehungswissenschaftlichen Kernzeitschriften eine erhebliche Konstanz der Kernbegriffe über die gesamte zweite Hälfte des 20. Jahrhunderts aufweisen (vgl. Keiner 1999: 193).[10]

Ähnlichkeiten finden sich schließlich beim Grad der normativen Aufladung von reformerischen und/oder praktisch-politischen Argumenten und Positionen. Ist diese in den sechziger Jahren noch ausgesprochen hoch und zeigt eindeutig engagierte und auf eine nachhaltige Veränderung der Praxis abzielende Züge (vgl. Keiner 1999: 260), so geht dieses Interesse im Laufe der 1970er kontinuierlich zurück und verschwindet mit dem Gutachten der Bund-Länder-Kommission von 1976 vorerst von der Tagesordnung. Die langfristigen Auswirkungen des Vorschuldiskurses für die institutionalisierte Praxis der frühkindlichen Bildung und Erziehung waren indes verschwindend gering. Möglicherweise, aber das müssen weitere Analysen erst noch zeigen, liegen gerade in der häufigen Oberflächlichkeit und Undifferenziertheit des Auslandsverweises, der Verleugnung eigener Wissensbestände und dem fast schon überzogenen Enthusiasmus, mit dem die Reform der Vorschule und des Kindergartens angegangen wurde, die Gründe, warum die Reformbemühungen nicht nachhaltig wirken konnten.

Quellenverzeichnis

Abels, Hein (1976): Rezension zu Urie Brofenbrenner: Wie wirksam ist kompensatorische Erziehung? In: Zeitschrift für Pädagogik 22 (1), 144-147

Arbeitskreis Vorschule (Hg.) (1970): Vorschulkongress 1970 – eine Dokumentation. Velber: Friedrich: 142-148

Bronfenbrenner, Urie (1974): Wie wirksam ist kompensatorische Erziehung? Stuttgart: Klett

Hamm-Brücher, Hildegard (1970): Die bildungspolitische Priorität der Vorschulerziehung. Eröffnungsreferat. In: Arbeitskreis Vorschule (1970): 12-21

Iben, Gerd (1971): Sesame Street. Eine kompensatorische Fernsehserie in den USA. In: betrifft: erziehung 4 (8), 17-24

Jabs, Hartmut (1976): USA/Vorschule: Kontroverse um ‚Sesame Street'. In: betrifft: erziehung 9 (5), 62

---

10 Ein anderes Bild ergibt sich, wenn man die Titel der erziehungswissenschaftlichen Dissertationen heranzieht; hier lässt sich ab 1975 ebenfalls eine erhebliche Zunahme importierter Kernbegriffe beobachten (vgl. Macke 1994: 62).

Kleinschmidt, Gottfried (1971): Wie glücklich ein Volk ist, zeigt sich an seinem Engagement für die Kinder. In: spielen & lernen 1971 (2), 42-47
Kreppner, Kurt (1976): Frühkindliche Sozialisation. Überlegungen zu Möglichkeiten zukünftiger Forschungsarbeiten. In: Zeitschrift für Pädagogik 22 (1), 35-56
Pause, Gerhard (1970): Aufgaben und Ziele der Vorschulerziehung. Einführendes Referat, Donnerstag, 17.September 1970. In: Arbeitskreis Vorschule (1970): 22-34
Rauch, Eberhard/Anzinger, Wolfgang (Hrsg.) (1972): Wörterbuch Kritische Erziehung. Starnberg: Raith
s&l (1970): Kindergärten in Deutschland. In: spielen & lernen 1970 (6), 12-18
s&l (1972): Vorschulen in Europa. In: spielen & lernen 1972 (5), S. 46-47
Zimmer, Jürgen/Hoenisch, Nancy (1970): Vorschulkinder an der John-F.-Kennedy-Schule Berlin. In: Arbeitskreis Vorschule (1970): 142-148

Literatur

Bund-Länder-Kommission für Bildungsplanung (1976): Fünfjährige in Kindergärten, Vorklassen und Eingangsstufen. Stuttgart: Klett
Deutsches Jugendinstitut (1970): Bibliographie Vorschulerziehung. 2. Aufl., München: Dt. Jugendinstitut
Drewek, Peter (1999): Frequenzen und Formen internationaler Rezeption in pädagogischen Zeitschriften im deutsch-amerikanischen Vergleich 19871-1933. Teilergebnisse einer empirischen Untersuchung (DFG-Projekt DR 233/5-1). FU Berlin
Foucault, Michel (1988): Archäologie des Wissens. Frankfurt am Main: Suhrkamp
Foucault, Michel (1991): Die Ordnung des Diskurses. Inauguralvorlesung am Collège de France, 2. Dezember 1970. München: Hanser
Glaser, Barney G. (1978): Theoretical sensitivity. Advances in the methodology of grounded theory. Mill Valley, Calif.: Sociology Press
Glaser, Barney G./Strauss, Anselm Leonard (1967): The discovery of grounded theory strategies for qualitative research. New York: Aldine
Götte, Petra/Gippert, Wolfgang (Hrsg.) (2000): Historische Pädagogik am Beginn des 21. Jahrhunderts. Bilanzen und Perspektiven. Essen: Klartext Verlag
Herrlitz, Hans-Georg (2000): Das Ausland als Argument in der pädagogischen Reformdiskussion 1945-1995. In: Götte/Gippert (2000): 65-79
Kaelble, Hartmut/Schriewer, Jürgen (1999): Diskurse und Entwicklungspfade. Der Gesellschaftsvergleich in den Geschichts- und Sozialwissenschaften. Frankfurt am Main u.a.: Campus-Verlag
Keiner, Edwin (1999): Erziehungswissenschaft 1947-1990: Eine empirische und vergleichende Untersuchung zur kommunikativen Praxis einer Disziplin. Weinheim: Deutscher Studienverlag
Keiner, Edwin/Schriewer, Jürgen (2000): Erneuerung aus dem Geist der eigenen Tradition? Über Kontinuität und Wandel nationaler Denkstile in der Erziehungswissenschaft. In: Revue suisse de Sciences de l'éducation (22): 27-50

Konrad, Franz-Michael (2004): Der Kindergarten. Seine Geschichte von den Anfängen bis in die Gegenwart. Freiburg i. Br.: Lambertus

Krüger, Heinz-Hermann/Rauschenbach, Thomas (Hrsg.): Erziehungswissenschaft. Die Disziplin am Beginn einer neuen Epoche. Weinheim: Juventa

Lechner, Elmar (Hg.): Pädagogische Grenzgänger in Europa. (Bildungsgeschichte und europäische Identität, Bd. 2). Frankfurt am Main: Lang

Macke, Gerd (1994): Disziplinärer Wandel. Erziehungswissenschaft auf dem Wege zur Verselbständigung ihrer Teildisziplinen? In: Krüger/Rauschenbach, T. (1994), 49-68

Reyer, Jürgen (2006): Einführung in die Geschichte des Kindergartens und der Grundschule. Bad Heilbrunn: Verlag Julius Klinkhardt

Reyer, Jürgen/Franke-Meyer, Diana (2008): Muss der Bildungsauftrag des Kindergartens „eigenständig" sein? In: Zeitschrift für Pädagogik 54 (6), 888-905

Schriewer, Jürgen (2000): Stichwort: Internationaler Vergleich in der Erziehungswissenschaft. In: Zeitschrift für Erziehungswissenschaft 3 (2000), 4, 495-515

Strauss, Anselm Leonard (1998): Grundlagen qualitativer Sozialforschung. Datenanalyse und Theoriebildung in der empirischen soziologischen Forschung. 2. Aufl., München: Wilhelm Fink Verlag

Tenorth, Heinz-Elmar (1997): Rezeption und Transformation in der deutschen Pädagogik. Über Offenheit und Geschlossenheit einer pädagogischen Kultur. In: Lechner (1997), 209-229

Tenorth, Heinz-Elmar (1986): Transformationen der Pädagogik. 25 Jahre Erziehungswissenschaft in der ‚Zeitschrift für Pädagogik'. In: Zeitschrift für Pädagogik 32 (20. Beiheft), 21-86

Zymek, Bernd (1975): Das Ausland als Argument in der pädagogischen Reformdiskussion. Schulpoltische Selbstrechtfertigung, Auslandspropaganda, internationale Verständigung und Ansätze zu einer Vergleichenden Erziehungswissenschaft in der internationalen Berichterstattung deutscher pädagogischer Zeitschriften, 1871-1952. Ratingen u.a.: Aloys Henn Verlag

3 Migration und Konfrontation: Bildungsprozesse unter veränderten Bedingungen

Beziehungen in geteilten Welten – Bildungsprozesse in der Reflexion globalisierter Projektionen und Repräsentationen

Astrid Messerschmidt

1 Einleitung

Immer wenn Globalisierung zum Gegenstand in pädagogischen Zusammenhängen gemacht wird, finden Repräsentationen der Weltverhältnisse und der Beziehungen darin statt. Pädagogisch Handelnde besitzen in diesen Prozessen eine spezifische Repräsentationsmacht, weil sie es in der Hand haben, das Material auszuwählen, anhand dessen die an Bildungsprozessen Beteiligten die Globalisierung betrachten werden. Auswahlverfahren und Zugänglichkeit dieses Materials spiegeln selbst die globalisierten Machtverhältnisse wider. Was nahe liegt und erreichbar ist, wird meistens das sein, das auf dem Markt gut verfügbar geworden ist, also eine Vermarktung erfahren hat, die es sichtbar und erwerbbar macht. Schon dadurch ist pädagogische Arbeit in den Markt involviert, und auch globalisierungskritische Bildungsansätze können ihren Gegenstand nicht von außen kritisieren. Sie sind in global-kapitalistische Verhältnisse integriert, aus denen auch eine noch so radikal-kritische Bildungsarbeit nicht heraus führt. Sichtbar zu machen, wie eigene Verstrickungen in Strukturen aussehen, die für ungerecht gehalten werden, wirkt sich aus auf die Beziehungen von Lehrenden und Lernenden. Lehrende können nicht aus einer überlegenen, aufgeklärten Position heraus sprechen, sondern stoßen selbst auf die strukturellen gesellschaftlichen Grenzen, die sie zu reflektieren beanspruchen. Es handelt sich um Grenzen, die damit zu tun haben, dass die Beteiligten in Bildungsprozessen selbst von den bestehenden Verhältnissen relativ profitieren oder unter diesen Verhältnissen Ausgrenzung und Diskriminierung erfahren. Geht es um Sichtweise auf globale Zusammenhänge, taucht neben dem Repräsentationsproblem die Frage nach den eigenen Weltbildern auf. Mit dem Begriff der Projektion soll auf eine Praxis der Verlagerung eigener Sehnsüchte und Ängste auf eine Gruppe von Anderen,

Fremden und/oder territorial Entfernten aufmerksam gemacht werden. Projektionen dienen der eigenen Entlastung durch eine eindeutige Identifizierung Anderer. Beide Problemdimensionen verschränken sich, wenn Globalisierung zu einem Gegenstand von Bildung wird.

2 Projektionen des globalen Durchblicks

In den Prozessen der Globalisierung steckt die Verheißung einer globalen Weltgesellschaft wie die Verschärfung der Gegensätze zwischen Arm und Reich und die Fragmentierung von Gesellschaften im Dienst der Konkurrenz aller gegen alle. Es geht um etwas Zwiespältiges und Doppelbödiges. Wie ist mit dieser Zwiespältigkeit umzugehen, wenn von „globalem Lernen" gesprochen wird, und wie kann dieses Lernen als ein Prozess innerhalb der Widersprüche der Globalisierung verstanden werden? Wer über Globalisierung aufzuklären und zu informieren beansprucht, sieht sich das Ganze nicht von außen an, sondern ist selbst ein Teil davon (vgl. Messerschmidt 2007). Bildungsprozesse in zwiespältigen Globalisierungsprozessen sind gerade dann, wenn ihnen eine handlungsorientierte und engagierte Bildungskonzeption zugrunde liegt, mit einer spezifischen Problematik konfrontiert, die als ‚Wunsch, auf der richtigen Seite zu stehen', gekennzeichnet werden kann. Die Motive, ‚helfen zu wollen' und ‚Gutes zu tun', finden sich auch in den Konzepten und Materialien des ‚Globalen Lernens' (vgl. Geißler-Jagodzinski 2008a: 42). Anstatt diese Motive aber zu diffamieren, geht es für eine kritische Bildungsarbeit in globalisierten Zusammenhängen darum, die Perspektive zu reflektieren, aus der heraus es zu diesen Wünschen kommt und sich zu fragen, wie diese Perspektive das eigene Weltbild bestimmt. „Dazu gehört auch zu vermitteln und zu verstehen, dass es keine standortunabhängige Beschreibung der globalen Lage – oder aus der Multiplikator/innenperspektive keine standortunabhängige Beschreibung etwa der Ziele Globalen Lernens – geben kann" (ebd.: 43).

Solange die in der Imagination einer Weltgesellschaft enthaltenen Selbst- und Fremdbilder nicht reflektiert werden, bleiben Dominanzverhältnisse ungebrochen. Das der bürgerlichen Pädagogik zugrunde liegende Subjektkonzept des entwickelten rationalen Menschen rekurriert unausgesprochen auf den/die „westliche(n) Erwachsene(n)" (Schirilla 1999: 59), und nur dadurch, dass dieses Konzept unmarkiert bleibt und nicht ausgesprochen wird, kann es sich als universales setzen, seine Partikularität ausblenden und dabei zugleich eine Exklusivität beanspruchen, die der Kritik entzogen bleibt. Das exklusiv westliche Subjekt behauptet eine Universalität, die in sich hegemonial ist, da kein Austausch über seine historischen Bedingungen, seine Grenzen wie auch seine Verwandtschaft mit anderen Subjektivitäten erfolgt. Bestätigt wird dieses Selbstbild durch die Ignoranz gegenüber den in anderen Regionen der Welt entwickelten Menschen- und Geschichtsbildern. Gegenüber dieser Ignoranz plädiert Nausikaa Schirilla dafür, „eine Vielfalt von gleichwertigen Denkfiguren unterschiedlicher Kulturen und Gesellschaften als gleichwertig anzuerkennen" (ebd.). Dabei bleibt allerdings in der Macht über das Maß der Anerkennung, in der Entscheidung, diese zu gewähren oder nicht, das Problem hierarchischer Verhältnisse bestehen. Erst durch die Konfrontation mit den Ansprüchen Anderer kommt Bewegung in die erstarrte Selbstbestätigung derjenigen, die Differenzen anerkennen und Vielfalt zulassen wollen und dabei doch über die Differenz und die Vielfalt verfügen. Für Schirilla folgt aus der Kritik des westlichen Selbstbewusstseins keine Verwerfung emanzipatorischer Ideale, weil diese in hegemonialen Verhältnissen gründen. Im Gegenteil geht es ihr darum, sichtbar zu machen, dass „freiheitliche Konzeptionen, Rationalität und Gleichheit, Kampf gegen Ungerechtigkeit und für Gleichheit kein Monopol des westlichen Denkens (sind) und entsprechende soziale Bewegungen und Kämpfe auch nicht nur im Westen zu finden sind" (ebd.: 63). Aus einer interkulturellen Kritikperspektive erfolgt also keine Verabschiedung der kritisierten Konzepte von universaler Gleichheit und Vernunft, sondern deren Relativierung – ein Prozess, in Beziehung zu treten und eigene Vorstellungen in der Brechung und Aneignung durch Andere wahrzunehmen.

3 Pädagogik in geteilten Welten

In der Auseinandersetzung mit Globalisierung werden lernende Subjekte mit ihrer eigenen gesellschaftlichen Rolle konfrontiert und mit der Bedeutung des Lernens für die Bestätigung wie auch die Infragestellung bestehender gesellschaftlicher Ordnungen. Pädagogik ist Teil der Probleme, um die es in der Reflexion von Globalisierung geht: an sozialer Ungleichheit und ungerechter Verteilung der Zugänge zu Ressourcen haben gebildete und durch pädagogische Institutionen ausgebildete Individuen ihren Anteil.

Die europäischen Entwicklungsvorstellungen, die bis heute trotz aller kritischen Bewegungen mehr oder weniger ungebrochen in der internationalen Entwicklungszusammenarbeit weiter wirken, sieht Ernest Jouhy – einer der hierzulande weitgehend vergessenen Bildungstheoretiker – in einer Kette von Selbstbestätigungen verfangen, aus der auch die Kritik an eben diesen Vorstellungen nicht heraus geführt hat. Im Zuge der Kritik an der europäisch-abendländischen Kultur ist der nicht-europäische ‚Andere' wiederum projektiv besetzt worden, indem man aus ihm ein Naturwesen machte, um die eigenen romantischen Sehnsüchte zu bedienen. Es ging also nicht um das „Verständnis des objektiv Anderen" (Jouhy 1985: 33), sondern um ein Bild, das die eigene Überlegenheit letztlich nur bestätigen konnte. Weder liberale noch revolutionäre Konzepte rütteln an dieser Überlegenheit. Für Jouhy folgt daraus nicht die Verwerfung europäischer Bildungsvorstellungen mit den Ideen der Gleichheit, Emanzipation und Eigenständigkeit, sondern er plädiert dafür wahrzunehmen, wie Intellektuelle der Dritten Welt nach einer eigenständigen Anwendung dieser Konzepte suchen (vgl. ebd.: 52f). Sie haben dabei die doppelte Aufgabe, sich sowohl von vorkolonialen Herrschaftstraditionen abzuwenden, wie auch sich gegen den neokolonialen Transfer von Bildung abzugrenzen. Die Pädagogik in der Perspektive von „Dritter Welt" kann mit Jouhy daher nur in der Bewegung einer doppelten Negation entwickelt werden. Davon kann gegenwärtig keine Rede sein. Die deutschsprachige Pädagogik ist in Wissenschaft und Praxis ausgesprochen ignorant gegenüber dem globalisierten Süden geblieben. Auch dann, wenn sie kritisch auf ihre eigene Geschichte reflektiert, nimmt sie kaum Perspektiven aus den Kontexten des globalisierten Südens auf, so als hätte sich die Auseinandersetzung mit den Nord-Süd-Beziehungen erledigt, weil man nun ohnehin international und global agiert.

Patrick V. Dias moniert in der Pädagogik eine unzulängliche „theoretische und politisch-praktische Basis" für eine stringente kritische Analyse des herrschenden Sozial-, Politik- und Wirtschaftssystems (Dias 1997: 316). Aufgrund dieses Mangels an Kritik fehlt es der Pädagogik weitgehend an einer anspruchsvollen und selbstkritischen Auseinandersetzung mit den „als subaltern wahrgenommene(n) Gesellschaften und ihrer Erziehung" (ebd.). Eine kritische Theorie der Pädagogik im Globalisierungskontext müsste ihre „zivilisatorischen" Paradigmen in Frage stellen, die im Kontext „sozialer Schichtung, kultureller Abgrenzung und patriarchalischer Diskriminierung" entstanden sind (ebd.: 317). Pädagogik hat dafür zunächst die Geschichte ihrer eigenen Wissenschaftsentwicklung in den weltgeschichtlichen Zusammenhang kolonialer Expansion zu stellen. Zwar wird in der kritischen Pädagogik der bürgerliche Rahmen in der Geschichte der Herausbildung der Pädagogik als Wissenschaft reflektiert, aber auch hier kommt es kaum zu einer globalen Perspektive, die den gewaltvollen sozialen Wandel in den außereuropäischen Gesellschaften in den Blick nimmt. Das bürgerliche Subjekt der Pädagogik gründet auf einem Menschenbild in Europa, das „mit der Hypothek einer Kolonial- oder Protektoratsherrschaft gesehen werden muss" (ebd.: 323). Globales Lernen wird erst dann zu einer kritischen Praxis, wenn die eigene Verwicklung in den „international etablierten Hegemonialstrukturen" reflektiert wird (ebd.: 318). Zu dieser Reflexion gehört die Auseinandersetzungen mit den Nachwirkungen der „Ideologie der Eroberungen" (ebd.: 325). Prekär wird globales Lernen erst dann, wenn es um die Auseinandersetzung mit dem als „Dritte Welt" bezeichneten Teil der Welt geht, jenem globalisierten Süden, an dem die globalen Ungleichheitsverhältnisse drastisch sichtbar werden. In der ganzen Uneindeutigkeit der Bezeichnung wird vielleicht etwas von der Beunruhigung deutlich, die von jener Restwelt ausgeht, mit der das pädagogische Nachdenken sich kaum konfrontiert. Dias sieht zwei Formen des Verständnisses der „Dritten Welt": zum einen ein „kritisch-utopische(s) und solidarisch-kämpferische(s) Verständnis" und zum anderen eine „evolutionistisch zivilisatorische und eurozentrische Vorstellung" (ebd.: 321). In der zweiten Variante entsteht eine Vorstellung von Entwicklung, die einem linearen Fortschrittskonzept verhaftet bleibt und von der Überlegenheit des westlichen Gesellschaftsmodells ausgeht. In der ersten Variante werden bürgerliche Sehnsüchte nach revolutionärer Veränderung bedient, wobei die projizierte „Dritte Welt"[1] zu einem externalisierten Schauplatz dieser Umwälzungen wird. Als Bezeichnungspraxis derer, die nicht zu dem benannten Terrain gehören, bleiben beide Varianten selbstbezüglich und lassen sich nicht auf die Konfrontation mit den Erfahrungen und Sichtweisen Anderer ein. Hinsichtlich dieses Verhältnisses zu den konkreten ‚Anderen' fordert Dias eine Neubestimmung der Inhalte der Pädagogik, die erst durch die Reflexion der kolonialen Praxis erfolgen kann. Die koloniale Besetzung, Aneignung und Ausbeutung hat dazu geführt, die „Existenz von wirklich anderen Wesen" zu leugnen, „die nicht eine Projektion eigener Werte oder ein unvollkommenes Stadium des eigenen Selbst wären" (ebd.: 323). Etwas von dieser Leugnung bleibt auch in den kritischen Bewegungen erhalten, die sich als Teil eines antiimperialistischen Kampfes verstehen und damit ein Selbstbild pflegen, das von der Verstrickung in die globalen Ungleichheitsverhältnisse unberührt bleibt. In der Pädagogik bedarf es daher einer doppelten Aufarbeitung, die sich sowohl der vernachlässigten Kolonialgeschichte widmet als auch die antikolonialen Projektionen in den Blick nimmt.

Für die Entwicklung pädagogischer Konfrontationen mit den Weltverhältnissen wird die jeweils eigene soziale Positionierung zu einem wichtigen methodologischen Ansatzpunkt. Aus welcher Perspektive wird gesprochen, und was kann aufgrund eigener kontextueller Verankerung ausgedrückt werden? Vathsala Aithal richtet diese Fragen an ihr eigenes erziehungswissenschaftliches Arbei-

---

1 „Die Bezeichnung hat primär einen historisch nachvollziehbaren *Standort im Rahmen des ungleichen internationalen Beziehungsgeflechtes* und bezeichnet die im System des Weltkapitalismus peripher gebliebenen und in Abhängigkeit geratenen Gesellschaften (...)" (Dias 1997: 319, Hervorh. im Original).

ten, und aus den Fragen wird die Beschreibung einer Grenze im Engagement für soziale Bewegungen in der „Dritten Welt": „Eine im Norden forschende Person kann bestenfalls für sich beanspruchen, sich mit den Anliegen der Bewegungen zu identifizieren, sie solidarisch zu begleiten, das wissenschaftliche Betreiben im Sinne der Bewegungen zu leisten. Aber keineswegs, Teil davon zu sein" (Aithal 2004: 24). Was Dias die „kontrafaktische Funktion" in pädagogischen Prozessen nennt, kann als kritisches Engagement interpretiert werden, ein Eintreten gegen bestehende Ungleichheit und Ungerechtigkeit, das aber auf sich selbst bezogen kritisch bleibt und sich immer wieder fragt, welches Bild des ‚Anderen' und welches Selbstbild dabei gepflegt wird. In der Auseinandersetzung mit Globalisierung ist diese engagierte Seite prekär, da die Geschichte des Eintretens für eine „bessere Welt" ausgesprochen zwiespältig und von vielen Ausblendungen, Idealisierungen und einem Mangel an Selbstkritik begleitet ist.

4 Internationalität der Pädagogik und globales Lernen

Internationalität ist auch in der Pädagogik zu einem Faktor der Leistungssteigerung geworden. Wer seine wissenschaftlichen Erkenntnisse international publiziert, kann sein Ansehen und seinen Profit steigern. Verunsichernde Konfrontationen sind dabei nicht vorgesehen, sie tragen nichts zur Effizienz bei. Auch die „innovative(n) Modelle weltoffenen Lernens" (Seitz 2002: 45) sind aufgrund ihrer positiven Bestimmungen kaum dazu in der Lage, zu einer kritischen Reflexion anzuregen. Zwar macht die 1993 von der UNESCO eingesetzte Kommission „Bildung für das 21. Jahrhundert" die Globalisierung zu einem zentralen Inhalt, stattet diesen Inhalt aber gleich mit beruhigenden Zielsetzungen aus: „Bildung soll die Menschen dazu befähigen, schrittweise zu Weltbürger(inne)n zu werden" (ebd.). Die Frage, wessen Bildung dazu befähigen könnte, wird nicht gestellt, und der Zweifel darüber, ob nicht in der Bildung selbst eine der Ursachen für die globalen Probleme liegt, kommt erst gar nicht auf. Dagegen wird Bildung zu einem Versprechen für eine bessere Welt. Globales Lernen steht für einen „konstruktiven Umgang mit kultureller Vielfalt und setzt auf die Einübung von Empathie und interkulturellem Perspektivenwechsel" (ebd.: 51). Hinter diesen Zielen, gegen die niemand etwas haben kann, lässt sich erahnen, dass die kulturelle Vielfalt ein Terrain der Verachtung und der Ignoranz ist und keineswegs die Perspektive gewechselt wird, sondern nur eine einzige Perspektive einzunehmen ist – diejenige nämlich, die zur Steigerung des Mehrwerts taugt oder diese zumindest nicht gefährdet. „Bildung wird als Motor des gesellschaftlichen Fortschritts" aufgefasst auf dem Weg zu einer „lernenden Gesellschaft", die es weltweit zu verankern gilt (ebd.: 56). *Globales Lernen* ist dabei nur ein Faktor innerhalb der internationalen Standortkonkurrenz. Angestrebt wird eine „globale Anschauungsweise", die den eigenen Horizont erweitert und die eigene kontextuelle Begrenztheit überschreitet. Bildung bleibt dabei einer Steigerungslogik verhaftet, und Globalisierungserfahrungen können von sich fern gehalten werden – entgegen der Versprechen, man würde sich mit der Heterogenität von Sichtweisen in der globalisierten Welt konfrontieren. Der versprochene „konstruktive Umgang mit kultureller Vielfalt" ist in diesem Konzept ein monoperspektivischer Zugriff auf eine nicht zugelassene Vielfalt, um diese kontrollieren zu können. Im Gegensatz zu den Überschreitungsversprechen globaler Horizonterweiterungen könnten Bildungsprozesse in der Auseinandersetzung mit Globalisierung auf ihre eigenen Grenzen stoßen und die kontextuell bedingte Perspektive auf die Welt der Reflexion zugänglich machen. Der deutschen Rezeption von „global education" bescheinigt Klaus Seitz, in ihren Zielformulierungen „gerne mit Wärmemetaphern von der Gemeinschaft aller Menschen" zu operieren und einem „Trugbild von den Mechanismen der weltgesellschaftlichen Integration aufzusitzen" (Seitz 2002: 55). Seitz ordnet das Aufkommen des Topos ‚Globales Lernen' in die bildungspolitischen Dynamiken der 1990er Jahre ein. Dabei steht der 1990 vom World University Service veranstaltete Kölner Kongress „Der Nord-Süd-Konflikt – Bildungsauftrag für die Zukunft" für den Endpunkt einer „aufklärerischen Didaktik einer entwicklungspolitischen Bildung", die an die bipolare Weltsicht eines Ost-West-Gegensatzes gekoppelt gewesen ist und mit dem Zerbrechen dieses Gegensatzes einen ihrer wesentlichen Bezugspunkte verlor (Seitz 2003 [2000]: 245). Was als zeitgemäße Modernisierung von Bildung in einem neuen Weltzusammenhang aufgetreten war, entpuppte sich aber schnell zu einem rhetorischen Instrument von Ankündigungen einer friedlichen Welt. Zwar werden jetzt keine revolutionären Versprechen mehr gegeben, die Verkündungen der Verbesserung der Welt kommen pragmatischer daher, sind aber nicht weniger ignorant gegenüber der Lebenswirklichkeit von Menschen, die die Weltgesellschaft weder als Befreiung noch als Verbesserung ihrer materiellen Lebensbedingungen erfahren. 1997 verankerte die Kultusministerkonferenz die „Erziehung zur gemeinsamen Verantwortung für die ‚Eine Welt'" als Aufgabe des Schulunterrichts (ebd.: 247)..[2] Unthematisiert blieb im deutschen bildungspolitischen Kontext dabei weitgehend, aus welcher

---

2 „Der KMK-Beschluss versäumt es, das Lernfeld ‚Eine Welt' mit der fortgeschrittenen internationalen Debatte um die Bildung für eine nachhaltige Entwicklung zu verknüpfen, transportiert nach wie vor ein eurozentrisches Entwicklungs-Leitbild, vernachlässigt die Rolle der Nichtregierungsorganisationen als Akteure und Kooperationspartner entwicklungsbezogenen Lernens, und vertritt ein überkommenes Konzept der kulturellen Identitätsbildung, das sich schroff von der Idee einer multikulturellen Weltgesellschaft und der Ausbildung multipler Identitäten absetzt (…)" (Seitz 2003 [2000]: 257).

Sicht diese angeblich ‚Eine Welt' betrachtet wird und welche Sichtweisen dabei ausgeschlossen bleiben. Seitz weist darauf hin, dass ein „ideologiekritischer Minderheitsdiskurs, der die Prinzipien der Dominanzkultur radikal dekonstruiert", in Deutschland längst nicht in der Schärfe geführt worden ist wie in England. Dort entbrannte nach der Einführung des ‚National Curriculum' 1988 ein Streit darüber, „inwieweit darin nur das Mittelklassewissen des weißen, bürgerlichen, englischen Mannes zum Ausdruck gebracht und reproduziert wird" (ebd.: 250). In den Zielsetzungen globalen Lernens wird zwar versucht, die unterschiedlichen Erfahrungen in einer „multikulturellen Lebenswirklichkeit" anzusprechen, doch bleiben auch diese Zielsetzungen hinter ihren eigenen Ansprüchen zurück. Denn die eingeforderte „Sicht der Leidtragenden des Globalisierungsprozesses" (ebd.: 259) kann nicht einfach von denen eingenommen werden, die weitgehend von den bestehenden Weltverhältnissen profitieren.

Klaus Seitz tritt für eine „Erneuerung weltbürgerlicher Bildung" ein und kritisiert das nach wie vor verbreitete nationale Selbstverständnis der Bildung hierzulande, wobei allerdings eine internationale Perspektive in der Bildung mit einem kritischen Bewusstsein auszustatten ist. Dieses hängt von der Einsicht in die „entscheidende politische Kontroverse unserer Tage" ab, die Seitz „zwischen den neoliberalen Globalisierern und den Kosmopoliten" ausmacht (Seitz 2009: 43). Damit ist ein Gegensatz angedeutet, der zugleich eine Distanzierung von einem traditionellen Konzept weltbürgerlicher Bildung enthält, das die aktuellen Verhältnisse verklärt. Vorausgesetzt ist dieser Kritik eine Einsicht in die Doppelbödigkeit von Bildung, der nicht per se eine progressive Kraft zukommt. Das abendländische Bildungskonzept universaler Vernunft hat sich als ausgesprochen problematisch für eine globale Bildung erwiesen, die sich von der Exklusivität europäischer Selbst- und Fremdbilder zu lösen versucht. Weltbürgerliche Bildung bedarf somit einer Bildungskritik, „um die kulturelle Gebundenheit und Partikularität der eigenen Weltsicht zu erkennen" und um „anderen Anschauungsweisen mit Achtung und Neugier zu begegnen" (ebd.: 47).

Der Anspruch an einen Perspektivenwechsel, der sich in fast allen Verlautbarungen über die Prinzipien des globalen Lernens wieder findet, wird kaum eingelöst, solange keine Stimmen aus dem globalisierten Süden und aus den Erfahrungshintergründen von Diskriminierung und Ausgrenzung zur Artikulation gebracht werden. Beispielsweise besteht in der politischen Bildung ein Konsens über Multiperspektivität. Dieser erweist sich als ausgesprochen prekär, wenn die Perspektiverweiterung zwar beschworen, aber noch ehe sie sich überhaupt nur andeutet, gewarnt vor der Gefahr gegenmoderner Perspektiven, die Wolfgang Sander erwartungsgemäß mit dem „gewaltbereiten *islamischen Fundamentalismus*" verbindet (Sander 2009: 54, Hervorh. im Original). Zwar grenzt sich Sander vom Ansatz eines „Zusammenpralls der Kulturen" à la Huntington ab, bedient aber zugleich ein europäisches Selbstbild, das Toleranz und Gleichheit als exklusiv westliche Konzepte erscheinen lässt. In der Konsequenz wird die angeblich multiperspektivische politische Bildung als „Teil des Projekts der westlichen Moderne" repräsentiert (ebd.: 57). Miteinander verwobene Modernen pluraler Herkunft und Ausprägungen, wie sie bspw. Shalini Randeria als ‚entangled modernities' herausstellt (vgl. Conrad/Randeria 2002), bleiben in diesem Ansatz westlicher Selbstbehauptung außen vor. „Offenheit für kulturelle Vielfalt" wird zu einer konsequenzlosen Floskel (ebd.: 56). Dem von Seitz mit Bezug auf den indischen Pädagogen Rabindranath Tagore formulierten „nicht hegemonialen Verständnis weltbürgerlicher Erziehung" (Seitz 2009: 47) wird ein klares Bekenntnis zur Hegemonie gegenüber gestellt. Es steht noch aus, im Zusammenhang mit globalem Lernen eine Debatte über diese Spannungen zu eröffnen.

5 Repräsentationen der ‚Anderen' – Projektionen der Dritten Welt

Der nigerianische Schriftsteller Uzodinma Iweala kritisiert die gut gemeinten Kampagnen, die das „Stereotyp von Afrika" vermarkten, „einem Kontinent voll Krankheit, Leid und Tod". In den Rettungsphantasien westlicher Popstars und ihrer Anhänger sieht er „viel vom Gedankengut der Kolonialzeit" (Iweala 2007). Die koloniale Idee der „Zivilisierung" wird ersetzt durch „humanitäre Hilfe", die zu einem Instrument westlicher Selbstrepräsentation wird. Wer humanitär hilft, kann sich seiner eigenen Menschlichkeit sicher sein. Iweala beschreibt das Gefühl der Demütigung angesichts von „Solidaritätsveranstaltungen", bei denen Afrikaner „nur als Staffage dienen für westliche Projektionen" (ebd.). Retter benötigen ein hilfloses Gegenüber. Um diese Struktur der kontrastierenden Repräsentation zu erhalten, wird die Rolle des Westens überbetont, was sich auch auf das Geschichtsbild auswirkt, wenn die Überwindung der Kolonialherrschaft als Zugeständnis der Kolonialmächte dargestellt wird. Ausgeblendet werden dabei die Kämpfe der Afrikaner um ihre Unabhängigkeit, denn um sich daran zu erinnern, muss man sich von dem Bild der hilflosen Objekte verabschieden. Iweala distanziert sich vom Konzept der Hilfe, das in einer objektivierenden Sicht auf die Hilfsbedürftigen verfangen bleibt. „Afrika will nicht gerettet werden. Der Kontinent verlangt von der Welt Anerkennung und Wertschätzung (…)" (ebd.). Paternalistische Haltungen zu überwinden, ist in der Entwicklungspolitik zwar längst zum Konsens geworden, auch die Vorstellung, voneinander zu lernen, wird in der entwicklungspolitischen Bildungsarbeit propagiert, dennoch werden überwunden geglaubte Haltungen immer wieder eingenommen (vgl. Messerschmidt,

2005: 57f). In dem Moment, wo Hilfsbedürftige als handlungsunfähige, bedauernswerte Opfer repräsentiert werden, stellt sich der Gestus des Überlegenen ein. Wechselseitiges ‚Voneinanderlernen' verkommt dabei zur Phrase. ‚Wir' aus dem Westen kommen, weil ‚wir' das können, weil ‚wir' technisch und logistisch überlegen sind, weil ‚wir' Wissen und Know How entwickelt haben.

Dabei zielt die Repräsentation der ‚Anderen' häufig darauf, ein bestimmtes Bild von sich selbst zu zeichnen. Selbstbezügliche Repräsentationsformen spiegeln sich in den Praktiken der bundesdeutschen Linken wider, deren Geschichte Gerd Koenen im „roten Jahrzehnt" 1967-1977 rekonstruiert. Die „Dritte Welt" diente der Generation, die später als die „68er" bezeichnet wurde, als ein dynamisierendes Moment für die Kritik der eigenen Gesellschaft. Es ging also weniger um eine Auseinandersetzung mit den postkolonialen Gesellschaften des Südens, sondern viel mehr um eine Folie für das eigene Selbstbild als Kämpfer für Gerechtigkeit und gegen Ausbeutung. Koenen bezeichnet die „Dritte Welt", wie sie aus der Perspektive der westlichen Jugendbewegungen gesehen worden ist, als eine „theoretische Konstruktion und Vision" (Koenen 2002: 47). „Sie sollte ‚das Andere' der kapitalistischen Welt und bürgerlichen Zivilisation vorstellen, ihre lebendige Kritik und kämpferische Antithese, nachdem die entwickelten Länder des ‚realen Sozialismus' sich mit dem Imperialismus arrangiert hatten" (ebd.). Die Dritte Welt des Westens geht also aus einer Enttäuschung hervor, nachdem die „Zweite", die sozialistische Welt sich nicht mehr als Projektionsfläche für eine „andere Gesellschaft" eignete. Zugleich bleibt aber im Begriff der ‚Dritten Welt' als Selbstbezeichnung der „Blockfreien" der Versuch gespiegelt, die Welt nicht auf den in Ost und West gespaltenen Norden zu reduzieren und ein dualistisches Weltbild zu dezentrieren. Deshalb sollte man es sich mit der Verabschiedung des Begriffs nicht allzu leicht machen. Aus den projektiven Bildern der westlichen Linken seit Ende der 1960er Jahre die Konsequenz zu ziehen, alles zu verwerfen, was an diese Muster erinnert, wiederholt nur deren Projektionen, diesmal von ihrer negativen Seite. In der Verwerfung bleibt die Dominanz westlicher Definitionsmacht erhalten, die es aber zu dekonstruieren gilt.

Weil das Nord-Süd-Verhältnis von Projektionen aus der Perspektive des Nordens durchzogen ist, wird es für eine kritische Bildungsarbeit in globalisierten Verhältnissen erforderlich, diese Projektionen zu analysieren, sich mit ihren Entstehungsbedingungen und ihren Wirkungen auseinander zu setzen. Umso bedeutsamer wird die Reflexion der eigenen Sprecherposition für die Entwicklung von Bildungskonzepten in Globalisierungszusammenhängen (vgl. Messerschmidt 2009: 60f). In vielen Konzeptionen und Materialien, die unter dem Label des ‚Globalen Lernens' verfasst werden, stößt man hier auf eine Leerstelle. „Das Lernen über globale Interdependenzen und ihre Auswirkungen wird aus hegemonialen Perspektiven entworfen. Trotzdem gehört es nicht zum ‚Standard' der Literatur, die eigene Position und Perspektive (inklusive ihrer Beschränkungen und Ausschlüsse) auszuweisen" (Geißler-Jagodzinski 2008b: 47). Das Bild des Südens schwankt zwischen Sehnsucht und Verwerfung – und beide Formen verfehlen die Erfahrungen von Menschen in den Transformationsprozessen der Globalisierung. Wer da etwas verändern will, muss die eigenen Bilder von den ‚Anderen' reflektieren und sich fragen, wer hier wen zeigt und wer über wen spricht. Vathsala Aithal hat das „Sprechen über" als ein Hauptproblem in der internationalen Solidaritätsarbeit herausgestellt. Durch das Sprechen über die Lage der ‚Anderen' stellt sich der Westen in seinem Expertentum immer wieder her, der Kompetenzrahmen verdoppelt sich (vgl. Aithal 2004: 75). Unter welchen Bedingungen kann überhaupt gesprochen werden? Wenn der Raum des Wissens kolonial strukturiert ist, haben kolonisierte ‚Andere' wenige Möglichkeiten der Artikulation. Sie sind von vornherein durch koloniale Herrschaftsbeziehungen repräsentiert (vgl. Schirilla 2003: 163).

6   Filme als Zugänge zur Reflexion globalisierter Projektionen und Repräsentationen

„I am a world citizen", sagt der Straßenjunge zu dem österreichischen Dokumentarfilmer Hubert Sauper beim Drehen in einer Stadt nahe des Viktoriasees in Tansania und lässt die Kinozuschauer/innen wissen, dass Weltbürger/innen heute nicht mehr die Bildungsreisenden der bürgerlichen Zeiten sind, sondern diejenigen, die auf den Straßen täglich um ihr Überleben kämpfen und dabei eine Menge darüber erfahren, wie diese Welt funktioniert. Saupers Film *Darwin's Nightmare* (Tansania/Frankreich/Österreich 2004) zeigt uns die Welt anhand einer einzigen Fischart, deren Vermarktung auf dem kapitalisierten Weltmarkt die Lebenswirklichkeit einer ganzen Region bestimmt. Der Viktoriabarsch, benannt nach dem tansanischen See, findet sich in jedem gut sortierten europäischen Fischgeschäft. In den 1960er Jahren wurde der Raubfisch im Rahmen eines wissenschaftlichen Experiments in einem der größten Seen der Welt angesiedelt. Seitdem hat er die 400 Fischarten des Viktoriasees verdrängt und ist zum Exportschlager geworden. Täglich werden mit Unterstützung der EU 600t Barsch verarbeitet und ausgeflogen, größtenteils mit russischen Maschinen, die auf dem Rückweg Waffen und Minen für einige der afrikanischen Bürgerkriege liefern. Der Viktoriabarsch bildet in dem Film eine Allegorie des Welthandels unter Bedingungen der Ungleichheit. Ähnliche Geschichten könnten aus anderen Weltregionen erzählt werden. In Sierra Leone wäre der Fisch ein Diamant, in Honduras eine Banane, in

Nigeria wäre er Öl. Der größte Traum der Menschen am Viktoriasee ist es, einmal dort zu leben, wohin die Fische geflogen werden, wo man sich den teuren Barsch leisten kann und noch viel mehr.

Filmproduktionen, die den internationalen Kinomarkt erreichen und in verschiedenen Kontinenten ausgestrahlt werden, sind Ausdruck kultureller Globalisierung. Dabei geht es oft gar nicht um das Kulturelle als Platzhalter für vielfältige Lebensformen, sondern eher um die universale soziale Frage, wie prekäre Lebensbedingungen und existenzielle Bedrohungen filmisch verarbeitet werden.

Auf eine Reise an den verheißungsvollen Ort des besseren Lebens begeben sich zwei afghanische Cousins in Michael Winterbottoms semidokumentarischem Film *In this World* (Großbritannien 2002). Von Peshawar aus versuchen Jamal und Enayatullah nach London zu gelangen auf einer Route über Teheran, Istanbul und Neapel. Sie zeigen uns eine Welt des Transit, in der Waren und Menschen zirkulieren in einem System gegenseitiger Ausbeutung und Hilfe. Winterbottoms digitale Handkamera führt die Zuschauer/innen nicht hinein in eine fremde Welt, sondern schließt sie aus. Denn auch wenn die Fremdheit der Sprachen Farsi und Pashtu und die Tonspur der Stimmen, Maschinen und Fahrzeuge durch die beiden sympathischen Protagonisten vertraut werden, so bieten diese sich doch nicht als Projektionsflächen für das moralische Unbehagen der Zuschauer/innen an, die einen Kinoabend als Elendstouristen erleben. Sie bekommen das zu sehen, was sie auf ihren Weltreisen nur erahnen können – eine Fluchtgeschichte, wie sie sich tagtäglich abspielt und doch unsichtbar bleibt. Nur Jamal, der anders als Enayatullah die Flucht überlebt, ist am Ende kein Unbekannter mehr. Es könnte sein, dass die Kinobesucher/innen jemandem wie ihm schon mehrfach begegnet sind, ohne das Geringste über ihn zu wissen, wenn er auf den Straßen Londons bunte Armbändchen an Touristen verkauft.

Das internationale Kino ist voll von Geschichten, die von der Mühe handeln, dort dazu zu gehören, wo das Leben leichter, angenehmer und komfortabel ist. Geschichten, die von dem Traum handeln, von dort weg zu kommen, wo es sich kaum oder nur um den Preis endloser Kämpfe leben lässt. Viele der Filme, die Geschichten von den Erfahrungen der Kämpfe um die eigene Existenz erzählen, tun das auf ganz subtile Weise und ohne eine bestimmte Botschaft. Sie brauchen keine Entlarvungspraktiken. „Das Elend braucht kein Ausrufezeichen, um einem deutlich zu sagen: ‚something is wrong‘," bemerkt der Dokumentarfilmer Hubert Sauper. Sie erzählen einfach eine Geschichte von den Bedingungen des Überlebens und von der Kunst zu überleben, aber in dieser Geschichte spiegelt sich etwas von den globalen Verhältnissen wider (vgl. Messerschmidt 2003). *Blinder Passagier* von Ben van Lieshout (Niederlande 1997) beginnt zwar in Usbekistan, spielt aber in den Niederlande, dort, wo Orazbaj als blinder Passagier ankommt, im Glauben, nun in Amerika zu sein. Glückliche Zufälle lassen ihn dort vorübergehend einen Platz in einer Familie finden, für die der Fremde auf eine beinah märchenhafte Weise beginnt dazu zu gehören. Gegen die Kälte der illegalen Migration stellt van Lieshout die Erfahrung einer Beziehung, die allerdings dann von den Behörden durch Abschiebung beendet wird und daher doch kein Märchen geworden ist. In *Black Dju Dibonga* von Pol Cruchten (Luxemburg/ Belgien/Portugal 2000) macht sich der 20jährige Dju auf die Suche nach seinem Vater, der als Hafenarbeiter in Luxemburg lebt und nur einmal im Jahr zu seiner Familie auf den Kapverden kommt. Die Zuschauer/innen machen eine guided tour durch Luxemburg und sehen die Plätze der Wanderarbeiter, die Baustellen und Wohnheime, in denen alle nur mit dem Gedanken an einen anderen Ort leben. Es ist ein Film über Menschen, deren Stärken und Qualitäten in der Welt, in der sie leben, nicht gefragt sind. Sie sind Fremde und Außenseiter. Und doch sind alle vier Filme keine Anklage gegen die falsche Welt. Es geht nicht um Erfolg oder Scheitern, Rettung oder Untergang. Entscheidend ist die Lebenshaltung der Protagonisten. Sie widersetzen sich beinahe sanft den Umständen, sie sind desillusioniert, aber weder zynisch noch resigniert.

Nach meiner Wahrnehmung konfrontieren diese Kinofilme die Zuschauer/innen mit ihren eigenen Lebensbedingungen. Es sind keine Medien des Jet Sets, die Grenzen überspringen lassen. Sondern sie lassen eher auf Grenzen stoßen. Zwar wird gezeigt, wie jemand völlig beziehungslos in einem unbekannten Land ankommt, aber der Film beansprucht nicht, darüber informiert zu haben. Er hat nur eine Geschichte erzählt – ohne Authentizitätsnachweis. Transportiert wird keine bereits im Voraus feststehende und berechenbare moralische Botschaft, denn hier werden keine Schablonen von Opfern und Tätern angelegt. Eher erscheinen Menschen auf der Leinwand, die nicht in die vorgegebenen Ordnungsmuster hinein passen, weil sie zur falschen Zeit am falschen Ort sind und weil sie vermutet hatten, an diesem Ort müsse es besser sein als an dem, von dem sie kommen. So bricht Orazbaj in *Blinder Passagier* aus seiner usbekischen Heimat am Aralsee auf, der zu siebzig Prozent ausgetrocknet ist, was die Lebensbedingungen der Menschen dort extrem erschwert. In den Niederlande erlebt der Protagonist Menschen mit ganz anderen Problemen, Nöten und Sehnsüchten, und er kommt zu dem Schluss: „Es ist nicht so verschieden hier. Und es kann eigentlich nicht schlimmer werden."

Wenn Filme Fenster zur Welt sind, die den Zuschauer/innen ermöglichen, in ihrer Provinz etwas zu sehen, was jenseits ihrer Provinz ist, dann sind sie ein ideales Medium im Zeitalter der Globalisierung. Sie sind dies aber nicht, weil sie die Welt zeigen, sondern paradoxerweise gerade deshalb, weil sie die Illusion verweigern, an der Erfahrung anderer teilzuhaben und deren Kämpfe für die eigenen zu halten (vgl. Messerschmidt 2009: 62ff). Die Erwartung der Touristen, überall sein zu können und alles authentisch gesehen zu haben, wird enttäuscht. Zygmunt Bauman bezeichnet die privilegierten Bewohner der Welt als „Touristen", die in der Zeit leben und die Zeit ausfüllen, um in der Zeit erfolgreich zu sein. Sie unterscheiden sich von den ‚Anderen', die an den Raum gefesselt sind und diesen aus Not und Zwängen verlassen, nicht um die Welt zu sehen, sondern um zu überleben. Bauman nennt sie die „Vagabunden" (vgl. Bauman 1996). Die Vagabunden sind auf Reisen, „weil es in einer Welt, die nach den Bedürfnissen des Touristen gestaltet ist, eine Plackerei wäre, daheim zu bleiben". Die Touristen dagegen „verlassen einen Ort, wenn es anderswo neue, ungenutzte Möglichkeiten gibt" (ebd.: 662). Bei beiden handelt es sich nicht um Identitäten, sondern um soziale Positionierungen in einer Struktur von Ungleichheit.

Das Medium Film wird in der Jugend- und Erwachsenenbildung oft als ein Mittel für eine direkte Konfrontation eingesetzt, um damit Grenzen zu überwinden und zwischen den geteilten Welten den Abstand zu überbrücken. Die angesprochenen Filme konfrontieren aber gerade mit dem Abstand und machen aufmerksam auf die Teilung der Welt, anstatt beides suggestiv zu überbrücken. Die Illusionsmaschine wird zum Medium der Desillusionierung. Am Ende des Films sind die Zuschauer/innen mit den Bedingungen ihres Sehens konfrontiert. Es handelt sich um Filme, die ihre Zuschauer/innen in ihrer eigenen Zone zurück lassen, die nicht suggerieren, in derselben Welt zu leben wie diejenigen, die auf der Leinwand zu sehen sind. Anstatt aber die positiv aufgeladene Vorstellung von der ‚Einen Welt' zu verwerfen, kann eine Auseinandersetzung mit den Filmen dazu beitragen, die Probleme zu reflektieren, die darin liegen, die ‚Eine Welt' bereits für realisiert zu halten.

Filmkulturell repräsentierte Erfahrungen in geteilten Welten konfrontieren mit Situationen von Menschen, die durch Globalisierung vergesellschaftet sind. Vielfach hängen ihre materiellen Grundlagen von der Konjunktur der global player ab oder von den migrationspolitischen Entscheidungen auf der internationalen politischen Bühne. Es handelt sich also nicht einfach um Lebensverhältnisse, in denen alles wunderbar vermischt ist und alle prima vernetzt sind. Ihre Situation ist nicht dadurch gekennzeichnet, dass endlich alle Verschiedenheit in einem allgemeinen ‚Multikulti' aufgeht, sondern steht für eine Situation geteilter Welten und tiefer Gräben zwischen Arm und Reich sowie Süd und Nord. Allerdings kann die Teilung der Welt mitten durchs eigene Land hindurch gehen.

Die Filme der globalisierten Räume spielen oft eher in der Nähe als in der Ferne. Sie machen marginalisierte Orte sichtbar, die Privilegierte zwar betreten, aber doch nur aus einer begrenzten Perspektive kennen, wenn sie beispielsweise das Leben der Arbeitsmigrantinnen schildern, wie in *Marie Line* von Mehdi Charef (Frankreich 2000), der in den Alltag einer Putzkolonne in einem französischen Supermarkt hinein führt. Auffälligerweise spielen viele der Globalisierungserfahrungen verarbeitenden Filme nicht auf den Territorien der früheren Kolonien, sondern in den Wohlstandszentren des Westens, wo nicht alle teilhaben an eben dem Wohlstand, der alle anzieht. Anstatt – wie oft von den sogenannten „Dritte-Welt-Filmen" erwartet wurde – die authentische Welt des Südens vorzuführen, kommentieren die Protagonist/innen dieser Filme den Westen, in dem sie als Arbeitskräfte gelandet sind. Ein westliches Publikum erfährt also von ihnen etwas über die eigene Welt, die nur aus begrenzten Perspektiven bekannt ist. Die Perspektive derer, die nachts den Supermarkt putzen, ist den meisten im Publikum mindestens so fremd wie ein unbekanntes Land. Und aus der Perspektive derer, die illegal im eigenen Land leben und jeder Sicherheit wie auch jedes Rechts beraubt sind, wird ein fremder Blick auf die eigene Gesellschaft geworfen – ein Blick, der nur deshalb fremd ist, weil die Erfahrung der Illegalität eines der Tabus in einer sich sonst so tabufrei gerierenden Zone darstellt.

Filme als Medien für Bildungsprozesse zu verstehen, erzeugt oft das Missverständnis, es ginge darum, den Film didaktisch so aufzubereiten, dass er dem zugrunde liegenden Bildungsgedanken entspricht. Dies würde aber das Medium Film als künstlerisches Produkt gerade verfehlen und wirkt nicht nur für Cineasten absolut abschreckend. Demgegenüber gilt es, den Film zur Wirkung kommen zu lassen und ihn nicht pädagogisch abzudecken. Es zeugt zudem von einem verzerrten Bildungsverständnis, wenn Bildung lediglich als Vermittlungsproblem aufgefasst wird. Bildungsprozesse bestehen demgegenüber vielmehr aus Irritationen und einer daraus erfolgenden Selbstreflexion, die nicht eine innerpsychische Selbstbeschau meint, sondern eine Auseinandersetzung mit der eigenen Integration in Herrschaftsverhältnisse.

Literatur

Aithal, Vathsala/Schirilla, Nausikaa/Schürings, Hildegard/Weber, Susanne (Hrsg.) (1999): Wissen – Macht – Transformation. Interkulturelle und internationale Perspektiven. Frankfurt/M.: IKO-Verlag.

Aithal, Vathsala (2004): Von den Subalternen lernen? Frauen in Indien im Kampf um Wasser und soziale Transformation. Königstein/Ts.: Ulrike Helmer Verlag.

Berliner Entwicklungspolitischer Ratschlag e.V. et. al. (Hrsg.) (^{2}2008): Von Trommlern und Helfern. Beiträge zu einer nicht-rassistischen Bildungs- und Projektarbeit. Berlin: BER.

Bernhard, Armin/Rothermel, Lutz (Hrsg.) (1997): Handbuch Kritische Pädagogik. Eine Einführung in die Erziehungs- und Bildungswissenschaft. Weinheim: Beltz

Butterwegge, Christoph/Hentges, Gudrun (Hrsg.) (2002): Politische Bildung und Globalisierung. Opladen: Leske und Budrich

Dias, Patrick V. (1997): Pädagogik: Dritte Welt. In: Bernhard et. al. (1997): 315-332

Conrad, Sebastian/Shalini Randeria (Hrsg.) (2002): Jenseits des Eurozentrismus. Postkoloniale Perspektiven in den Geschichts- und Kulturwissenschaften, Frankfurt/M./New York: Campus

Conrad, Sebastian/Randeria, Shalini (2002): Geteilte Geschichten. Europa in einer postkolonialen Welt. In: dies. (2002): 9-49

Geißler-Jagodzinski, Christian (^{2}2008a): Lernziel universale Weiß-heit? Ein Plädoyer für die Integration einer rassismuskritischen Perspektive in das Globale Lernen. In: Berliner Entwicklungspolitischer Ratschlag e.V. et. al. (Hrsg.):, S. 42-43.

Geißler-Jagodzinski, Christian (^{2}2008b): Der blinde Fleck des Globalen Lernens? Eine rassismuskritische Betrachtung von Konzepten und Arbeitsmaterialien, in: Berliner Entwicklungspolitischer Ratschlag e.V. et al (Hrsg.): 46-49.

Iweala, Uzodinma (2007): Afrika will nicht gerettet werden. In: Frankfurter Rundschau vom 4.8.2007, S. 35.

Jouhy, Ernest (1985): Bleiche Herrschaft – dunkle Kulturen. Essais zur Bildung in Nord und Süd. Frankfurt/M.: IKO-Verlag

Koenen, Gerd (2002): Das rote Jahrzehnt. Unsere kleine deutsche Kulturrevolution 1967-1977. Frankfurt/M.: Fischer

Lang-Wojtasik, Gregor/Lohrenscheid Claudia (Hrsg.) (2003): Entwicklungspädagogik – Globales Lernen – Internationale Bildungsforschung. Frankfurt/M.: IKO-Verlag

Messerschmidt, Astrid (2003): Postkoloniale Ansichten – Filme bewegen Bildungsprozesse. In: medien praktisch, 27. Jg., Heft 105, Nr. 2/2003, S. 73-76.

Messerschmidt, Astrid (2005): „Die Subalternen haben keine Stimme". Erst eine Dekolonialisierung des Denkens ermöglicht Solidarität. In: Entwicklungspolitik Information Nord-Süd Nr. 23/24/2005, S. 56-59.

Messerschmidt, Astrid (2007): Wessen Wissen? Postkoloniale Perspektiven auf Bildungsprozesse in globalisierten Zonen. In: Pongratz et. al. (2007): 155-168.

Messerschmidt, Astrid (2009): Weltbilder und Selbstbilder. Bildungsprozesse im Umgang mit Globalisierung, Migration und Zeitgeschichte. Frankfurt/M.: Brandes und Apsel.

Overwien, Bernd/Rathenow, Hanns-Fred (Hrsg.): (2009): Globalisierung fordert politische Bildung. Politisches Lernen im globalen Kontext, Opladen: Verlag Barbara Budrich

Pongratz, Ludwig/Reichenbach, Roland/Wimmer, Michael (Hrsg.) (2007): Bildung – Wissen – Kompetenz. Bielefeld: Janus Presse

Schirilla, Nausikaa (1999): Vielfalt, Universalismus und kulturelle Differenz. In: Aithal et. al. (Hrsg.): 58-75.

Schirilla, Nausikaa (2003): Autonomie in Abhängigkeit. Selbstbestimmung und Pädagogik in postkolonialen, interkulturellen und feministischen Debatten. Frankfurt/M.: IKO-Verlag.

Sander, Wolfgang (2009): Anstiftung zur Freiheit. Aufgaben und Ziele politischer Bildung in einer Welt der Differenz. In: Overwien et. al. (2009): 49-61

Seitz, Klaus (2002): Lernen für ein globales Zeitalter. Zur Neuorientierung der politischen Bildung in der postnationalen Konstellation. In: Butterwegge et. al.: 45-57.

Seitz, Klaus (2003) [2000]: Verlorenes Jahrzehnt oder pädagogischer Aufbruch? Zur Verankerung des Globalen Lernens 10 Jahre nach dem Kölner Bildungskongress. In: Lang-Wojtasik et. al.: 243-261.

Seitz, Klaus (2009): Globales Lernen in weltbürgerlicher Absicht: zur Erneuerung weltbürgerlicher Bildung in der postnationalen Konstellation. In: Overwien et. al. (2009): 37-48.

Prozesse männlich-sexueller Subjektpositionierungen in der transnationalen Migration zwischen Kontinuität und Wandel

Marc Thielen

1 Einleitung

Im Zuge von Globalisierungsprozessen verlieren territoriale Begrenzungen von Nationalstaaten gegenüber transnationalen Systemzusammenhängen zunehmend an Bedeutung. In der Nutzung neuer Informations-, Kommunikations- und Transporttechnologien konstituieren sich grenzüberschreitende Formen politischer Beziehungen, wirtschaftlicher Unternehmen sowie komplexer Migrationsrealitäten (vgl. Pries 2002, 2008). Jene transnationalen Verflechtungszusammenhänge stellen homogenisierende und separierende Kulturkonzepte infrage, die von einer insel- oder kugelartigen Verfasstheit von Kulturen ausgehen (Welsch 2000, 334). Vor diesem Hintergrund gewinnt auch im erziehungswissenschaftlichen Diskurs der Transkulturbegriff zunehmend an Bedeutung, der für die Hybridisierung und Vermischung zeitgenössischer Kulturen sensibilisiert (vgl. Göhlich et al. 2007: 24). Die dem interkulturellem Denken lange inhärente dichotome Unterscheidung zwischen Fremd- und Eigenkultur scheint in dieser Perspektive immer weniger in der Lage, Migrationsrealitäten angemessen zu beschreiben. Gleichwohl werden jedoch insbesondere Migranten aus muslimischen Herkunftskontexten nach wie vor als „anders" markiert und jenes unterstellte Anderssein vornehmlich an deren geschlechtlich-sexuellen Lebensweisen festgemacht, die sich durch eine vermeintlich besonders ausgeprägte Orientierung an kulturell und religiös begründeten Traditionen auszeichnen. Erkenntnisse um Modernitäten und transnationale Identitäten werden demgegenüber selten auf muslimische Herkunfts- und Migrationkontexte bezogen (vgl. Potts/Kühnemund 2009).

Während der im deutsprachigen Raum geführte erziehungswissenschaftliche Diskurs um „vielfältige Lebensweisen" (Hartmann 2002) gegenwärtig Fragen der biografischen Veränderung und Variation körperlicher, erotischer und intim-interaktiver Erlebniswelten unter postmodernen Lebensverhältnissen aufwirft (vgl. Timmermann/Tuider/Sielert 2004), sind die Debatten um muslimische Männlichkeiten von einer (Re-)Produktion stereotyper Diskurse zu einer vermeintlich ‚fremden' Männlichkeit geprägt. Diese beruht im Wesentlichen „auf strikt heterosexuellen Beziehungs- und Familienformen, auf Blutverwandtschaft, Ehe und patriarchaler Dominanz" (Erel 2007: 252). Begleitet von medialen Diskursen über Zwangsverheiratung, Ehrenmorde und gewaltsame Geschlechterbeziehungen wird der türkisch-muslimische Mann als hoffnungslos rückständig beschrieben und zum „schwachen Geschlecht" ernannt, das es zu befreien gelte (Kelek 2006, Toprak 2005). In westlichen Gesellschaften lässt sich vor diesem Hintergrund die muslimische als eine „stigmatisierte Männlichkeit" beschreiben. Im Namen von Freiheit, Demokratie und Menschenrechten wird der muslimische Mann stigmatisiert und als Antithese dieser Prinzipien mythologisiert (Eving 2009).

Basierend auf Migrationsbiographien iranisch-stämmiger Migranten, die sich in transnationalen schwul-lesbischen Communities engagieren, möchte der vorliegende Beitrag jenen hegemonialen Männlichkeitsdiskurs interkultureller Forschung irritieren und aufzeigen, dass sich Globalisierungsprozesse auch in intimen Bereichen geschlechtlich-sexueller Lebensweisen abbilden. Unter der Kategorie der *Kontinuität* werden biografische Konstellationen rekonstruiert, in denen gleichgeschlechtliche Lebensweisen, die in Opposition zum hegemonialen Männlichkeitsideal des Herkunfts- *wie* des Einwanderungskontextes organisiert sind, bereits im Iran verwirklicht wurden. Jene Analyse verdeutlicht, dass geschlechtlich-sexuelle Lebensweisen trotz der iranischen Abschottungspolitik und strikten Reglementierung von Sexualität durch den Gottesstaat gleichwohl auch *transkulturell* geprägt sind. Die Kategorie des *Wandels* umfasst demgegenüber biographische Entwicklungen, in denen erst die Migration nach Westeuropa die Konstruktion gleichgeschlechtlicher Lebensweisen begünstigt. In solchen Biographien steht die *transnationale* Qualität von Migration im Vordergrund, konstituieren sich doch die geschlechtlich-sexuellen Veränderungsprozesse im Kontext weltumspannender Migrationsnetzwerke. Den exemplarischen Fallanalysen vorangestellt wird eine kritische Reflexion *kulturalisierender* und *homogenisierender* Diskurse zu gleichgeschlechtlicher Sexualität im Kontext von Islam und Migration. Das abschließende Fazit zeigt auf, dass sich die geschlechtlich-sexuellen Subjektpositionierungsprozesse in der Migration nicht zuletzt auch als inter- bzw. transkulturelle *Lernprozesse* verstehen lassen.

2 Kulturalisieren und Homogenisieren – Sexualität im Kontext von Migration und Islam

Die Thematisierung muslimischer Migrationserfahrungen, wie sie im vorliegenden Beitrag am Beispiel iranischstämmiger Männer geschieht, ist nicht unproblematisch. Wird über *den* Islam gesprochen, kommt üblicherweise schnell die Kategorie „Kultur" ins Spiel. In Prozessen des sogenannten „Otherings" wird der Islam dabei durch den Blick des Westens zum gänzlich ‚Anderen' und ‚Fremden' markiert. Kröhnert-Othman sieht den westlichen Blick auf muslimische Gesellschaften durch die Gleichsetzung von regionaler Kultur mit dem Islam geprägt, wodurch die Kultur auf der Ebene der Entstehungszeit der Religion gleichsam ‚eingefroren' werde (Kröhnert-Othman 2007: 148). Diesen stereotypen Vorannahmen folgend werden Migranten aus muslimischen Herkunftskontexten in westlichen Gesellschaften als Bedrohung wahrgenommen und dabei nicht zuletzt auf deren vermeintlich archaischen geschlechtlich-sexuellen Lebensweisen verwiesen, die sich durch eine strikte Orientierung an einem im Westen längst überholten Konzept männlicher Ehre auszeichnen (vgl. Schiffauer 1983, Tertilt 1996). Hier zeigt sich, „dass Fragestellungen nach der eigenen Kultur stets in Abgrenzung zu einem „kulturell ‚Anderen' formuliert werden und die Verbindung mit Gender immer dort zum Vorschein kommt, wo es das ‚Eigene' gegenüber dem Fremden zu schützen gilt" (Mae/Saal 2007: 9).

Offensichtlich wird jenes Phänomen in den sogenannten „Muslimtests", die im Zuge von Einbürgerungsverfahren zum Einsatz kommen. Baden-Württemberg entwickelte bspw. 2005 einen Gesprächsleitfaden, mittels dem die Haltung von einbürgerungswilligen Migranten zur freiheitlich-demokratischen Ordnung der Bundesrepublik geprüft werden soll. Unter anderem werden Fragen zur Gleichberechtigung der Geschlechter aber auch zur Homosexualität gestellt und damit implizit muslimischen Migranten einen tendenziell frauen- und schwulenfeindliche Gesinnung zugeschrieben. Misogynie und Homophobie erscheinen vornehmlich als Problem ‚fremder', will heißen islamischer Kulturen.

Die dichotome Gegenüberstellung von modernem ‚Okzident' und traditionellem ‚Orient' spiegelt sich auch in kulturalisierenden Diskursen um gleichgeschlechtliche Sexualität wider, wie ihn bspw. Arno Schmitt in den 1980er Jahren geführt hat. Dort wird zwischen einer „europäischen Mittelstandshomosexualität" und einer „mann-männlichen Sexualität" *der* muslimischen Gesellschaft unterschieden.[1] Während Schmitt die europäische Mittelstandshomosexualität als

---

1 Homogenisierend spricht Schmitt von einem islamischen Kernraum, zu dem er die arabische Gesellschaft seit Errichtung des ersten islamischen Staates im Jahre 622 sowie die persisch-isla-

tendenziell egalitäre Beziehung zweier sich wechselseitig begehrender Männer konzipiert, sieht er gleichgeschlechtliche Sexualität in der muslimischen Gesellschaft durch eine Hierarchie zwischen einem Aktiven und einem von diesem penetrierten Passiven gekennzeichnet. Die jeweilige Position im sexuellen Akt ist das bestimmende Moment, das einen starken, aktiven Mann von einem schwachen, passiven Nicht-Mann (z. B. einem Jüngling) unterscheidet. Das wechselseitige Begehren von *Männern* ist nach Schmitt hingegen für einen „Durchschnittsorientalen" völlig abwegig, allenfalls eine Präferenz für Knaben sei eine vorstellbare Praxis. Deren Verbreitung wegen zieht Schmitt den Schluss: „Überhaupt stehen viele Araber Affen und amerikanischen Gefängnisinsassen näher als Schwulen. Für sie ist penetrieren männlich und aggressiv." (Schmitt 1985: 16) In der unübersehbar rassistischen Bemerkung wird der arabische Mann als übersteigert triebhaft und animalisch konstruiert. Seine gleichgeschlechtliche Sexualität gründet in einem vermeintlich wilden und unzivilisierten Trieb oder in auf Dauer angelegten homosozialen Zwangskontexten, in denen alternative Sexualpartner fehlen, und dient ausschließlich der Demonstration von Männlichkeit. Nach Schmitt „funktionieren" arabische Männer gänzlich anders als Europäer, weshalb es in *der* muslimischen Gesellschaft auch keine „männerliebende sexuelle Identität" gäbe (Schmitt 1985: 22). Der von Schmitt beschworene „kulturelle Homogenitätsmythos" (Saal 2007: 26) übersieht die tatsächliche Vielfalt an geschlechtlich-sexuellen Lebensweisen sowohl in europäischen, als auch in muslimischen Gesellschaftskontexten.[2] In Bezug auf die zuletzt genannten negiert der Autor die „unterschiedlichen historischen Entwicklungen der Regionen, ihre zivilisatorische Geschichte bis zur Kolonialzeit, ihre Eingebundenheit in unterschiedliche koloniale Regime und ihre moderne Geschichte des antikolonialen Widerstandes und der neuen Nationalstaaten bis in die Gegenwart" (Kröhnert-Othman 2007: 148). Eine fremde Sexualität wird auch in Deutschland lebenden türkischstämmigen Migranten zugeschrieben. Schiffauers Studie „Die Gewalt der Ehre" interpretiert bspw. die Vergewaltigung eines deutschen Mädchens durch türkische Jugendliche als einen „Kulturkonflikt" (Schiffauer 1983). Die Sexua-

---

mische und die kleinasiatisch-islamische Gesellschaft zählt (Schmitt 1985: 2). Die von Schmitt vollzogene Vereinheitlichung ist zurückzuweisen, sind die genannten Länder doch in sich äußerst vielschichtig und im Vergleich zueinander sehr unterschiedlich.

2 Studien zur Vielfalt gleichgeschlechtlicher Intimität und Identität in Deutschland stellen Schmitts Modell der europäischen Mittelstandshomosexualität selbst infrage, das für den Blick auf islamische Gesellschaften vorausgesetzt wird. Die biografische Studie von Koch-Burghardt rekonstruiert bspw. sexuelle Handlungsstile deutscher Männer, die Schmitts Modell „mann-männlicher Sexualität" muslimischer Gesellschaften ähneln. So beschreiben sich einige der Interviewten als verheiratete Familienväter, die sich nicht als homosexuell definieren, gleichwohl aber regelmäßig sexuelle Kontakte mit Männern haben, dabei ausschließlich den aktiven Part übernehmen und nicht an näheren sozialen Beziehungen mit diesen interessiert sind (Koch-Burghardt 1997).

lität türkischer Männer erscheint auch hier als eine patriarchale und gewaltsame Dominanzsexualität. Migrationsspezifische Männlichkeitsforschung distanziert sich zunehmend von der These einer generellen Orientierung muslimischer Migranten an aus dem Herkunftskontext mitgebrachten traditionellen Männlichkeitsmustern.³ So verweist etwa die biografisch angelegte Studie von Margret Spohn, die sich mit familienbezogenen Identitäten älterer türkischer Migranten befasst, auf die hohe Differenziertheit der Herkunftskontexte, die die Dichotomie zwischen einer religiös-traditionellen Herkunfts- und einer industriell-fortschrittlichen Zielgesellschaft in Frage stellt. Die von Spohn befragten Männer entstammen unterschiedlichen religiösen, ethnischen und sozialen Gruppen (Spohn 2002: 338). Die Konstitution der eigenen Männlichkeit vollzieht sich der Analyse nach gerade nicht im Sinne einer einfachen Übernahme kultureller bzw. traditioneller Vorgaben, sondern vielmehr entlang der Frage, nach Annahme oder Ablehnung des hegemonialen Männlichkeitsideals der eigenen Jugend. In dieser Perspektive dient die autoritäre Vaterfigur „als Matrize, vor deren Hintergrund sich ein ähnliches oder ein entgegengesetztes Leben konstruieren lässt" (Spohn 2002: 439). So hatten einige der Befragten bereits in der Türkei das hegemoniale Männlichkeitskonzept des Herkunftskontextes in Frage gestellt und in der Migration ein alternatives Männlichkeitsmodell verwirklicht.⁴ Die Studie von Spohn rekonstruiert eine reflexive Auseinandersetzung mit türkischen und deutschen Konzepten hegemonialer Männlichkeit. Während sich die Studie ausschließlich auf heterosexuelle Männer bezieht, hat Bochow Interviews mit in Deutschland lebenden

---

3 Die Kritik lässt sich dahingehend konkretisieren, dass die Aussagen über „fremde Männlichkeiten" zu wenig in Relation zu dem jeweiligen, in den Forschungen untersuchten Sample reflektiert werden. So beziehen sich die Studien meist auf sozial randständige und durch Gewalt bereits aktenkundig gewordene junge Männer. Hingegen werden die Männlichkeitsinszenierungen sogenannter Migrationsgewinner und Bildungsaufsteiger kaum untersucht (vgl. Pott 2002). Zudem beschränken sich die Studien oftmals auf adoleszente Männlichkeitsentwürfe, die jedoch keine verallgemeinerbaren Aussagen zum doing masculinity erwachsener Männern erlauben. Böhnisch verweist in diesem Zusammenhang auf die jugendspezifischen Besonderheiten normativ überhöhter Männlichkeitsinszenierungen türkischer Heranwachsender, die seiner Auffassung nach bei der Vätergeneration nicht in solchem Ausmaß zu finden sind (vgl. Böhnisch 2004: 165).
4 Der Begriff der hegemonialen Männlichkeit ist Kern von Connells relationaler Betrachtungsweise von Männlichkeit. Die männliche Dominanz gegenüber Frauen betrachtet Connell im Zusammenwirken mit den Binnenverhältnissen unterschiedlicher Männlichkeiten untereinander, die durch Prozesse von Marginalisierung und Ermächtigung, sowie Über- und Unterordnung gekennzeichnet sind. Hegemoniale Männlichkeit, die auch in modernen Gesellschaften eng an Heterosexualität geknüpft ist, definiert sich als „jene Konfiguration geschlechtsbezogener Praxis [...], welche die momentan akzeptierte Antwort auf das Legitimationsproblem des Patriarchats verkörpert und die Dominanz der Männer sowie die Unterordnung der Frauen gewährleistet (oder gewährleisten soll)" (Connell 2006: 98).

türkischen Männern geführt, die sich selbst als homosexuell definieren (Bochow 2004). Die Interviewanalysen zeigen, dass sich die geläufige These von einer bei Türken besonders dramatisch ausgeprägten Homophobie als nicht haltbar erweist und dass eine strikte Tabuisierung des gleichgeschlechtlichen Begehrens keineswegs die einzig verbleibende Handlungsoption für die Befragten darstellt. Keiner der Interviewten verschweigt seine Homosexualität durchgängig gegenüber bedeutsamen Anderen. Mehrheitlich scheinen die Befragten gut in die deutsche Mehrheitsgesellschaft integriert; die rekonstruierten Lebensweisen orientieren sich am romantischen Liebesideal und lassen sich daher kaum von den Lebensentwürfen junger Männer ohne Migrantionshintergrund in schwulen Communities unterscheiden.

3 Geschlechtlich-sexuelle Globalisierungsphänomene in lebensgeschichtlichen Erzählungen iranischer Männer in Deutschland

Die einleitend formulierte Ausgangsthese, dass sich Globalisierungsprozesse nicht zuletzt auch auf den Bereich der geschlechtlich-sexuellen Lebensweisen beziehen, soll nun anhand einer Studie diskutiert werden, im Zuge derer ich autobiographisch-narrative Interviews mit in Deutschland lebenden iranisch-stämmigen Migranten durchgeführt habe, die in der Migration an transnational verorteten schwul-lesbischen Communities partizipieren (vgl. Thielen 2009).[5] Die Kontrastierung der von den Interviewten rekonstruierten Subjektpositionierungen vor der Auswanderung im Iran mit jenen in der Migration zeigt, dass sich die Männlichkeits- und Sexualitätskonstruktionen und die damit einhergehenden Lebensweisen in einigen biographischen Verläufen deutlich von einander unterscheiden und in anderen hingegen ein hohes Maß an Übereinstimmung aufweisen. Einige Interviewte beschreiben bereits für den iranischen Herkunftskontext gleichgeschlechtliche Identitäten und Lebensweisen und stellen damit die Dichotomie zwischen einem vermeintlich traditionellen Orient und einem modernen Westen infrage. In den genannten Analysen wird deutlich, dass im urbanen Oberschichtsmilieu Teherans und anderer iranischer Großstädte Männ-

---

5   Interviewt wurden 13 Männer, die zum Interviewzeitpunkt zwischen Ende zwanzig und Ende vierzig waren und bereits mehrere Jahre in Deutschland oder in anderen westeuropäischen Ländern lebten. Während einige der Befragten den Iran aufgrund ihrer gleichgeschlechtlichen Orientierung verlassen hatten, kumulierten in anderen Fällen unterschiedliche, zumeist politisch begründete Auswanderungsmotive. Bis auf einen christlichen Interviewten waren die Befragten Muslime, wobei die mittelständigen, gebildeten und großstädtischen Herkunftsfamilien als wenig religiös beschrieben werden.

lichkeits- und Sexualitätspositionen verfügbar sind, die denen westeuropäischer Stadtstrukturen ähneln.[6] Insofern deuten sich hier Globalisierungsprozesse dahingehend an, dass die einst in der westlichen Welt entstandenen Konzepte sexueller Identität inzwischen auch in anderen kulturellen Kontexten aufgegriffen werden und transkulturellen Hybridisierungsprozessen unterworfen sind. In den entsprechenden lebensgeschichtlichen Erzählungen erscheinen insbesondere die repressiven Lebensumstände für sexuelle Minderheiten im Iran als Auswanderungsmotive. Zu unterscheiden sind hiervon Erzählungen, in denen erst die Migration in die Aneignung gleichgeschlechtlicher Identitäten und somit in eine biographische Umdeutung bzw. Neubewertung des eigenen Begehrens mündete. Diese Fälle verweisen auf die hohe Differenziertheit des iranischen Herkunftskontextes, werden doch hier gesellschaftliche Räume – etwa im ländlichen Bereich – beschrieben, in denen den Befragten weder gleichgeschlechtliche Identitäten, noch Lebensweisen potenziell verfügbar waren. Entsprechend werden in diesen biographischen (Re-)Konstruktionen die Fluchtmotive nicht mit Sexualität in Verbindung gebracht. Beide Konstellationen sollen nun anhand je einer exemplarischen Biographie konkretisiert werden.

3.1 Migration und Lebensweise in biographischer Kontinuität – Reza

Der zum Interviewzeitpunkt 41-jährige Reza ist in einer Teheraner Oberschichtsfamilie aufgewachsen. Die iranische Revolution fiel in sein 18. Lebensjahr. Nach dem Abitur und Wehrdienst machte der Interviewte zunächst eine Berufsausbildung im kaufmännischen Bereich und absolvierte dann neben einer späteren Anstellung in einem Ministerium ein Studium der Wirtschaftswissenschaften. Mitte der 1990er Jahre immigrierte er mit Mitte dreißig nach Deutschland. In seiner aktuellen Lebenssituation absolviert er eine Ausbildung zum Medizinisch-Technischen-Assistenten. Seine im Interview als wohlhabend geschilderte Herkunftsfamilie – die Eltern waren bis zur Revolution im persischen Königshaus tätig – charakterisiert der Interviewte in Abgrenzung zu im Westen verbreiteten Vorurteilen anhand einer als offen und fortschrittlich markierten Lebensweise: „Nicht so verklemmt und fanatisch. Sondern, so kann ich sagen, modern und westlich". In den Erzählpassagen über seine Kindheit positioniert sich Reza in Distanz zu hegemonialen Männlichkeitsidealen und schreibt sich selbst einen

---

6   Mit Foucaults machttheoretischem Ansatz wird deutlich, dass sexuelle Identitäten nie außerhalb gesellschaftlich-kultureller Realitäten stehen. Sexuelle Identitäten können also nur dann in Prozessen der Subjektivierung angenommen werden, wenn sie Individuen kulturell zur Verfügung gestellt werden (Foucault 1983, Hartmann 2002: 74f.).

„feiner gewordenen Charakter" zu, während er die übrigen Jungen als „etwas brutal" und damit als männlich-aggressiv erinnert. Die Abweichung von männlichen Geschlechtsstereotypen deutet der Interviewte rückblickend jedoch keineswegs als negativ, sondern bewertet sie vielmehr als eine individuelle Persönlichkeitseigenschaft.

Seine Jugend rekonstruiert der Interviewte als eine „Orientierungszeit" im Hinblick auf das Gewahrwerden eines gleichgeschlechtlichen Begehrens in Bezug auf Mitschüler und jüngere Lehrer: „Ich habe sie total attraktiv gefunden von Gesicht und von Körperteilen". Eine erste intime Beziehung mit einem älteren Mann wird in der Erzählung als ein gewaltsames und einschneidendes Erlebnis für das achtzehnte Lebensjahr rekonstruiert. Reza wollte im sexuellen Akt den aktiven Part übernehmen und hat damit den als „größer" und „muskulös" geschilderten Anderen offenbar in dessen Männlichkeit gekränkt: „Er hat mich verprügelt, er hat mich im Gesicht verprügelt". Die geschilderte Erfahrung zog dramatische biographische Auswirkungen nach sich. Reza berichtet von tiefer Trauer und Verzweiflung sowie von rituellem Waschen, das dem mit einem Gefühl von Ekel konnotierten Vorfall eine traumatische Qualität verleiht. Zudem hebt der Interviewte hervor, fünf Jahre lang keinen intimen Kontakt mehr zugelassen zu haben. Kontrastiv zu der als negativ evaluierten Intimität schildert Reza auch eine positive Erfahrung im frühen Erwachsenenalter. Er hatte sich in einen ehemaligen Klassenkameraden verliebt, den er als seinen „Traum" bezeichnet, zunächst jedoch aufgrund von dessen Beziehungen zu Frauen als unerreichbar einschätzte. Als besagter Mann von seiner Freundin verlassen wurde, hatte der Interviewte diesen getröstet. Für die Folgezeit beschreibt Reza eine erotisch-sexuelle Aufladung der Freundschaft. Die jungen Männer kamen sich allmählich auf körperlicher Ebene näher, übernachteten gemeinsam in einem Bett und hatten schließlich auch sexuellen Kontakt. Die Erzählung spricht von einer ein Jahr andauernden, emotional bedeutsamen Beziehung: „Aber bei uns, das war eine Entwicklung zur Liebe." Mit der Hochzeit des geliebten Freundes endete die Beziehung der beiden Männer.

Während der Freund dem hegemonialen Männlichkeitsideal des Herkunftsmilieus Folge leistete, beschreibt sich Reza im Zuge seiner späteren Berufsbiographie weiterhin in Abweichung von männlichen Geschlechtsstereotypen. Im Zuge einer Anstellung in einem Teheraner Ministerium schildert er einen Konflikt um seinen Kleidungsstil und beschreibt sich dabei erstmals im Interview in geschlechtlich-sexueller Hinsicht als schwul: „Wie du weißt, die Schwulen haben Stil in Outfit. Und das war auch etwas schwierig dort." Reza verortet sich ausdrücklich als der sozialen Gruppe der „Schwulen" zugehörig, die er anhand bestimmter Eigenschaften, hier ein spezifischer Kleidungsstil, konkretisiert. Die

Erzählung rekonstruiert eine Abweichung von der mit der Revolution durchgesetzten islamischen Kleidungsordnung, die Jeanshosen, aber auch kurzärmlige oder transparente Hemden verbot. Zudem verweist Reza auf ein Armband, das von den Behördenmitarbeitern geschlechtlich codiert als „Frauenarmband" und damit als Verstoß gegen die männliche Ordnung wahrgenommen wurde. Seiner weiteren Karriere wegen – Reza hatte zwischenzeitlich eine leitende Position in der Behörde angenommen – konnte sich der Interviewte nicht den Anforderungen hegemonialer Männlichkeit entziehen und heiratete schließlich eine Freundin seiner Schwester, über deren Person im sonst sehr detaillierten Interview nichts erzählt wird. Die Ehe trägt den Charakter einer Scheinehe und erweist sich in ihrer biographischen Funktion als eine obligatorische Statuspassage, die letztlich erst den vollwertigen Status eines erwachsenen Mannes sichert.

Nur wenige Jahre später lässt sich der Interviewte scheiden und rekapituliert für die Folgezeit die allmähliche Aneignung einer schwulen Identität und die Verwirklichung einer entsprechenden Lebensweise. Als biographisch bedeutsamen Akteur markiert die Erzählung einen befreundeten Arbeitskollegen, den Reza ebenfalls als „fein" charakterisiert und mit dem er gemeinsam regelmäßig einen Park in Teheran aufgesucht hat, den die Erzählung in seiner Funktion als einen informellem Treffpunkt für „Homosexuelle" konkretisiert. Der Interviewte nahm nun also gezielt Kontakt zu anderen Männern auf, die sich ebenfalls durch eine spezifische sexuelle Orientierung von hegemonialer Männlichkeit abgrenzten und eine spezifische soziale Gruppe bildeten, die sich im Iran Nischen im Verborgenen zu Verwirklichung ihrer Lebenspraxis suchte. Der Interviewte evaluiert jene Lebensphase, in der seine Sexualität wieder einen breiteren und positiv besetzten Stellenwert einnahm, als „gute Zeit". Gleichwohl kündigt sich an dieser Stelle die potenzielle Bedrohtheit marginalisierter Männlichkeiten in der Islamischen Republik an. Der Park wurde von Sittenwächtern bewacht und Reza von diesen festgenommen.[7] Als Konsequenz jenes Vorfalls evaluiert der Interviewte „vorsichtiger" geworden zu sein und markiert sich in seiner Lebensweise als eingeschränkt. Intimität war nur selten und an abgelegenen Orten möglich: „Zum Beispiel konnten wir in die Berge gehen." Für die Folgezeit berichtet der Interviewte von zwei Liebesbeziehungen mit Männern, die er seiner Familie vorgestellt hat, die er an dieser Stelle der Erzählung ausdrücklich als „sehr offen" und „sehr modern" beschreibt: „Mein Vater hat sich immer gefreut. Er wollte

---

7 Rezas Erzählung bezieht sich auf die den Revolutionswächtern unterstellten Bassidj-Kräfte, eine Art Freiwilligenarmee, die im Iran für die Einhaltung der islamischen Sitten, bspw. die Kleidungsvorschriften, zuständig ist. Zur Ausübung ihrer Tätigkeiten verleiht ihnen das Gesetz weitreichende polizeiähnliche Kompetenzen, wodurch sie unter anderem Personen bis zu 24 Stunden ohne richterliche Anordnung in Gewahrsam nehmen dürfen. Die hierbei angewandten Gewalt- und Folterhandlungen entziehen sich juristischer Legitimation und rechtsstaatlicher Kontrolle.

mit meinen Freunden sprechen und Kontakt haben." Trotz seiner Vorsichtsmaßnahmen kam es immer wieder zu Problemen mit den Sittenwächtern, die Reza jedoch dadurch löste, dass er deren korrupte Strukturen für sich zu nutzen wusste und Schutzgeld zahlte. Sein ökonomisches Kapital und seine angesehene berufliche Stellung erlaubten es ihm, eine von der Norm hegemonialer Männlichkeit abweichende Lebensweise zu praktizieren. In der vermeintlichen Sicherheit hat Reza seine Kontakte zu schwulen Männern ausgeweitet:

„Und wir haben uns verabredet in einer Cafeteria. Und dort haben wir gesessen und geredet. Bis ich dir sage, ich kannte welche und er kannte welche. Wir haben unsere Bekannten zusammen bekannt gemacht. Und wir sind eine Gruppe von 28 Personen geworden. Und was haben wir gemacht. Ja, dann/Ach, wir haben uns kennengelernt. Damals wir waren immer im Hotel, in einem großen Saal. Hotel X. ist das. Wir haben immer einen Tisch reserviert für unterschiedlich, 20 bis 28 Leute. Wir haben immer vom letzten Mal die Termine gemacht mit Kalender, wann das sein kann, in zwei Wochen oder in vier Wochen oder so. Wir haben uns dort getroffen. Aber ganz normales Outfit. Nicht so tuckisch oder so oder so mit transsexuell, so Frauenklamotten und so was. Ne, ganz normal. Und wir sind hingegangen."

Rezas Beschreibungen deuten auf die Konstitution eines informellen Netzwerks hin, das sich mit den regelmäßigen Treffen einen institutionalisierten Ort geschaffen und so eine regelmäßige und feste Anlaufstelle für schwule Männer etabliert hat. In Anbetracht einer im Iran fehlenden öffentlichen schwulen Community lässt sich die vom Interviewten beschriebene Gruppe als eine sich im Schattendasein versteckt konstituierende Subkultur beschreiben. Dabei schienen sich die Mitglieder durchaus der repressiven gesellschaftlichen Situation und ihrer Bedrohtheit bewusst gewesen zu sein. Hierauf deutet das Bemühen der Beteiligten um Unauffälligkeit hin. Während provokantes, Männlichkeit bewusst infragestellendes Auftreten in den Schwulenszenen westlicher Großstädte typisch ist, war die Gruppe um Reza darum bemüht, keinesfalls durch die Abweichung von männlichen Geschlechtsstereotypen und Körperpraxen aufzufallen. Die Anpassung und Befolgung hegemonialer Männlichkeitsattribute erscheint als eine wesentliche Bedingung, um sich vor staatlichen Repressalien zu schützen. Im weiteren Interviewverlauf beschreibt sich Reza als Initiator von privaten Schwulenpartys, die er gelegentlich im Haus seines Vaters veranstaltet hat:

„Wir haben getanzt, wir haben getrunken. Ich habe selber auch Wein zu Hause gemacht. Ich habe dir gesagt, ich kann Wein und Schnäpse selbst zu Hause machen. Ja, ich habe Geräte zu Hause gehabt dafür. Und ja, das war schöne Zeit eigentlich. Und die, für sie auch wirklich war. Sie haben uns auch eingeladen. Unsere Bekannte haben extra eine Villa, wo wir unsere Villa gehabt haben, die sie weggenommen haben. Und sie haben gehabt. Und wir haben uns dort getroffen und getanzt und so was. Aber nicht für Sexualität. Es ging um Gedanken austauschen und Gefühle austauschen."

Reza ging zwischenzeitlich äußerst selbstbewusst mit seiner gleichgeschlechtlichen Lebensweise um. Er beschreibt sich als einen wesentlichen Protagonisten des informellen Schwulennetzwerks. Der Interviewte stellte den Raum für Zusammenkünfte zur Verfügung und erscheint als Vermittler von sozialen Kontakten unter den schwulen Männern. Unter den restriktiven Lebensbedingungen der Islamischen Republik war es den schwulen Männern um Reza gelungen, soziale Nischen zu erschließen, in denen Raum für ungezwungenes Zusammensein blieb. Die beschriebene Partyatmosphäre lässt jenen Lebensabschnitt als unbeschwert und ausgelassen erscheinen. Der Interviewte grenzt dabei die von ihm veranstalteten Partys von eher sexualisierten Communities ab, wie er sie später in Deutschland erleben sollte. Die von ihm initiierten Begegnungen dienten primär der wechselseitigen sozialen Unterstützung und Anerkennung, die schwulen Männern in anderen gesellschaftlichen Sphären verwehrt bleibt. Die weitere biografische (Re-)Konstruktion beschreibt die zunehmende Verfolgung durch die Sittenwächter, zu der es gekommen war, nachdem ein Nachbar Reza aufgrund der von ihm veranstalteten Partys angezeigt hat und dem Interviewten in der Folge strafrechtliche Konsequenzen drohten. Homosexuelle Praktiken bilden nach dem religiös geprägten Strafrecht der Islamischen Republik ein schweres strafrechtliches Vergehen, das mit schweren Leibesstrafen oder unter Umständen gar mit dem Tode geahndet wird (vgl. Tellenbach 1996).[8] Nachdem auch der Arbeitgeber über Rezas „nichtfähiges islamisches Verhalten" informiert wurde und dieser daraufhin entlassen und mit einem Ausreiseverbot belegt werden sollte, hat der Interviewte den Iran Richtung Deutschland verlassen: „Und ich bin auch bevor, dass die mir verbieten, dass ich die Grenze verlassen kann, bin ich sofort hier rüber." Rezas Narrative entfalten also bereits für die Lebens-

---

8 Gleichgeschlechtliche sexuelle Handlungen fallen im Iran unter die sogenannten Hudd-Delikte, für deren Bestrafung der Koran absolute Strafen setzt. Sexualität wird in insgesamt 76 Artikeln behandelt und in ihrer legalen Form auf den Verkehr eines verheirateten Ehepaares beschränkt. Die Sanktionierung gleichgeschlechtlicher Sexualität wird in 26 Artikeln verhandelt, von denen sich 19 auf männliche und sieben auf weibliche Homosexualität beziehen. Während in bestimmten Fällen die Todesstrafe vorgesehen ist, erlaubt das Gesetz ansonsten Körperstrafen, von denen insbesondere Peitschenhiebe hervorgehoben werden (vgl. Tellenbach 1996). Trotz jener massiven strafrechtlichen Bedrohung – immer wieder wird von Hinrichtungen Homosexueller auch in jüngerer Vergangenheit berichtet – lässt sich nicht zuletzt im Zuge der Verbreitung des Internets die Etablierung einer schwulen Subkultur iranischer Jugendlicher und junger Erwachsener in Teheran beobachten, die sich – ähnlich wie in Rezas Erzählung – in bestimmten Cafés treffen und so informelle soziale Räume generieren (Die Zeit online: http//www.zeit.de/2004/47/Iran, Zugriff am 26.11.2004).

phase im Iran die Konstitution einer gleichgeschlechtlichen Lebensweise und die Aneignung einer spezifischen sexuellen Identität.

Die Migration lässt sich in seinem Fall als *Sicherung* einer verfolgten Lebensweise interpretieren und wird vom Erzähler als Fortführung des bereits im Iran verwirklichten gleichgeschlechtlichen Lebensentwurfs rekonstruiert. Vor dem Hintergrund der Kriminalisierung im Iran evaluiert Reza seine Ankunft in Deutschland als befreiend: „Seit ich hier bin, ich fühle mich eigentlich besser. Weil hier Freiheit [ist]. Und dieser Druck und Angst, unter Kontrolle zu sein und so was, stört mich nicht mehr Gott sei Dank!" Die erste Zeit in Deutschland bezeichnet der Interviewte als „Orientierungszeit" und bezieht sich damit sowohl auf seine beruflichen Perspektiven als auch seine schwule Lebensweise. Diesbezüglich zeichnet sich die Lebensphase in der Migration durch ein hohes Maß an Kontinuität aus. Rezas Erzählungen verweisen auf aktive Integrationsstrategien in beiden Lebensbereichen. Ebenso manifestieren sich jedoch in der Erzählung auch strukturelle Integrationshindernisse. Während das berufliche Vorankommen in der deutschen Aufnahmegesellschaft durch die verweigerte Anerkennung des im Iran erworbenen Bildungskapitals erschwert wird, beschreibt sich der Interviewte auch in der Verwirklichung seiner schwulen Lebensweise in Anbetracht seiner fremden Herkunft, seiner zunächst nur begrenzten Deutschkenntnisse und seines diskreditierenden Status' als Ausländer als beeinträchtig. So wird das unzureichende ökonomische Kapital als Flüchtling bzw. als beruflich deklassierter Ausländer in seinen ausschließenden Effekten im Kontakt zu deutschen Mittelschichtschwulen interpretiert, die sich der Erzählung nach bspw. über eine exklusive Wohnungseinrichtung oder teure Markenkleidung definieren. Solchen Formen sozialer Ungleichheit schreibt der Interviewte nicht zuletzt auch das Scheitern von Beziehungen mit deutschen Partnern zu. Trotz der nachgezeichneten Schwierigkeiten evaluiert Reza sein Leben in Deutschland als positiv. So wird auch für die Migration die Entwicklung einer selbstbewussten sexuellen Identität rekonstruiert, der ein zentraler biografischer Stellenwert beigemessen wird: „Ja, ich bin ein Schwuler, ein richtiger Schwuler!"

3.2 Migration und Lebensweisen in biographischer Veränderung – Hussein

Der zum Interviewzeitpunkt 42-jährige Hussein ist in einem Dorf im Nordiran geboren. Er schildert im Interview eine behütete Kindheit in einer ländlichen Gegend, wo sein Vater als Landarzt eine herausragende Stellung hatte. Viele Patienten waren in der Landwirtschaft tätig und so war die Familie sehr gut mit Lebensmitteln versorgt. Im Vorfeld der Revolution war Hussein als junger Mann in der kommunistischen Opposition aktiv, weshalb er nach der Machtübernahme der Mullahs das Land verlassen musste. So war Hussein mit Anfang zwanzig in die damalige UdSSR geflohen, wo er Ingenieurwissenschaften studierte. Im Zuge der Wende war der Interviewte dann mit Ende zwanzig nach Deutschland immigriert, wo er seitdem als wissenschaftlicher Mitarbeiter tätig ist. Im Gegensatz zum oben porträtierten Reza rekonstruiert Hussein bezüglich seiner Kindheit keinerlei Abweichungen von männlichen Geschlechtstereotypen. Er beschreibt sich als in der männlichen Peergroup integriert und hebt keinerlei Differenzerfahrungen in der Erzählung hervor. Wie all seine Freunde hatte er seiner Erinnerung nach in der Jugend sowohl sexuelle Erfahrungen mit Jungen als auch mit Mädchen, wobei er früh seine Präferenz für gleichgeschlechtliche Sexualität feststellte. In seinem Herkunftskontext war gleichgeschlechtliche Sexualität erwachsener Männer hingegen nur in Gestalt von Pädophilie ein Thema: „So ganz stadtbekannte homosexuelle Männer, die ständig auf der Suche nach Jüngeren waren."

In der späten Jugendzeit hatte Hussein einen sexuellen Kontakt zu einem entfernt verwandten Jugendlichen, den er wie folgt beschreibt: „Beziehung kann man nicht sagen. Das war/Wir waren häufiger zusammen aus familiären Gründen. Aber dann hatten wir ein sehr, sehr intensives sexuelles Leben, sehr intensiv." Der Interviewte skizziert jenes Verhältnis ausdrücklich nicht als Liebesbeziehung und erwähnt in seiner Erzählung auch keine entsprechenden Gefühle. Der (re-)konstruierte Kontakt lässt sich eher als eine Form von Freundschaft bezeichnen, zu der auch intime Erfahrungen gehörten. Im Zuge seines Kriegsdienstes erlebte sich der Erzähler abermals mit gleichgeschlechtlicher Sexualität konfrontiert. Die sexuellen Kontakte unter den Soldaten bewertete Hussein als „Teil der Realität", ohne sich damit näher zu beschäftigen: „Ich hab' in der Phase, hab' ich nie den Gedanken gemacht, was das bedeutet und was das ist." Zwischenmännliche Sexualität war für den Erzähler im Iran weder Anlass einer selbstreflexiven Auseinandersetzung, noch Ausgangspunkt für die Konstruktion eines spezifischen sexuellen Identitätsentwurfs. Die sexuelle Praxis wurde vielmehr als ein selbstverständlicher Bestandteil männlicher Lebensrealität vor dem Übergang in eine heterosexuelle Ehe betrachtet und nicht weiter problematisiert: „Nein, ich hab' das immer als normal empfunden, ganz normal!"

Im Bericht über die Lebensphase in der (ersten) Migration in der damaligen Sowjetrepublik Aserbaidschan findet sich erstmalig im Interview ein Hinweis auf eine Liebesbeziehung, die Hussein mit einer Frau einging, jedoch als wenig erfüllend evaluiert: „Und aber irgendwann, das war für mich nicht das, was mich zufrieden stellen kann." Von intimen Kontakten mit Männern wird für jene Zeit nicht berichtet. Vielmehr gibt der Erzähler an, gar nicht den Wunsch nach einem männlichen Partner verspürt zu haben und begründet dies mit spezifischen Formen von Männerfreundschaft, die auch körperliche Nähe zuließen: „Also es war kein Tabu, wenn zwei Männer nebeneinander so sitzen und einfach sich anfassten. Nicht sexuell, aber einfach sehr eng im Körperkontakt." Körperlicher Kontakt zu Männern und homoerotisches Begehren waren in jenem Lebensabschnitt weder an intime Beziehungen noch eine spezifische sexuelle Selbstverortung geknüpft. Gleichwohl erwies sich die Migration als folgenreich in Bezug auf das sexuelle Selbstverständnis. Im Zuge seines Studiums der Ingenieurwissenschaften hat der Interviewte ein Buch zu den „Grundlagen der Sexologie" gelesen:

> „Und dieses Buch hat mich überzeugt, du bist also homosexuell. Alles was ich da las, was das bedeutet, wie man das fühlt oder worauf man steht. Hab' ich/ nachdem ich dieses Buch gelesen hatte, war ich überzeugt, dass ich homosexuell bin. Aber einfach eine theoretische Überzeugung. Aber keine Möglichkeit, das irgendwie noch mal ((lacht)) in der Praxis zu erproben."

Die biografische Erzählung rekonstruiert das allmähliche Gewahrwerden einer „homosexuellen" Orientierung und die Aneignung einer entsprechenden sexuellen Identität als unbeabsichtigte ‚Nebenfolgen' eines formellen Bildungsprozesses. So mündete das Studium in die Auseinandersetzung mit einem dem Erzähler bis dato nicht bekannten wissenschaftlichen Diskurs über gleichgeschlechtliches Begehren. Die Begegnung mit jenem Homosexualitätsdiskurs eröffnete einen Selbstreflexionsprozess, der auf einem Vergleich der in der Fachliteratur definierten Merkmale von Homosexualität mit dem eigenen Fühlen und Erleben beruhte und schließlich in eine Art Selbstdiagnose mündete.[9] Das bis dato als selbstverständlich angenommene gleichgeschlechtliche Begehren wurde somit in der Migration an eine sexuelle Selbstverortung geknüpft. Es wurde einer sprachlichen Bezeichnungspraxis unterworfen, die sich an einer sexualwissenschaftlichen Definition für gleichgeschlechtliches Begehren orientierte. Jener Prozess wird als eine selbstinitiierte Aneignung eines Identitätskonzeptes (re-)konstruiert.

Die „theoretische" Aneignung der sexuellen Identität führte jedoch erst im Zuge der Transmigration nach Deutschland zur Verwirklichung einer spezifischen

---

9 Die historische Entstehung des Homosexualitätsdiskurses datiert Foucault für das Ende des 19. Jahrhunderts und verweist diesbezüglich auf den medizinisch-psychiatrischen Diskurs, der den Homosexuellen im Sinne einer spezifischen Persönlichkeit konstruiert, „die über eine Vergangenheit und eine Kindheit verfügt, einen Charakter, eine Lebensform, und die schließlich eine Morphologie mit indiskreter Anatomie und möglicherweise rätselhafter Physiologie besitzt" (Foucault 1983: 47). Kraß interpretiert den Paradigmenwechsel von der Sünde (Sodomiediskurs) zur Pathologie vor dem Hintergrund des Kampfes gegen die Kriminalisierung von Homosexualität. Der Krankheitsdiskurs diente dabei als Argument gegen die juristisch unterstellte Schuldfähigkeit (Kraß 2007: 137).

Lebensweise, die der Erzähler nun im Diskurs einer „schwulen" Identität nachzeichnet: „Am Anfang war ich relativ vorsichtig, obwohl ich dann ganz sicher war, dass ich schwul bin." Der Interviewte bezieht sich hier auf einen Diskurs über gleichgeschlechtliches Begehren, der ihm in der deutschen Schwulenszene begegnet war. Diese hatte er aufgesucht, da ihm körperliche Nähe zu Männern aufgrund der in Deutschland im Vergleich zum Iran anders codierten Männerfreundschaften nicht mehr möglich war: „Diese Berührung, dieser Kontakt mit Männern auf einmal war futsch." Trotz seiner sexuellen Selbstverortung als „homosexuell" bzw. „schwul" hatte Hussein in Deutschland eine Beziehung mit einer Frau: „Dann habe ich den letzten Versuch gehabt mit einer Iranerin, die ich aus der Schulzeit kannte und die zufällig in Deutschland lebte." Der Interviewte hatte demnach die Gewissheit über seine sexuelle Orientierung zunächst nicht an die Verwirklichung einer schwulen Lebensweise geknüpft. Vielmehr versuchte er, einen heterosexuellen Lebensentwurf mit einer Exiliranerin zu realisieren. Die Aneignung einer gleichgeschlechtlichen sexuellen Identität erweist sich in Husseins Fall als ein mit Ambivalenzen und Widersprüchen durchzogener Prozess. Die Aufgabe hegemonialer Männlichkeitsideale fiel dem Befragten nicht leicht. Die Deutung der Beziehung als „Versuch" erweckt den Anschein, als wollte der Erzähler zur eigenen Selbstvergewisserung noch einmal eine heterosexuelle Erfahrung machen. In der Qualität jener Beziehung ist dem Interviewten schließlich deutlich geworden, dass er „schwul" ist: „Weil ich, wenn ich mit jener Frau schlafe, ich an die Jungs denke."

Das Scheitern der Beziehung erscheint als endgültiger Beleg der gleichgeschlechtlichen Orientierung und leitete die Verabschiedung des hegemonialen Männlichkeitsentwurfs ein. Diesbezüglich berichtet die Erzählung von einem allmählich vollzogenen Coming-out im näheren sozialen Umfeld des Interviewten: „Aber dann habe ich dann im Prinzip fast allen, jedem erzählt." Das nun öffentlich gemachte sexuelle Selbstverständnis offenbart sich als Basis für die Verwirklichung einer „schwulen" Lebensweise in der Migration:

> „Ja, was vielleicht das schwule Leben in Deutschland betrifft. Wie gesagt, am Anfang war ich ein theoretisch überzeugter Schwuler. Später hab' ich das dann auch angewandt ((lacht)). In Deutschland zum ersten Mal also in den schwulen Lokale von D. In F. [...] Da hab' ich meine erste Bekanntschaft gehabt mit einem Freund aus N. Das war sozusagen mein erster Freund, wenn man unbedingt auf dieser Definition besteht. Wir waren länger als ein Jahr zusammen. Knapp zwei Jahre glaub' ich. Ich hab' nie so/mit Datum habe ich grundsätzlich ein Problem. Und er machte sein Examen. Er war Maschinenbauingenieur. Er arbeitet jetzt auch bei der Firma in N. Die Freundschaft mit ihm war eine Art Einführung in das schwule Leben in N."

Die Konstruktion einer „schwulen" Identität ermöglichte im Fall von Hussein die Verwirklichung eines „schwulen" Lebensentwurfs – zunächst in Gestalt der skizzierten erstmaligen Beziehung mit einem Mann. Jenes Verhältnis schildert der damals Ende zwanzigjährige Interviewte als seine „schwule" Initiationsbeziehung. Sein schon längere Zeit offen schwul lebender Freund hatte ihn in die Szene der von ihm bewohnten Großstadt eingeführt. Insofern wird jener Beziehung die Qualität eines Lernprozesses zugeschrieben. Hussein hat seit dieser Zeit ausschließlich intime Beziehungen mit Männern. Das Verhältnis von Migration und Lebensweise zeichnet sich folglich durch einen umfassenden Wandlungsprozess aus. Zwar hatte der Interviewte auch während seiner Jugendzeit und dem frühen Erwachsenenalter Erfahrungen zwischenmännlicher Sexualität, jedoch wurden intime Beziehungen im Sinne von Liebesbeziehungen ausschließlich mit Frauen verwirklicht. In der Erzählung finden sich auch keine Hinweise dafür, dass Beziehungen mit Männern überhaupt als eine denkbare Option vorstellbar waren. Erst das sich im Zuge der transnationalen Migration grundlegend veränderte Selbstverständnis, das in die allmähliche Aneignung und Konstruktion einer spezifischen sexuellen Selbstverortung mündete, eröffnete den Narrativen nach die Möglichkeit von Liebesbeziehungen mit Männern.

4 Geschlechtlich-sexuelle Subjektpositionierungen als *pädagogische Prozesse* in der Migration

Die nachgezeichneten biografischen Rekonstruktionen stellen traditionelle Migrationskonzepte infrage, in welchen die Migration – raumtheoretisch formuliert – als simpler Wechsel von einem Behälterraum in einen anderen verstanden und den Akteuren eine mehr oder weniger passive Rolle zugewiesen wird, in der sie quasi ihre Lebensweise in einen neuen Gesellschaftsraum importieren (Pries 1997, Löw 2001). Die von mir durchgeführten Interviews zeigen demgegenüber auf, dass das Verhältnis von Migration und Lebensweisen wesentlich komplexer zu denken ist. Von besonderer Bedeutung ist die *konstruktive Eigenleistung* der Akteure *in* und *an* der Migration. In dieser Perspektive lassen sich die Biographien der Befragten im Blick transnationaler Migrationstheorien begreifen. Diese gehen von relativen Raumkonzepten aus und betonen den kreativen Anteil von Menschen an der Raumkonstitution (Schroer 2006: 45). Die Verwirklichung geschlechtlich-sexueller Lebensweisen in der Migration geschieht weder in einer einfachen und bruchlosen Fortsetzung des *Bisherigen*, noch in einer simplen Anpassung an das, in der Zielgesellschaft vorgefundene *Neue*.

Auch in den Interviews, die der Kategorie Kontinuität zugeordnet wurden, finden sich aktive Aushandlungsprozesse mit vielfältigen Lebensweisen, wie sie in den Zielkontexten wahrgenommen wurden. Berichtet wird etwa von der Suche *nach* und dem Ausprobieren *von* unterschiedlichen Lebensweisen: Monogame und offene Liebesbeziehungen, Freundschaften, die auch Intimität beinhalten, sexuelle Kontakte in subkulturellen Kontexten, die an keine Beziehung gebunden sind etc. Einige Befragte skizzieren die Begegnung mit den schwulen Communities in Europa als einen „Kulturkonflikt", aus dem sie selbst die Aufforderung zu interkulturellem Lernen ableiten. Diese beziehen sich bspw. auf den Umgang mit eher sexualisierten Communties, die einigen Befragten nur schwer mit ihrem romantisierenden Liebesideal in Einklang bringen konnten.

Die Fallauszüge zeigen, dass sich Geschlecht und Sexualität *nicht* als feste und unveränderbare Identitäten begreifen lassen, sondern sich vielmehr in einem *komplexen Prozessgeschehen* konstituieren und verändern. Die nachgezeichneten Wandlungsprozesse sind eng an *Bildung* geknüpft. In der Konfrontation mit den deutschen und anderen europäischen Zielkontexten wurden Hussein und weiteren befragten Männern *Diskurse* über gleichgeschlechtliche Sexualität zugänglich, die sie in dieser Form aus dem Iran nicht kannten. Die Vermittlung jener biographisch bedeutsam werdenden Wissensbestände erfolgte auf unterschiedlichen Wegen. In einigen Erzählungen spielten *formale Lernprozesse* im Zuge eines in der Migration aufgenommenen Hochschulstudiums eine zentrale Rolle. Hier stießen die Befragten eher zufällig auf literarische oder sexualwissenschaftliche Texte, die sich mit Homosexualität befassen. Die Begegnung mit jenen Diskursen löste Bildungs- und Selbstfindungsprozesse aus, in denen die Akteure ihr intimes Begehren mit neuen Bedeutungen versahen. Jene wissenschaftlichen Diskurse erhielten somit eine spezifische biographische Funktion für die Befragten. Sie eröffneten diesen den Zugang zu optional verwirklichbaren geschlechtlich-sexuellen Identitätsmustern. Diese konnten im Zuge eines aktiven Aneignungsgeschehens übernommen und lebenspraktisch ausformuliert werden. Konsequenz solcher Erfahrungen ist vielfach die Einnahme einer veränderten sexuellen Subjektverortung (z.B. als ‚schwul'). Zu einem späteren biographischen Moment können solche Positionierungen jedoch auch wieder zurückgewiesen, abgelegt und durch neue ersetzt werden. Auch in *nichtpädagogischen Kontexten* ließen sich ähnliche Bildungs- und Identifikationsprozesse nachzeichnen. So kann die Initiierung von Lernprozessen auch über Unterhaltungsmedien erfolgen. In den Interviews wird zum Beispiel auf Kinofilme verwiesen, die Liebesbeziehungen zwischen Männern thematisieren und im Iran der Zensur zum Opfer fielen. Weitere wichtige „informelle" Lernfelder bilden die in Europa im Gegensatz zum Iran öffentlich präsenten schwul-lesbischen Communities.

Neben unterschiedlichen Lernarten und Lernorten verweisen die Erzählungen auch auf *pädagogisch signifikante Akteure*, denen im Zuge der geschlechtlich-sexuellen Um- und Neuverortungen wichtige biographische Funktionen zukommen. Zum Teil sind dies unterschiedliche Professionelle: Therapeuten, Gutachter/innen des Bundesamtes für Migration und Flüchtlinge, Rechtsanwälte. Von solchen wurde mehreren Befragten gleichsam eine bestimmte sexuelle Identität diagnostiziert bzw. zugeschrieben, die dann weniger emanzipatorisch als Gewinn, sondern vielmehr als schambehaftetes Stigma gedeutet werden. Zudem werden deutschen Männern, mit denen die Befragten Liebesbeziehungen eingingen, pädagogische Funktionen zugeschrieben. Sie erscheinen in den Erzählungen bspw. als erfahrene Mentoren, die die Befragten in gleichgeschlechtliche Beziehungen eingeführt und zudem Wege in subkulturelle Kontexte der Zielgesellschaften eröffnet haben. In dieser Perspektive lassen sich Liebesbeziehungen zu deutschen Partnern nicht nur als Bildungsprozesse, sondern zugleich als eine spezifische Form personaler Integrationshilfe beschreiben.

Literatur

Bochow, Michael (2004): Junge schwule Türken in Deutschland: Biografische Brüche und Bewältigungsstrategien. In: LSVD Berlin-Brandenburg e.V. (Hrsg.): Muslime unterm Regenbogen. Homosexualität, Migration und Islam. Berlin: Querverlag, S. 168-188

Böhnisch, Lothar (2004): Männliche Sozialisation. Eine Einführung. Weinheim u. München: Juventa

Connell, Robert W. (2006, erstmals 1999): Der gemachte Mann. Konstruktion und Krise von Männlichkeiten. Zweite Auflage. Wiesbaden: Verlag für Sozialwissenschaften

Ewing, Katherine P. (2009): Stigmatisierte Männlichkeit: Muslimische Geschlechterbeziehungen und Staatsbürgerschaft in Europa. In: Potts, L./Kühnemund, J. (Hrsg.): Mann wird man. Geschlechtliche Identitäten im Spannungsfeld von Migration und Islam. Bielefeld: Transcript, S. 19-37

Erel, Umut (2007): Transnationale Migration, intime Beziehungen und BürgerInnenrechte. In: Hartmann, J. et al. (Hrsg.): Heteronormativität. Empirische Studien zu Geschlecht, Sexualität und Macht. Wiesbaden: Verlag für Sozialwissenschaften, S. 251-267

Foucault, Michel (1983): Sexualität und Wahrheit. Band 1: Der Wille zum Wissen. Frankfurt/M.: Suhrkamp

Göhlich, Michael et al. (Hrsg.) (2007): Transkulturalität und Pädagogik. Interdisziplinäre Annährungen an ein kulturwissenschaftliches Konzept und seine pädagogische Relevanz. Weinheim u. München: Juventa

Hartmann, Jutta (2002): Vielfältige Lebensweisen. Dynamisierungen in der Triade Geschlecht. Sexualität, Lebensform. Kritisch dekonstruktive Perspektiven für die Pädagogik. Opladen: Leske & Budrich
Kelek, Necla (2006): Die verlorenen Söhne. Plädoyer für die Befreiung des türkischen Mannes. Köln: Goldmann
Koch-Burghardt, Volker (1997): Identität und Intimität. Eine biografische Rekonstruktion männlich-homosexueller Handlungsstile. Berlin: Verlag rosa Winkel
Kraß, Andreas (2007): Der heteronormative Mythos. Homosexualität, Homophobie und homosoziales Begehren. In Bereswill, M./Meuser, M./Scholz, S. (Hrsg.): Dimensionen der Kategorie Geschlecht: Der Fall Männlichkeit. Münster: Westfälisches Dampfboot, S. 136-151
Kröhnert-Othman, Susanne (2007): Die symbolische Ordnung der Moderne, kulturelle Identität und Gender im arabisch-islamischen Raum. In: Mae, M./Saal, B. (Hrsg.): Transkulturelle Genderforschung. Ein Studienbuch zum Verhältnis von Kultur und Geschlecht. Wiesbaden: Verlag für Sozialwissenschaften, S. 143-175
Löw, Martina (2001): Raumsoziologie. Frankfurt/M.: Suhrkamp
Pott, Andreas (2002): Ethnizität und Raum im Aufstiegsprozeß. Eine Untersuchung zum Bildungsaufstieg in der zweiten türkischen Migrantengeneration. Opladen: Leske & Budrich
Potts, Lydia/Kühnemund, Jan (Hrsg.) (2009): Mann wird man. Geschlechtliche Identitäten im Spannungsfeld von Migration und Islam. Bielefeld: Transcript
Pries, Ludger (1997): Neue Migration im transnationalen Raum. In: Ders. (Hrsg.): Transnationale Migration. Baden-Baden: Nomos, S. 15-44
Pries, Ludger (2002): Transnationalisierung der sozialen Welt? In: Berliner Journal für Soziologie. Heft 2/2002, S. 263-272
Pries, Ludger (2008): Die Transnationalisierung der sozialen Welt. Sozialräume jenseits von Nationalgesellschaften. Frankfurt/M.: Suhrkamp
Saal, Britta (2007): Kultur in Bewegung. Zur Begrifflichkeit von Transkulturalität. In: Mae, M./Saal, B. (Hrsg.) Transkulturelle Geschlechterforschung. Ein Studienbuch zum Verhältnis von Kultur und Geschlecht. Wiesbaden: Verlag für Sozialwissenschaften, S. 21-36
Schiffauer, Werner (1983): Die Gewalt der Ehre. Erklärungen zu einem türkisch-deutschen Sexualkonflikt. Frankfurt/M: Suhrkamp
Schmitt, Arno (1985): Vorlesung zu mann-männlicher Sexualität/Erotik in der islamischen Gesellschaft. In: Martino, G./Schmitt A. (Hrsg.): Kleine Schriften zu zwischenmännlicher Sexualität und Erotik in der muslimischen Gesellschaft. Berlin, S. 1-22
Schroer, Markus (2006): Räume, Orte, Grenzen. Auf dem Weg zu einer Soziologie des Raums. Frankfurt/M.: Suhrkamp
Schütze, Fritz (1983): Biographieforschung und narratives Interview. In: Neue Praxis 13, Heft 3/1983, S. 282-293
Spohn, Margret (2002): Türkische Männer in Deutschland. Familie und Identität. Migranten der ersten Generation erzählen ihre Geschichte. Bielefeld: Transcript

Tertilt, Hermann (1996): Turkish Power Boys. Ethnographie einer Jugendbande. Frankfurt/M.: Suhrkamp

Thielen, Marc (2009): Wo anders leben? Migration, Männlichkeit und Sexualität. Biografische Interviews mit iranischstämmigen Migranten in Deutschland. Münster: Waxmann

Timmermanns, Stefan/Tuider, Elisabeth/Sielert, Uwe. (Hrsg.) (2004): Sexualpädagogik weiter denken. Postmoderne Entgrenzungen und pädagogische Ordnungsversuche. Weinheim u. München: Juventa

Toprak, Ahmet (2005): Das schwache Geschlecht – die türkischen Männer. Zwangsheirat, häusliche Gewalt, Doppelmoral der Ehre. Freiburg i. Breisgau: Lambertus

Welsch, W. (2000): Transkulturalität. Zwischen Globalisierung und Partikularisierung. In: Jahrbuch Deutsch als Fremdsprache 26, S. 327-351

Die deutsche Auswanderung in die USA
Familiäre Identitätsarbeit im Spiegel privater Fotografie

Petra Götte

1 Einleitung

Räumlich gesehen war Europa im 19. Jahrhundert, insbesondere in der zweiten Hälfte, ein Europa in Bewegung. Saisonarbeit in der Landwirtschaft und im boomenden städtischen Baugewerbe bewirkten Migrationsströme immensen Ausmaßes. Traditionell hochmobil waren die Handwerksgesellen. Hinzu kamen ungelernte Arbeitskräfte, die es zu Hunderttausenden aus den ländlichen Gebieten in die Industrieregionen zog. Aber nicht nur im Hinblick auf die Binnenmigration war Europa, respektive Deutschland, im 19. Jahrhundert äußerst mobil. Auch die transatlantische Migration erlebte im 19. Jahrhundert ihren Höhepunkt.[1] In den Jahren zwischen 1820 und 1930 emigrierten fast sechs Millionen Deutsche in die USA. Dort stellten sie in den Jahren zwischen 1820 und 1860 mit rund 30% nach den Iren die zweitgrößte, in den Jahren 1861 bis 1890 sogar die stärkste Einwanderergruppe dar (vgl. Bade 1996: 404). Erst zum Ende des 19. Jahrhunderts ebbte der Strom der Massenauswanderung nach Übersee langsam ab.

Zielpunkte der deutschen Auswanderung in die USA bildeten die Staaten Wisconsin, weiterhin Illinois und Missouri, Pennsylvania, Ohio, New York, Maryland und Texas (vgl. Harzig 1993: 157). Wisconsin blieb – von der ersten Einwandererzählung im Jahre 1850 an gerechnet – für einhundert Jahre der Bundesstaat mit dem stärksten Anteil deutscher bzw. deutschstämmiger Einwohner; 1900 war dort mehr als ein Drittel der Bevölkerung Einwanderer aus Deutschland und deren Nachkommen (Helbich/Kamphoefner/Sommer 1988: 21).

Eine der vielen Auswandererfamilien, die es im 19. Jahrhundert nach Wisconsin zog, war die Familie Krueger. Im Jahr 1851 war Wilhelm Krueger mit

---

1 Einen Überblick zur Geschichte der Migration aus und nach Deutschland bietet Bade 1993.

Frau und Kindern von Pommern in die USA ausgewandert, um sich in der Nähe der ländlichen Kleinstadt Lebanon in Wisconsin niederzulassen. Dort ist die Familie seit nunmehr vielen Generationen ansässig. Mit dieser Familie und ihren Fotografien wird sich dieser Beitrag eingehender befassen.

2 Zum Stand der Forschung

Mit der Auswanderung aus Deutschland in die USA, wie überhaupt mit der Geschichte der Migration und nicht zuletzt mit der Vernetzung von lokalen, regionalen, nationalen und internationalen Wanderungsbewegungen hat sich bisher vor allem die mehrheitlich von Historikern betriebene Historische Migrationsforschung befasst.[2] In diesem Umfeld ist eine immense Zahl an Studien zur deutschen Auswanderung in die Vereinigten Staaten erschienen. Parallel dazu hat sich in den USA eine breite Forschung entwickelt, die sich mit den deutschen Einwanderern befasst, die aber auch zahlreiche Untersuchungen über andere Einwanderergruppen wie auch vergleichende Studien vorgelegt hat.[3] Von ihnen thematisiert eine beachtliche Zahl die Frühzeit der Auswanderung im 17. und 18. Jahrhundert; die überwiegende Mehrheit der Forschungsarbeiten befasst sich jedoch mit der Hochphase der transatlantischen Migration im 19. und frühen 20. Jahrhundert.

In zahlreichen Einzelstudien hat die Auswanderungsforschung herausgearbeitet, dass die Masse der Emigranten ländlichen Ursprungs war, genauer gesagt, dass sie aus der ländlichen Unterschicht stammte und weitaus ärmer war als lange Zeit angenommen wurde (vgl. z. B. Kamphoefner 2006; Faltin 1987). Vor allem den regionalgeschichtlichen Forschungsarbeiten zur Amerikaauswanderung verdankt sich darüber hinaus die Erkenntnis, dass es *die* deutsche Auswanderung nicht gab, ebenso wenig wie es *die* polnische oder *die* skandinavische Auswanderung. Vielmehr verliefen die Prozesse von Auswanderung, Einwanderung, Niederlassung, Siedlungsbildung und Akkulturation regional- und lokalräumlich sehr unterschiedlich. Von großer Bedeutung, so ein weiteres zentrales Forschungsergebnis, waren dabei die lokalen Migrationstraditionen und die sie begründenden Netzwerke zwischen Auswanderungs- und Zielregion. Sie wurden in Gang gehalten durch das Eintreffen neuer Migranten, die Rückkehr anderer und vor allem durch einen intensiven Briefwechsel; sie gewährleisteten, dass

---
2 Zu Gegenständen, Fragestellungen und Ansätzen sowie zur Geschichte der Historischen Migrationsforschung vgl. Bade 2002; Hoerder 2002; Lucassen/Lucassen 2004.
3 Überblicke zur Geschichtsschreibung der Überseewanderungen im 19. und frühen 20. Jahrhundert bei Hoerder 1995; Kamphoefner 2006.

die Mehrzahl der Auswanderer recht gut orientiert in den USA ankamen – mit handfesten Informationen über Reiserouten und Währungskurse, mit konkreten Adressen, an die sie sich bei ihrer Ankunft wenden konnten.[4]

Ausführlich hat sich die Forschung zudem mit den ‚ethnic communities' befasst: Ebenso wie andere Einwanderergruppen bildeten auch die Deutsch-Amerikaner „weitgehend ethnisch homogene Haushalte" (Harzig 1993, S. 166): Eheschließungen erfolgten vor allem innerhalb der eigenen Gruppe, auch Untermieter und Dienstboten waren größtenteils deutsche Einwanderer der ersten und zweiten Generation. Der Besuch deutscher Schulen, die Zugehörigkeit zu Kirchengemeinden und Vereinen mitsamt ihrer Fest- und Feierkultur, der Bezug deutschsprachiger Zeitungen und nicht zu vergessen die insbesondere in den Städten große Auswahl an deutschen Gaststätten waren Bestandteile des Lebens in der ‚ethnischen community'. „Eine entfaltete ethnische Kultur bot Identifikationsmöglichkeiten und Schutzzonen und war damit zugleich Ausgangspunkt für eine selbstbewusste Auseinandersetzung mit der dominanten Kultur" (Blaschke 1993: 170; vgl. Kamphoefner 2006: 227; Bretting 1981; Keil 1986).

Die zahlreichen, in der Regel als Lokal- oder Regionalstudien angelegten Untersuchungen über die deutsch-amerikanischen communities haben aufgezeigt, dass die aus dem deutschen Sprachraum Ausgewanderten zunächst über keine gemeinsamen sozialen, religiösen und bis 1871 auch über keine nationalen Wurzeln verfügten, sondern für sie Heimat am ehesten mit lokaler oder regionaler Zugehörigkeit verbunden war. Unter den Bedingungen der Einwanderungssituation waren die Migranten gezwungen, ihre „lokale Kultur zum Deutschtum [zu] verallgemeinern" (Hoerder 1995: 67). In diesem Prozess bekamen Elemente, die vormals von religiöser oder regionaler Bedeutung waren, wie z. B. bemalte Ostereier oder Lederhosen, nunmehr „allgemein ethnischen Aussagewert" (ebd.: 67f.). ‚Deutschamerika' und seine spezifisch ‚deutsch-amerikanische Kultur' mit den zugehörigen Symbolen, Ritualen, Traditionen und Mythen musste also zunächst einmal über alle Regionen- und Klassengrenzen erschaffen werden, um dann als ‚gelebte Ethnizität' erhalten, modifiziert und nicht zuletzt an die nachfolgenden Generationen weitergeben zu werden. Conzen nennt diesen Prozess der Erschaffung einer spezifischen deutsch-amerikanischen Ethnizität „Making their own America" (Conzen 1990; vgl. Bungert 2008). So diente beispielsweise die aus-

---

4   Solcherart lokale Migrationstraditionen, auch als Kettenwanderung bezeichnet, waren nicht allein für den deutschsprachigen Raum charakteristisch, sondern wurden durch Studien, die sich mit der Auswanderung aus anderen europäischen Regionen befassen, bestätigt. Deshalb könne man, so Walter Kamphoefner, Kettenwanderung „beinahe als ein universales Merkmal der US-Einwanderung", „zumindest zu Beginn des 20. Jahrhunderts", bezeichnen (Kamphoefner 2006: 215).

geprägte deutsch-amerikanische Festkultur, aber auch das öffentliche Auftreten der Deutsch-Amerikaner in Demonstrationen, Straßenmärschen und Festumzügen dazu, eine deutsch-amerikanische Ethnizität zu konstruieren, zu profilieren und öffentlich sichtbar zu machen, um so der Gruppe der Deutsch-Amerikaner zu Beachtung und Anerkennung zu verhelfen, wie auch dazu, sie von anderen ‚ethnischen Gruppen' abzugrenzen (vgl. Bungert 2008; Reiß 2008). Ebenso wie für andere ‚ethnische communities', so gilt auch für die Deutsch-Amerikaner, dass ihre Ethnizität weder ein Abbild ihrer Herkunftsgesellschaft noch eine Mischung aus Herkunfts- und Aufnahmegesellschaft war, nicht zuletzt weil es weder *die* Herkunfts- noch *die* Aufnahmegesellschaft gab und gibt. Vielmehr sind ‚ethnische communities' eigentümliche, unter den Bedingungen des Minderheitenschicksals und in Prozessen von Selbst- und Fremdzuschreibungen neu erschaffene, sich stets verändernde Konstruktionen.

Den bisherigen Forschungsstand zur deutschen Aus- und Einwanderung in die USA im 19. und frühen 20. Jahrhundert resümierend lässt sich sagen, dass mittlerweile ein ausgesprochen detailliertes Wissen darüber vorliegt, welche Gruppen von Menschen wann, auf welchen Routen, in welche Zielregionen ausgewandert sind und wie sie sich dort niedergelassen haben. Die diskursiven, rechtlichen, politischen, ökonomischen und sozialen Ursachen und Hintergründe in den Ausgangsregionen sind dabei ebenso ausführlich beschrieben worden wie das Leben in den vielen ländlichen oder urbanen ‚ethnischen communities' samt ihrer sukzessiven Amerikanisierung. Nicht zuletzt sind die Rückwanderung (vgl. Kamphoefner 1988; Schniedewind 1994) und die Auswirkungen von Auswanderung für die zurückgebliebenen Regionen (vgl. Gestrich/Krauss 2006) untersucht worden.

Neben behördlichem Schriftgut und zeitgenössischer Publizistik basieren die Untersuchungen vor allem auf der umfassenden Auswertung statistischen Materials: Einwohnerstatistiken, Statistiken über Betriebsgrößen, Ernteerträge, Profite von Unternehmen, Berufs- und Konfessionszugehörigkeit, behördliche Auswanderungslisten u.v.a.m.; Integration beispielsweise wird dort gemessen am Heiratsverhalten, an der Teilhabe am Arbeitsmarkt, an der Einkommensentwicklung, an Kleidungsgewohnheiten, am Freizeitverhalten, an den Bildungsabschlüssen der nachfolgenden Generationen usw. Daneben fragen einzelne Studien auch nach der *subjektiven* Wahrnehmung des Migrationsprozesses, wobei sie sich in der Regel auf briefliche Quellen stützen.[5] Allerdings bleiben die Subjekte auch in diesen Studien zumeist Vertreter ihrer Gruppe, und in der Regel werden viele Aussagen zu einem bestimmten Themenbereich zusammengestellt

---

5 Zum Umgang mit Briefen als Quellen der Auswanderungsforschung vgl. Helbich 1990; Helbich 2001.

(z. B. Erleben der Überfahrt und Ankunft; Beschreibungen zu Aspekten des Alltags in der neuen Umgebung etc.).

Im Vergleich zu diesen, sich auf größere Gruppen beziehende Untersuchungen, gibt es nur sehr wenige Studien, die sich umfassend mit einzelnen Auswanderer-Familien oder mit einzelnen Personen auseinandersetzen und somit der Tatsache Rechnung tragen, dass Migration und Akkulturation Prozesse darstellen, die Menschen nicht nur in größeren Kollektiven, sondern zuvorderst als Individuen und Familienmitglieder durchleben. Die vornehmlich sozialgeschichtlich orientierte Forschung zur deutschen Auswanderung in die USA im 19. und frühen 20. Jahrhundert hat also in ihrer Konzentration auf regionale, berufliche, religiöse Gruppen die Familie als für den Migrationsprozess entscheidende Instanz weitgehend vernachlässigt. Weil sich die Forschung zudem bisher vor allem mit der ersten Generation der Aus- bzw. Einwanderer befasst hat, ist über die spezifische Situation von Angehörigen der zweiten und dritten Generation von Einwanderern wenig bekannt. Aus diesen beiden Desideraten folgt ein drittes: die familiären Erinnerungsprozesse in Auswanderungsfamilien. Zwar hat sich auch die Historische Migrationsforschung dem Thema Erinnerung zugewandt (vgl. u.a. Harzig 2006; König/Ohliger 2006); dem Bereich der intergenerationellen Tradierung von Migrationserfahrungen im Rahmen individueller und familialer Erinnerungspraxen ist dabei allerdings wenig Beachtung geschenkt worden (vgl. Götte 2008).

Darüber hinaus ist ein eklatanter Mangel an dezidert bildungshistorischen Arbeiten zum Migrationsthema allgemein und zur Auswanderung in die USA im Besonderen zu verzeichnen. Die Historische Bildungsforschung hat sich zwar mittlerweile relativ ausführlich mit Prozessen der Internationalisierung und des internationalen Austausches auf der Ebene pädagogischer Ideen und Diskurse sowie auf der Ebene pädagogischer Institutionen befasst (vgl. Fuchs 2006; Gippert/Götte/Kleinau 2008; Jacobi-Dittrich 1988; Schriewer 2007); das Thema Migration, mithin Fragen von Identitätsbildung unter den Bedingungen von Ein- und Auswanderung, haben jedoch keine Beachtung gefunden. Hinzu kommt, dass die Interkulturelle Pädagogik als *die* an Migration interessierte erziehungswissenschaftliche Teildisziplin gegenüber dem Thema Auswanderung bisher ebenfalls Zurückhaltung gezeigt hat, liegt ihr Fokus doch auf Deutschland als Einwanderungsland. Außerdem hat sie wiederum keine substanzielle, hinter das Jahr 1945 zurückreichende historische Perspektive entwickelt.

Insofern steht eine bildungshistorisch orientierte Aufarbeitung des Migrationsthemas weiterhin aus. Es fehlt an Untersuchungen zu genuin erziehungswissenschaftlichen Fragen von Erziehungs-, Bildungs- und Sozialisationsprozessen unter den Bedingungen der vielfältigen historischen Varianten von Migration.

Weder im Hinblick auf Individuen noch im Hinblick auf Familien ist substanziell erforscht worden, wie sich Identitäten im Prozess von Ein- und Auswanderung entwickelt haben.

Im Folgenden werden einige der genannten Desiderate aufgegriffen. In Bezug auf die Familie soll danach gefragt werden, wie sie sich zu ihrer Migrationsgeschichte bzw. zu ihrer pommerischen Herkunft positioniert. Ausgangspunkt ist dabei die These, dass die Konstruktion einer gemeinsamen Vergangenheit für die Herausbildung einer familiären Identität von großer Bedeutung ist, sie also einen ähnlich wichtigen Stellenwert einnimmt wie die Konstruktion einer gemeinsamen Geschichte für die Herausbildung nationaler Identitäten. Für familiale wie auch für nationale Kollektive ist davon auszugehen, dass die Konstruktion und Pflege einer gemeinsamen Vergangenheit dazu dient, „den einzelnen Individuen das Gefühl einer zeitlichen Einbindung in einem kollektiven Gang der Geschichte zu vermitteln" (Eickelpasch/Rademacher 2004: 69). Zudem haben in Bezug auf Migrantenfamilien Hamburger/Hummrich darauf hingewiesen, dass der „Verlust der Familientradition" ein Belastungsrisiko im Hinblick auf die familiäre Bewältigung des Migrationsprozesses darstellt (Hamburger/Hummrich 2007: 119). Umso wichtiger scheint es, sich damit zu befassen, wie Migrantenfamilien ihre spezifische Vergangenheit konstruieren und in Szene setzen.

3 Migration, Identität und Fotografie

Migration – hier in Anlehnung an Annette Treibel verstanden als „auf Dauer angelegte[r] bzw. dauerhaft werdende[r] Wechsel in eine andere Gesellschaft bzw. in eine andere Region von einzelnen oder mehreren Menschen" (Treibel 2003: 21) – ist ein langfristiger, komplexer Prozess: Migration lässt sich nicht auf punktuelle Ereignisse im Sinne von Abreise oder Einreise beschränken, sondern ist ein Prozess von mittel- bis langfristiger Dauer. So dauert es oftmals Jahre bis sich Individuen bzw. Familien zur Migration entschließen und diesen Entschluss in die Tat umsetzen. Auch Einwanderung ist ein langfristiger, sich in der Regel über mehrere Generationen erstreckender Prozess (vgl. Oltmer 2006: 7; Fuhrer/Mayer 2005: 59). Zudem betreffen Aus- und Einwanderung den Menschen immer als Ganzen in seinem psychischen, sozialen und ökonomischen Dasein. Menschen sind nie ‚nur' Migranten, sondern sie sind situiert in Familienstrukturen und Geschlechterverhältnissen, in Lebensphasen und Lebenslagen.

Angesichts der – hier allerdings nur kurz angerissenen – Komplexität und Langfristigkeit von Migrations- bzw. Integrationsprozessen ist davon auszugehen, dass zur Bewältigung dieser Aufgabe ein hohes Maß an individueller und familiärer „Identitätsarbeit" (Keupp), oder anders ausgedrückt an „biographischer Arbeit" (Kraul/Marotzki) notwendig ist. Biographische Arbeit gewinnt nämlich immer dann an Bedeutung, wenn, wie im Fall von Aus- und Einwanderung, vertraute soziale Kontexte sich wandeln oder gar gänzlich wegbrechen oder aber wenn „die Geschwindigkeit der sozialen und biographischen Veränderungen immer größer" wird (Kraul/Marotzki 2002: 7). Biographischer Arbeit kommt dann die Funktion zu, der eigenen Geschichte des Lebens Kontinuität und Dauerhaftigkeit zu verleihen. Das Ergebnis biographischer Arbeit ist allerdings immer nur ein vorläufiges, eine der aktuellen Situation angepasste Lebensgeschichte.

Dementsprechend wird hier in Anlehnung an Keupp u.a. (2006), Eickelpasch/Rademacher (2004) und Lucius-Hoene/Deppermann (2002) davon ausgegangen, dass auch Identität kein „einheitliches, eindeutiges, lebenslang gültiges Selbstbild" ist (Eickelpasch/Rademacher 2004: 15), kein statischer innerer Besitz, sondern „ein immer nur vorläufiges Resultat kreativer, konstruktiver Akte" (Straub zit. n. ebd.: 21). In Anlehnung an Lucius-Hoene/Deppermann wird hier unter Identität eine „symbolische Struktur verstanden, die

- Person und soziale Umwelt, selbstbezogene Erfahrungen der Person und ihre historisch-biografischen Phasen integriert;
- Kontinuität und Kohärenz gewährleisten soll;
- sprachlich-symbolisch konstituiert und interaktiv hergestellt wird;
- durch soziale und gesellschaftlich-strukturelle Abhängigkeitsverhältnisse mitgestaltet und begrenzt wird;
- lebenslanger Anpassung bedarf (Identitätsarbeit);
- in den verschiedenen Lebensbereichen und Anforderungen jeweils spezifisch hergestellt wird (Teilidentitäten);
- zu ihrer Formation auf kulturelle Sinnstiftungsangebote und Vorlagen zurückgreift" (Lucius-Hoene/Deppermann 2002: 51; vgl. Keupp u.a. 2006: 60, wobei Keupp u.a. nicht von Identität als symbolischer Struktur sprechen, sondern von Identität als „das individuelle Rahmenkonzept einer Person" ebd.).

Wichtig ist an dieser Stelle hervorzuheben, dass Identität erstens symbolisch bzw. sprachlich-symbolisch, zweitens in Interaktionen und drittens unter Rückgriff auf kulturelle Vorlagen hergestellt wird. Diese Konstruktionstätigkeit wird mit dem Begriff Identitätsarbeit umschrieben. Identitätsarbeit ist als „kreativer Prozess", als „stilisierende[s] Sinnbasteln" zu verstehen (Eickelpasch/Rademacher 2004: 22). Identitätsarbeit ist eine beständige, lebenslange, sich aus psychischen, sozialen und materiellen Ressourcen speisende Tätigkeit (vgl. Keupp u.a. 2006: 198 ff.).

Weil Identität im Prozess der Identitätsarbeit symbolisch bzw. sprachlich-symbolisch hergestellt wird, ist Identitäts- bzw. Biographieforschung auf die Auslegung von symbolischen Manifestationen angewiesen (vgl. Marotzki 2003: 23). Symbolische Manifestationen können z. B. Interviews, Autobiographien, Tagebücher und Briefe sein, ebenso Kleidung, belletristische Literatur, aber auch Bilder und Fotografien. Sowohl aktuelle wie auch historische Identitäts- bzw. Biographieforschung arbeiten überwiegend mit sprachlichen Manifestationen im Sinne schriftlicher oder mündlicher Äußerungen, so dass tatsächlich von einer Dominanz des Narrativen gesprochen werden kann. Der Grund hierfür ist, dass dem Erzählen im Hinblick auf die Darstellung der individuellen Lebensgeschichte ein hoher, wenn nicht gar unersetzbarer Wert zugeschrieben wird (vgl. ebd.: 23): Menschliche Erfahrung im Ganzen sei „narrativ strukturiert" (Brumlik 1996: 37), das menschliche Gedächtnis „narrativ konstruiert" (ebd.). Geschichten seien das „grundlegende Medium, in dem uns überhaupt Sinnhaftes zugänglich" sei (Meuter 2004: 142). Erzählungen und Geschichten seien „die einzigartige menschliche Form, das eigene Erleben zu ordnen, zu bearbeiten und zu begreifen. Erst in einer Geschichte, in einer geordneten Sequenz von Ereignissen und deren Interpretation gewinn[e] das Chaos von Eindrücken und Erfahrungen, dem jeder Mensch täglich unterworfen ist, eine gewisse Struktur, vielleicht sogar einen Sinn" (Ernst zit. n. Keupp u.a. 2006: 58; vgl. ebd.: 207ff.). Ohne die Bedeutung von Narrationen für Deutungs- und Sinnsetzungsprozesse, mithin für Identitätsarbeit in Zweifel zu ziehen, bleibt es dennoch eine Tatsache, dass Sinn und Deutung auch in anderen Interaktionen als dem Gespräch und dem Schreiben hergestellt werden, sich dementsprechend auch in anderen symbolischen Manifestationen niederschlagen und dort erforscht werden können.

Auch im Medium der Fotografie deuten Menschen Ereignisse, Erlebnisse, Beziehungen, Verhältnisse und geben diesen Sinn. Auch Fotografie ist ein Medium der Selbstvergewisserung und der Selbstverortung. Tatsächlich spricht auch Timm Starl in seiner „Bildgeschichte der privaten Fotografie" von der „identitätsstiftenden Funktion" privater Fotografie (Starl 1995: 23). In jedem Arrangement, in jeder Inszenierung einer Person oder einer Gruppe steckt eine implizite Konzeption (des Fotografen und der Abgebildeten), wie er sie sieht bzw. sie sich selbst sehen. Welche Objekte, Motive und Themen ins Bild gesetzt werden und wie dies geschieht, folgt jedoch nicht allein den subjektiven Vorlieben der Abgebildeten und des Fotografen, sondern unterliegt immer auch gesellschaftlichen Konventionen. So wurden beispielsweise Portraits des 19. Jahrhunderts nach bestimmten Mustern inszeniert, in denen sich die gängigen, meist bürgerlich dominierten Klischees von Geschlechter-, Generationen- und Autoritätsverhältnissen widerspiegeln. Auch private Fotos haben ihre Vorbilder. „Der intersubjektiv verfügbare Motivkanon entstand in einer lang andauernden soziokulturellen Entwicklung seit der Frühzeit der Fotografie" (Selke 2004: 55). Die letztlich untrennbare Vermischung von kulturell geprägten Stilvorgaben und deren individueller Ausgestaltung trifft allerdings alle symbolischen Manifestationen und gilt für die Erzählung ebenso wie für andere ästhetische Produktionen. Auch sie folgen bestimmten gesellschaftlich präformierten Konstruktionsmustern, ohne jedoch jemals mit ihnen identisch zu sein.

Wenn also Fotografie als Identitätsarbeit zu verstehen ist und fotografische Bilder deren symbolische Manifestation sind, dann stellen sie vielversprechende Quellen für eine Untersuchung über Identitätsarbeit in Auswandererfamilien dar. Gleichwohl hat sich die Forschung zur deutschen Aus- und Einwanderung in die USA bisher nicht substanziell mit Fotografien als Quellen auseinandergesetzt. Trotz erster Ansätze, die Peter Assion in den frühen 1980er Jahren unternommen hat (vgl. Assion 1983), trotz der wissenschaftlichen ‚Entdeckung des Bildes' seit den 1980er Jahren und trotz einer mittlerweile breit entfalteten und etablierten „Visual History" (Paul 2006), sind Fotografien als eigenständige Quellen in den Studien zur Auswanderung in die USA bis heute weitgehend ungenutzt geblieben, sieht man von ihrer Verwendung zu Illustrationszwecken einmal ab. Dabei lässt sich – zumindest für die Familie Krueger – vermuten, dass sich die Konstruktion familialer Identität gerade im Medium der Fotografie artikulierte.

(Fotografische) Bilder sind neben „Sprache, Schrift, Zahl, Musik, Ritus, Kunst als spezifische Formen der Symbolisierungstätigkeit, welche menschliche Praxis und Sinnbildung auszeichnet", zu verstehen – so Roswitha Breckner unter Bezug auf die Symboltheorie von Susanne Langer (Breckner 2008: 2). Visuelle Formen (Linien, Farben, Proportionen etc.), so Langer, „sind ebenso der Artikulation, d.h. der komplexen Kombination fähig wie Wörter. Aber die Gesetze, die diese Art von Artikulation regieren, sind von denen der Syntax, die die Sprache regieren, grundverschieden. Der radikalste Unterschied ist der, dass visuelle Formen nicht diskursiv sind. Sie bieten ihre Bestandteile nicht nacheinander, sondern gleichzeitig dar, weshalb die Beziehungen, die eine visuelle Struktur bestimmen, in einem Akt des Sehens erfasst werden" (Langer zit. n. Breckner 2008: 2). Wenn Bilder, also auch Fotos, „als symbolische Formen bzw. ‚Sinngewebe'" anzusehen sind, die im Akt des Sehens erfasst werden, so bedarf es eines speziellen interpretativen Zugangs, der in der Lage ist, das in der „Gestalt von Farben, Formen, Linien etc. innerhalb eines Bildrahmens – also in der konkreten Materialität eines Bildes" liegende Immaterielle „eine Ansicht, Anschauung, Vorstellung, Imagination" sichtbar zu machen (ebd.: 3). Oder anders ausgedrückt: Weil im „fotografischen Bild [...] Form und Inhalt eine Verbindung ein[gehen] (Mietzner/Pilarczyk 2003: 19), kann sich die Analyse von Fotografie nicht auf eine Inhaltsanalyse nach dem Motto: was sieht man auf dem Foto? beschränken, sondern hat auch die „medialen, technischen und ästhetischen Qualitäten" der Fotografie zu berücksichtigen (ebd.).

Theoretisch reflektierte und methodisch elaborierte Ansätze der Bild- und/ oder Fotoanalyse gibt es mittlerweile einige. Schließlich ist seit Mitte der 1980er Jahre in diversen Disziplinen die Diskussion um Bilder respektive Fotografien als Quellen in Gang gekommen. In der Historischen Bildungsforschung waren es vor allem Ulrike Mietzner und Ulrike Pilarczyk, die die Diskussion um Fotografien als bildungshistorische Quellen vorangetrieben haben. Mit ihrer 2005 erschienenen Studie „Das reflektierte Bild. Die seriell-ikonografische Fotoanalyse in den Erziehungs- und Sozialwissenschaften" liegt außerdem ein speziell auf die Quellengattung Fotografie zugeschnittenes und mittlerweile erprobtes Analyseverfahren vor. Die seriell-ikonografische Fotoanalyse ist eine Kombination aus zwei methodischen Verfahren: Es handelt sich erstens um die Interpretation einzelner fotografischer Bilder mittels ikonografisch-ikonologischer Bildinterpretation. Daneben werden zweitens viele Fotografien oder ganze Fotobestände einer seriellen Analyse unterzogen. Da es im Folgenden darum geht, einzelne fotografische Bilder zu interpretieren, kommt hier nur die ikonografisch-ikonologische Bildinterpretation zum Einsatz, nicht aber die serielle Analyse. Die ikonografisch-ikonologische Bildinterpretation sieht vier Analyseschritte vor. Im Zuge derer wird die Fotografie in all ihren bildlichen Details, in ihren Symbolen und Motiven, in ihrer ästhetischen Gestaltung beschrieben; auf dieser Basis werden dann, wie Mietzner/Pilarczyk es nennen, die intendierten und nicht-intendierten Bedeutungen eines Bildes erschlossen (Mietzner/Pilarczyk 2005: 141).

4 Identitätsbildung im Spiegel privater Fotografie: Die Krueger-Familie[6]

Bei der Familie Krueger handelt es sich, wenn man so will, um eine für die Auswanderer des mittleren 19. Jahrhunderts „typische" Familie. Als William Krueger sich im Jahre 1851 entschloss mit Frau und Kindern von Pommern nach Amerika auszuwandern, war er 33 Jahre alt. Die Situation der Familie stellte sich ähnlich dar wie die unzähliger ländlicher Auswanderer zur Mitte des 19. Jahrhunderts: Für das Überleben reichte das Einkommen gerade so eben aus, aber die Zukunft der Kinder und das Altenteil der Eltern schienen vollkommen ungesichert. Tatsächlich stammte die Masse der Emigranten aus der ländlichen Unterschicht – und dies gilt nicht nur für den deutschen Sprachraum, sondern auch für andere europäische Länder. Es waren Kleinbauern, Tagelöhner, Heuerleute und Handwerker. Deren Lage hatte sich seit Beginn des 19. Jahrhunderts in Zusammenhang mit dem krisenhaften Übergang von der Agrargesellschaft zum modernen Industriekapitalismus stetig verschlechtert (vgl. Helbich/Kamphoefner/Sommer 1988: 12).

Die aus Pommern stammenden Auswanderer, so auch die Kruegers, zog es seit den späten 1830er Jahren mehrheitlich nach Wisconsin (vgl. Conzen 1997; Bungert/Lee/Kluge 2006), z. B. nach Milwaukee oder auch in die Nähe der ländlichen Kleinstadt Lebanon. Dort angekommen arbeitet William Krueger zunächst als Eisenbahnarbeiter, um das Kapitel zum Erwerb einer eigenen Farm zu erwirtschaften (vgl. McLellan 1997: 35). Nach zwei Jahren erstanden die Kruegers ein erstes Stück Land, das sie urbar machten und bewirtschafteten bis sie schließlich 1866 soviel Kapital angespart hatten, um ein größeres und besseres Stück Land

---

6 Die folgenden Ausführungen sind eine überarbeitete Fassung von Überlegungen, die in Götte 2008 publiziert sind. Auf die Familie Krueger bzw. auf deren Fotografien bin ich durch eine Studie der amerikanischen Historikerin Marjorie McLellan aufmerksam geworden. McLellan hat sich im Rahmen eines langjährigen Forschungsprojektes intensiv mit den Kruegers beschäftigt. Verständlicherweise hat diese Familie doch ihre Geschichte in einer umfangreichen Sammlung von Fotografien dokumentiert. Sie umfasst mehr als 2000 Fotos (überliefert als Glas-Platten-Negative), von denen allein ca. 1000 aus den frühen Jahren des 20. Jahrhunderts stammen. Neben dieser Fotosammlung hat die Familie zahlreiche alte Dokumente und Gebrauchsgegenstände bewahrt – Werkzeuge, Spielzeug und Trachten. Hinzu kommen überlieferte Briefe zwischen den Einwanderern und den in Pommern zurückgebliebenen Eltern und Geschwistern, Tagebücher sowie ein autobiografischer Schriftsatz, den William Krueger zusammen mit zwei seiner Söhne verfasst hat. All diese Dokumente sowie zahlreiche Interviews, die McLellan mit den heutigen Nachfahren geführt hat, sind im Rahmen des Forschungsprojektes untersucht worden. Dessen Ergebnisse sind in einer Ausstellung (1982) und in dem 1997 publizierten Band „Six Generations Here. A Farm Family remembers" dokumentiert. In diesem Band sind auch 161 der Krueger-Fotografien abgedruckt, mit denen ich im Rahmen dieses Beitrags gearbeitet habe.

zu kaufen, das zudem näher an der Stadt Watertown und ihren Märkten gelegen war. Im Alter von 52, zweimal verwitwet und wiederverheiratet, zog sich William Krueger aufs Altenteil zurück und übergab die Farm an seinen ältesten Sohn August, der sie später seinem Sohn Alex übergab. Dessen Sohn Edgar übernahm die Farm im Jahr 1957 (vgl. ebd.: 38). Die Kruegers waren nicht nur eingebunden in die deutsch-amerikanische community, sondern mehr noch in ein weitverzweigtes familiäres Netzwerk. In der Familie Krueger war es die Generation der Enkel, die das Fotografieren entdeckte. 1899 nahm Alex Krueger sein neues Hobby auf, zwei seiner Cousins schlossen sich an. Allein Alex Krueger hat auf über 1000 Fotos die ganze Spannbreite an Themen des Familien- und Arbeitslebens auf der Farm eingefangen, „[...] together with his sister Sarah Krueger and their cousins" Alex Krueger „initiated a family tradition of photography that is still carried on today" (ebd.: 1). Im Medium der Fotografie setzte sich die Familie zu ihrer Geschichte, aber auch zur gegenwärtigen amerikanischen Konsumkultur ins Verhältnis. Fotografie diente hier der familiären Identitätsarbeit. Anhand einer Fotografie aus dem Bestand der Krueger-Familie soll im Folgenden nach der Konstruktion der familiären Migrationsgeschichte gefragt werden.

Einzelbildanalyse

Abbildung Nr. 1: Jennie Krueger, 4. Generation
Quelle: McLellan 1997: o.S.

Das Foto stammt etwa aus dem Jahre 1910. Aufgenommen hat es Alex Krueger – Enkel des aus Pommern eingewanderten William Krueger. Das etwa 10jährige Mädchen auf dem Foto ist seine Tochter Jennie. Die abgebildeten Gegenstände stammen aus dem Kruegerschen Familienbesitz: die Holzbank, das alte, kunstvoll gedrechselte Spinnrad, die Haspel, der von William Krueger handgeflochtene Korb, eine alte Laterne. Diese Gegenstände sind positioniert vor der alten Kruegerschen Fachwerkscheune mit ihren massiven Holztüren. Jennie Krueger trägt den Rock ihrer Urgroßmutter und deren Pantoffeln mit den Holzsohlen. Ihre Frisur wie auch der über der Brust gekreuzte Schal verweisen auf die traditionelle Tracht ihrer pommerischen Vorfahren.

Das verbindende Thema der Szenerie ist Spinnen. Das hierfür notwendige Rohmaterial – rohe Wolle – ist ebenso zu sehen wie die zum Spinnen notwendigen Werkzeuge – Spinnrad, Haspel und Spule. Das Endprodukt – gewickelte Wolle – ist auffällig ins Bild gesetzt, indem es über die Haspel gehängt wurde. Und nicht zuletzt ist auch das potentielle Subjekt des Spinnens – ein weibliches Familienmitglied – zu sehen, galt Spinnen doch traditionell als weibliche Domäne. Den Hintergrund für diese – weiblich konnotierte Szene – gibt die im alten Fachwerkstil erbaute Scheune ab, durch die, ebenso wie durch die von Männern handgefertigte Gegenstände wie die Bank, die Laterne, das gedrechselte Spinnrad und der Korb auch die traditionellen männlichen Handwerke im Bild vorhanden sind.

Die abgebildete Szene hat wenig Tiefe, schätzungsweise 1,5 bis 2 Meter. Es sind keinerlei Schatten zu sehen sind. Deshalb macht die Szenerie einen geradezu zweidimensionalen Eindruck. Einzig die Figur des Mädchens wirkt plastisch. Auch deshalb erinnert die hier abgebildete Szene stark an klassische, im Atelier entstandene Portraitaufnahmen. Wie sich Kinder auf klassischen Studioportraits auf ein Buch, eine Balustrade u.ä. stützen, so stützt sich Jennie Krueger auf das Spinnrad; statt einer Insignie für Kindheit (z. B. Puppe, Ball oder Eisenbahn), hält das Mädchen eine Spule in der Hand – Symbol für die traditionelle, weibliche Handfertigkeit des Spinnens. Was jedoch am stärksten an Studiofotografie erinnert, ist die geringe Tiefe des Bildes und die Wand, vor der das Motiv arrangiert worden ist. Die Fachwerkwand wirkt wie eine Studiokulisse.

Dies alles hat zur Folge, dass die Szenerie stillgestellt, statisch wirkt – fast museal. Wie ein ethnisches Schaufenster. In dieser Szenerie wirkt das Mädchen wie eine Ausstellungsfigur, der die fremde Kleidung nicht recht passt, sie ist ihr zu groß. Der museale Charakter des Bildes wird nicht zuletzt dadurch hervorgerufen, dass zwar die verschiedenen Einzelkomponenten des Spinnens abgebildet sind – sprich die Materialien und Werkzeuge und das Mädchen; der Vorgang des Spinnens selbst ist jedoch zu sehen. Somit wirkt Jennie Krueger hinzugestellt, wie eines der ausgestellten Objekte, sie steht dabei, ist Trägerin der Spule, Staffage, aber nicht in Aktion zu sehen. Das ist bei anderen Fotografien, die ebenfalls das Spinnen als weibliche Handwerkskunst thematisieren, nicht der Fall:

Abbildung Nr. 2: William und Johanna Krueger, 1. Generation (1899)
Quelle: McLellan 1997: 106

Abbildung Nr. 3: August und Mary Krueger, 2. Generation (ohne Datum)
Quelle: McLellan 1997: 106

Abbildung Nr. 4: Sarah Krueger, 3. Generation (ohne Datum)
Quelle: McLellan 1997: 105

Die Fotografien zeigen, dass die vergangenen Handwerkstraditionen, speziell das Spinnen und Handarbeiten, ein durchgängiges Motiv sind, das in den Fotografien von Alex Krueger in zahlreichen Varianten inszeniert wird. Zwar stellt Alex Krueger seine Tochter bewusst in diese Familientradition. Doch dem Mädchen ist der Rock ihrer Urgroßmutter zu groß und zu weit; zudem agiert sie nicht, sondern stellt zur Schau. Im Gegensatz zu den drei anderen Fotografien ist das Spinnen hier nicht mehr als lebendige Tätigkeit dokumentiert. Spinnrad, Korb, Laterne sind nicht mehr als *Gebrauchsgegenstände* ins Bild gesetzt, sondern als *Erinnerungsobjekte*. Die Szenerie wirkt museal.

Das hier im Zentrum der Betrachtung stehende Foto von Jennie Krueger (Abbildung 1) ist etwa 1909/1910 entstanden. 1908, also kurz zuvor, ist mit William Krueger die Leitfigur der Familie wie auch der Augenzeuge der „alten Zeit", der „alten Heimat", der „alten Traditionen" verstorben. Die lebendigen Zeitzeugen sterben nach und nach aus. Hinzu kommt, dass zum Ende des 19. Jahrhunderts die deutsch-amerikanische Einwandererkultur ihren Zenit überschritten hatte, sich die Gruppe der deutschen Einwanderer als ganzes langsam amerikanisierte. Dies hat zur Folge, dass die alten Handwerke und Traditionen nicht mehr über aktives Tun, sondern über Erinnerung angeeignet werden können oder müssen. Und dieser Umbruch ist in dieser Fotografie bereits vollzogen. Der Fotograf, so meine These, wollte oder konnte nicht zeigen: So war es damals. So spinnt man Wolle. Er wollte nicht zeigen: Wir führen diese alten Handwerke fort. Insofern drückt das fotografische Bild Abschied von der Tradition aus – im Sinne gelebter Handwerkspraxis. Gleichwohl enthält das fotografische Bild ein deutliches Bekenntnis zur Tradition – im Sinne von Erinnerung an alte, familiäre Handwerke.

5 Schluss

Bei der gemeinsamen Verfertigung der Vergangenheit geht es nicht allein darum, was und wie erzählt wird, sondern auch um die kommunikative Praxis an sich: Die kommunikative Vergegenwärtigung von Vergangenheit in der Familie, so Harald Welzer, „ist kein bloßer Vorgang der Weitergabe von Erlebnissen und Ereignissen, sondern immer auch eine gemeinsame Praxis, die die Familie als eine Gruppe definiert [...]. Familien zelebrieren [...] im gemeinsamen Sprechen über Vergangenes, ihre Geschichte als Interaktionsgemeinschaft, und dabei geht es um die Bestätigung der Identität der Wir-Gruppe" (Welzer 2005: 165). Fotografie als Familienprojekt, so lässt sich zumindest in Bezug auf die Familie Krueger sagen, dürfte die gleiche, nämlich identitätsstiftende, Funktion einnehmen. Denn auch Fotografie ist ein Medium der Selbstvergewisserung und der Selbstverortung. In diesem Fall geht es um Familientraditionen, um die familiäre Migrationsgeschichte. Dabei bleiben die Requisiten – die alten Werkzeuge, Gegenstände und Kleidungsstücke – dieselben; aber sie werden immer wieder neu, weil der Fotograf sich zu seiner eigenen Geschichte immer wieder neu ins Verhältnis setzen muss.

Auch wenn in diesem Beitrag die Positionierung zur familiären Migrationsgeschichte im Zentrum steht, so findet familiäre Identitätsarbeit ebenso in der Gestaltung von Geschlechter- und Generationenverhältnissen, der Ausarbeitung der Beziehung von Individuum und familiären Kollektiv, von Arbeit und Freizeit u.v.a.m. statt. Und all diese Diskursfelder gilt es einzubeziehen, wenn man sich mit Prozessen der Identitätsbildung unter den Bedingungen von Migration befassen will.

Literatur

Assion, Peter (1983): Amerika-Auswanderung und Fotografie 1860-1930. In: Fotogeschichte 3. 1983. 7: 3-18

Bade, Klaus J. (Hrsg.) (1993): Deutsche im Ausland – Fremde in Deutschland. Migration in Geschichte und Gegenwart. München: Beck'sche Verlagsbuchhandlung

Bade, Klaus J. (Hrsg.) (1996): Migration – Ethnizität – Konflikt: Systemfragen und Fallstudie (Schriften des Instituts für Migrationsforschung und interkulturelle Studien, IMIS, der Universität Osnabrück, Bd. 1). Osnabrück: Universitätsverlag Rasch

Bade, Klaus J. (1996): Transnationale Migration, ethnonationale Diskussion und staatliche Migrationspolitik im Deutschland des 19. und 20. Jahrhunderts. In: Bade (1996): 403-430

Bade, Klaus J. (2002): Historische Migrationsforschung. In: IMIS-Beiträge, hrsg. v. Vorstand des Instituts für Migrationsforschung und Interkulturelle Studien (IMIS) der Universität Osnabrück. 2002. Heft 20: 21-44

Beer, Mathias/Dahlmann, Dittmar (Hrsg.) (2004): Über die trockene Grenze und über das offene Meer. Binneneuropäische und transatlantische Migration im 18. und 19. Jahrhundert. Essen: Klartext Verlag

Blaschke, Monika (1993): ‚Deutsch-Amerika' in Bedrängnis: Krise und Verfall einer ‚Bindestrichkultur'. In: Bade (1993): 170-179

Bohnsack, Ralf/Marotzki, Winfried/Meuser, Michael (Hrsg.) (2003): Hauptbegriffe Qualitativer Sozialforschung. Ein Wörterbuch. Opladen/Farmington Hill: Budrich

Breckner, Roswitha (2008): Bildwelten – Soziale Welten. Zur Interpretation von Bildern und Fotografien. Online-Beitrag zu Workshop & Workshow vom 23./24.11.2007, www.univie.ac.at/visuellesoziologie/

Bretting, Agnes (1981): Soziale Probleme deutscher Einwanderer in New York City 1800-1860. Wiesbaden: Steiner

Brumlik, Micha (1996): Individuelle Erinnerung – kollektive Erinnerung. Psychosoziale Konstitutionsbedingungen des erinnernden Subjekts. In: Loewy/Moltmann (1996): 31-45

Bungert, Heike/Lee Kluge, Cora/Ostergren, Robert C. (Hrsg.) (2006): Wisconsin German Land and Life. Madison: May Kade Institute for German-American Studies

Bungert, Heike (2008): Deutschamerikanische Ethnizitätsbildungsprozesse in San Antonio und San Francisco, 1948-1914. In: Raab/Wirrer (2008), S. 57-94

Conzen, Kathleen Neils (1990): Making Their Own America. Assimilation Theory and the German Peasant Pioneer. German Historical Institute Washington, D.C., Annual Lectures Series N. 3. New York/Oxford/Munich: Berg Publishers

Conzen, Kathleen Neils (1997): Their Stake in the Land. In: McLellan (1997): 23-31

Conzen, Kathleen Neils (2003): Germans in Minnesota. O.O: Minnesota Historical Society Press

Ecarius, Jutta (Hrsg.): Handbuch Familie. Wiesbaden: VS, Verlag für Sozialwissenschaften

Ehrenspeck, Yvonne/Schäffer, Burkhard (Hrsg.) (2003): Film- und Fotoanalyse in der Erziehungswissenschaft. Ein Handbuch. Opladen: Leske + Budrich

Eickelpasch, Rolf/Rademacher, Claudia (2004): Identität. Bielefeld: transcript

Faltin, Sigrid (1987): Die Auswanderung aus der Pfalz nach Nordamerika im 19. Jahrhundert. Unter besonderer Berücksichtigung des Landkommissariates Bergzabern. Frankfurt a.M./Bern/New York: Peter Lang

Fuchs, Eckhardt (Hrsg.) (2006): Bildung International. Historische Perspektiven und aktuelle Entwicklungen. Würzburg: Ergon-Verlag

Fuhrer, Urs/Uslucan, Haci-Halil (Hrsg.) (2005): Familie, Akkulturation und Erziehung. Migration zwischen Eigen- und Fremdkultur. Stuttgart: Kohlhammer

Fuhrer, Urs/Mayer, Simone (2005): Familiäre Erziehung im Prozess der Akkulturation. In: Fuhrer/Uslucan (2005): 59-85

Gestrich, Andreas/Krauss, Martina (Hrsg.) (2006): Zurückbleiben. Der vernachlässigte Teil der Migrationsgeschichte. (Stuttgarter Beiträge zur Migrationsforschung, Bd. 6). Stuttgart: Steiner

Gippert, Wolfgang/Götte, Petra/Kleinau, Elke (Hrsg.) (2008): Transkulturalität. Gender- und bildungshistorische Perspektiven. Bielefeld: transcript

Götte, Petra (2008): Transatlantische Migration und familiäres Gedächtnis. Eine fotografieanalytische Spurensuche. In: Gippert/Götte/Kleinau (2008): 257-274

Hamburger, Franz/Hummrich, Merle (2007): Familie und Migration. In: Ecarius (2007): 112-134

Harzig, Christiane (1993): Lebensformen im Einwanderungsprozess. In: Bade (1993): 157-170

Harzig, Christiane (Hrsg.) (2006): Migration und Erinnerung. Reflexionen über Wanderungserfahrungen in Europa und Nordamerika. Göttingen: V+R unipress

Helbich, Wolfgang (1990): Stereotypen in Auswandererbriefen. Die USA im 19. Jahrhundert aus der Sicht deutscher Einwanderer. In: Maler (1990): 63-81

Helbich, Wolfgang (2001): Rheinische Auswandererbriefe als wirtschafts- und sozialgeschichtliche Quellen. In: Schöne Neue Welt (2001): 307-311

Helbich, Wolfgang/Kamphoefner, Walter D./Sommer, Ulrike (Hrsg.) (1998): Briefe aus Amerika. Deutsche Auswanderer schreiben aus der Neuen Welt 1830-1930. München: Verlag C.H. Beck

Hoerder, Dirk/Nagler, Jörg (Hrsg.) (1995): People in Transit: German Migrations in Comparative Perspective, 1820-1930. Cambridge: Cambridge Univ. Press

Hoerder, Dirk (1995): Research on the German Migrations, 1820s-1930s. A Report on the State of German Scholarship. In: Hoerder/Nagler (1995): 413-421

Hoerder, Dirk (2002): Europäische Migrationsgeschichte und Weltgeschichte der Migration: Epochenzäsuren und Methodenprobleme. In: IMIS-Beiträge, hrsg. v. Vorstand des Instituts für Migrationsforschung und Interkulturelle Studien (IMIS) der Universität Osnabrück. 2002. Heft 20: 135-167

Jacobi-Dittrich, Juliane (1988): „Deutsche" Schulen in den Vereinigten Staaten von Amerika. Historisch-vergleichende Studie zum Unterrichtswesen im Mittleren Westen (Wisconsin 1840-1900). München: Minerva Publikation

Jaeger, Friedrich/Straub, Jürgen (Hrsg.) (2004): Handbuch der Kulturwissenschaften, Bd. 2: Paradigmen und Disziplinen. Stuttgart/Weimar: Verlag J.B. Metzler

Kamphoefner, Walter D (1988): Umfang und Zusammensetzung der deutsch-amerikanischen Rückwanderung. In: Amerikastudien 33. 1988. 3: 291-307

Kamphoefner, Walter D (2006): Westfalen in der Neuen Welt. Eine Sozialgeschichte der Auswanderung im 19. Jahrhundert. Göttingen: V&R unipress

Keil, Hartmut (1986): Lebensweise und Kultur deutscher Arbeiter in Amerikas Industriezentren. Das Beispiel Chicagos in der zweiten Hälfte des 19. Jahrhunderts. In: Trommler (1986): 204-221

Keupp, Heiner u.a. (Hrsg.) (2006): Identitätskonstruktionen. Das Patchwork der Identitäten in der Spätmoderne. 3. Aufl. Reinbek bei Hamburg: Rowohlt Taschenbuch Verlag

König, Mareike/Ohliger, Rainer (Hrsg.) (2006): Enlarging European Memory. Migration Movements In Historical Perspective. Ostfildern: Jan Thorbecke Verlag

Kraul, Margret/Marotzki, Winfried (Hrsg.) (2002): Biographische Arbeit. Perspektiven erziehungswissenschaftlicher Biographieforschung. Opladen: Leske und Budrich

Kraul, Margret/Marotzki, Winfried (2002): Bildung und Biographische Arbeit – Eine Einleitung. In: Kraul/Marotzki (2002): 7-21

Jaeger, Friedrich/Rüsen, Jörn (Hrsg.) (2004): Handbuch der Kulturwissenschaften. Bd. 3: Themen und Tendenzen. Stuttgart/Weimar: Verlag J.B. Metzler

Loewy, Hanno/Moltmann, Bernhard (Hrsg.) (1996): Erlebnis – Gedächtnis – Sinn. Authentische und konstruierte Erinnerung. Frankfurt a.M./New York: Campus Verlag

Lucassen, Jan/Lucassen, Leo (2004): Alte Paradigmen und neue Perspektiven in der Migrationsgeschichte. In: Beer/Dahlmann (2004): 17-42

Lucius-Hoene, Gabriele/Deppermann, Arnulf (2002): Rekonstruktion narrativer Identität. Ein Arbeitsbuch zur Analyse narrativer Interviews. Opladen: Leske + Budrich

Maler, Anselm (Hrsg.) (1990): Exotische Welten in populären Lektüren. Tübingen: Max Niemeyer Verlag.

Marotzki, Winfried (2003): Biografieforschung. In: Bohnsack/Marotzki/Meuser (2003): 22-24

McLellan, Marjorie L. (1997): Six Generations Here. A Farm Family Remembers. Madison: State Historical Siciety of Wisconsin

Meuter, Norbert (2004): Geschichten erzählen, Geschichten analysieren. Das narrative Paradigma in den Kulturwissenschaften. In: Jaeger/Straub (2004): 140-155

Mietzner, Ulrike/Pilarczyk, Ulrike (2003): Methoden der Fotografieanalyse. In: Ehrenspeck/Schäffer (2003): 19-36

Mietzner, Ulrike/Pilarczyk, Ulrike (2005): Das reflektierte Bild. Die seriell-ikonografische Fotoanalyse in den Erziehungs- und Sozialwissenschaften. Bad Heilbrunn/OBB: Klinkhardt

Oltmer, Jochen (2006): Einführung: Perspektiven historischer Integrationsforschung. In: IMIS-Beiträge. Heft 29. 2006: 7-14

Paul, Gerhard (Hrsg.) (2006): Visual History. Ein Studienbuch. Göttingen: Vandenhoeck & Ruprecht

Raab, Josef/Wirrer, Jan (Hrsg.) (2008): Die deutsche Präsenz in den USA. The German Presence in the U.S.A. Berlin: Lit Verlag

Reiß, Ansgar (2008): Paraden, Demonstrationen, Krawall: Deutsche Einwanderer im New York des 19. Jahrhunderts. In: Raab/Wirrer (2008): 95-116

Schniedewind, Karen (1994): Begrenzter Aufenthalt im Land der unbegrenzten Möglichkeiten. Bremer Rückwanderer aus Amerika 1850-1914. Stuttgart: Franz Steiner Verlag

Schöne Neue Welt (2001). Rheinländer erobern Amerika, hrsg. vom Landschaftsverband Rheinland. Bd. 2. Kommern: Martina Galunder-Verlag

Schriewer, Jürgen (Hrsg.) (2007): Weltkultur und kulturelle Bedeutungswelten. Zur Globalisierung von Bildungsdiskursen. Frankfurt a.M./New York: Campus-Verlag

Selke, Stefan (2004): Private Fotos als Bilderrätsel – Eine soziologische Typologie der Sinnhaftigkeit visueller Dokumente im Alltag. In: Ziehe/Hägele (2004): 49-74

Starl, Timm (1995): Knipser. Die Bildgeschichte der privaten Fotografie in Deutschland und Österreich 1880 bis 1980. München/Berlin: Koehler & Amelang

Treibel, Annette (2003): Migration in modernen Gesellschaften. Soziale Folgen von Einwanderung, Gastarbeit und Flucht. 3. Aufl. Weinheim/München: Juventa-Verlag

Trommler, Frank (Hrsg.) (1986): Amerika und die Deutschen. Bestandsaufnahme einer 300jährigen Geschichte. Opladen: Westdeutscher Verlag

Welzer, Harald (2004): Gedächtnis und Erinnerung. In: Jaeger/Rüsen (2004): 155-174

Welzer, Harald (2005): Das kommunikative Gedächtnis. Eine Theorie der Erinnerung. München: Verlag C.H. Beck

Ziehe, Irene/Hägele, Ulrich (Hrsg.) (2004): Fotografien vom Alltag – Fotografieren als Alltag. Münster: Lit Verlag

Autorinnen und Autoren

Dr. Johannes Bilstein, Prof. für Pädagogik an der Kunstakademie Düsseldorf

Dr. Agnieszka Dzierzbicka, Professorin für Kunst- und Kulturpädagogik mit besonderer Berücksichtigung der Allgemeinen Erziehungswissenschaft an der Akademie der Bildenden Künste Wien

Dr. Jutta Ecarius, Professorin für Erziehungswissenschaft am Institut für Bildungsphilosophie, Anthropologie und Pädagogik der Lebensspanne an der Universität zu Köln

Dr. Edgar Forster, Prof. für Erziehungswissenschaft am Fachbereich Erziehungswissenschaft der Universität Salzburg

Dr. Peter Gansen, wissenschaftlicher Mitarbeiter am Institut für Schulpädagogik und Didaktik der Sozialwissenschaften der Justus-Liebig-Universität Gießen

Dr. Wolfgang Gippert, Akademischer Rat am Institut für vergleichende Bildungsforschung und Sozialwissenschaften, Humanwissenschaftliche Fakultät der Universität zu Köln

Dr. Michael Göhlich, Prof. für Pädagogik am Institut für Pädagogik der Universität Erlangen-Nürnberg

Dr. Petra Götte, wissenschaftliche Mitarbeiterin am Lehrstuhl für Pädagogik an der Philosophisch-sozialwissenschaftlichen Fakultät der Universität Augsburg

Dr. Ulrike Hormel, Professorin für interkulturelle Bildung am Institut für Pädagogik der Carl von Ossietzky Universität Oldenburg

Dr. Edwin Keiner, Prof. für Allgemeine Erziehungswissenschaft am Institut für Erziehungswissenschaft der Universität Erlangen-Nürnberg

Dr. Eckart Liebau, Prof für Pädagogik am Institut für Pädagogik der Universität Erlangen-Nürnberg

Dr. Astrid Messerschmidt, Professorin für Interkulturelle Pädagogik an der Pädagogischen Hochschule Karlsruhe

Dr. Wolfgang Nieke, Prof. für allgemeine Pädagogik am Institut für Allgemeine Pädagogik und Sozialpädagogik der Universität Rostock

Dr. Adrian Schmidtke, Prof. für Pädagogik am Pädagogischen Seminar der Georg-August-Universität Göttingen

Dr. Marc Thielen, wissenschaftlicher Mitarbeiter am Fachbereich Erziehungswissenschaften der Goethe Universität Frankfurt am Main

Dr. Katharina Walgenbach, Professorin für Gender and Diversity an der Bergischen Universität Wuppertal

Dr. Jörg Zirfas, Prof. für Pädagogik am Institut für Pädagogik der Universität Erlangen-Nürnberg

Printed in Germany
by Amazon Distribution
GmbH, Leipzig